AF577465

Reinhard Leube

Londoner Außenpolitik & Adolf Hitler

Erster Teil

Anderwelt Verlag

Reinhard Leube

Londoner Außenpolitik und Adolf Hitler

Gibt es einen blinden Fleck?

Der Geschichte erster Teil

Umschlagbild und Illustrationen von Andreas Schäfer

Impressum

Londoner Außenpolitik & Adolf Hitler
Gibt es einen blinden Fleck?
Erster Teil

Umschlagbild und Illustrationen von Andreas Schäfer

3. Auflage 2023

Anderwelt Verlag, München
Druck: CPI Books GmbH Printed in Germany

ISBN: 978-3-940321-19-0

Mein sehr herzlicher Dank gilt allen, die dieses
Buchprojekt in vielfältiger Form unterstützt haben.
Sie haben es überhaupt erst möglich gemacht.

Es ist ein sinnloses Unterfangen, das „Dritte Reich“ zu verteidigen. Bereits bei Hitlers Amtsantritt hatte er nur ein Drittel jener Leute hinter sich, die überhaupt gewählt haben. Zwanzig Prozent der Leute konnten sich überdies für keines der politischen Angebote Ende des Jahres 1932 entscheiden – darunter auch nicht für die Nazis. Sechs Jahre später kam der Krieg, den einige von 1933 an befürchtet hatten, und mit der Niederlage in Stalingrad ging die Zustimmung für sein Regime endgültig in den Keller. Die Spitzel des Sicherheitsdienstes der SS berichteten schon 1943 aus allen Teilen des Deutschen Reiches nach Berlin, dass Mitglieder der NSDAP den Glauben an ihren Führer verloren hatten, nicht mehr bereit waren, die Parteiabzeichen zu tragen. Traurig hielten sie in ihrem Papier fest, dass zu der Zeit schon, 1943 (!) „die Grußform vieler Volksgenossen sich sehr stark vom Deutschen Gruß abgewendet“ hatte. Das war jener, den sie 1933 auch bloß mit Gewalt durchgesetzt hatten.[1] Ihre Ernüchterung war groß und auf den Straßen begannen inzwischen schon fremde Leute, sich politische Witze zu erzählen. Der Sicherheitsdienst hielt fest, man würde es offenbar inzwischen gegenseitig voraussetzen, dass einer „heute schon jeden Witz erzählen könne“, ohne mit energischer Abfuhr, geschweige denn mit einer Anzeige bei der Polizei, rechnen zu müssen.[2] Und viele jener Witze waren auch durchaus nicht von schlechten Eltern. Kurt Hirche hielt zum Beispiel diesen Witz fest: „Es werden immer mehr Pgs (Parteigenossen) blasenkrank. Sie möchten gerne austreten, können aber nicht.“[3] So ist das in einer Diktatur. Nicht so in Demokratien. Dort können freie Menschen frei entscheiden, wen sie unterstützen wollen.

Warum haben dann Politiker aus London Hitler seit dem Sommer 1933 überhaupt erst salonfähig gemacht? Das hat seinerzeit den Kritikern im Reich den Wind aus den Segeln genommen. Schließlich kam dann 1938 Premierminister Neville Chamberlain höchstpersönlich nach Godesberg bei Bonn und nach München und trat mit Hitler vor die Kameras.[4]

Zur leichteren Orientierung über die handelnden Akteure
finden Sie ab Seite 301 ein Namensregister, ab Seite 316
Botschafter und Gesandte noch einmal gesondert aufgelistet,
ab Seite 317 auch Unternehmen, die erwähnt werden,
und auf Seite 319 im Buch erwähnte Zeitungen.

Den Menschen, auf die mit einem Sternchen*
aufmerksam gemacht wird, werden Sie in den
Jahrzehnten von 1945 bis 1990 in durchaus
herausgehobenen Stellungen wieder begegnen.

Nach der Gründung des Deutschen Reiches 1871

Die kleinen Engländer auf den Straßen können nicht wissen, was in den Zirkeln der Macht in ihrer Hauptstadt gedacht und geplant wird, wobei sie damit in der Welt nicht alleine dastehen. Um vielleicht zu verstehen, wie sich die Unterstützung, die diplomatische Aufwertung eines kleinen Mannes an der Spitze des Deutschen Reiches einordnet in die britischen auswärtigen Angelegenheiten der letzten Jahrhunderte, müssen wir uns wohl hineinversetzen in die Herren der Welt im 19. Jahrhundert. Schon Winston Churchill sagt ja manchmal, je weiter man zurückblicken kann, desto wahrscheinlicher ist, dass man auch vorausschauen kann. 1887 ist Neville Chamberlain gerade einmal 18 Jahre jung. Großbritannien hat in den vergangenen Jahrhunderten Stück für Stück ein Weltreich erobert, von dem man stolz sagt, dass in ihm die Sonne nie untergeht, völlig berechtigt, reicht es doch von England über Kanada rund um den Globus bis nach Neuseeland, Australien, Indien und Afrika. Von dort aus ist es über Gibraltar nicht mehr weit bis nach Hause auf die Insel. Das ist ein Fünftel der Erdoberfläche – beziehungsweise ein Viertel aller Menschen. Neville ist der Sohn des einflussreichen Politikers Joseph Chamberlain und hört von den Problemen, die England seit ein paar Jahren mit den deutschen Importen hat, die seit der Reichseinigung vor knapp zwanzig Jahren Englands Märkte mit Industrieerzeugnissen überfluten. Seinem Vater sitzt der Schreck noch in den Knochen, wenn er sich erinnert, wie nach Jahrhunderten aus dem Nichts ein Deutsches Reich entstand. Wer wird passiv zusehen, wie irgendein Konkurrent auf einmal dem Empire seinen Platz an der Sonne streitig macht? Was die familiären Prägungen angeht, liegen die Dinge bei dem etwas jüngeren Bub Winston Leonard Spencer Churchill ähnlich. Sein Vater ist der konservative Politiker Lord Randolph Spencer Churchill.

Im Februar 1871, dem Monat nach der Krönung eines Kaisers des neuen Kaiserreichs, bestehend aus den verschiedenen deutschen Ländern, hat Englands Ex-Premierminister Benjamin Disraeli bereits vor dem Unterhaus zu London herausgearbeitet, dass der Krieg, der seit einem halben Jahr zwischen Frankreich und Preußen tobte, kein herkömmlicher Krieg war, wie es noch der Krieg zwischen Preußen und Österreich 1866 oder

der Italienische Krieg 1859 war, an dem sich Frankreich beteiligt hat; er war auch nicht mit dem Krimkrieg der Jahre 1853 bis 1856 vergleichbar. Was da geschah, habe eine größere Bedeutung gehabt: „Dieser Krieg bedeutet die deutsche Revolution, ein größeres politisches Ereignis als die Französische Revolution des vergangenen Jahrhunderts." Disraeli sagte, dass ein Umdenken notwendig war: „Nicht ein einziger Grundsatz unserer Außenpolitik, der noch vor sechs Monaten von allen Staatsmännern als Leitfaden anerkannt wurde, ist weiterhin gültig. Es gibt keine einzige diplomatische Tradition, die nicht hinweggefegt worden ist. Wir haben eine neue Welt, neue Einflüsse am Werk, neue und unbekannte Größen und Gefahren, mit denen wir fertig werden müssen und die zur Zeit, wie alles Neue, noch undurchschaubar sind." Der frühere Premier hatte die Sache deutlich auf den Nenner gebracht: „Das Gleichgewicht der Macht ist völlig zerstört worden, und das Land, das am meisten darunter leidet und das die Auswirkungen dieses großen Wandels am meisten spürt, ist England."[5] Für die Insel steht viel auf dem Spiel, und Benjamin Disraeli ist ein gutes Beispiel dafür, dass die Juden nicht auf Weltherrschaft aus sind, sondern in England, in Russland, in Amerika und nicht zuletzt im Deutschen Reich loyal für die Interessen ihrer jeweiligen Heimatländer eintreten – in diesem Fall für England.

Die Vereinigung Deutschlands zu einem Kaiserreich ist sicher in keiner Hauptstadt Europas mit Begeisterung aufgenommen worden, galt doch die Fürsorge jeder Weltmachtdiplomatie seit Jahrhunderten schon dem Erhalt der vielen kleinen und damit machtlosen Flecken in Deutschland, die, jeder für sich, von unterschiedlichen Großmächten abhängig waren. Londons ehemaliger Premier Benjamin Disraeli klärte somit die Fronten schon wenige Wochen nach besagter Kaiserkrönung im Schloss von Versailles; die Wahl des Ortes sollte darauf hinweisen, dass auch Paris über Jahrhunderte viel Zeit mit Gedanken über Wege zur Abwendung des Zusammenschlusses der vielen kleinen deutschen Landfetzen verbrachte.

Der Diplomat Bernhard von Bülow kennt die Sorge: „Auf einmal war das Deutsche Reich da. Schneller, als man gefürchtet, stärker, als irgend jemand geahnt hatte. Keine der anderen Großmächte hatte die staatliche

Wiedergeburt Deutschlands gewünscht, jede hätte sie, so wie sie erfolgte, lieber verhindert. Kein Wunder, dass die neue Großmacht nicht mit Freude begrüßt, sondern als unbequem empfunden wurde. Auch eine sehr zurückhaltende und friedliebende Politik konnte an diesem ersten Urteil wenig ändern." Von Bülow stellt weiter fest: „Man sah in der lange verhinderten, oft gefürchteten, endlich von den deutschen Waffen und einer unvergleichlichen Staatskunst ertrotzten staatlichen Einigung der Mitte des europäischen Festlandes an sich etwas wie eine Drohung und jedenfalls eine Störung."[6] Ohne Augenwischerei befindet er, was von der britischen Politik vermutlich zu erwarten sein wird: „Das Interesse, das England an der Gestaltung der Machtverhältnisse auf dem europäischen Festlande nimmt, gilt selbstverständlich nicht dem Wohlbefinden derjenigen Mächte, die sich durch die überlegene Stärke einer einzigen unterdrückt oder bedroht fühlen." Und er meint England. „Solche menschenfreundliche Anteilnahme pflegt selten einen überwiegenden Einfluss auf die politischen Entschließungen der Regierung eines großen Staates auszuüben."[7]

Die Problematik, die mit der aufstrebenden neuen Macht mitten auf der europäischen Landkarte verbunden ist, entgeht auch den objektiven Beobachtern nicht. So vermerkt der belgische Diplomat Baron Greindl zur Ursache des Konfliktes: „Die wahre Ursache des Hasses der Engländer gegen Deutschland ist die Eifersucht, hervorgerufen durch die außergewöhnlich rasche Entwicklung der deutschen Industrie ... Gewohnt, ohne Nebenbuhler dazustehen, erscheint den Engländern jede Konkurrenz als ein Eingriff in ihre Rechte."[8] Prof. August Sartorius von Waltershausen, knapp vierzig Jahre alt, konstatiert, dass England um 1867 herum noch 24 Prozent des gesamten Welthandels innehatte und dass dieser Anteil bis Ende der 1880er Jahre unter 20 Prozent gesunken ist. Diese Talfahrt im Verhältnis zu aufstrebenden Staaten wie den Vereinigten Staaten von Amerika und Deutschland stellt er auch in anderen Bereichen fest.[9] Was kann London gegen erstarkende Konkurrenten auf dem Kontinent tun?

Auf der Insel behilft man sich und fordert, dass auf den Waren stets das Herkunftsland vermerkt werden muss, zum Beispiel *Made in Germany*, um die englische Produktion vor fremder zu schützen. Daneben werden die alten Rivalitäten des *British Empire* mit den Franzosen und mit den Russen auch nicht harmloser im Angesicht der neuen Bedrohung. Man muss sich überlegen, wie man seine Stellung in der Welt sichern könnte. Neville Chamberlains Vater Joseph versucht sich an Reformen, die dem Empire das internationale Industriemonopol zurückgeben sollen, wenn auch inzwischen beschränkt auf das Britische Weltreich selbst, das über die letzten Jahrzehnte immer weiter ausgedehnt worden war, um immer neue Absatzländer für die Zukunft zu sichern. Seit 1871 sind Basutoland, die Goldküste, die Fidschi-Inseln, der Sudan, Sokotra, die Insel Zypern, Walfischbai, die Phönix-Inseln, Papua, Betschuanaland, Nigeria, Nord-Borneo, Britisch Ostafrika, die Bahrein-Inseln, die Christmas-Inseln, die Cook-Inseln, die Salomo- und die Ellice-Inseln, Rhodesien, die Gilbert-Inseln, Sansibar,Weihaiwei, die Tonga-Inseln, Transvaal, Swasiland und der Oranje-Freistaat dazugekommen. Ein Fünftel der Erdoberfläche war ja bereits zuvor in der Hand der lieben Briten. Prof. von Waltershausen kann noch einiges mehr in dieser Angelegenheit sagen; vor allem ist ihm wichtig zu betonen, dass der Welthandel rascher wuchs als die britische Erzeugung von Produkten, weshalb er in England weniger Handelsneid zwischen England und Deutschland sieht als vielmehr Produktionsneid. 1897 wird ganz und gar der Handelsvertrag mit Deutschland gekündigt, um den britischen Kolonien eine Möglichkeit zu geben, die Einfuhr aus dem Mutterland vor der Einfuhr aus Deutschland zu bevorzugen. Dieser Handelsvertrag zwischen dem *British Empire* und dem Deutschen Reich wird übrigens im Anschluss daran auch nicht durch eine erneuerte Vereinbarung ersetzt, und dies, obwohl das Deutsche Reich insgesamt der beste Kunde Großbritanniens ist.[10] Am 11. September 1897 publiziert die *Saturday Review* einen Artikel in dieser Art: „Englands Gedeihen kann nur gesichert werden, wenn Deutschland vernichtet wird.“ Jener Artikel endet mit den lateinischen Worten „Germaniam esse delendam.“[11] Ohne den Inhalt jenes Artikels noch weiter zu vertiefen, steht da letzten Endes im Klartext: „Deutschland sollte zerstört werden.“ Das sind harte Worte, doch die Insulaner haben schlechte Erfahrungen mit dem Kontinent gemacht und nehmen die deutsche ökonomische Bedrohung ernst wie die militärische Bedrohung durch Frankreich 100 Jahre zuvor.

Der Kontinent am Anfang des 19. Jahrhunderts

Der Franzose weiß vom Abendbrottisch, was Deutsche vom Geschichtslehrer erfahren: Einst war Frankreichs Flotte „das rote Tuch" der Briten. Um Londons Angst vor dem Kontinent besser zu verstehen, müssen wir bis zu Napoléons Zeiten zurückgehen. In Frankreich war im Jahre 1789 eine bürgerliche Revolution erfolgreich, die die Herrschaft des dortigen Königshauses beendete. Dies führte zu einer Anzahl von Interventionskriegen, die darauf aus waren, die alte Ordnung wieder herzustellen. Zu dieser Zeit trugen die Kriege der Franzosen gegen die Einmischung von außen den Charakter gerechter Kriege. Am Anfang des 19. Jahrhunderts kam Napoléon in Paris an die Macht. Unter seiner Herrschaft wandelten sich die Kriegsabsichten, die Frankreich verfolgte. Im Dienst der französischen Bourgeoisie, der die Konkurrenz aus England ein Dorn im Auge war, plante der Revolutionär aus Ajaccio auf Korsika die Eroberung der Insel. Dafür vereinte er die Kräfte der französischen und der spanischen Flotte. Mehrere Monate zog sich das Ringen mit den Verteidigern Englands hin, das einem Katz-und-Maus-Spiel glich. Mit Tricks und Tücken versuchte Napoléon, die englische Flotte zu überspielen, doch nichts hat geholfen. Am 21. Oktober 1805 schlug die Royal Navy unter Vizeadmiral Horatio Nelson, der selbst ums Leben kam, die verbündeten Franzosen und Spanier vor dem Kap Trafalgar an der Straße von Gibraltar. Danach meinten die Engländer, dass ihre Royal Navy immer stärker sein müsste als die beiden nächststarken Flotten zusammen. Das nannten sie fortan den *Two-Power-Standard.*[12]

Als der Krieg gegen England in einem Fiasko geendet hatte, entstand die Vision der Trennung der Insel von den vermeintlich lebensnotwendigen Handelspartnern auf dem europäischen Kontinent. So begann Napoléon in krasser Überschätzung seiner Möglichkeiten 1806 mit der Umsetzung des vollkommen überdimensionalen Planes der Besetzung aller Länder Europas, um mittels einer sogenannten Kontinentalsperre deren Handel französischen Interessen unterzuordnen. Nachdem schon im Jahre 1793 englische Waren auf dem französischen Markt verboten worden waren, wurde 1803 der Import aus den englischen Kolonien unterbunden. Auch Italien und andere Länder schlossen sich unter dem Pariser Druck dann der Sperre an. 1806 wurde auch Preußen einbezogen. Napoléon hat hier den Rahmen seiner ursprünglichen Konzeption gesprengt – doch damit gab sich die Bourgeoisie in Frankreich nicht zufrieden. In Paris wurden Schutzzölle selbst gegen die von seinen Truppen vor der Konkurrenz aus England „beschützten“ Länder festgelegt, wodurch diese den doppelten Schaden zu tragen hatten. Der Handel mit England war ihnen verboten und der mit Frankreich nicht rentabel. Es kann nicht verwundern, dass die örtlichen Behörden die Bestimmungen dieser Kontinentalsperre, wo immer sie konnten, unterliefen. Der preußische Staat bezog nach Akten des Staatsarchivs in der Zeit von August 1810 bis Anfang 1813 aus vorgetäuschten Konfiskationen englischer Produkte oder ihrer Zulassung auf anderen Wegen etwa 12 Millionen Taler. Diese Gelder wurden wiederum zur Aufrechterhaltung des Staatshaushaltes und zur Wiederherstellung der Armee verwendet.[13]

In den Häfen des Kontinents blühte der Schwarzhandel mit der reichen Insel. Die Provinz Ostpreußen konnte vorerst ein wenig Kapital aus der Nachbarschaft der Häfen des freien Russland schlagen. Während mittel- und westdeutsche Gebiete einen gewissen Nutzen aus der Kontinentalsperre zogen, wurden die ostelbischen Gebiete insgesamt weit zurückgeworfen. Napoléons Vorstellung vom Aushungern der Insel widersprach den Interessen der Osteuropäer am Verkauf von Getreide. Für sie waren die Briten die zahlungskräftigsten Abnehmer ihrer Rohprodukte und die besten Lieferanten von Fertigerzeugnissen, die sie noch nicht selbst herstellen konnten. Wegen der Warenschwemme, die durch das Lieferverbot entstanden war, sanken die Getreidepreise in Ostpreußen um 60 bis 80 Prozent. In Memel stauten sich Holzvorräte im Hafen der Stadt. Die kleinen und großen Reedereien an der Nord- und Ostseeküste mussten gewaltige Verluste hinnehmen. Der Schiffsverkehr in Königsberg an der Ostsee ging um 60 Prozent zurück. Ganze Industriezweige sind immens geschädigt oder ausgelöscht worden, so die schlesische Leinenindustrie, die brandenburgische Tuchfabrikation oder auch die Seidenmanufaktur in Berlin. Als die Osteuropäer nach Aufhebung der Kontinentalsperre – je nach Gebiet 1813 oder 1814 – wieder exportieren konnten, hatten die Briten schon neue Lieferanten gefunden. Damit büßten die ostelbischen

Gebiete ihre eigenständige handelspolitische Bedeutung ein. Sie waren nun einerseits abhängig von der Londoner Kornzollpolitik, andererseits folgte aus der wieder verstärkten Abhängigkeit ihres Manufakturwesens von der Entwicklung in der junkerlichen Landwirtschaft die Fortsetzung der gesellschaftspolitischen Bindung Preußens an Russland. Im Westen Deutschlands jedoch erstarkten bürgerliche, liberale Elemente, die sich für Reformen einsetzten.[14]

Ganz schlimm erwischte es Dänemark. Bis zum Beginn der Feldzüge des großen Kriegers aus Korsika war es ein durchaus wohlhabendes Ländle. Sein Einfluss reichte bis nach Norwegen, Island und Grönland sowie im Süden bis Schleswig und Holstein. Während der Koalitionskriege hat die dänische Regierung zunächst versucht, neutral zu bleiben, und hatte den Kriegsparteien verwehrt, durch den Öresund zu schippern. Aber London wollte das so nicht hinnehmen und schlug die Flotte Dänemarks in einer ersten Seeschlacht von Kopenhagen. Der zweite Streich folgt sogleich. In wenigen Jahren war die Flotte wieder aufgebaut und in England wurde befürchtet, dass sich Napoléon diesmal mit den guten Dänen verbünden könnte. Hat London gar gerochen, dass Napoléon Ier in einem geheimen Zusatzabkommen zum Frieden von Tilsit mit dem russischen Zaren vereinbart hatte, auch Dänemark, Norwegen, Schweden und Portugal in die Kontinentalsperre einzubeziehen? Im Sommer 1807 verlangte England also von Dänemark, es möge sich mit ihm verbünden. Die Dänen haben auf ihrer Neutralität in diesem Konflikt bestanden und haben das teuer bezahlt. Vom 2. bis zum 5. September 1807 versenkte die Royal Navy die dänische Flotte, die in der Hauptstadt friedlich vor Anker lag, wie zuvor auch schon die französische oder die spanische. Zur Feier des Tages erhielt dieses Vorgehen die Bezeichnung *to copenhagen.*[15] Übersetzt heißt das so viel wie: Präventiv alles kurz und klein schlagen.

Vom September 1814 an bis in den Monat Juni 1815 wurden die Karten für Europa neu gemischt. Als der Wiener Kongress Napoléons Wünsche in den Staub trat, war William Thomas Horner Fox-Strangways 19 Jahre alt und jetzt erzählen Sie einmal einem Neunzehnjährigen, dass es bloß Geschichte wäre, was gerade in Wien passierte. Später, viel später hatte der junge Mann ausstudiert und ging in die britische Außenpolitik. Man darf doch nicht glauben, dass sie in London vergessen, dass Frankreich versucht hat, ihre Insel am ausgestreckten Arm verhungern zu lassen.[16]

Die USA und Europa in der Mitte des 19. Jahrhunderts

Hinter dem großen Teich wuchsen in jenen Jahrzehnten die Vereinigten Staaten von Amerika aus den Kinderschuhen heraus. Ein kleine Gruppe von englischen Kolonien an der Ostküste hatte sich aus den Fängen des *British Empires* befreit und zur unabhängigen Republik erklärt. Auch in Amerika fing es mit einem gerechtfertigten Kampf an, doch bald begann auch da der gemeine Siedler, Lebensraum zu erobern. Das wurde blutig, denn der für sie neue Kontinent war seit Jahrtausenden schon bewohnt. Aber ihre Gegner waren nicht nur die ursprünglichen Einwohner dieses riesigen Landes; sie haben sich durchaus genau so mit Kolonialmächten angelegt, die Amerika von den Eiswüsten des rauhen Nordens bis an die Südspitze am Kap Hoorn für ihre Herrscher ausbeuteten. Noch um 1750 herum gehörte der größte Teil dem *Imperio español.* Riesige Territorien besaßen auch die Portugiesen und die Franzosen. Noch weniger als die Briten hatten in Amerika lediglich die Russen, denen nur Alaska gehörte und die nicht ahnten, dass es unter dem Schnee Erdöl gab. Außer ihren kleinen Gebieten an der nordamerikanischen Ostküste hatten die Briten bloß noch ein durchaus großes aber äußerst unwirtliches Gebiet westlich von Grönland. Die britischen Siedler am Atlantik haben in nur hundert Jahren die Machtverhältnisse gewaltig und gewalttätig verschoben. Von 1846 bis 1848 brachten sie die spanische Krone um ganze 1,3 Millionen Quadratkilometer und machten aus den Flächen US-Bundesstaaten. Als Begründung wurden die Herstellung der Demokratie und die Befreiung der Sklaven bemüht. Es kann zu denken geben, dass die Sklaven nur in Mexiko befreit wurden; jene in den USA – blieben Sklaven ihrer Herren. Nach der Befreiung wurden die Mexikaner dann durch US-Amerikaner ausgebeutet, die nach dem Gold in Mexiko lechzten.[17] Eine neue Macht war geboren und übte sich wie das alte England im Imperialismus.

Anders hat auch das Russische Reich nicht die gigantische Ausbreitung in Europa und Asien erreicht, die es im Jahr 1853 schon hatte. Da fand man am Zarenhof einen Stein des Anstoßes am Osmanischen Reich und löste den inzwischen neunten Krieg mit den Herrschern über das Reich südlich des Schwarzen Meeres aus und schwerchristliche Mächte griffen in die Vergrößerung des russischen Lebensraumes ein – natürlich nicht aufseiten des schwerchristlichen Russlands, sondern Hand in Hand mit den Muselmanen. Kleine Leute lassen sich, wenn es unbedingt sein soll, auch foltern für ihren Glauben. Großen Tieren hingegen geht es in aller Regel um rein egoistische Ziele, weil sie sonst ganz einfach von anderen Raubtieren geschluckt werden. Das Reich von Königin Victoria und das des Kaisers Napoléon III. wollten zum Beispiel nicht, dass Russland ins Unermessliche wuchs. Bereits nach wenigen Monaten waren die Russen aus den besetzten Gebieten um das Donaudelta vertrieben worden und der Grund für den Krieg war beseitigt. Jetzt hätten sich Engländer und Franzosen wieder der friedlichen Arbeit zu Hause widmen können, aber dann hätten sie die Steilvorlage, die ihnen der russische Zar geboten hat, doch wie einen Ball auf dem europäischen Spielfeld liegengelassen. Eine schnelle Beendigung des Krimkrieges ließen die Engländer selbstredend nicht zu. London veranlasste seine Alliierten, die Hafenstadt Sewastopol auf der Krim anzugreifen. Erst dieser Schachzug verursachte die riesige Anzahl an Toten dieses Krieges, der so auch bis 1856 hingezogen wurde. Es gab internationale Kritik, weil die Engländer ohne strategischen Sinn und ohne Not auch zivile Ziele entlang der Küste mit ihren überlegenen Schiffen in Schutt und Asche legten. Langfristig war jedoch bloß wichtig, dass sich Russland nicht noch weiter ausbreiten würde.

Die handfeste Überraschung für Europa kam 1871. Nach Jahrhunderten wurde der Flickenteppich in Mitteleuropa vereinigt zu einem Deutschen Kaiserreich und 1873 stand das Drei-Kaiser-Bündnis, bestehend aus der Habsburgermonarchie, unserem Kaiserreich und dem Reich des Zaren, eine Ladung Sprengstoff von der anderen Seite des Ärmelkanals bis zum Schwarzen Meer und zum Pazifischen Ozean vor der Haustür Englands. Professor Halford John Mackinder von der University of Oxford erkennt als Geograf sehr früh die Problematik, die mit der vereinten Landmasse verbunden ist. Es ist sicher richtig, dass große Teile davon ganz speziell in Russland und im Nahen Osten bisher noch nicht erschlossen sind. Es ist jedoch für Mackinder nur eine Frage der Zeit, wann sich dies ändern wird. Die Erschließung hält H. J. Mackinder für eine Revolution, was die Beziehung der Menschheit zu den geografischen Realitäten der Welt angeht. Verwegen prophezeit er, dass in Istanbul aufgrund seiner zentralen Lage zwischen Europa, Afrika und Asien einst ein großes Luftkreuz entsteht. Für besonders kritisch hält er es, dass England mit seinen Schiffen keinen Zugang zu dieser Region hat. Er meint, die Erfolge der britischen Seemacht seien bislang so beeindruckend gewesen, dass sie dazu geführt hätten, dass die Warnungen der Geschichte vernachlässigt wurden. Man habe seine Seemacht als einfach gegeben betrachtet, weil die Einheit des Weltmeeres, über das England, nun gemeinsam mit den USA, herrschte, das letzte Wort in der Konkurrenz mit Landmächten zu haben schien.[18]

Die größte Gefahr für England war vorüber, als 1886 der Dreikaiserbund zerfallen war, der das Russische Reich, die Habsburger-Monarchie und das frische Deutsche Reich verband. Lange gehalten hat er ja nicht. Nun geht es darum, Riesenmachtblöcke wie jenes Dreikaiserbündnis künftig auszuschließen. Das muss man sich wirklich vorstellen – dies umfasste eine ungeheuer große geschlossene Landfläche – vom Pazifischen Ozean über den Balkan bis an die Nordseeküste und vis-à-vis liegt am anderen Gestade *good old England* mit seinen paar Einwohnern. Dieses Szenario könnte für die Insel bedrohlich werden und man sucht nach Wegen, um diese Gefahr für die nächsten Jahre und Jahrzehnte effektiv zu bannen. Auf jeden Fall muss verhindert werden, dass Deutschland und Russland ihre Ressourcen kombinieren; hier zunehmend bessere Technologie und die Fähigkeit zur Kreditvergabe, dort Rohstoffe aller Art und ohne Ende, und beides Länder mit enormem Bevölkerungswachstum sowie wissenschaftlichen Spitzenleistungen, die in der Welt Maßstäbe setzen.

Glücklicherweise sind die Deutschen noch im Freudentaumel über ihre gelungene Vereinigung und haben bislang kaum Erfahrungen, wie Großmachtpolitik funktioniert. Dafür freut sich jeder Fabrikant, dass er sein Stück vom entstandenen Megamarkt Deutschland ergattert hat, und ein jeder wacht eifersüchtig darüber, dass ihm niemand dieses kleine Reich wieder abspenstig macht, schon gar nicht irgendwelche Ausländer. Doch auch in Russland wollen Industrielle vorankommen und bitten Deutschland um Kredite für den Aufbau der Wirtschaft. Weil den ökonomischen Konkurrenten nicht zu sehr geholfen werden soll, lehnt die Führung in Berlin deren Bitte 1887 ab. Das ist selbstredend keine überzeugend gute strategische Entscheidung. Französische und englische Financiers sehen ihre Chance, drängen sich sofort in die Lücke und stellen die Gelder zur Verfügung. Dadurch binden sie das Schicksal des Russischen Reiches an ihre eigenen imperialen Ambitionen.[19] Schon im Krimkrieg von 1853 bis 1856 hat sich gezeigt, dass diese nicht so richtig deckungsgleich waren.

Deutsche Außenpolitik am Ende des Jahrhunderts

Im Reichstag zu Berlin fordert die Opposition Aufklärung zur Besetzung der Kiautschou-Bucht an der Küste von China. Deshalb tritt der Außenamtschef Bernhard von Bülow am 6. Dezember 1897 an das Rednerpult und sagt: „Die Zeiten, wo der Deutsche dem einen seiner Nachbarn die Erde überließ, dem anderen das Meer und sich selbst den Himmel reservierte, wo die reine Doktrin thront – diese Zeiten sind vorüber. Wir betrachten es als eine unserer vornehmsten Aufgaben, gerade in Ostasien die Interessen unserer Schifffahrt, unseres Handels und unserer Industrie zu fördern und zu pflegen.“ Seine Formulierung am Anfang sorgt für Heiterkeit und Bravo-Rufe. Von Bülow setzt dann fort: „Die Entsendung unserer Kreuzerdivision nach der Kiautschou-Bucht und die Besetzung dieser Bucht ist erfolgt einerseits, um für die Ermordung deutscher und katholischer Missionare volle Sühne, andererseits für die Zukunft größere Sicherheit als bisher gegen die Wiederkehr solcher Vorkommnisse zu erlangen.“ Hierzu ergänzt von Bülow: „In beiden Richtungen schweben Unterhandlungen, und bei der Natur diplomatischer Unterhandlungen und Geschäfte nötigt mich dies, meine Worte sehr sorgsam abzuwägen.“ Übergreifend führt er in der Sache aus: „Ich kann aber doch Folgendes sagen: Wir sind gegenüber China erfüllt von wohlwollenden und freundlichen Absichten“, was zu Heiterkeit *links* im Reichstag führt, und setzt die Erklärung dann mit den Worten fort: „wir wollen China weder brüskieren noch provozieren. Trotz der uns widerfahrenen schweren Unbill ist die Besetzung der Kiautschou-Bucht in schonender Weise ausgeführt worden.“ Dann sagt er: „Wir wünschen die Fortdauer der Freundschaft, welche Deutschland seit langem mit China verbindet, und die bisher nie getrübt wurde. Aber die Voraussetzung für die Fortdauer dieser Freundschaft ist die gegenseitige Achtung der beiderseitigen Rechte.“ Wer sieht das anders? „Aber auch abgesehen von diesem traurigen Vorfall hatten wir gegenüber China eine Reihe anderer Beschwerdepunkte. Wir hoffen, dass es gelingen wird, diese Beschwerden auf dem Wege loyaler Unterhandlung gütlich beizulegen. Wir könnten aber nicht zugeben, dass sich in China die Ansicht festsetze, uns gegenüber sei erlaubt, was man sich anderen gegenüber nicht herausnehmen würde.“ Abgeordnete rufen im Saal: „Sehr richtig!“ und „Bravo!“ und Bülow ergänzt: „Wir müssen verlangen, dass der deutsche Missionar und der deutsche Unternehmer, die deutschen Waren, die deutsche Flagge und das deutsche Schiff in China geradeso geachtet werden, wie diejenigen anderer Mächte.“ Erneut gibt es Bravo-Rufe und der Redner stellt klar: „Wir sind endlich gern bereit, in Ostasien den Interessen anderer Großmächte Rechnung zu tragen, in der sicheren Voraussicht, dass unsere eigenen Interessen gleichfalls die ihnen gebührende Würdigung finden.“ Unterbrochen von einem *Bravo!* sagt der Außenamtschef: „Mit einem Worte: wir wollen niemand in den Schatten stellen – aber wir verlangen auch unseren Platz an der Sonne.“ Wieder kommt ein *Bravo!* und bestätigt, dass auch dieser Abgeordnete deutsche Außenpolitik so versteht, dass Interessen anderer Mächte geachtet werden müssen, dass aber auch Deutschland seinen *Platz an der Sonne* beanspruchen soll. Am Ende der Rede stellt Bernhard von Bülow dar, wie er außenpolitisch in Zukunft herangehen will: „In Ostasien wie in Westindien werden wir bestrebt sein, getreu den Überlieferungen der deutschen Politik, ohne unnötige Schärfe, aber auch ohne Schwäche unsere Rechte und unsere Interessen zu wahren.“ Für seine Ausführungen erhält der Außenamtschef „lebhaften Beifall“.[20] In den folgenden Jahren wird unsere Handelsflotte ausgebaut, um auf dem Weltmarkt mehr abzusetzen. Zugleich wird eine Marine aufgebaut, um eine Unterbrechung der Handelslinien auf den Weltmeeren durch denkbare Seeblockaden zu erschweren. Bernhard von Bülow, inzwischen zum Reichskanzler avanciert, kann sich denken, „dass diese folgenschwere Verstärkung unserer nationalen Macht in England Unbehagen und Misstrauen hervorrufen“ wird. Er sieht, dass sich die Politik keines Staates auf der Welt so fest in traditionellen Formen bewegt wie die englische, und er ist absolut überzeugt davon, dass England „seine großartigen weltpolitischen Erfolge“ in erster Linie einer Politik verdankte, „die in ihren Endzielen und Grundlinien unabhängig vom Wechsel der Parteiherrschaft gewesen ist“.[21] Das Phänomen, das er hier nur beiläufig anspricht, sollten wir durchaus aufmerksam im Blick behalten, denn es berührt die Grundsatzfrage, ob wir es in England mit einer Demokratie zu tun haben oder ganz und gar mit einer mustergültigen Demokratie. Wenn Bernhard von Bülow die Szene richtig beurteilt, handelt es sich hier um eine gekonnt bespielte Bühne.

Wenn man von Geostrategie spricht, muss man nicht vorschnell an das Führen von Kriegen denken. Man kann auch die Heiraten seiner Kinder so organisieren, dass der eigene Einfluss wächst, oder man kann mittels kluger Vertragspolitik den Aufschwung des Landes fördern. So schließt Kaiser Wilhelm II. zum Beispiel mit Sultan Abdülhamid II. 1898 einen Vertrag über den Bau einer Bagdadbahn. Wenn jene Bahnverbindung in ein paar Jahren fertig ist, wird Deutschland einen eindeutig schnelleren Zugang zum Indischen Ozean haben als England. Um diesen strategisch wichtigen Schienenweg langfristig für den Import von Rohstoffen sowie für den Ausbau des Exports nutzen zu können, kann Deutschland nur an einer friedlichen Entwicklung in Europa interessiert sein. Immerhin hat es dann eine durchgehende Verbindung in nahe und ferne Absatzländer einfach auf dem Landwege. Davon kann Großbritannien nur träumen.[22]

England und die USA an der Jahrhundertwende

Die Insel im Atlantik, die durch die Außenpolitik der „Balance of Power“ immer von ihrem Status als Herrin der Weltmeere profitiert hat, gerät in der Zeit seit dem Jahre 1867 in wachsende Schwierigkeiten. Jahrelange Kriege und koloniale Abenteuer verursachten Ausgaben, die inzwischen nicht mehr durch Steuereinnahmen gedeckt werden. Hierdurch wächst die Staatsverschuldung. Großbritannien ist auch das einzige wirtschaftlich bedeutende Land der Erde, das sich mit einem rapide ansteigenden Handelsbilanzdefizit konfrontiert sieht. Das heißt im Klartext, dass man mehr konsumiert als man produziert. Im Jahr 1900 kann England zum Beispiel bloß noch Waren im Wert von 311 Millionen Pfund exportieren. Dem stehen Importe in Höhe von 547 Millionen Pfund gegenüber. Jenes Defizit von 236 Millionen Pfund in der Außenhandelsbilanz bedroht die Stellung des Inselreiches als Weltmacht. Wird es im neuen Jahrhundert in die wirtschaftliche und im Gefolge natürlich auch in die politische Bedeutungslosigkeit versinken? Chamberlains Reformen konnten es nicht richten und die Aufkündigung des Handelsvertrages mit dem Deutschen Reich 1897 konnte diesen Trend ebenfalls nicht stoppen. Es sind gerade die Importe aus Deutschland, die zu einem förmlichen Einbruch bei der Herstellung von Produkten geführt haben. Dies betrifft zum Beispiel die chemische Industrie. Noch dramatischer ist die Lage bei Lebensmitteln. Im Londoner Parlament wird das Kind ganz offen beim Namen genannt; wenn England die Importe nicht in der jetzigen Höhe garantieren kann, dann wird die Hälfte der Bevölkerung dem Hungertod ausgeliefert sein. Natürlich könnte man auf die Angebote aus Deutschland eingehen, die schon Reichskanzler Otto von Bismarck immer unterbreitet hat, doch es ist absehbar, dass England in einem derartigen Bündnis über kurz oder lang bloß noch der Juniorpartner eines Wirtschaftsgiganten sein würde. Die führenden Köpfe des gestandenen Weltreiches lassen es so weit aber nicht kommen. Man streut über die Presse, die praktischerweise in den Händen jener Engländer ist, die viel zu verlieren haben, gezielt Gerüchte über deutsche Kriegsabsichten, gegen die man sich wehren müsse – und begründet damit die Notwendigkeit einer Hochrüstung des Empires. An vorderster Front kämpft die Londoner Zeitung *The Times*.[23]

Auf halbem Weg zum anderen Ende der Welt in Richtung Westen haben sich in den vergangenen zwölf Jahrzehnten die Vereinigten Staaten zur erfolgreichsten Wirtschaftsnation auf dem „blauen Planeten“ gemausert. Doch Amerika war vor Jahrhunderten nicht das ersehnte Ziel der Reise von Christoph Kolumbus über den Atlantik. Seine Entdeckungsfahrt war nicht mit zwei Millionen spanischen Maravedis finanziert worden, weil man die Wälder der Appalachen oder die Zelte der Indianer bewundern wollte. Man war damals in See gestochen, weil man teilhaben wollte am Reichtum Ostasiens. Die öde Landmasse auf dem Weg von Europa nach Asien, die für das gelobte Land gehalten wurde, bis sein Irrtum letztlich aufgefallen war, bietet auch weiterhin nicht genug Rohstoffe für die Entfaltung der Wirtschaft der USA. Diese leidet auch seit Jahren unter einer Weltwirtschaftskrise. Die USA hat es gerade in den Jahren 1894 bis 1897 voll erwischt. In den neunziger Jahren werden China und das spanische Kolonialreich von politischen Krisen heimgesucht. Im Chinesischen verbinden sich mit dem Begriff der Krise bekanntlich Gedanken wie *Gefahr* und *Chance* gleichermaßen. Aber die Krise, die ihr Land in jenen Jahren erschüttert, stellt für das *Reich der Mitte* nur eine Gefahr dar. Dasselbe gilt für das *Imperio español*. Für große Unternehmer in den Vereinigten Staaten aber ist das die große Chance. Wie eine Blutlache im Wasser die Haie anzieht, erregen die Unruhen auf den Philippinen und Kuba ebenfalls das Interesse von elitären Kreisen, da Kuba und die Philippinen auf einer gedachten Linie zwischen dem Nordatlantik und Ostasien liegen.[24]

Vom 16. bis zum 18. Jahrhundert haben die europäischen Mächte kaum genug produziert, um mehr als einen bescheidenen Handel mit anderen Ländern aufzuziehen. Aber gegen Ende des 19. Jahrhunderts benötigen die Industriestaaten mehr Arbeitskräfte, Rohstoffe, plus Märkte für ihre Überproduktion sowie weitere Möglichkeiten zum Investieren. Vorausschauende Strategen wie der frühere Präsident der *American Historical Association* Henry Adams oder auch der Historiker Foster Rhea Dulles, ein Cousin von John F. Dulles und Allen W. Dulles, verweisen nunmehr darauf, dass man sich durchaus auch jetzt schon Rohstoffvorräte für die Zukunft sichern müsse, selbst wenn sie in fernen Ländern tief unten im Erdreich vor sich hin schlummern, wo fremde Völker an der Oberfläche ihre Behausungen errichtet haben. Aber wen interessiert denn im Ernst so ein Haus oder ein Tempel, wenn sie auf Rohstoffen errichtet wurden, die eine Firma ausbeuten könnte? Die Vollendung des Traumes von der Schaffung einer Verbindung vom Nordatlantik bis nach Asien, ohne erst noch um die Spitze Lateinamerikas herumschiffen zu müssen, erfordert allerdings Häfen entlang der Schifffahrtswege, sowohl in der Karibik als auch im Pazifischen Ozean, und selbstverständlich einen Durchbruch in

Panama in Richtung Pazifik sowie ein Verteilerzentrum in Ostasien. Auf welche bessere Idee sind Menschen in solcher Lage je gekommen, als in den Krieg zu ziehen? Die militärische Lösung wird übrigens auch im Inland erwogen, um die Ordnung in den Städten und einzelnen Bereichen der Wirtschaft in den USA selbst aufrechtzuerhalten. Doch es wird bald auch in den USA klar, dass die demokratische Staatsform an sich immer stärker gefährdet ist, wenn man die vorhandenen sozialen Konflikte mit militärischer Gewalt zu bekämpfen gedenkt.[25] Das hindert natürlich die reichen Familien in den USA nicht daran, die Innen- genau wie auch die Außenpolitik ihres Staates trotzdem weiter zu Hebeln der Umverteilung des Reichtums in der Welt zu ihren eigenen Gunsten zu machen.

Der amerikanisch-spanische Krieg 1898

Nach jahrelangem Hin und Her entsteht unvermittelt ein Anlass für US-amerikanisches Eingreifen auf Kuba. Die Washingtoner Regierung entsendet das Schlachtschiff USS Maine zu einem *Freundschaftsbesuch* auf die Insel. Gut, die Spanier legen Protest ein; aber wenn die USA doch so gerne ihre Freundschaft bezeugen wollen – mit der spanischen Kolonie! Gleichzeitig wird allerdings die US-Flotte bei Key West im Bundesstaate Florida zusammengezogen und es werden Vorbereitungen zur Blockade der Insel vorgenommen. So soll den spanischen Truppen der Nachschub abgeschnitten und Verstärkungen sollen unterbunden werden. Um nicht als Aggressor dazustehen, verbietet der Kommandant der Besatzung, an Land zu gehen. Am 15. Februar 1898 kommt es auf dem Schiff zu einem *Terroranschlag*, bei dem 268 amerikanische Seeleute und Soldaten den Tod finden. Es sieht so aus, als habe eine Explosion im Inneren der *USS Maine* stattgefunden, doch nichts Genaues weiß man nicht. Vor der Aufklärung beschuldigt Washington Spanien der Täterschaft. Medienmogul William Randolph Hearst lässt in seinen Blättern gut Stimmung machen gegen Spanien, dem die USA im Rahmen ihrer territorialen Ausdehnung auf ein Vielfaches schon im Verlauf der letzten Jahrzehnte große Gebiete abnahmen. Der Schlachtruf in der Hearst-Presse lautet: *Remember the Maine, to hell with Spain!* – was so viel heißt, wie: Denkt an die Maine – Zur Hölle mit Spanien!“ Hearst weist den Korrespondenten Remington an, in Havanna zu bleiben und Bilder heranzuschaffen, damit er, Hearst, den Krieg heranschaffen kann: „Sie stellen die Bilder zur Verfügung. Ich liefere den Krieg." Auch Joseph Pulitzer gehört zu den medialen Scharfmachern gegen das europäische Imperium.[26] Dafür müsste man ihn aber bestrafen, sagen Sie? Nein, er war schon nach 1869 als Repräsentant der Republikanischen Partei im Repräsentantenhaus von Missouri, 1885 ist er in das Repräsentantenhaus der USA gewählt worden und wie man die USA kennt, wird er sicher bald einen Preis unter seinem Namen für den *Dienst an der Öffentlichkeit* stiften. Streng genommen fehlt da nur noch ein Preis für *Hintergrundberichterstattung*. 1898 und in den folgenden Jahren erobern die USA Guantánamo Bay auf Kuba, Puerto Rico, Samoa und Hawaii, Guam, Wake Island und die Philippinen sowie die Panama-Kanal-Zone und die Virgin Islands. Dabei übersteigt die Zahl der Opfer, die in Asien und Ozeanien zu beklagen sind, jene in der Karibik deutlich. Wer meint, Inseln am Rand der Welt hätten zu wenig Fläche, um die Eroberung wert zu sein, der denkt wie eine Landratte. Inseln, die sich um die Erdkugel verteilen, sind den Seemächten die Militärstützpunkte, von denen aus sie schnell mit Soldaten an jedem Fleck der Welt sein können. Der amerikanische Schriftsteller Mark Twain ist über das, was beispielsweise auf Kuba geschieht, entsetzt und kommentiert, Amerika sei ausgezogen, „um zu erobern, nicht um zu erlösen". Ein anderer Kritiker sagt, man habe die Staatsdoktrin der Freiheit verworfen und stattdessen die spanische Doktrin übernommen – Rassismus, Gewalt, Konzentrationslager, Folter und die autoritäre Herrschaft. Genau genommen ist das jedoch zu kurz gegriffen, denn was war denn die seit Ewigkeiten laufende Ausdehnung der *Zivilisation* in Amerika selbst anderes als Kolonisation dieser Gebiete? Die Vertreibung der indianischen Bevölkerung und ihre Konzentration in kaum bewohnbare Reservate verfolgte ja kein anderes Ziel, als diese Völker zu dezimieren. Erste Konzentrationslager in Asien werden auf den Philippinen im Jahr 1901 eingerichtet. Um der Kritik in den USA selbst zu begegnen, wird an der Sprache gefeilt. Imperialismus ist nicht mehr das Wort der Wahl. Stattdessen wird von einem *outward impulse* gesprochen, was man übertragen könnte mit „äußerer Anstoß"; das Wort *besetzen* wird ganz einfach ersetzt durch *befreien, erobern* ist von Stund an befrieden. Zu den schrecklichen Neuerungen der amerikanischen Außenpolitik, die man von den Spaniern abgekupfert hat, zählt das *Waterboarding* bei Menschen als Foltermethode. Die hinterlässt bei den Opfern zwar einen schweren Psychoknacks, ist aber später nicht vor Gericht beweisbar. Auch an dieser Stelle wird die Sprache missbraucht, um das Verbrechen gegen die Menschlichkeit harmlos klingen zu lassen. Die Folter wird dann euphemistisch *Water Cure* genannt. Was Soldaten im Namen Amerikas ausführen, nennen Kritiker in den USA eine „near-genocidal policy" – nahe am Völkermord. Damit den Soldaten trotz aller Kritik keine Zweifel an dem kommen, was sie fern der Heimat tun, wird wieder an der Sprache herumgebastelt. Die Oberflächenbewohner zu erobernder Länder werden als Niggers und Googoos, Kodiak ladrones und Gooks bezeichnet. Je tiefer es unter die Gürtellinie geht, desto besser ist es. Doch Ende gut, alles gut? Nach dem Amerikanisch-Spanischen Krieg von 1898 wächst der Handel der USA mit den Ländern in Asien und der Karibik beträchtlich. Das Geschäftsmodell USA ist neu erfunden und es ist ausbaufähig, denn die Welt ist größer als Kuba und Hawaii. Wer nach diesem Anlauf in Richtung Weltherrschaft noch von Isolationismus mit Blick auf die Außenpolitik der Vereinigten Staaten spricht, der hat wohl in diesen Jahren in die falsche Himmelsrichtung gesehen.[27] Amerika ist dabei, den Engländern die Weltherrschaft streitig zu machen.

Frankreich und Russland gegen England

Die herrschenden Eliten in Russland und Frankreich möchten England, wenn möglich, in den Staub demütigen, indem sie es zwingen, den Krieg zu beenden, den das dortige Königshaus gegen die Buren im Süden von Afrika führt. Dazu laden sie am Anfang des neuen Jahrhunderts nun die Regierung Kaiser Wilhelm II. ein. Man braucht sicherlich weder im Fall von St. Petersburg noch bei Paris davon auszugehen, dass es den Eliten dort ernsthaft darum geht, die Buren-Republiken zu retten. Wieder einmal ist es die Moral, die herangezogen wird, um die eigene Machtpolitik mit wohlklingenden Worten zu verkaufen. Doch das Letzte, woran dem deutschen Kaiser gelegen sein kann, ist eine derartige Intrige gegen die Weltmacht England. Deshalb informiert er London in einem Telegramm über das unsittliche Angebot und über seine ablehnende Haltung gegen die feindlichen Absichten in Paris und St. Petersburg. In London besteht jedoch weiterhin nicht die geringste Neigung, jetzt eine andere Haltung dem Deutschen Reich gegenüber einzunehmen. Das Telegramm unseres Kaisers Wilhelm II. verschwindet ganz einfach auf Nimmerwiedersehen in den Archiven von Windsor Castle.[28]

Das Öl des Orients und die Bagdadbahn

Als hätte sich alles gegen England verschworen, werden in der Morgenröte des neuen Jahrhunderts in der Nähe der Stadt Mossul große Erdöllager entdeckt. Ansonsten wird Öl bislang bloß in Russland, in den USA und in Mexiko gefördert. Nun könnte man sagen, nichts wie hin und ran an die Buletten, wie der Berliner sagt. Aber die Fritzen machen natürlich einen Strich durch diese Rechnung. 1903 beginnen deutsche Ingenieure und Techniker Wilhelms Bagdadbahn zu bauen, und die Deutsche Bank hat sich als Gegenleistung die Rechte zur Ausbeutung der Bodenschätze etwa 20 Kilometer auf beiden Seiten der Bahnlinie gesichert. Diese Welt ist so groß, doch just in der Gegend lagert das schwarze Gold. Das ist der Lotto-Sechser für die aufstrebende Wirtschaftsmacht Deutschland. Nun wird es gesicherten Zugriff auf Ölvorkommen bekommen, die es kostengünstig auf dem Landweg in die Industriereviere zu Hause bringen kann und erweitert seinen wirtschaftlichen Einflussbereich in diese Richtung. Für England ist das der größte anzunehmende Unfall. Wird diese Bahnverbindung fertig gestellt, hat es noch nicht einmal mehr die Chance, an den Rohstoff im Osmanischen Reich wie gewohnt durch eine Eroberung heranzukommen. Man darf nicht annehmen, dass England bei dem Bau des Jahrhunderts untätig zusieht. Zu den eindrucksvollsten Maßnahmen darf man die völkerrechtswidrige Blockade über Alexandretta zählen. So soll die Anlieferung der Baumaterialien unmöglich gemacht werden. Sie verzögert zwar den Bau, kann ihn aber nicht verhindern. Dabei ist ohnedies alles schlimm genug. Die deutsche Schwerindustrie ist mittlerweile zur leistungsfähigsten in Europa geworden. Deutsche Konzerne fördern mehr Kohle, schmelzen mehr Roheisen und erzeugen mehr Rohstahl als Frankreich und Großbritannien zusammen, und neben Russland verfügt Deutschland in Europa über die größten Kohlevorkommen. [29] Was tun?

Halford John Mackinder und die Herzland-Theorie

In einem Saal der 1830 gegründeten *Royal Geographical Association* zu London hält 1904 Sir Halford John Mackinder, der den Vorsitz der Einrichtung innehat, einen Vortrag, der Großbritannien in seiner Insellage in einen beeindruckend großen erdkundlichen und auch geschichtlichen Rahmen stellt. Der 43-jährige Professor stellt eingangs den Gedanken in den Saal, dass Historiker, die in der fernen Zukunft auf diese Zeit zurück blicken, die 400 Jahre bis 1900 vielleicht als das Zeitalter des Kolumbus bezeichnen werden. In dieser Ära haben kühne Seefahrer die große Welt für die Europäer erschlossen. Sie entdeckten kleine und größere Inseln, ja ganze Kontinente wie Amerika und Australien. Mackinder erklärt, es sei nun so einigermaßen die gesamte Erdoberfläche in Besitz genommen worden. Das klingt, als habe in den von Europäern erspähten Arealen in der Zeit davor niemand gelebt, als habe herrenloses Buschland letztlich doch noch seinen Herrn und Meister gefunden. Da gibt es keine Spuren von schlechtem Gewissen darüber, dass Europäer die Bevölkerung jener Länder um Freiheit und Kultur geprellt haben. Mit dem angebrochenen 20. Jahrhundert sieht er eine neue Zeit aufdämmern, in der es nur noch durch Kriege zwischen mehr oder weniger zivilisierten Mächten zu einer Neuverteilung der Besitzstände kommen könne. Aber warum soll es nun eigentlich zum Umverteilen kommen? Hatte Englands König noch nicht genug abbekommen vom großen Kuchen? Professor Mackinder erklärt, dass man die bewohnbaren Gebiete der Erde im Prinzip als zwei größere Segmente betrachten kann. Da gibt es ein eurasisches *Herzland* von den Steppen der Mongolei bis in die weiten Ebenen Russlands hinein auf der einen Seite und rundherum gibt es einen Gürtel von Inseln wie England, Amerika, Süd-Afrika, Australien und Japan. Zu diesen Inseln zählt nach dem Dafürhalten des Experten auch West-Europa, in das immer wieder asiatische Nomaden eingefallen seien. Dieser Wissenschaftler, der jahrelang bereits bemüht ist, sein Fach, die Geografie, als eine Wissenschaft zu etablieren, definiert dem staunenden Auditorium damit die Insel neu. Es bedarf nun keines umspülenden Wassers mehr, um Landflächen zur Insel zu erklären. Die Grenze zwischen dem *Herzland* und dem Westen Europas verläuft nach seiner Lesart wundersam genau entlang der Linie zwischen Russischem und Deutschem Reich – quer durch das ehemalige Polen hindurch. Um das zu verstehen, muss man Wissenschaftler sein.[30]

Sein Gedankenkonstrukt ist durchaus merkwürdig. So befindet er auch, dass „die einzige Geschichte, die zählt, jene der Rassen ist, die rund um das Mittelmeer und in Europa leben“. Der Knackpunkt der Theorie kann an der Stelle gesehen werden, dass damit Westeuropa zwar dem hiermit postulierten *Herzland* kulturell überlegen sei, dass die *Wildnis* im Osten jedoch durch die Ausdehnung und die territoriale Geschlossenheit in der Perspektive der Inselwelt rundum überlegen sein werde. War nicht auch Deutschland vor wenigen Jahrzehnten noch ein Agrarland, das sich bei Industrieprodukten in Britannien eindecken musste? Um jenes von ihm vorhergesehene Problem des angebrochenen Jahrhunderts deutlicher zu machen, verweist er auf das Bevölkerungswachstum und die Landfläche seiner Problemzone im Osten und der übrigen Erde. Auslöser für dieses Kippen der Verhältnisse war nach seiner Wahrnehmung der Ausbau der Transsibirischen Eisenbahn, dem seiner Meinung nach bald ein Netz an Schienensträngen auf dem asiatischen Kontinent folgen wird. Wenn der Aufstieg der Staaten dort, Chinas, Russlands und anderer Länder in dem *Herzland* zu wirtschaftlichen Rivalen für England und Amerika hundert Jahre hinausgezögert werden kann, dann wäre das doch durchaus schon ein einigermaßen großer Erfolg. Weiter erklärt er: „Die Landmasse vom Russischen Reich bis in die Mongolei ist so riesig und sein Potenzial an Bevölkerung, Getreide, Baumwolle, Energieträgern und Metallen ist so unfassbar groß, dass es unausweichlich ist, dass eine riesige wirtschaftliche Welt sich dort mehr oder weniger eigenständig entwickeln wird und nicht zugänglich sein wird für den Handel über die Weltmeere.“ Er sagt, Russland ersetze inzwischen das Reich der Mongolen von einst und im großen Maßstab betrachtet, nehme Russland jene zentrale strategische Position ein, die Deutschland in Europa innehabe. Weil das Manuskript der Vorlesung wenig später dem Londoner Außenministerium vorliegen wird, ist seine Schlussfolgerung schon wichtig: „Das Kippen der *Balance of Power* zugunsten des Herzlandes, das mit der Ausdehnung über seine bisherigen Grenzen einherginge, würde es ihm erlauben, die Ressourcen eines gewaltigen Kontinents zu nutzen für den Flottenbau und damit ist für sie das Weltreich in Sicht. Das könnte geschehen, wenn Deutschland sich mit Russland verbündet." Ein Zuhörer ergänzt das so: „Ich glaube, dass ein Inselstaat wie unserer in der Lage ist, die Balance zwischen den zersplitterten Mächten, die es auf dem Kontinent gibt, zu halten, wenn es seine Seemacht erhält, und ich glaube, dass dies die historische Funktion Großbritanniens ist, seit Großbritannien ein Vereinigtes Königreich ist."[31] Vielleicht noch ein Wort zu der Rolle, die Professor Mackinder den Ländern rund um seine Problemzone zugedacht hat. Frankreich, Italien, Ägypten, Indien und Korea sollen Brückenköpfe werden, die es den Seemächten ermöglichen, mit Kriegsschiffen Armeen auf dem Festlande zu unterstützen, um das Herzland zu zwingen, Landstreitkräfte aufzubauen und um auf diesem Weg zu verhindern, dass es seine gesamte Macht auf die Stärkung seiner Marine konzentrieren kann. Ob der von ihm für die Zukunft prognostizierten Gefahr vertritt er die Ansicht, dass Frankreich eine Allianz mit den Seemächten eingehen solle, wie er in der Vorlesung vor der Königlichen Geografischen Gesellschaft am 25. Januar im Jahre 1904 ausführt.[32]

London schließt mit Paris eine Entente Cordiale

Welche Vorstellungen haben Sie eigentlich von einem Liberalen? Sehen Sie sich zum Beispiel einmal die Gesichtszüge von Edward Grey an. Gut, der Mann ist Brite, da erwartet man sicher nicht gerade die afrikanische Herzlichkeit. Aber er ist schon ein harter Vertreter des Imperialismus in Großbritannien, dem man getrost alles zutrauen darf. Stellen wir uns für einen Moment vor, er würde das von Herrn Professor Mackinder vorgeschlagene Bündnis mit Frankreich umsetzen sollen. Gut. Aber wird man in Paris nicht auch ins Grübeln kommen, wenn einem der alte Erzfeind, weil härtester Konkurrent Frankreichs auf einmal *Herzlichkeit* anbietet? Engländer und Franzosen sind sich nämlich bloß einig im Kampf gegen das Deutsche und das Russische Reich. Ansonsten herrscht unter ihnen der Geist einer tausend Jahre alten Erbfeindschaft. In jener Melange der Gefühle schließen sie am 8. April 1904 eine *Entente Cordiale,* also eine *herzliche Vereinbarung*. So viel Zufall aber auch; etwa drei Monate nach Mackinders Vorschlag wird das weitere Vorgehen der Londoner Außen-

Edward Grey

politik nach diesem Fahrplan ausgerichtet. Es wird Sie also nicht übermäßig erstaunen, dass von dieser Agenda hier häufiger die Rede ist. Wer noch so ein Goldstück findet, soll es zeigen. Niedlich ist auch, wie einer der großen Akteure in London einerseits erklärt, dass er sich den Fahrplan nicht selbst ausgedacht hat, und andererseits heftig bestreitet, dass solch eine Richtschnur überhaupt existiert. Ein paar Jährchen später erklärt der Außenminister des Königs von England Edward Grey, der dann schon zum Lord erhoben worden sein wird, dem Fußvolk: „Ich vermute, dass man bei dieser, wie bei den meisten Untersuchungen der britischen Außenpolitik, den wahren Grund nicht in Weitsichtigkeit oder großzügiger Konzeption finden wird."[33] Wie möchte er die Tiefstapelei glaubhaft machen? Da sagt er: „Ein Minister, der mit der Verwaltung eines großen Amtes belastet ist, wird wohl oft staunen, wenn er liest, welch sorgfältig ausgearbeitete Pläne und tiefe, geheime Beweggründe ihm Tadler oder Bewunderer unterschieben. Zuschauer, die keine Verantwortung tragen, haben Zeit zum Erfinden, und sie schreiben Ministern viele Dinge zu, zu deren Ersinnung diese keine Zeit haben, selbst wenn sie die Intelligenz und Fähigkeit dazu besäßen. Wenn alle Geheimnisse bekannt wären, so würde man wahrscheinlich entdecken, dass die britischen Minister des Äußeren sich nur von den nächsten Interessen des Landes leiten ließen, ohne mühsame Berechnungen für die Zukunft anzustellen. Ihre besten Eigenschaften sind eher negative als positive gewesen." Das würde beim außenpolitischen Vordenker für eine jahrhundertealte Weltmacht sicher auch kein Mensch anders erwarten. Und dann: „Sie führten keine scharfen Wendungen oder rasche Frontwechsel aus und waren nicht geneigt, Hader und Unheil unter andern Nationen zu stiften, oder im Trüben zu fischen, denn ihr Instinkt sagte ihnen, dass Frieden und Stabilität in Europa die besten Bedingungen für das Gedeihen des britischen Handels seien." Was dieses Credo angeht, man habe nicht Hader und Unheil unter anderen Völkern stiften wollen, stellt sich die Frage, was denn sonst die Grundlage der Doktrin der „Balance of Power" gewesen sein könnte. Von zwei rivalisierenden Mächten wurde die schwächere der beiden unterstützt, so dass die stärkere von beiden nicht in die Verlegenheit kam, den Briten das Wasser reichen zu können. Wasser hatten die Briten auf der Welt wirklich genug. Weiter meint er: „Im Allgemeinen schraken sie davor zurück, sich für Möglichkeiten, die in der Zukunft lagen, bloßzustellen und Erwartungen wachzurufen, die sie vielleicht nicht imstande waren zu erfüllen. Auch sagten sie meistens nicht mehr, als was sie wirklich meinten. Im Großen und Ganzen war dem Britischen Reich mit diesen Methoden gut gedient. Jedenfalls wurde es dadurch vor den großen, unheilvollen Fehlern bewahrt, wie sie oft ein großer Denker macht, der zu weit voraus und – falsch rechnet."[34] Allein die Wortwahl strömt doch schon schlechtes Gewissen ohne Ende aus und den Seitenhieb auf Otto von Bismarck am Ende kann er sich ja auch nicht verkneifen – oder fällt Ihnen ein weiterer Kandidat ein, den er vielleicht mit dieser süffisanten Anspielung gemeint haben könnte? Will er dem Publikum hier im Ernst weismachen, dass weder er noch seine Vorgänger einen Plan hatten, was sie eigentlich tun? Es ist ja unwahrscheinlich, dass es den Briten zufällig gelungen ist, ein weltumspannendes Reich zu errichten, ohne zu wissen, wie man die ortsansässigen Völker gegeneinander ausspielt. In der Rede gibt es freilich ein Argument, das stichhaltig wirkt, das sich jedoch selbst aushebelt. Er sagt, Frieden und Stabilität in Europa seien die besten Bedingungen für das Gedeihen des britischen Handels. Doch korrekt ist in der Tat, dass der Anteil des Britischen Reiches am gesamten Welthandel im Zeitraum von 1867 bis 1893 von 24 Prozent auf bloß noch 18 Prozent gesunken ist. Somit sind Frieden und Stabilität in Europa auf die Dauer gerade nicht erstrebenswert für Großbritannien.[35]

Jüdische Bankiers und deutsches Wirtschaftswunder

Professor Mackinder entwickelt übrigens auch eine Idee, wie man Sand ins Getriebe der deutschen Fortschrittsmaschine streuen könnte. Scharf analysiert er, wie es Reichskanzler Otto von Bismarck gelungen war, die bescheidenen Möglichkeiten der vielen kleinen Handwerksbetriebe und Fabriken in den vielen deutschen Landfetzen zu großen Akteuren in der Welt zu machen, wobei Prof. Mackinder sicherlich nicht der erste kluge Kopf ist, der auf den Gedanken verfällt. In einer Zusammenfassung der wichtigsten Maßnahmen listet er auf, die Eisenbahnen seien vom Staate aufgekauft und bevorzugt behandelt worden, die Banken seien unter die Kontrolle des Staates gebracht worden durch den Erwerb von Aktienanteilen und für den Aufbau der Industrie seien Kredite zur Verfügung gestellt worden. Überdies seien internationale Großbetriebe auf die Beine gestellt worden, was im Wesentlichen möglich geworden sei mithilfe der jüdischen Bankiers in Frankfurt am Main. Dass die Juden aus dem Verkehr gezogen gehören, wenn man Deutschland wirtschaftlich abhängen will, hatte schon Houston Stewart Chamberlain erkannt, der 1899 seine antisemitische Publikation *The Foundations of the Nineteenth Century* auf den Markt brachte, welche im Deutschen Reich im Erscheinungsjahr des britischen Buches natürlich bereits unter dem Titel *Die Grundlagen des neunzehnten Jahrhunderts* auf Deutsch erschien. Hoffentlich leben im Deutschen Reich nicht nur fleißige, sondern auch kluge Leute, sodass sie verstehen, dass es sich bei dieser Hetzschrift um den billigen Versuch handelt, den Deutschen die Grundlage ihrer Erfolge madig zu machen.[36]

Mackinder weiß ziemlich genau, welche Bedeutung die Juden haben für den Aufstieg des Deutschen Reiches zu einem ernsten Konkurrenten des *Empires* der Briten. Das wirtschaftliche Eindringen Deutschlands in die Zentren der Weltwirtschaft führt Mackinder in nicht geringem Maße – oder wie er sich ausdrückt, *in no small measure* – auf die Möglichkeiten der Juden zurück. Juden, die sich ja nicht an ein Heimatland gebunden fühlten, dafür aber klug, *brainful*, seien, hätten sich der internationalen Tätigkeit verschrieben.[37] Wer war denn nun der strategische Vordenker, der auf die Idee gekommen war, einen Keil zwischen die Juden und die Deutschen zu treiben und die Juden vor den Karren der Interessen des *British Empire* zu spannen? Houston Chamberlain war ja auf gar keinen Fall der erste Brite, der darin gut war, Hass zwischen uns zu bringen. In den 1880er Jahren war in England schon die Hetzschrift *Protokolle der Weisen von Zion* in Umlauf gebracht worden, die vorgab, einen Plan der Juden zur Erringung der Weltherrschaft zu dokumentieren. Wenn diese Planung aber derartig geheim war, dann müssten die angeblich an dem *Meeting* beteiligten Juden mit einem Klammerbeutel gepudert gewesen sein, wenn sie davon ein einziges Protokoll angefertigt hätten. Da wäre die Gefahr der Aufdeckung durch einen Unbefugten zu groß gewesen.[38] Der Weg zur Weltherrschaft, der beschrieben wird, passt allerdings sehr genau zu den Möglichkeiten Englands: London ist verdammt lange der

Finanzplatz Nummer eins in der Welt und es ist auch nicht zu erkennen, dass sich das in absehbarer Zeit ändern wird. Hier haben sie das Kleingeld übrig, mit dem man Unruhen in andern Ländern inszenieren kann, die als Betriebsunfälle der Geschichte oder als nationale Katastrophen in die Annalen der einzelnen Völker eingehen. Clever ist auch jene Idee, in dieses und jenes Finanzhaus, entgegen der antisemitischen Tradition in England, Juden hineinzunehmen, und dann aus dem Hinterhalt heraus inkognito mit dem Finger auf sie zu zeigen. Dasselbe hinterhältige Spiel wird auch in den Zeitungen aufgezogen. Ausgerechnet Juden werden als Redakteure beschäftigt und haben schön auf der Linie zu schreiben, die die jeweiligen Eigentümer in ihren Zeitungen zu finden wünschen. Was werden sie schreiben dürfen und was wird veröffentlicht werden, wenn zum Beispiel ein David Harmsworth im Interview für den Pariser *Matin* äußerte: „Ja, wir hassen die Deutschen aufrichtig. Sie machen sich selbst in ganz Europa verhasst. Ich werde meiner Zeitung *The Times* nicht erlauben, dass sie irgend etwas veröffentlicht, was die Gefühle der Franzosen verletzen könnte, aber ich würde es nicht schätzen, irgend etwas zu drucken, was für Deutschland akzeptabel wäre."[39] Wenn das dann Hass in Deutschland schürt, wird er sich gegen die jüdischen Namen über den Artikeln richten. Wer wird denn wirklich nach den Briten fragen, die so eine Zeitung auf den Markt bringen? Oder mehr als bloß eine. Der eben zitierte David Harmsworth ist zum Beispiel auch Herausgeber von *Daily Mirror, Daily Express, Evening News,* sowie des *Weekly Dispatch.* Sein Werk sind auch *Daily Graphic* und *Daily Mail.* Sollten sich Redakteure nicht an die Vorgaben halten, werden sie auf die Straße gesetzt. Da steht die Theorie gegen die Praxis – die betonte Pressefreiheit gegen den real existierenden Kapitalismus. Zu jenen, die ihre antideutsche Hetze in die Zeitungen bringen können, zählt beispielsweise auch Lord Alfred Milner und der ist definitiv kein Jude. Auch Lord Milner legt selbst fest, was in der Zeitung stehen darf und was nicht. Es heißt, dass Lord Milner ganz persönlich Redakteure entlassen hat, wenn die sich seinem Diktat nicht unterordnen wollten. Und die Zeitungen sind um 1900 herum ja bereits international vernetzt, sodass die Milner Gruppe durchaus erheblichen Einfluss auch auf die deutsche Presse hat. So erklärt sich die Besetzung von Posten in den Redaktionen durch Juden und die Richtung der veröffentlichen Meinung auch ohne die Unterstellung einer jüdischen Weltverschwörung. Es liegt einfach nicht im Interesse der Juden, wenn diese sich in ihren Heimatländern den Teppich unter den Füßen wegziehen.[40]

Auch Deutschland muss in einem Krieg untergehen

Kommen wir also zurück zu jenen Engländern, die um ihre Stellung und Macht in der Welt fürchten und nunmehr die Weichen auf Krieg stellen. Unter Premierminister Arthur James Balfour wird das inzwischen neun Jahre alte *Defence Committee* am 4. Mai 1904 umgewandelt; es heißt ab diesem Tage *Committee of Imperial Defence*. Zum Ersten Sekretär wird Sir George Clarke gemacht. Maurice Hankey, der diese Position ab 1912 innehaben wird, berichtet später, wie hier alles anfängt. Der Krieg gegen Deutschland wird in einer ersten Phase 1904 angedacht. In London wird geplant, jetzt gegen die deutsche Flotte genauso vorzugehen wie hundert Jahre zuvor gegen die dänische. Der Auslöser wird ein Angriff russischer Schiffe auf drei englische Trawler am 22. Oktober 1904. Dabei wird eins der Schiffe versenkt und einige englische Seeleute kommen ums Leben. In London wollen Militärs dies zum Anlass nehmen, um nunmehr einen Krieg gegen Russland zu beginnen.[41]

Von den russischen Schüssen auf die englischen Trawler scheint der Zar so überrascht zu werden wie der Kopf des Vereinigten Königreiches und bringt den Zwischenfall in der Nordsee vor den *Ständigen Schiedshof* in Den Haag, nachdem er dem König in London in einem Telegramm sein Bedauern ausgedrückt und ihm hier eine großzügige Entschädigung zugesagt hat. Der Deutsche Kaiser zeigt sich befriedigt und erhofft sich von dort Aufklärung. Um zu verhindern, dass England Ernst macht und den Kaiser von Japan unterstützt, der seit Anfang 1904 Krieg um die Bodenschätze Sibiriens gegen den russischen Zaren führt, schickt Nikolaus ein Telegramm an den Kaiser in Berlin. Darauf antwortet Kaiser Wilhelm II. am 30. Oktober in einem Brief. Ihm ist völlig klar, dass Deutschland und Russland die Sorge vor einem Militärschlag durch die Briten verbindet. In Anlehnung an Bismarcks ausgeklügeltes Vertragssystem, das für das neue Reich schon über drei Jahrzehnte Frieden gebracht hat, wagt jetzt

Wilhelm II. einen weiteren Anlauf über Russland: „Ich habe mich sofort mit dem Kanzler in Verbindung gesetzt, und wir beide haben insgeheim – ohne sonst jemand davon zu unterrichten – die drei Vertragsartikel, wie Du gewünscht hast, entworfen. Es sei, wie Du sagst. Wir wollen zusammenhalten.“ Wenn das gelingt, ist erst einmal in Osteuropa Frieden für die Zukunft gesichert. Wilhelm sichert sich auch gegen unliebsame Eventualitäten ab, denn er möchte nicht über das Friedensbündnis mit Russland in Europa in die militärischen Auseinandersetzungen drüben am Pazifik einbezogen werden. „Das Bündnis würde natürlich rein defensiv sein und sich ausschließlich gegen einen europäischen Angreifer oder mehrere richten, in der Gestalt einer gegenseitigen Feuerversicherungsgesellschaft gegen Brandstiftung. Es ist sehr wesentlich, dass sich Amerika nicht durch unser Übereinkommen bedroht fühlt.“ Es geht hier offensichtlich um alles andere als um die Erringung der Weltherrschaft, sondern vielmehr darum, wie trotz jenes militärischen Zwischenfalls der Frieden in Europa erhalten werden kann. Im Brief findet man auch eine regelrechte Sensation, was die Aufrechterhaltung des Friedens zwischen Wilhelms Reich und Frankreich anbelangt. Über den Aussichten dieses Unterfangens gerät Kaiser Wilhelm geradezu ins Schwelgen: „Wenn Du und ich Schulter an Schulter zusammenstehen, so wird das hauptsächlichste Ergebnis das sein, dass Frankreich sich uns beiden offen und in aller Form anschließen muss und damit endlich seine vertraglichen Verpflichtungen gegenüber Russland erfüllt, was für uns vom größten Wert ist, besonders im Hinblick auf seine schönen Häfen und seine gute Flotte, die dadurch auch zu unserer Verfügung stehen würden.“ Dass er das nur als echten Schutz vor einem Angriff aus Großbritannien versteht, ist klar. Das geht sowohl daraus hervor, dass er es war, der den französisch-russischen Vorstoß gegen die Briten am Anfang des Jahrhunderts nicht zugelassen und London darüber informiert hat, als auch aus Wilhelms Bemühen um sorgfältige Wortwahl hier. Der Kaiser wünscht also lediglich, Frankreich, das ob des neuen Reichslandes Elsaß-Lothringen noch immer auf seinen Revanchekrieg hofft, auch wenn dort mehr Deutsche als Franzosen wohnen, über dessen Vertrag mit Petersburg zum dauerhaften Frieden in Europa zu verpflichten. Er berücksichtigt, dass Paris vorschnell die Londoner Interpretation des Zwischenfalls in der Nordsee übernommen hat, und fügt aus dem Grund hinzu: „Natürlich muss dieser lästige Zwischenfall in der Nordsee erst erledigt sein, ehe wir irgendwelche Schritte in dieser Frage unternehmen und an Frankreich herantreten können." Er benennt den Pferdefuß: „Sollten wir daher in dieser Frage einen Druck auf die Franzosen ausüben, so würden sie unzweifelhaft sich für die britische Seite entscheiden, also gerade das tun, was wir nicht wollen." Am Ende des Briefes heißt es: „Ich lege den Entwurf der Vertragsartikel, wie gewünscht, bei; möge er Deine Billigung finden; niemand weiß etwas davon, selbst nicht mein Auswärtiges Amt; Bülow und ich haben es persönlich besorgt." Als Kaiser und Kanzler die drei Artikel fertig haben, sagt Bernhard von Bülow: „Möge Gottes Segen ruhen auf dem Vorhaben der beiden Herrscher und die mächtige dreifache Gruppe Russland, Deutschland, Frankreich für immer Europa den Frieden bewahren helfen, das walte Gott." Auch dies zeigt, dass sich der Text nicht *gegen* Großbritannien richtet. In den folgenden Tagen treiben Wilhelm Zweifel um, ob nicht diese oder jene Formulierung ja doch noch präziser sein müsse, um tatsächlich jegliches vorstellbare Missverständnis auszuschließen. Letzten Endes schickt Wilhelm am 17. November noch einen zweiten Brief hinterher, in dem er noch einmal extra betont, ihn leite die Hoffnung, den aktuellen Krieg Japans gegen Russland auf das Gebiet an der östlichen Küste Russlands begrenzt halten zu können und ein Übergreifen auf Europa zu vermeiden. Für ihn zählt jedes einzelne Wort. Auf keinen Fall darf ausgerechnet dieser Vertrag zum Schutze vor Angriffen Großbritanniens auf Russland oder Deutschland den Vorwand für einen Krieg zwischen den europäischen Reichen bieten. Dem Vertrag wird am Ende durch die russische Regierung die Zustimmung verweigert.[42]

In der Zwischenzeit haben sie es sich in London aber schon anders überlegt. Das gekrönte Haupt Großbritanniens will sich Russland lieber erst einmal für eine Auseinandersetzung mit Deutschland warm halten. Das Russische Reich ist auch schon durch den Krieg mit Japan geschwächt. Deutschland hingegen steht im vierten Jahrzehnt einer friedlichen Entwicklung, die sich verdammt negativ auf die Auftragsbücher in England auswirkt. Damit ist die englische Qualitätspresse gefragt. Sie muss zügig wieder vom Hass gegen die Russen wegkommen und ihn umlenken auf die Deutschen. Dafür wird in die Berichterstattung über den Japanisch-Russischen Krieg eingegriffen. So wird ein Offizier engagiert wie Charles Repington, der weisungsgemäß über diese Kampfhandlungen berichten muss. Vom *Schreibtisch in London* aus. Damit gewährleistet man, dass die richtige Wahrheit in die britischen Zeitungen kommt. Dieses Modell empfiehlt sich zur Wiederholung, *wegen der Freiheit der Presse* und der Unabhängigkeit von unliebsamen Tatsachen. So soll den Briten untergejubelt werden, dass der Deutsche Kaiser ursprünglich überhaupt diesen japanisch-russischen Konflikt inszeniert hat, um den russischen Zaren, seinen Vetter Nikolaus, entscheidend zu schädigen. Zuerst setzt passenderweise die *Morning Post* diese Behauptung in die Welt und die Lügenmaschine zieht sich durch bis zu den Abendblättern. Charles Repington schreibt in *The Times* vom 18. Oktober 1904 sogar selbst. Es folgen auch Militärblätter und ziehen die Schlussfolgerung, die Auseinandersetzung müsse ohne Verzug zu einem Krieg gegen Deutschland genutzt werden, so zum Beispiel die *Army and Navy Gazette* vom 12. November 1904.[43] Es bleibt nur unklar, seit wann London Sympathien für den Zaren hegt. Dieser Gazette ist in diesen Tagen zu entnehmen, dass es keinen Zweifel darüber geben könne, dass die deutsche Flotte geschlagen werden muss, bevor sie stark genug ist, um England gefährlich werden zu können. Das heißt jedoch im Umkehrschluss, dass sie zur Zeit keine Gefahr darstellt. Man kann den Welpen auch rechtzeitig erschießen, weil er im Laufe des späteren Lebens jemanden beißen könnte. Dass es sich hier leider nicht lediglich um Schall und Rauch aus den Medien handelt, machen die aufgeflogenen Spionageaktivitäten wie in den Fällen Trench, Brandon und Stewart deutlich.[44] Es ist eindeutig, dass ein Krieg gegen die Deutschen in Vorbereitung ist. Die veröffentlichte Meinung in Großbritannien kann man sicher guten Gewissens als Propaganda im Dienste Seiner Majestät, des Kopfes des Vereinigten Königreichs von Großbritannien und Irland betrachten. Es gibt sie nicht – *the German menace*, die deutsche Gefahr.

Die ganze Nummer ist schrecklich verlogen, weil es England ist, welches seit Jahrhunderten ständig auf Raubzügen rund um den Erdball unterwegs war und sein Territorial-Portfolio auch in den letzten Jahrzehnten weiter gefüllt hat. Jetzt ist auf einmal die deutsche Flotte *the menace* –

wobei vernebelnd Äpfel und Birnen zusammengerechnet werden. Dabei kommt man auf eine Menge Obst. Deutschland hat Handelsschiffe und Kriegsschiffe, aber die deutsche Kriegsmarine kann zu keinem Zeitpunkt und bei keinem Rüstungsstand mit der britischen mithalten.[45] So ist das, und das ist den Eliten in Deutschland durchaus auch sehr wohl bewusst. Deutsche Politiker wie von Bülow und von Jagow sind ganz sicher, dass die Marine ausgebaut werden müsste zum Schutz deutscher Interessen. Mit dem Wachstum der Flotte des Deutschen Reiches wurde es am Ende des neunzehnten Jahrhunderts für die Briten immer aufwendiger, ihren *Two-Power-Standard* aufrechtzuerhalten, nach dem doch die englische Flotte stets stärker sein sollte als die zwei nächststarken Flotten anderer großer Reiche. Es ist freilich eine ungerechte Logik, wenn die englischen Sicherheitsinteressen berücksichtigt werden sollen und jene der anderen Länder nicht. Ein Pariser Politiker äußert 1904 zum deutschen Reichskanzler Graf von Bülow: „Sie werden Ihren Flottenplan nicht ausführen können, denn es wird nicht lange dauern, bis England Sie vor die Wahl stellt, entweder mit Ihren Schiffsbauten aufzuhören oder die englische Flotte auslaufen zu sehen." Gerade war er zu Gesprächen auf der Insel. Die britische *Army and Navy Gazette* beklagt sich im Herbst 1904, wie unerträglich es sei, dass England allein durch das Vorhandensein einer deutschen Flotte dazu gezwungen werde, Vorsichtsmaßregeln zu treffen. Drohend heißt es: „Wir haben schon einmal einer Flotte das Lebenslicht ausblasen müssen, von der wir Grund hatten zu glauben, dass sie zu unserem Schaden verwendet werden könnte." *Good bye, Copenhagen.*[46]

Gefährlich ist nur die deutsche Handelsflotte. Die deutschen Reedereien Hapag und Norddeutscher Lloyd zählen um 1900 herum zu den großen Schiffsversendern in der Welt. Das ist der Grund, warum England derart verbissen am Ausbau seiner Kriegsmarine herumwerkelt. Die deutschen Handelsschiffe sollen von den Fluten der Weltmeere geschluckt werden. An dieser Stelle lohnt sich wieder eine Anmerkung sowohl bezüglich der *jüdischen Weltverschwörung* als auch der Akzeptanz für Juden hier bei uns in Deutschland, wie sie sich seit Jahrzehnten eingebürgert hat, und die nach menschlichem Ermessen vermutlich auch so bleibt, wenn kein Fremder reinpfuscht und das Mittelalter wieder hervorholt. Die Hapag, von der gerade die Rede war, ist eine deutsche Reederei. Da wurde 1899 ein etwas mehr als vierzig Jahre alter Jude namens Albert Ballin wegen seiner fachlichen Fähigkeiten zum Generaldirektor. Ihm gelingt es, aus der Hapag die größte Schifffahrtslinie der Welt zu machen. Die Kunden sind in erster Linie Auswanderer, die nach Amerika ausreisen möchten. Wie zum Beispiel schon Benjamin Disraeli – Sie werden sich erinnern – englische Interessen engagiert vertreten hat, so vertritt Albert Ballin mit List und Härte deutsche Interessen. Ballin punktet mit Geschwindigkeit, Schiffsqualität und Pünktlichkeit und lässt amerikanische und englische Reedereien dumm im Regen stehen. In England ist man nicht amüsiert. Die Weltmeere hält man dort für erfolgreich erobertes Terrain.[47]

1905 schließt das Deutsche Reich eine Reihe von Handelsverträgen mit sieben Nachbarländern ab, die nach Professor Halford John Mackinders Auffassung dem Ziel dienen, die Länder in wirtschaftlicher Hinsicht abhängig zu machen. Das wäre kein Problem, wenn sie dadurch vom Reich der Briten abhängig würden wie bereits ein Viertel der Bevölkerung auf der Welt. Kritikwürdig ist, dass sie so von Deutschland abhängig werden sollen. Das Schlimmste ist, dass einer der Staaten, mit denen ein solches Abkommen unterzeichnet wurde, Russland ist, sein alter Alptraum vom Anfang des Jahrhunderts. Russland habe den Vertrag abgeschlossen im Angesicht revolutionärer Unruhen des Jahres 1905 und des Krieges mit Japan. Mackinder will gehört haben, deutsche Beamte hätten angeblich zehn Jahre lang an der sorgfältigen Ausarbeitung dieser Dokumente getüftelt, was er den Zeitgenossen als charakteristischen Auswuchs (oder mit seinen Worten als „a characteristic efflorescence of Kultur!“) dessen vor Augen führt, wozu deutsche Kultur fähig sei. In diesem Zusammenhang benennt er die besondere Fähigkeit zur Organisation im weitesten Sinne als eine ernsthafte Gefahr für die Rolle Englands als Nummer 1 in der Welt. Er schreibt, es sei nicht nur so, dass die wirtschaftliche Durchschlagskraft Deutschlands den Briten im Prinzip ihre Kernindustrien geraubt habe. In einer Welt, die zunehmend aktiv wird in industriellen Belangen, müsse dies Gegensätze hervorbringen. Großbritannien habe mit großem Aufwand verschiedene Bereiche der Industrie entwickelt und es habe nunmehr, nicht weniger als Deutschland, wie er anmerkt, Hunger nach der ganzen Welt als Markt für seine Produktion.[48] Die Briten haben nur heute schon einen großen Teil der Welt als Absatzmarkt und gönnen anderen Völkern nicht das Schwarze unter den Fingernägeln.

In Großbritannien wird danach wiederholt die Frage diskutiert, ob man dem Aufbau der deutschen Handelsflotte nur zusehen soll oder ob einer weiteren Vergrößerung nicht vorsichtshalber mit einem Präventivkrieg vorgebeugt werden müsste. Der Zivillord der Admiralität Arthur Lee erklärt zum Beispiel am 3. Februar 1905 bei einer öffentlichen Rede, man solle die Augen auf die Nordsee richten, die britische Flotte in der Nordsee sammeln und im Kriegsfalle „den ersten Schlag führen, bevor die andere Partei Zeit finden würde, in den Zeitungen zu lesen, dass der Krieg erklärt ist." Der *Daily Chronicle* bringt diese Idee unter's Volk: „Wenn die deutsche Flotte 1904 im Oktober zerstört worden wäre, würden wir in Europa für sechzig Jahre Frieden gehabt haben. Aus diesen Gründen halten wir die Äußerungen von Mr. Arthur Lee, angenommen, dass sie im Auftrage des Kabinetts erfolgten, für eine weise sowie friedfertige Erklärung der unwandelbaren Absicht der Herrin der Meere."[49] Hatten Sie eben Zweifel daran, dass sie in England die Weltmeere für ein von ihnen erobertes Terrain halten? Das steht sogar in der Zeitung. Und Friedenserhaltung als Rechtfertigung für einen Krieg ist so neu nicht. Aber weshalb sollen die Deutschen denn nicht bei Otto von Bismarcks Erkenntnis bleiben, dass sie nach der gelungenen Vereinigung des Reiches – seinem Baby – in Europa keinen Fuß aus dem Reich setzen dürfen, damit jenes Wunderwerk nicht zerbricht wie Glas? Derartige Meldungen tragen aber umgekehrt ganz bestimmt nicht dazu bei, dass Deutschland auf den Bau besserer Schiffe für die kaiserliche Marine verzichten wird. Dieses teure Wettrüsten geht also munter weiter.

Pazifisten wollen den Frieden erhalten

Im Alltagsgeschäft müssen sich Politiker immer wieder mit abwegigsten Geschichten auseinandersetzen, die irgendwelche Leute von der Straße in Szene setzen und dann darauf herumreiten. In solchen Fällen kommt es natürlich darauf an, dass man sich von derartigen unvorhersehbaren

Manövern nicht ablenken lässt, sondern sie gut einarbeitet in die eigene Planung. Ein Weibsbild, das seit Jahren schon für Schlagzeilen sorgt, ist nur einmal als praktisches Beispiel die böhmische Österreicherin Bertha Felicitas Sophie Freifrau von Suttner. Während sich der engste Kreis der reichen Elite in Großbritannien Gedanken macht, wie in Europa bessere Bedingungen für einen erfolgreichen Krieg gegen den Wirtschaftsriesen Deutschland geschaffen werden können, rennt sie durch diese Welt und nimmt an den verrücktesten Friedenskonferenzen und anderen lästigen Veranstaltungen teil, anstatt sich ganz banal und gottgefällig einfach nur um Haus und Hof zu kümmern.

Das Schärfste ist, dass sie jetzt ihre Wühltätigkeit schon in England betreibt, was zur Bildung eines *Anglo-German Friendship Committees* im guten alten London führt. Aber es sind mit Sicherheit die Richtigen, die das Komitee am 1. Dezember 1905 in der Caxton Hall gründen – es sind der Banker Lord Avebury und der Bankersohn und Königsberater Lord Courtney. Jetzt im Ernst: Welches Interesse sollten Herren *der* Couleur an der friedlichen Koexistenz mit dem erfolgreichsten Konkurrenten auf dem Kontinent haben? Wir sind doch nicht bei Wünsch-dir-was. Fakt ist nur dies: Englands Botschafter in Berlin und Deutschlands Botschafter in London unterstützen dies und es bleibt bloß zu hoffen, dass vielleicht wenigstens die Hälfte von ihnen das Anliegen von Herzen begrüßt. Frau von Suttner jedoch bekommt am 10. Dezember und damit ein paar Tage später den Friedensnobelpreis – als erste Frau, aber sie selbst hatte den Preis auch vor ein paar Jahren Alfred Nobel überhaupt erst eingeredet. Die Antwort aus Berlin lässt nicht lange auf sich warten. In Windeseile wird ein Treffen einberufen, um darüber zu beraten; aber dass Deutsche beim Organisieren Weltspitze sind, beklagt auch Professor Halford John Mackinder. Am 20. Dezember findet in Berlin das Treffen statt, auf dem erklärt wird, der künstlich geschaffene Antagonismus zwischen den zwei Völkern habe seine Wurzeln zumindest nicht in Deutschland. Hier habe man stets bevorzugt, England die Hand der Freundschaft zu geben. Am 21. Dezember 1905 spricht sich Englands neuer Premierminister Henry Campbell-Bannerman in der Londoner Albert Hall für eine Entwicklung besserer Beziehungen mit Deutschland aus. Er will keine neuen außenpolitischen Abenteuer. Na ja, der wird letztlich belogen und kaltgestellt. Solche Männer haben selbstverständlich in der Schaltzentrale der Macht im Herzen eines Imperiums nichts verloren.[50]

Durch Belgien nach Deutschland

Im riesigen und rohstoffreichen Kongo hat der König des winzig kleinen Reiches Belgien – klein aber seins – ein Terrorregime installiert, das er mit Erfolg vor den konstitutionellen Regelungen seines Reiches bewahrt und so ungebremst ausbeuten kann. Der amerikanische Meckermeister Mark Twain, auf den der König des Zwergstaates bedauerlicherweise gar keinen Einfluss hat, veröffentlicht im Jahr 1905 zu allem Überfluss noch das Buch *King Leopold's Soliloquy - A Defense of His Congo Rule*. Dort werden der Weltöffentlichkeit grauenvolle Menschenrechtsverletzungen bekannt gemacht. Im Deutschen Reich erscheint dieses Buch unter dem Titel *König Leopolds Selbstgespräch*. In England schreiben Kritiker wie Edmund Morel ebenso über die Vorgänge in jenem fernen afrikanischen Land. Einer der Briten lässt allerdings die Finger vom *Leopold-Bashing*. Es ist der englische Außenminister Edward Grey. Er braucht Belgien als Durchmarschgebiet für den Krieg gegen Deutschland. Aber einschlägige Gespräche über militärische Absprachen müssen wie schon mit Paris in in aller Heimlichkeit geführt werden. So eine Fühlungnahme muss auch nicht unbedingt über die Herren Botschafter in Paris oder Brüssel angebahnt werden. Deren schriftliche und mündliche Äußerungen werden ja protokolliert und werden womöglich Beweismittel für die Vorbereitung eines Angriffskrieges. Aber wie wäre es mit Charles Repington? Diesem Tausendsassa war es ja schon gelungen, vom Londoner Schreibtisch aus über den Japanisch-Russischen Krieg zu schreiben, was die Briten über diesen Krieg denken sollten. Repington kümmert sich fortan sowohl um die einschlägigen Kontakte mit Frankreich als auch um jene mit Belgien, das übrigens in den nächsten Jahren für vermeintlich wissenschaftliche Zwecke durch eine britische Kommission erkundet werden soll. Die Ergebnisse dieser verdeckten allgemeinen Landesaufnahme Belgiens, die von Ex-Pfarrer Ignaz Trebitsch-Lincoln geleitet wird, der den Liberalen beitritt, werden bald vier Bücher des *War Office* füllen.[51]

Andererseits ist es ja auch nichts überraschend Neues in der Geschichte, wenn wirtschaftliche Probleme mit Hilfe eines Krieges bereinigt werden. Dabei weiß der Geograf Mackinder noch am besten von allen, dass Seemächte wie England und Amerika einen strategischen Vorteil gegenüber den Landmächten haben: Ihre Flotten fahren hinaus aufs Meer und dort werden sie etwas erreichen oder auch nicht; die Landmächte haben tolle Heere aufgebaut und ausgerüstet, aber verfügen nicht über hinreichend viele Schiffe, um einer Flotte, in die alles hineingepulvert wurde, standzuhalten. Das bedeutet, dass sie nach dem Rückzug der fremden Flotten nur den Matrosen hinterherwinken können. Sie können sich höchstens verteidigen, aber eben nicht zurückschlagen. Nicht nur Premierminister Balfour, sondern auch der Erste Seelord Sir John Fisher wissen genauso gut wie Mackinder, dass ein Angriff auf Großbritannien nicht realistisch ist. Folgerichtig rät Fisher dem englischen König wie auch der liberalen Regierung, die nach Balfour ab Ende 1905 an der Macht ist, einen Vernichtungsschlag aus dem Nichts gegen die deutsche Flotte zu führen.[52]

Der Schlieffen-Plan für den Fall der Fälle

Die kritische Lage in Europa führt in Deutschland zu Gedanken darüber, wie man sich vielleicht gegen einen vereinten Angriff der Franzosen und der Russen auf das Deutsche Kaiserreich wehren könnte. Immerhin gibt es ja seit der Aufteilung Polens unter Russland, Preußen und Österreich keinen Pufferstaat mehr zwischen ihnen, und im Westen liegen Belgien, die Niederlande und Luxemburg zwischen Deutschland und dem kurzen Weg zwischen Preußen und Paris. Am Ende dieser ganzen Grübelei steht 1905 der *Schlieffen-Plan*, der besagt, dass man die Neutralität Belgiens ignorieren will, um in kürzester Frist Paris auszuschalten und sich dann gegen die russischen Truppen zu wenden. Doch Menschen sind, wie die Menschen eben sind, und jemand verrät den Plan 1906 für 60 Tausend Franc an Britannien. Mit jenem Hintergrundwissen ist der Stein des Anstoßes in London vorprogrammiert.[53] Ein Schachzug wie der Weg durch Belgien ist eben nur dann klug, wenn er nicht den Regeln widerspricht; sonst ist er einfach nur ein Schachzug. Am Rande: So wie man in Berlin den Schlieffen-Plan entwickelt, so hat auch Frankreich den Plan 17 und

Russland den Plan 19. In jedem Fall handelt es sich um Blitzkriegspläne, die aus der Angst vor einem langen Erschöpfungskrieg herrühren. Allen Seiten ist bewusst, dass die moderne Kriegstechnik viel größere Schäden herbeiführen kann, als man es aus früheren Kriegen kannte. Warten wir ab, wie der Begriff Blitzkrieg später interpretiert werden wird.

Londons Kriegsminister zu Besuch in Preußen

Im Frühjahr 1906 hat das preußische Kriegsministerium im guten alten Berlin für ein paar Wochen einen ganz ungewöhnlichen Gast. Es ist der englische Rechtsanwalt Lord Richard Burdon Haldane, der im Sommer fünfzig Jahre alt wird. Studiert hat er als junger Mann in Göttingen und in Edinburgh. Vielleicht ist bemerkenswert, dass er ganz ausgezeichnet Deutsch spricht. Seit dem Jahre 1885 ist er Abgeordneter der Liberalen Partei im britischen Unterhaus und setzte sich dort für eine Reform der britischen Universitäten nach deutschem Vorbild ein. 1895 gründete er die *London School of Economics* mit. Er zählt in London zur Gruppe der Imperialisten, denn er unterstützt, angeblich gegen seine Parteiführung, die Politik der konservativen Regierung im Burenkrieg. Seit 1905 ist der gute Mann englischer Kriegsminister und kommt nach Berlin, weil er in der Stadt an der Spree die Neuordnung des Heeres vorbereiten will nach preußisch-deutschem Vorbild. Wie dusselig und vertrauensselig sind die Deutschen eigentlich, dass sie dem englischen Kriegsminister persönlich den mehrwöchigen Studienaufenthalt in ihren heiligen Hallen erlauben? Wenn der Mister Minister das darf, braucht man keine Spionageabwehr mehr. Wenn jemand weitere Belege für die These sucht, dass Berlin mit London kooperieren möchte statt kriegerische Handlungen gegen Großbritannien zu unternehmen, der findet in Haldanes Besuch reichliches Futter. Spätestens ein Jahr später stellt sich ohnehin die Frage, ob man mit den Engländern nicht wirklich ein Stück weit vorsichtiger umgehen müsste. Da sendet Wilhelm Widenmann, der Marineattaché des Reiches in London, am 7. Oktober 1907 einen Bericht an Kaiser Wilhelm, in dem er darüber informiert, dass in England gerade Vorbereitungen getroffen werden für die Nutzung des Dampfers *Lusitania* als Hilfskreuzer. Aber ist die *Lusitania* nicht das riesengroße Passagierschiff auf der Linie von

Liverpool nach New York? Ja, genau dieses Schiff ist das. Das soll demzufolge so in Betrieb gehen, dass es für zivile sowie militärische Zwecke nutzbar ist – und Berlin weiß darüber im Herbst 1907 Bescheid.[54]

Von der charmanten Art Rohstoffe zu suchen

Während der Londoner Kriegsminister in Berlin das preußische Militär ausspioniert, ist der Großindustrielle Reinhard Mannesmann 1906 nach Afrika aufgebrochen und residiert für etwa ein Jahr als Gast am Hof des Sultans von Marokko. Dort versucht er den Herrscher zu umgarnen, auf dass dieser ihm sowie seinem Bruder Max Mannesmann relativ umfangreiche Konzessionen für den Abbau der reichen Eisenerzlager in diesem Land erteile. Um sie selbst zu nutzen hat Marokko gar nicht die Technik in der Hand. Fingerspitzengefühl und Diplomatie möchte man vielleicht bei einem Deutschen erst einmal gar nicht erwarten. Aber es gibt offensichtlich auch im Zeitalter des Imperialismus noch andere Wege als jene Masche, überall mit dem Knüppel draufzuhauen und ein Land nach dem anderen mithilfe seines Militärs zu unterjochen. Illusionen soll man sich jedoch keine machen – Pariser Diplomaten gelingt es, die Interessen der französischen Industrie zu verteidigen. Infolge der brisanten politischen Lage, die bei der Auseinandersetzung um Marokko entsteht und die das Deutsche Reich an den Rand eines Krieges führt, versagt das Auswärtige Amt den Mannesmanns zunehmend die Unterstützung. Die Diplomaten in Berlin halten sich seit Jahrzehnten an die Richtlinien, die Ex-Kanzler Otto von Bismarck aufgestellt hatte: In Europa darf es keine militärische Auseinandersetzung mit einem anderen Land geben.[55]

Die Yellow Press vergiftet das Denken

Der belgische Botschafter in London Charles Comte de Lalaing berichtet in einem Schreiben an seinen Außenminister in Brüssel M. Davignon zu den Gründen der unterkühlten Beziehung Englands zu Deutschland im Jahr 1907 folgendes: „Eine bestimmte Art der Presse, die hier als Yellow Press bezeichnet wird, ist in großem Maße verantwortlich für die Feindseligkeit, die zwischen den beiden Ländern zu beobachten ist." In dieser Denkschrift äußert er über David Harmsworth, den Herausgeber einiger Zeitungen in London: „Journalisten seiner Prägung, Verlage billiger und weithin gelesener Zeitungen, sind in der Lage, das Denken eines ganzen Volkes aus Jux und Tollerei zu vergiften." Lalaing weist deutlich darauf hin, dass die Zeitungen dabei nicht ihre viel beschworene Pressefreiheit ausschöpfen, sondern dass sie vielmehr im Sinne interessierter Gruppen auf Krieg einstimmen: „Es ist offensichtlich, dass die offiziellen Kreise in England in aller Stille eine feindselige Politik verfolgen, die auf die Isolierung Deutschlands abzielt und dass König Edward es nicht abgelehnt hat, seinen persönlichen Einfluss in den Dienst dieser Idee zu stellen."[56]

Die tödliche Umarmung für den Zaren

London holt nach Paris auch das Russische Reich 1907 mit hinein in das Boot. Es überrascht mäßig, dass dieser Schachzug nicht zum Wohle des Zaren ausgeführt wird. *Mastermind* Halford John Mackinder sieht jenes Problem ganz nüchtern: Großbritannien steht gegen Russland, weil das bedingt durch verwandtschaftliche Bande in der Herrscherfamilie „halbdeutsche Russische Zarenreich die dominierende und gefährliche Macht in Osteuropa und dem Herzland seit einem halben Jahrhundert" ist.[57] In der Tat überrascht ja lediglich, dass man in Petersburg nicht ins Grübeln kommt. Im Krimkrieg der 1850er Jahre hatte sich doch gezeigt, dass sie in London nicht darauf aus sind, das ohnedies bereits riesengroße Reich Nikolaus II. noch weiter zu stärken. Es ist beängstigend genug, dass Zar Nikolaus eine Bildungskampagne im Russischen Reich gestartet hat. Die Bevölkerung wächst sogar noch stärker als in Deutschland; das bedeutet über kurz oder lang, dass Russland unter Umständen sogar sehr schnell so viele Ingenieure und Wissenschaftler haben kann wie andere Länder in Westeuropa oder in Nordamerika.[58] Aber in Paris war man ja ob jener Avancen aus London auch nicht misstrauisch geworden. Der Gerechtigkeit halber muss man an dieser Stelle daran erinnern, dass Paris, genau wie St. Petersburg, erst vor sieben Jahren versucht hatte, sein Komplott gegen London zu schmieden, das bloß verhindert worden war, weil sich der Deutsche Kaiser nicht daran beteiligte. Das erklärt, warum man jetzt in London auch nicht übertrieben zimperlich ist, was nun letzten Endes das Schicksal Russlands und Frankreichs angeht. Wer alles zu verlieren hat, geht über Leichen, wenn etwas nur wie ein Rettungsanker aussieht.

Nachdem die *Triple Alliance* entstanden ist, geht es jetzt um den langen Atem. Jetzt mag die Welt sich weiter drehen, bis es zu einem Zwischenfall kommt, der alles mit sich in die Tiefe reißt. Der Rest wird sich dann ergeben. Bis dahin rüsten alle großen Reiche um die Wette. Alte Mächte wie England und Frankreich dichten dem ökonomisch prosperierenden Deutschen Reich an, es strebe *die Weltherrschaft* an, wie Reichskanzler Bernhard Fürst von Bülow festhält. Weltmacht sein und Weltherrschaft anstreben sind jedoch zwei Paar Schuhe. Dafür müsste es als rohstoffarmes Land den Kampf aufnehmen mit Reichen, die die x-fache Größe des Deutschen Reiches haben. Was die Unterstellung angeht, es strebe nach einer Weltherrschaft, muss man wissen: Was ich selber denk und tu, das trau ich auch den andern zu. Von Bülow ist der Meinung, dass ein Krieg in Europa „nach menschlicher Voraussicht eine gewaltig gesteigerte Erbitterung hinterlassen" wird. Er vertritt die Auffassung, dass unter den Trümmern eines solchen Krieges „moralische Eroberungen nicht leicht zu machen sein" würden.[59] Rückblickend verweist er auf eine Reihe von Kriegen, die seit der Reichseinigung 1871 geführt wurden und an denen Deutschland nicht teilnahm: „Deutschland hat die Teilnahme an keinem gesucht und allen Versuchen, in kriegerische Verwicklungen hineingezogen zu werden, kühl widerstanden." Nicht ohne Stolz vermerkt er, „dass noch nie in der Geschichte eine Waffenmacht von so überlegener Stärke wie die deutsche in gleichem Maße der Erhaltung und der Sicherung des Friedens gedient hat". Das erkläre sich weniger mit „unserer über jeden Zweifel erhabenen Friedensliebe", als damit, dass „andere Nationen die deutsche Abwehr eines etwaigen eigenen Angriffes fürchteten".[60] Gerade diese Verteidigungsfähigkeit hat vermutlich bisher Frankreich an später Rache für den Reinfall 1871 gehindert. Seit damals warten die Franzosen auf ihre Chance zu einer Revanche gegen die Deutschen.[61] Vermutlich ist es ebenso der militärischen Stärke der Mittelmächte zu verdanken, dass der Zar von Russland nicht schon längst versucht hat, sein Reich auf den Balkan auszudehnen.

Kaiser Wilhelm II. gibt ein Interview

Einen möglichen Ausweg aus der Bedrohung des Reichs von zwei Seiten sieht der Deutsche Kaiser in einem festen Abkommen mit England, das dort weiter nicht auf Gegenliebe stößt. In einem Interview, das im *Daily Telegraph* am 28. Oktober 1908 erscheint, wiederholt der Monarch sein Angebot an das Englische Königreich: „Was kann ich mehr tun, als ich schon getan habe? Ich habe mit altem Nachdruck in meiner *Guildhall-Rede*[62] erklärt, dass mein Herz auf den Frieden gerichtet ist und dass es einer meiner heißesten Wünsche ist, in bestem Einvernehmen mit England zu leben. Habe ich je mein Wort gebrochen? Falschheit und Ränke sind meinem Wesen fremd. Meine Taten sollten für sich sprechen, aber Ihr hört nicht auf sie, sondern auf die, die sie missverstehen und verdrehen. Das ist eine persönliche Kränkung, die ich als solche empfinde und die mir nachgeht." Wilhelm II. ergänzt: „Immer falsch beurteilt zu sein, zu sehen, wie meine wiederholten Freundschaftsangebote mit misstrauensvollen Augen nachgeprüft werden, stellt meine Geduld auf eine harte Probe. Ich habe immer wieder gesagt, dass ich ein Freund Englands bin, und Eure Presse, oder wenigstens ein beträchtlicher Teil von ihr, fordert das englische Volk auf, meine dargebotene Hand zurück zu stoßen, und redet ihm ein, dass die andere einen Dolch halte. Wie kann ich ein Volk gegen seinen Willen überzeugen?"[63]

Die Zeitgenossen könnten ja widersprechen, wenn sie in dieser Hinsicht vielleicht etwas einzuwenden hätten. Kritik hagelt es trotzdem von allen Seiten. In England geben sie sich indigniert darüber, dass der Kaiser auf den russisch-französischen Versuch zur Demütigung der Insel anspricht und darauf hinweist, dass er es war, der England seinerzeit in Schutz genommen hat. Aber es ist auch gar keine Frage, dass sie daran jetzt nicht mehr erinnert werden wollen, wo sie doch inzwischen eine gemeinsame *Entente* mit diesen beiden Ländern aus der Taufe gehoben haben. Man kann sicher so argumentieren, dass der Kaiser hier ein Staatsgeheimnis publik gemacht hat – aber wessen Geheimnis denn? *In Petersburg und in Paris* will man davon heute nichts mehr hören. Warum soll der Kaiser diplomatisch mit denen umgehen, die seinem Reich zunehmend feindlich gegenüberstehen? Diese englische Empörung hat einen zweiten sehr fragwürdigen Aspekt. Wenn es sich Großbritannien leisten kann, mit so großer Geste die Unterstützung Deutschlands gegen böse Feinde auszuschlagen, mit dem Hinweis, dass es sich ohne fremde Hilfe gegen jeden äußeren Feind verteidigen kann, dann heißt das im Umkehrschluss, dass Deutschland ebenfalls keine Gefahr für England darstellen kann, zumal London schon seit Monaten mit den zwei Ländern verbündet ist. Was in diesem Moment opportun scheint, um das Interview des Kaisers scharf zu kritisieren, nimmt den gleichzeitigen Behauptungen einer Bedrohung durch Deutschland und seine Kriegsmarine jede Grundlage. Erwähnenswert an den innerdeutschen Debatten erscheint nur das bittere Zerwürfnis zwischen Kaiser und Kanzler. Der Kaiser hatte den Text dieses Interviews dem Kanzler zur Kenntnisnahme überlassen und es ist eher nicht wahrscheinlich, dass dieser ihn nicht gelesen haben soll. Offenbar hat er ursprünglich nichts dagegen einzuwenden gehabt. Es spricht sicherlich Bände über Bernhard Fürst von Bülow, wenn dieser bestreitet, von dem Text gewusst zu haben, als die freien Meinungsäußerungen dem Kaiser fast den Thron kosten. Warum Wilhelm keine Chance hat mit dem Versuch, zu einer Verbesserung des Verhältnisses seines Reiches mit Großbritannien beizutragen, finden wir beim Mastermind britischer Außenpolitik Mackinder. Er schreibt (leider zu spät), dass England gegen das Deutsche Kaiserreich an sich ist, weil es im Rahmen der revolutionären Wirren in Russland 1905 vom Russischen Reich dessen führende Rolle im Osten Europas übernommen habe. Man befürchte, dass Deutschland anschließend die aufbegehrenden Slaven vernichten würde und sowohl Osteuropa als auch das Herzland insgesamt beherrschen. Das geht freilich gar nicht; das will Großbritannien schon. Das Deutsche Reich hätte dann vom Rhein bis China freie Hand für die weitere Entwicklung seiner Wirtschaft. „German Kultur" verbunden mit allem, was das hinsichtlich der ausgezeichneten Organisation aller Lebensbereiche bedeutet, würde die deutsche Oberherrschaft zur Skorpionenplage machen im Vergleich zu den Peitschen Russlands, also der erzwungenen Arbeit von Millionen von Menschen in den Gebieten unter der Knute des Zaren.[64] Er schreibt nicht, dass die Ausbeutung der abhängigen Gebiete der britischen Krone so ziemlich auf der gleichen Herangehensweise basiert wie die russische Manier. Offenkundig fürchtet Mackinder, dass die Völker Osteuropas im

Endeffekt gar nichts dagegen einwenden würden, wenn die Anwesenheit russischer Truppen danach durch ein leichteres Joch ersetzt würde. Die Idee vom Sozialstaat wurde eben in Deutschland geboren.

Mackinder hält den Crash für unausweichlich

Von irgendeiner Vorlesung vor einer Königlichen Geografischen Gesellschaft in England vor vier Jahren hat der Kaiser entweder nie erfahren – oder er maß ihr keine Bedeutung bei. Doch dort sagte Professor Halford John Mackinder bereits, dass ihm sowohl die Entwicklung in russischen Gefilden als auch im nicht mehr völlig taufrischen Deutschen Reich viel zu stürmisch voranschreitet. Seine Einschätzung der Perspektiven ist im abgelaufenen Zeitraum eher noch dramatischer geworden, denn gerade Deutschland setzt mit großer Geschwindigkeit dazu an, Großbritannien so allmählich wirtschaftlich in den Schatten zu stellen. In ökonomischen Belangen fürchtet Mackinder, Deutschland werde, wenn man nichts dagegen unternehme, der Staat der Staaten überhaupt werden. Er sieht im rasanten Wachstum in Deutschland nach der Vereinigung von 1871 den Triumph der Organisation, oder anders gesagt, den Erfolg des Denkens nach dem Motto: Wo ein Wille ist, ist auch ein Weg. Zu den Grundlagen der Erfolge zählt er auch die deutsche technische Ausbildung. Halford J. Mackinder sieht im Angesicht einer Geburtenrate von einer Million pro Jahr, also einer Million mehr geborener als gestorbener Deutscher, ganz ernste Probleme für die Zukunft voraus, weil sich alle Vorzüge Deutschlands damit in wenigen Jahren absehbar vervielfachen. Die Zeit, als die Leute vor Elend ausgewandert waren, ist auch vorüber. Er befindet, der Hunger Deutschlands nach Märkten sei „eine der furchtbarsten Realitäten in der Welt“ geworden. Ob Abnehmer in der Welt deutsche Produkte nun kaufen, weil sie billiger sind oder weil sie technisch besser sind, hat gleichermaßen negative Folgen für die britische Produktion. Er befindet, Briten und Deutsche fahren in Schnellzügen auf derselben Strecke, aber in entgegengesetzter Richtung. Wahrscheinlich ab ungefähr 1908 sei der Zusammenstoß unausweichlich. Es gebe da einen Moment, da Bremsen keine Chance mehr haben. Dann müsse es krachen.[65] Doch ganz so, wie Mackinder diese Angelegenheit darstellt, liegt sie nun auch wieder nicht.

Deutsche Pläne für das Bündnis mit Großbritannien sind fast so alt wie das vereinigte Reich. Schon Ex-Kanzler Bismarck meinte: „Wir wären ja gern bereit, die Engländer zu lieben, aber sie wollen sich nicht von uns lieben lassen."[66] Bernhard Fürst von Bülow, der seit dem Beginn des 20. Jahrhunderts Reichskanzler ist, sieht das Problem: „Solange wir zur See nicht verteidigungsfähig waren, konnten wir ein wirklich gutes und vertrauensvolles Verhältnis zur größten Seemacht nur haben, wenn wir auf den Ausbau unserer Flotte verzichteten. Wir hätten die weitere Entwicklung nicht nur unserer Kriegs-, sondern auch unserer Handelsflotte aufgeben und ein für allemal der Hoffnung entsagen müssen, im Überseehandel mit England in Wettbewerb zu treten." Es gibt zu denken, wenn das mit dem Mutterland des Kapitalismus nicht möglich ist. Was unsere Perspektiven anbelangt, erklärt er: „England zuliebe auf unsere Flottenpolitik zu verzichten, wäre die Bankrotterklärung Deutschlands als aufstrebende Weltmacht gewesen."[67] Was ebenfalls einen Vertrag mit dem *British Empire* zum Traum macht, sind einerseits das deutsche Streben nach eigenen Kolonien und andererseits Londons Doktrin der *Balance of Power*. Warum dürfte aber ausgerechnet Deutschland keine Kolonien haben, wenn selbst Mini-Staaten wie Belgien Besitzungen haben – und England allein in den Jahren seit 1871 sechsundzwanzig (!) neue Gebiete mit militärischer Gewalt in sein Territorial-Portfolio aufgesaugt hat?[68]

Die Strategie der Balance of Power

Wie verhindert die hinterlistige Doktrin der *Balance of Power* friedliche Kooperation? England tut sich immer mit einer schwächeren Macht zusammen, die willens ist, eine aufsteigende Macht zu bekämpfen, so dass jene nicht zum Konkurrenten für das Empire werden kann. Das aktuelle Beispiel ist Frankreich; Paris soll Berlin vom Baume holen. Unter dieser Prämisse kann das Empire also keinen Vertrag mit Deutschland wollen, mit dem man anerkennt, dass es *neben* Großbritannien eine ebenbürtige zweite Macht in Europa gibt. Wilhelms Reich macht sich also vergeblich Hoffnungen, es könne friedliche Beziehungen mit dem *Empire* vielleicht per Vertrag erreichen, wenn die gleichberechtigte Koexistenz überhaupt nicht dem Denkschema in London entspricht. Umgekehrt ist man in der deutschen Hauptstadt übrigens genau so vorsichtig. Kanzler von Bülow hat sich gemerkt: „Schon Machiavell empfiehlt, sich nicht an den Übermächtigen anzuschließen, denn dann sei man dessen Willkür anheimgegeben.“[69] Und so unrecht hat er ja auch nicht. Zwischen 1907 und 1909 schlägt London dem Deutschen Reich zweimal vor, ein Abkommen über die allgemeine Begrenzung des Kriegsschiffbaus zu unterzeichnen, unter der Voraussetzung, dass Großbritannien in dieser Hinsicht eine zahlenmäßige Überlegenheit zugesichert würde. Doch eine gerechte Sicherheit für beide Seiten sieht anders aus. Die Vorschläge der Briten sind ja auch nicht so vertrauenerweckend, wenn ihr Schatzmeister Lloyd George zum Beispiel am 29. April 1909 seine Rede über den neuen Haushalt mit den klaren Worten einleitet: „Dieses ist ein Kriegsbudget.“ Berlin lehnt diese beiden Vorschläge ab und begründet, Russland und Frankreich könnten ebenso gut das Reich auffordern, die Landstreitkräfte zu begrenzen. Die deutsche Hauptstadt Berlin bietet 1909 auch zwei Gegenvorschläge. Erst wird im April ein beiderseitiges Marineabkommen angeboten, vorausgesetzt, London übe „wohlwollende Neutralität“ für den Fall eines Krieges auf dem alten Kontinent. Nachdem das in London abgelehnt worden ist, wird im Dezember die Beschränkung der Tonnage der deutschen Kriegsflotte gegen ein britisches Neutralitätsabkommen vorgeschlagen. Diesen Gedanken lehnt man in London ebenfalls ab. Für London geht es ja auch keineswegs um *wohlwollende Neutralität* bei Auseinandersetzungen in Europa. Man möchte freie Hand haben und nach Bedarf eingreifen. Der britische Ratschluss lautet folgendermaßen: Die Produktion an Schiffen ist so auszubauen, dass für jedes einzelne deutsche Kriegsschiff zwei der perfektionierten britischen Zerstörer vom Typ *Dreadnought* – oder auf Deutsch *Fürchtenichts* – vom Stapel gehen sollen. Im Sommer beginnt der innere Zirkel der Macht mit der Erstellung eines *War Book* – streng geheim. Das soll das Drehbuch für den Krieg werden.[70]

Kaiser Wilhelm II. kommentiert die englischen Drohgebärden sportlich entspannt: „Wir leben einfach in Mitteleuropa und es ist ganz natürlich, dass andere, kleinere Nationen sich uns zuneigen. Dagegen protestieren die Briten, weil es ihre Theorie vom Kräftegleichgewicht völlig zunichte macht, das heißt ihr Verlangen, zu ihrem eigenen Vergnügen eine europäische Macht gegen die andere auszuspielen, und weil es auf die Vereinigung des Kontinents hinausläuft."[71] Ernst nimmt er die Sorge vor dem vereinten Europa nicht so recht. So lange liegt die französisch-russische Initiative gegen Großbritannien allerdings noch nicht zurück. Doch hier nennt Kaiser Wilhelm auch die Gefahr beim Namen: Europas Landkarte ist heute nicht mehr die eines Flickenteppichs, auf dem London mal dies und mal jenes Fleckchen gegen einen anderen Flecken unterstützt. Was soll das in letzter Instanz werden, wenn es London gelingt, die altgroßen Reiche der Franzosen und der Russen dieses Mal genau so auszuspielen aber gegen den neugroßen Brocken des Deutschen Reiches?

Eine unmoralische Politik

Arthur Balfour aus dem inneren Zirkel der Macht in London, er ist auch in irgendeiner Partei, sagt 1910 in aller Dreistigkeit zum Botschafter der Vereinigten Staaten von Amerika in Rom, dass sie in England die Flotte der Deutschen als ernsthafte Bedrohung ihrer eigenen Stellung auf dem Weltmarkt ansehen und ergänzt: „Wahrscheinlich sind wir Narren, dass wir keinen Grund finden, um Deutschland den Krieg zu erklären, bevor es zu viele Schiffe baut und uns unseren Handel wegnimmt." Daraufhin bekommt er eine passende Antwort von dem so angesprochenen Henry White: „Sie sind ein edel gesinnter Mann im Privatleben. Wie ist es möglich, dass Sie über eine so unmoralische Politik nachsinnen, einen Krieg gegen eine harmlose Nation zu provozieren, die ein ebenso gutes Recht hat, eine Flotte zu besitzen, wie Sie selbst? Falls Sie mit Deutschland zu konkurrieren wünschen, arbeiten Sie einfach härter." Balfour bleibt dem Amerikaner die Antwort auch nicht schuldig: „Das würde eine Senkung unseres Lebensstandards bedeuten. Da wäre es wohl einfacher für uns, einen Krieg zu führen."[72] Wenn man hinterher aber nicht Reparationen für die Kriegsschäden bezahlen will, darf es nur nicht so aussehen, als ob Großbritannien den Krieg eingefädelt hätte. Bestenfalls bleibt dann der Eindruck beim Beobachter haften, alle Seiten wären in eine kriegerische Auseinandersetzung wie die Schlafwandler hineingetorkelt.

Halford John Mackinder steigt in den Ring

Mag sein, dass ein strategischer Vorausdenker im Hintergrund eventuell sogar noch mehr Einfluss hat als andere im Rampenlicht. Wenn man es aber geschickt anstellt, kann er in einer Demokratie auch auf der Bühne gebraucht werden. Sir Halford John Mackinder, der im Jahr seiner Rede über die befürchtete rasante Entwicklung des *Herzlandes* zwischen dem östlichen Rand Asiens und der russisch-deutschen Grenze im Westen in der Hauptstadt zum Direktor der kürzlich gegründeten Londoner Schule für Ökonomie und Politische Wissenschaften berufen worden war, einer Einrichtung der *University of London*, widmete vier Jahre lang all seine Energie ganz der Verwaltung seiner Universität. Dort kann der Erfinder der *Herzland-Theorie* Talente suchen, die gegen die Überlegenheit einer chinesisch-mongolisch-russisch-deutschen Allianz gegenüber dem Rest dieser Welt außenpolitisch ankämpfen können. So geht er im Jahr 1910 als Abgeordneter der konservativen *Unionist Party* ins Parlament, wo er mit Schwung imperialistische Auffassungen vertritt und gleichgesinnte Politiker wie Leopold Stennett Amery und Alfred Milner um sich schart. Viscount Milner gründet wiederum gemeinsam mit einer ganzen Anzahl von Nachwuchspolitikern „Milners Kindergarten", aus dem die *Round-Table-Bewegung* hervorgeht. Dem sogenannten Kindergarten, der seine Bezeichnung offenkundig einem Sprachspiel mit dem Namen des geistigen Kopfes dieser Bewegung Halford J. Mackinder verdankt, sollten wir in den nächsten Jahrzehnten auf die Finger sehen, um zu studieren, wie die Herren langfristig die für notwendig gehaltene Strategie in der tagespolitischen Kleinarbeit in praktische Außenpolitik umsetzen.[73]

Lloyd George zwischen Pazifismus und European Crisis

In der schmucken Residenzstadt Potsdam finden 1911 deutsch-russische Verhandlungen über das Vordringen von deutschem Kapital hinüber in den Nahen Osten statt: Deutschland erklärt sich dort bereit, Österreichs Intrigen in Osteuropa Zügel anzulegen, wenn Russland seinerseits einwilligt, einer von Großbritannien angestifteten, feindlich gegen Deutschland gerichteten Politik keine Unterstützung zu gewähren. Unser Kaiser bekommt die Zusage für ein Stück Eisenbahn in Mesopotamien – doch nicht diese Neutralitätsgarantie. Die Schlinge für Deutschland zieht sich offenbar allmählich enger zusammen. Vor dem englischen Geldadel sagt Herr Schatzkanzler Lloyd George im *Mansion House* am 21. Juli 1911 in einem Vortrag: „Wenn uns aber eine Situation aufgenötigt wird, in welcher der Frieden nur durch Aufgabe der großen und wichtigen Position bewahrt werden kann, die Britannien in Jahrhunderten von Heldentum und Errungenschaften gewonnen hat, um Britannien behandeln zu lassen, als wäre es überhaupt nicht im Konzert der Nationen, dann sage ich mit Nachdruck, dass ich Frieden zu solchem Preis als eine unerträgliche Demütigung für ein Land unserer Größe nicht ertragen würde." Es lässt nichts Gutes für die Zukunft erahnen, wenn solch ein Standpunkt eines entscheidenden Mitgliedes der Regierung salonfähig ist. Die Brandrede des Londoner Schatzkanzlers soll gar nicht geheimgehalten werden; sie wird überhaupt ein Thema in England und weit darüber hinaus, weil die Rede am nächsten Tag in *The Times* durch einen Artikel unter dem Titel „The European Crisis" bekannt gemacht wird. Von eben diesem Redner und Scharfmacher Lloyd George steht in diesem Sommer im Deutschen Reich bezeichnenderweise eine Sammlung *pazifistischer* Reden aus dem renommierten Verlag von Eugen Diederichs zu Jena im Buchladen. Der deutsche Botschafter wird nach der Rede zum englischen Außenminister geschickt, um gegen die Kriegshetze zu protestieren, doch Grey weist ihn höhnisch zurück. Er entgegnet, er finde an den Ausführungen gar nichts auszusetzen. Aber selbst will er sich nicht in dieser Form äußern – sonst heißt es noch, das sei die offizielle britische Außenpolitik. Am 11. August 1911 beschließen die Herren im *Committee of Imperial Defence* die Anlandung von Interventionstruppen auf dem Kontinent. Das ist Londons Beitrag zur zweiten Marokko-Krise, in der man in Berlin mehr Einfluss in Afrika gegenüber Frankreich zu erlangen versucht. Ein Strippenzieher im *Committee of Imperial Defence* ist Viscount Reginald Esher. Wenige Wochen später schreibt die *Graue Eminenz* hinter den Kulissen über die Aktion: „Die bloße Tatsache, dass der Plan des Kriegsministeriums bis ins Detail hinein gemeinsam mit dem französischen Generalstab ausgearbeitet worden ist, hat uns gewiss zum Kämpfen verpflichtet."[74]

Es ist für London gar zu traurig, dass sich letzten Endes Berlin und Paris im Marokko-Kongo-Abkommen auf dem Verhandlungswege zu einigen vermögen. Bloß für den Frieden in Europa wird die Luft langsam dünn.

Marktwirtschaft kontra Imperialismus

Nach der Jahrhundertwende legt die deutsche Schwerindustrie ein noch schwunghafteres Entwicklungstempo vor. Bei Kohleförderung und Roheisenproduktion ist bis 1914 mit einer Verdopplung zu rechnen. Um auf lange Sicht neben den umfangreichen deutschen Vorräten an Steinkohle auch genug Eisenerz zur Verfügung zu haben, wollen sich Unternehmer der deutschen Schwerindustrie dauerhaft den Zugriff auf die ergiebigen Erzabbaugebiete in Frankreich sichern. Die Überlegung ist identisch mit der von Amerikanern wie Henry Adams oder beispielsweise auch Foster Rhea Dulles, John F. und Allen W. Dulles. Doch im Unterschied zu dem Ansatz, einen Terroranschlag zu inszenieren und dann mit Folter, Mord und Totschlag in die begehrten Zielgebiete einzureiten, um Zugriff zum Objekt der Begierde zu erlangen, beginnen Unternehmen der deutschen Schwerindustrie wie die Gelsenkirchener Bergwerks-Aktiengesellschaft, die Gutehoffnungshütte, der Thyssen-Konzern oder auch der Röchling-Konzern mit dem Aufkaufen von Anteilen von Bergbau- und Hüttengesellschaften in Frankreich. Finanziert wird das unter anderem auch von der Großbank „Disconto-Gesellschaft". Erfolgreich ist man vor allem im sogenannten Erzbecken von Briey in Französisch-Lothringen und in der Normandie. Anders als die Amerikaner werden die Deutschen so zu den Wegbereitern einer friedlichen Internationalisierung der Wirtschaft. In einer Denkschrift schreibt das Berliner Auswärtige Amt 1911, dass es das Ziel der beteiligten deutschen Konzerne sei, „die Bindung der gesamten wirtschaftlichen Stellung der französischen Eisen- und Stahlindustrie an Faktoren" zu realisieren, „die von Deutschland oder Belgien beherrscht werden". Führende Kreise Frankreichs widersetzen sich mit allen zu Gebote stehenden Fußangeln und Fallstricken des Protektionismus der beginnenden Globalisierung der Wirtschaft. Über die Boulevardzeitungen wird die Angst geschürt, dass Französisch-Lothringen beziehungsweise das Erzbecken von Briey schon „als künftige Siegerbeute Deutschlands" zu betrachten sei. Von Seiten der französischen Behörden, die eine wirtschaftliche Infiltration fürchten, werden den deutschen Konzernen aus „nationalen Gründen“ Barrieren errichtet, indem Behörden ganz einfach Genehmigungen und Konzessionen nicht erteilen oder ihre Erteilung so lange wie möglich hinauszögern. Daraufhin versuchen die interessierten deutschen Konzerne Einfluss zu gewinnen auf das Auswärtige Amt, um es dazu zu bewegen, dass es auf die aufgetürmten Hindernisse mit allen zu Gebote stehenden politischen Mitteln antworte. So machen es Unternehmer in Amerika bereits seit Jahrzehnten und man muss da gar keine neuen Maßstäbe moralischer Art eigens für das Deutsche Reich aus dem Boden stampfen, zumal es die deutsche Außenpolitik seit über drei Jahrzehnten *nicht* auf Krieg mit einem seiner Nachbarn anlegt. Der Weg der USA, die lediglich von Wasser umgeben ist und europäische Großmächte längst auf Armlänge fernhält, ist für Deutschland nicht gangbar, denn westlich und östlich seiner Grenzen lauern bis an die Zähne bewaffnete Truppen von Staaten, die nur auf die Gelegenheit zur Ausschaltung des Reiches lauern. So sind die Möglichkeiten der Deutschen auf friedliche Mittel begrenzt, selbst wenn sich dieser oder jener Hitzkopf eine andere Herangehensweise wünscht. Namhafte Politiker wie Matthias Erzberger oder Gustav Stresemann, setzen sich jetzt für die Wirtschaftsinteressen der Mannesmanns in Marokko vor dem Reichstag ein. Der „Alldeutsche Verband“, der das Großbürgertum vertritt, ruft frank und frei dazu auf, in Marokko *Lebensraum* zu erobern und das Land zu *germanisieren*. In Nordafrika kollidieren die Interessen der Deutschen aber weiterhin mit dem Anspruch der Franzosen auf die koloniale Herrschaft und es bleibt Angelegenheit des Auswärtigen Amtes, den Ambitionen der Heißsporne politische Zügel anzulegen.[75]

Die Haldane-Mission

In Vorgesprächen gelingt es dem geschäftstüchtigen Generaldirektor der Hamburger Schifffahrtslinie Hapag Albert Ballin, von dem hier ja schon gesprochen wurde, zusammen mit dem britischen Bankier Ernest Cassel 1912 *Talks* zum Bau von Schiffen an die Reichsleitung in Berlin heranzutragen. Kaiser Wilhelm II. lädt daraufhin den britischen Außenminister

Edward Grey nach Berlin ein. Wir wollen hier keine böse Absicht unterstellen, doch Grey folgt dieser Einladung nicht. Stattdessen wird ausgerechnet Londons Kriegsminister nach Berlin geschickt. Richard Haldane ist mit Deutschland bestens vertraut, hat er doch als junger Mann schon hier studiert und war 1906 als Kriegsminister auch bereits in Berlin, um das preußische Heer zu studieren. Inzwischen ist der Herr zum Lord erhoben worden. Als die Besuchsabsichten laut werden, fragt Frankreichs Botschafter in London misstrauisch nach, was wohl der Kriegsminister mit den Deutschen zu besprechen habe. Daraufhin erfährt er von Grey, es seien „die Absichten der deutschen Regierung kennen zu lernen und Informationen über das deutsche Flottenprogramm zu bekommen". Im Gespräch mit dem Deutschen Kaiser wird Haldane, der auf Dolmetscher in Deutschland verzichten kann, deutlich, dass der Kaiser weiterhin auf einen politischen Ausgleich mit Großbritannien setzt. *Straight from the horse's mouth* erfährt Englands Kriegsminister, dass hier geplant ist, die Rüstung im Bereich der deutschen Marine zurückzufahren. Darin sehen Kaiser und Kanzler eine Vorleistung zum Beweis guten Willens. Das ist fraglos eine Rechnung, die sie ohne den Wirt gemacht haben. Nachdem Haldane in London berichtet hat, blockt Außenminister Grey ab.[76]

Ab dem Tag rätseln überall die Journalisten und später wohl Historiker, was denn nun vielleicht Sinn und Zweck der *Haldane-Mission* gewesen sein könnte. Aber Richard Haldane ist weder für die Außenpolitik noch für die britische Marine zuständig. Das macht es unwahrscheinlich, dass er nach Berlin geschickt wurde, um tatsächlich das Flottenwettrüsten zu beenden, – zumal gerade perfektionierte *Dreadnought*-Zerstörer gebaut werden. Eine Vereinbarung kommt jedenfalls nicht zustande. Überdies äußerte Edward Grey vor der Reise in einer immerhin öffentlichen Rede am 7. Februar, es gehe für England um „Hochrüstung zur See um jeden Preis", und diesen Gedanken wiederholt er nach dem Besuch des Herrn Kriegsministers in Deutschland in einer Rede am 18. März 1912. Davon abgesehen muss man nicht rätseln, welche Absicht sie in London hegen. 1912 unterschreibt England ein geheimes Flottenabkommen mit Frankreich und Frankreich tut das Gleiche auch mit Russland. Wenn man nun noch bedenkt, dass der deutsche Vorschlag zur Rüstungsbegrenzung im

Rahmen der Haldane-Mission ganz einfach abgeblockt wird, hat man ja auch schon auf dem Wege des Nachdenkens die Lösung. Zumindest ist nicht zu erkennen, dass sich London darum bemüht, die Rüstungen im Bereich seiner Marine zurückzufahren. Befürchtungen wegen deutschen Schiffen sind wegen deren absoluter Unterzahl ausgeschlossen.[77]

Balkan-Krise 1912

Im Herbst 1912 verschärfen sich die Interessengegensätze der osteuropäischen Mächte und führen erneut zu einer Balkankrise. Diese berührt z. B. die Interessen Österreich-Ungarns und Russlands. Dieser Konflikt betrifft somit zwei Länder, die im *Dreibund* beziehungsweise der *Triple Entente* vertraglich verbunden sind. Als auf dem Balkan letztlich mobilgemacht wird, verfallen sie in Petersburg auf den Gedanken, selbst auch einen derartigen Schritt anzukündigen. Der österreichische Generalstab erhält Informationen, nach denen Russland in seinem polnischen Gebiet rund um Warschau ca. 50.000 bis 60.000 Reservisten zusammenzieht – weitere 170.000 Einberufungen werden erwartet. Das geschieht somit in der nächsten Nähe der Grenzen zu Deutschland und Österreich-Ungarn. Der russische Botschafter in Frankreich meint, dass man so „friedlichen Druck" aufbaue. Außenminister Sergej Dmitrijewitsch Sasonow hat eine weitere Erklärung: „Wir können uns auf die echte Unterstützung Frankreichs und Englands vermutlich nur so weit verlassen, als beide Staaten das Ausmaß unserer Bereitschaft erkennen, mögliche Risiken auf uns zu nehmen."[78] Bis zum 2. November wird in Petersburg entschieden, einen Kredit in Höhe von 66,8 Millionen Rubel für das Militär aufzunehmen – Sasonow möchte damit die Bereitschaft der Armee für die Konfrontation mit Österreich-Ungarn oder der Türkei steigern. Die Truppenstärke liegt in den Grenzbereichen knapp unter dem Niveau für Kriegszeiten.[79]

Der Berliner Generalstabschef Helmuth von Moltke ist davon überzeugt, dass ein Krieg zwischen den beiden Machtblöcken in Europa langfristig offenbar nicht vermeidbar sei und dass die Aufrüstung überall derartige Formen annimmt, dass die Zeit eher gegen Deutschland arbeite. Das betrifft in erster Linie Russland mit einer rasch wachsenden Wirtschaft sowie einem unbegrenzten Menschenreservoir verbunden mit einer hohen Geburtenrate. Nach den Engländern versucht letztlich auch von Moltke den Gedanken an einen Präventivkrieg ins Gespräch zu bringen, doch er scheitert immer wieder an den zivilen Ministern. Während in Paris hohe zivile und militärische Beamte gemeinsam daran arbeiten, höhere Ausgaben für die Armee durchzusetzen, und in St. Petersburg der Ministerrat allein dafür zuständig ist, die Bemühungen um Verbesserungen beim Militär zu bewirken, fehlt es in Berlin an einem Entscheidungsgremium, das die unterschiedlichen Interessen unter einen Hut bringt. Institutionelle und konstitutionelle Barrieren trennen preußisch korrekt die militärische und die zivile Befehlskette, sodass jener Synergieeffekt nicht erreicht wird.[80] Die letzte Marokko-Krise ist bloß ein Jahr her, da läuft die Balkan-Krise und niemand weiß, ob Russland die Soldaten marschieren lässt. Überdies ist es alarmierend, dass Paris jubelnd am Spielfeldrande steht. Die französische Blankovollmacht hat Petersburg jedenfalls in den Händen für den Fall der Fälle.[81] Paris soll es recht sein, wenn Petersburg als der Angreifer dasteht, und man selbst nur als Partner hineingezogen wird. Nicht in Berlin, in Paris steht die Entscheidung im Raum, ob jetzt ein Präventivkrieg gegen Deutschland und Österreich-Ungarn angezeigt wäre. Berlin schwant nichts Gutes und es versucht die Spannung aus der explosiven Situation herauszunehmen. Man beruft keine Reservisten ein und Wehrdienstleistende werden nach dem Ende ihrer Dienstzeit keine Stunde länger als vorgesehen in der Truppe belassen. Es wird auch nicht versuchsweise mobilgemacht. Erst Mitte November, als das gigantische Ausmaß der militärischen Vorbereitungen im Russischen Reich deutlich wird, zeigt Berlin eine erste Reaktion: Die Sorgen der deutschen Heeresleitung vor einem Zusammenstoß nehmen zu.[82]

Eine weitere Eskalation der Situation ist Ende November festzustellen, als Kriegsminister Wladimir Alexandrowitsch Suchomlinow und andere Mitglieder des Militärkommandos den Befehl für die Teilmobilmachung erwirken wollen.[83] Finanzminister Wladimir Nikolajewitsch Kokowzow und Außenminister Sergej Dmitrijewitsch Sasonow werden am Samstag, dem 23. November 1912 von Zar Nikolaus empfangen. Bei jenem Treffen müssen sie zu ihrem Entsetzen hören, dass eine Militärkonferenz bereits beschlossen hat, für die zwei Militärbezirke Warschau und Kiew tatsächlich die Mobilmachung zu befehlen. Nach Kriegsminister Suchomlinow hätte das schon einen Tag eher beginnen sollen, der Zar wollte aber erst die zwei zuständigen Minister anhören. Der Einwand Kokowzows, dass die Teilmobilmachung gegen Österreich-Ungarn keinen Sinn ergibt, weil Berlin verpflichtet ist, Wien beizustehen, falls es angegriffen wird, führt letztlich zur Einwilligung des Zaren in die Aufhebung der Befehle seines voreiligen Kriegsministers.[84] In Petersburg ist es überhaupt keine Frage, dass Deutschland im Falle des Falles zu Österreich stehen müsste. Über solche Selbstverständlichkeiten diskutieren Völkerrechtler und Militärs ja auch gar nicht. *Pacta sunt servanda* – Verträge sind einzuhalten zählt zu ihrem ABC. Es sind Worthülsenschnitzer wie Journalisten oder auch bezahlte Historiker, die an solchen Stellen zu diskutieren anfangen.

Aus verschiedenen Quellen erfährt man in Berlin, dass sie in Petersburg der Meinung sind, ein Konflikt mit Österreich wäre ohnehin nicht abzuwenden und nunmehr wäre der geeignete Zeitpunkt zum Zuschlagen gekommen. Reichskanzler Theobald von Bethmann Hollweg hält in dieser Lage am 2. Dezember 1912 im Berliner Reichstag eine Rede, in der unser Kanzler mit Deutlichkeit äußert, dass sich die Regierung des Kaisers um eine Lokalisierung des Konfliktes bemüht. Die Parlamentarier spenden Beifall für den Zusatz, dass dies bisher auch gelingt. Der Kanzler erklärt dann, dass allerdings keine unlösbaren Schwierigkeiten auftauchen sollten. In diesem Fall müssten die unmittelbar beteiligten Mächte ihre Ansprüche durchsetzen. Das gelte auch für die Verbündeten Deutschlands. Der Kanzler betont dann, dass Deutschland namentlich bei einem denkbaren Angriff auf Österreich „unserer Bundespflicht getreu" an der Seite Österreichs stehen werde. Als am nächsten Tag *The Times,* London, die Rede im Wortlaut abdruckt, entdeckt der Berliner Korrespondent daran „nichts Neues oder Sensationelles". Er meint, es sei ja vollkommen klar, dass Deutschland den Frieden sowohl wünsche als auch anstrebe.[85]

Um Himmels willen keinen Kriegsrat

Englands Kriegsminister Lord Haldane bestellt den Berliner Botschafter Fürst Karl Max von Lichnowsky ein und teilt ihm mit, dass England für den Fall eines Krieges zwischen Deutschland und dem russisch-französischen Bündnis höchstwahrscheinlich auf der Seite der Gegner Deutschlands kämpfen werde. Sehen Sie den Zusammenhang? Der ist schwer zu erkennen. Streng genommen ist auch keiner vorhanden. England würde lediglich aggressive Ziele anderer Mächte unterstützen. Der Bericht des Botschafters nach Berlin löst helle Panik aus. Kaiser Wilhelm II., der für Signale aus London sehr empfänglich ist, erklärt, dass er in den Worten des Kriegsministers eine moralische Kriegserklärung entdecke. Zu Recht besorgt, beruft der Kaiser für Sonntag, den 8. Dezember, um 11.00 Uhr eine Dringlichkeitssitzung im königlichen Schloss ein. Geladen sind der Generalstabschef Helmuth von Moltke, Großadmiral Alfred von Tirpitz, Admiral Georg A. Müller sowie der Chef der Admiralität Josias von Heeringen. Einleitend führt der Kaiser aus, Österreich müsse gegenüber den Serben, deren Truppen noch immer in Albanien stehen, Härte zeigen. Es sei selbstverständlich, dass Deutschland Wien beistehe, wenn Russland womöglich Österreich angreife. Sollte es so weit kommen, dann würden die deutschen Truppen zuerst gegen Frankreich geworfen. Die U-Boote würden britische Truppenschiffe torpedieren. Er teilt nunmehr ebenfalls die Meinung Moltkes, dass ein Krieg offensichtlich „unvermeidbar" wäre und „je eher desto besser" stattfinden solle. Nach der Zusammenkunft in Berlin notiert Admiral Müller, das Ergebnis sei „so ziemlich 0" gewesen. Es beginnt auch kein Propagandafeldzug, keine Anstrengung fängt jetzt an, um die deutsche Wirtschaft auf einen Krieg vorzubereiten, gar nichts passiert, weil der Kanzler die getroffenen Entscheidungen annulliert, da er nicht hinzugezogen worden ist. Sarkastisch nennt er die sonntägliche Dringlichkeitssitzung einen „Kriegsrat" wie bei den Indianern. Es dauert bis zum Jahreswechsel und die Krisenstimmung in Berlin ist verflogen.[86]

Die Entspannung der Lage geht schließlich von Österreichs Kaiser Franz Joseph aus, der am 21. Februar 1913 eine nachhaltige Verminderung der Kompaniestärken in Galizien nahe der russischen Grenze anbietet. Dem Zaren Nikolaus II. soll es recht sein und er bietet an, seine dienstältesten

Wehrpflichtigen aus der Armee zu entlassen. Bereits Mitte März spricht man von der Deeskalation der Lage.[87] Das heißt jedoch noch lange nicht, dass das gegenseitige Misstrauen damit aus der Welt verschwunden ist, denn der Flottenwettkampf geht doch weiter. Japan gibt zwischen 1903 und 1913 jährlich pro Kopf der Bevölkerung durchschnittlich 3,05 Goldmark für die Flotte aus, in Italien sind es 5,05 Goldmark, in Deutschland 5,82, in den USA 5,86, in Frankreich 8,07, und Großbritannien gibt pro Jahr und pro Kopf 17,80 Goldmark dafür aus. Ist auch durchaus gut zu verstehen: Die Weltherrschaft gibt es nicht zum Null-Tarif. Es ist sicher als schlechter Scherz abzutun, wenn sich London auf seine Erfahrungen mit Napoléon beruft und von den Experten Recht bekommt, wenn man in England locker dreimal so viel für die Marine ausgibt wie in Deutschland. Die Insel im Atlantik war von der Eroberung durch die Franzosen *bedroht* und konnte sie mittels ihrer Flotte verhindern; Deutschland in seiner damaligen Gestalt wurde für viele Jahre von den Franzosen *wirklich besetzt* und mehr als die Hälfte Deutschlands hat sich von den ökonomischen Folgen nie erholt, und Deutschland darf keine Streitkräfte in einer Stärke unterhalten, dass es zu keiner erneuten Besetzung kommen kann. Frankreich kann bei 44 Millionen Einwohnern 150.000 Soldaten mehr in den Streitkräften haben als Deutschland, das 68 Millionen Einwohner hat.[88] Wer diese Argumentation zu verkaufen versucht, darf aus der Liste der Experten gestrichen werden. Allein die Größenverhältnisse im Vergleich zwischen England, Frankreich und Deutschland sind klare Belege dafür, dass sich Deutschland auf die Verteidigung seines Gebietes vorbereitet. Stellt man überdies die Kriegsdrohungen in Rechnung, die schon seit anderthalb Jahrzehnten immer wieder aus England zu hören sind, darf man eher staunen, dass das Wirtschaftswunderland zwischen Memel und Rhein ja gerade keine Anstalten zum Führen eines Angriffskrieges macht. Aber das entspricht der Linie des Vaters des Ganzen Otto von Bismarck. Anders sieht es beispielsweise in den Friedlichen Staaten von Amerika aus. Dort wird im März 1913 Woodrow Wilson Präsident – und der macht sehr schnell klar, wie es auf dem Weg zur Weltherrschaft weitergeht. Bei einer Rede in Mobile/Alabama verkündet er bereits am 27. Oktober 1913, dass europäische Staaten in Lateinamerika keine Konzessionen mehr erwerben können sollten. Wo sie solche besäßen, werde er dafür sorgen, dass die davon betroffenen Staaten befreit würden. Bei der Befreiung haben schon die Leute in Mexico ihr blaues Wunder erlebt gehabt. Aus London schickt am 1. Dezember 1913 der deutsche Marine-Attaché Erich von Müller einen Bericht an Kaiser Wilhelm II., in dem er darauf hinweist, dass der Politiker Winston Churchill Großbritannien zu einem Krieg gegen Deutschland treibt.[89]

FED – Die Bank für einen langen Krieg

Gut Ding will Weile haben. Es geht dem Jahresende entgegen und auch drüben in Amerika machen sich die Abgeordneten des Parlaments fertig für die Fahrt zu ihren Familien irgendwo in den Weiten ihres gewaltigen Kontinents. Sie freuen sich auf den letzten Tag vor der Weihnachtspause und manch einer von ihnen hat wohl schon die Koffer gepackt, wenn am Morgen die erste Sitzung beginnt. Irgendwann ist es Mittag, man nimmt irgendwo sein Mittagessen ein und dann kommt die letzte Runde. Einige letzte Gesetzesvorschläge werden eingebracht, unter ihnen eine Vorlage zur Gründung einer Federal Reserve Bank. Keine Lust auf Debatten und sie wird abgesegnet. Dann fahren die Abgeordneten nach Nebraska oder nach Minnesota, nach Louisiana – oder über die Berge nach Kalifornien. Im neuen Jahr werden sie sich erstaunt die Augen reiben: Sie haben an jenem Tag der Übergabe der Macht über den amerikanischen Dollar aus den Händen des amerikanischen Staates an eine private Bank unter der Ägide von John Pierpont Morgan und von Personen in seinem unmittelbaren Einflussbereich abgegeben. Man darf auch nicht durcheinanderkommen durch eine Namensgleichheit: Dieser J. P. Morgan übernimmt 1913 nach dem Tode seines gleichnamigen Vaters das Firmenimperium und dann das Geld seiner Mitbürger. Am Rande interessant ist jetzt nur noch, dass zu den *Partnern* Morgans unter anderem auch George Fisher Baker zählt, der in etwa doppelt so reich wie Morgan selbst sein soll. Das heißt, dass Morgan auch wieder bloß der arme Schlucker ist, der seinen Namen herausstellen muss, damit noch wesentlich reichere Ganoven als Morgan im Hintergrund bleiben können. Aber zurück zum Thema. Wie konnte es zur Machtübernahme durch Männer wie George Fisher Baker und John Pierpont Morgan kommen?[90]

Das Beste an der Aufklärung einer historischen Panne ist natürlich, dass sie stets nach dem Unfall vorgenommen wird und von daher logischerweise zu spät kommt. Da sind alle Messen längst gesungen und das Rad der Geschichte dreht man selten zurück. Widmen wir uns also der sinnlosen Frage, wie es zu dieser wahrscheinlich folgenschweren Panne kam. Vielleicht kann man wenigstens bei späteren Gelegenheiten verhindern, dass es noch einmal zu so gearteten tragischen Ausfällen kommen kann. 1907 hatte einer das Gerücht verbreitet, das Investment-Haus Knickerbockers in New York sei durch Misswirtschaft insolvent, und löst wieder einmal eine Bankenpanik aus. Böswillige Beobachter der Szene meinen, dass das auch diesmal mit Absicht inszeniert worden war. Wie dem auch sei: Eine ganze Anzahl von Banken war unter dem Ansturm von Leuten auf ihr Geld in die Knie gegangen und das Bankhaus J. P. Morgan hatte sehr viel Geld locker gemacht, um Banken zu retten; natürlich nicht alle gestrauchelten, sondern nur von Morgan ausgesuchte Kandidaten. Wer Morgan als den Initiator der Krise betrachtet, muss ein Verschwörungstheoretiker sein. Um die Gemüter der um's Vermögen geprellten Bürger wieder zu beruhigen, hatte der US-Kongress so eine *National Monetary Commission* gebildet und die Herren nach Europa geschickt, wo sie sich dann zwei Jahre lang umsehen sollten und herausfinden, warum solche Sachen in Europa wohl nicht passieren.[91] Das ist die offizielle Lesart.

Wider Erwarten kommt diese Kommission jedoch nicht mit einem Gesetzentwurf zurück, auf dass sich Bankenpaniken nicht wiederholen. Als die Herren zurück sind in Amerika, werden sie bereits von den Bankern der *Wall Street* erwartet. Abgesandte suchen so schnell wie möglich den mächtigen Senator Nelson Aldrich in seinem Heim auf Long Island auf. Ende November 1910 kommt es zu einem informellen Treffen in einem noblen Privatclub auf der Insel Jekyll vor der Küste von Georgia. Dabei sind Nelson Aldrich, ein US-Senator, und A. Piatt Andrew, Unterstaatssekretär des Finanzministeriums, Henry P. Davidson, Seniorpartner im J. P. Morgan Konzern, Charles D. Norton, Präsident der First National Bank, New York, Benjamin Strong, einer der leitenden Angestellten bei J. P. Morgan, Arthur Shelton, der Privatsekretär bei Senator Aldrich und Harvard-Professor, Frank Vanderlip, Präsident der National City Bank,

New York, und Paul Warburg, ein Bankier, der aus Deutschland stammt und in den USA eingebürgert wurde. Wie kann man eine derartige Veranstaltung vielleicht noch bezeichnen, wenn *so* eine Zusammenkunft als Entenjagd deklariert wird und wenn es dabei nicht um die Freizeit einer Anzahl reicher Männer geht? Charles D. Norton ist übrigens nicht bloß Präsident der First National Bank, New York, – er ist auch persönlicher Sekretär des amtierenden US-Präsidenten William Howard Taft. Der ist jedoch kein Freund der Banken und entlässt Norton nach der *Entenjagd* prompt. Für die Banker ist damit klar, dass es eine Regelung nach ihren Wünschen erst geben kann, wenn dieser Präsident gegangen worden ist. Die nächste Wahl ist aber leider erst in zwei Jahren. Bei dieser Gelegenheit soll der amtierende Präsident aus der Geschichte der USA herausgenommen werden. Welcher Weg ist aussichtsreich? Man muss einfach das republikanische Lager spalten. Für eine Gegenkandidatur stellt sich Tafts Amtsvorgänger Theodore Roosevelt zur Verfügung. Ihm wird eine eigene Partei, die Progressive Party, beigeordnet. Mit einer gespaltenen republikanischen Partei kann Taft die Wahl nicht gewinnen. Jetzt muss lediglich noch der richtige Mann für die Demokratische Partei die Wahl gewinnen. Dafür wird ab 1910 Woodrow Wilson aufgebaut, der auch aus dem universitären Milieu stammt. Er zählt zu den Männern der Banken. Das Ende des Liedes ist die Gründung einer privaten Zentralbank für die Vereinigten Staaten unter dem Namen Federal Reserve oder FED. Wenn man sich ansieht, wer eigentlich zu den ursprünglichen Großanlegern in der Federal Reserve Bank zählt, kommt man unter Umständen auf ganz komische Gedanken. Die FED ist von Anfang an abhängig von der *Bank of England*, weil sie einen erheblichen Anteil der FED besitzt und damit Kontrolle über jene Bank ausüben kann. Hat sich die *City of London* mit diesem Schachzug die Finanzmacht über die ersten Kolonien in Amerika zurück gekauft? Wie dem auch sei, diese Bank ist auch ohnedies bereits der ganz große Wurf für die Festigung der Stellung des *British Empire*. Ein längerer, womöglich sogar jahrelanger Krieg zwischen den Staaten Europas ist ohne die FED nicht möglich. Keine der infrage kommenden Nationen verfügt über die notwendigen Geldmittel, einen solchen Krieg wie geplant zu führen und eben auch finanziell durchzuhalten.[92]

Russland rüstet zum Vernichtungskampf

1914 beginnt nicht gerade unter einem ausgesprochen guten Stern. Am Neujahrstag erscheint ein Leitartikel in der russischen Militärzeitschrift *Raswetschik* mit diesem Inhalt: „Doch nicht nur die Truppe, das ganze russische Volk muss daran gewöhnt werden, dass wir uns zum Vernichtungskampf gegen die Deutschen rüsten und dass die deutschen Reiche [sic!] vernichtet werden müssen, auch wenn wir dabei Hunderttausende von Leben verlieren müssen." Österreich und Deutschland sollen nach diesen Worten zu urteilen nächstens verschwinden. Und es bleibt nicht bei diesen bedrohlichen Worten aus St. Petersburg. Die Pariser Zeitung *Le Matin* eröffnet am 2. Januar einen Reigen fünf ausufernder Artikel, unter der Überschrift *La plus grande Russie* oder auf Deutsch *Das größere Russland*. Verfasst hat sie der Chefredakteur Stéphane Lauzanne, der kurz zuvor von einer Reise nach Moskau und St. Petersburg zurückgekehrt war. Interessierte Leser in Deutschland dürfen beeindruckt sein von der hämischen Angriffslust im Ton wie auch der Genauigkeit sowie der Struktur der enthaltenen Informationen. Unter der Überschrift *Der Kriegsplan Russlands* findet man eine Landkarte mit Gebieten von der Ostsee bis zum Schwarzen Meer mit vielen Stellen dichter Truppenkonzentrationen, die mit Bahnlinien miteinander verbunden sind. Als Quell der Weisheit wird eine Regierungsstelle suggeriert. *Le Matin* steht obendrein dem Präsidenten der Französischen Republik nahe, der bislang als Freund der Deutschen eher nicht in Erscheinung trat. Welches Ziel verfolgt man unter Umständen in Paris, wenn man das Augenmerk von der eigenen Gier nach Revanche gegen das Deutsche Reich auf genauso real existierende Kriegsabsichten in Russland lenkt?[93]

Frankreich wartet auf das Signal aus London

Frankreichs Präsident Poincaré sagt 1914 gegenüber dem Chefredakteur vom *Le Matin*, dass das russische Wachstum den Deutschen Sorgen bereite und meint, sie wollen Russland „angreifen und zerstören", bevor es „den Höhepunkt der Macht erreicht hat". Im März des laufenden Jahres erhält der Direktor für militärische Operationen im Kriegsministerium in London, der Generalmajor Henry Wilson, die Zusammenfassung von einer Botschaft, die die Verbesserungen in Russlands Armee seit letztem Jahr aufzählt. Er fügt nachfolgenden Kommentar an: „Das ist eine überaus wichtige Depesche. Nunmehr ist ohne Weiteres einzusehen, warum sich Deutschland so große Sorgen um die Zukunft macht und warum es denkt, dass es eine Frage von »Jetzt oder nie« sei."[94]

Im Frühjahr 1914 berichtet Edward House, außenpolitischer Berater des amerikanischen Präsidenten Woodrow Wilson, *from good old Europe*: „Wann immer England sein Einverständnis geben wird, werden Frankreich und Russland gegen Deutschland und Österreich vorgehen."[95] Der deutsche Außenminister Gottlieb von Jagow weist darauf hin, dass die Wahl von Raymond Poincaré zum Staatspräsidenten der Französischen Republik 1913 ebenfalls bereits motiviert war vom Revanchegedanken. Der Außenminister ist überzeugt, dass Frankreich seit Jahrzehnten auf die Stunde der „Abrechnung" warte und die jetzt maßgebenden Männer, Präsident Poincaré, Delcassé wie auch Viviani Nationalisten seien. Aber allein, ohne die Hilfe Englands, den Krieg gegen die Zentralkaiserreiche zu wagen, zögern seiner Überzeugung nach sowohl Frankreich als auch Russland. Damit halte England Krieg und Frieden in der Hand.[96]

Schickt Zweifler ins Irrenhaus nach Dalldorf

Aber Russland ist auch nicht der Hort der Friedensengel. Am 13. Juni ist in der Tageszeitung *Birshewija Wedomosti*, also den Börsennachrichten eine Schlagzeile: „Russland ist bereit. Frankreich muss es auch sein." Sie wird mitsamt dem dazugehörigen Artikel in der französischen sowie in der deutschen Presse mehrfach nachgedruckt. Der Artikel stammt vom Kriegsminister Wladimir Suchomlinow persönlich. Als Kaiser Wilhelm diesen Artikel gelesen hat, platzt er spontan heraus: „Na! Endlich haben die Russen die Karten aufgedeckt! Wer in Deutschland jetzt noch nicht glauben will, dass von Russo-Gallien mit Hochdruck auf einen baldigen Krieg gegen uns hingearbeitet wird, und wir entsprechende Gegenmaßregeln treffen müssen, der verdient, umgehend ins Irrenhaus nach Dalldorf geschickt zu werden!" Die Hinweise in diese Richtung in der Presse erhalten noch Nahrung durch die britisch-russischen Flottengespräche im Juni dieses Jahres, die auf Wunsch der französischen Staatsführung in Angriff genommen werden. Über Benno von Siebert, also den zweiten Sekretär in der russischen Botschaft in London, einen Baltendeutschen, erfährt Berlin von den Ergebnissen dieser Unterredungen. Dazu zählt im Detail, dass die britische Flotte im Fall eines Krieges ein russisches Expeditionskorps in Pommern an Land setzen könne. Als die Neuigkeit die Reichshauptstadt erreicht, ist Berlin alarmiert und das Vertrauen in die friedlichen Absichten Großbritanniens wackelt. Damit gewinnt das Verhältnis zur Habsburger-Monarchie für das Reich noch an Gewicht.[97] Zur Festlegung, ob das Deutsche Reich unter allen Umständen zu Österreich halten werde, kann sich Wilhelm II. trotzdem nicht durchringen, als sich die beiden Kaiser im Juni treffen. Darauf angesprochen, ob Österreich-Ungarn auch in Zukunft rückhaltlos auf das Reich zählen könne, weicht Wilhelm der Frage aus und bleibt die Antwort schuldig.[98]

Englands Außenminister dementiert Gerüchte

In einem Erlass schreibt der deutsche Kanzler Theobald von Bethmann Hollweg an Lichnowsky, den deutschen Botschafter in Großbritannien, am 14. Juno: „Dass Sir Edward Grey den Gerüchten von einer englisch-russischen Marinekonvention im Unterhause mit Entschiedenheit entgegengetreten ist, und sein Dementi noch in *The Westminster Gazette* hat unterstreichen lassen, ist durchaus erfreulich." In seiner Auswertung hat der Reichskanzler ganz Recht: „Hätten sich diese Gerüchte bewahrheitet, und zwar auch nur in der Form, dass die englische und russische Marine ihre Kooperation für den Fall festlegten, dass in einem zukünftigen Kriege England und Russland gegen Deutschland fechten sollten ..., so wäre dadurch nicht nur der russische und französische Chauvinismus stark gereizt worden, sondern es hätte auch bei uns eine nicht unberechtigte Beunruhigung der öffentlichen Meinung Platz gegriffen." Letztlich heißt es dort: „Ew. Durchlaucht ersuche ich ergebenst, Sir Edward Grey meinen besonderen Dank für seine offenen und geraden Erklärungen zu sagen, ..." Erst am 27. Juno erhält der Kanzler Bethmann Hollweg einen Aktenvermerk von Unterstaatssekretär Zimmermann, in dem dezidiert auf die Lügen von Außenminister Grey hingewiesen wird und noch eine Woche später gibt Edward Grey das persönlich vor dem Unterhaus zu.[99] Wir werden es erleben, ob das Eingeständnis Eingang in die Beurteilung dieser Krise findet oder auch nur in die Geschichtsschreibung.

Attentat in Österreich-Ungarn

Für den 28. Juni ist eine Visite von Erzherzog Franz Ferdinand gemeinsam mit seiner lieben Gemahlin Sophie Choteck, Herzogin von Hohenberg, in der Stadt Sarajevo geplant. Anfang Juni informiert der serbische Ministerpräsident Pašić die britische Regierung über den Fakt, dass sich Männer vorbereiten, nach Sarajevo zu gehen, um dort den Thronfolger von Österreich-Ungarn bei dieser Gelegenheit zu töten. In dieser Sache bleibt Nikola Pašić in Verbindung mit Innenminister Stojan Protić. Das Attentat auf den Erzherzog wird von panslawistischen Gruppen und von Verbindungen *patriotischer* Studenten aus Bosnien-Herzegowina in der Stadt Belgrad vorbereitet, die bemerkenswerterweise Geld für Spionage aus Russland bekommen.[100] In der serbischen Regierung wird festgelegt, dass Protić den Behörden an der Drinagrenze den Befehl geben soll, die jungen Leute am Überschreiten der Grenze zu hindern. Aber die Grenzbeamten sind selbst Mitglieder der Gruppen und führen die Order nicht aus. Langer Rede kurzer Sinn: In London ist damit bekannt, dass in den nächsten Wochen die Habsburger-Monarchie vielleicht von einer *bösen* Provokation heimgesucht werden könnte.[101] Für die Sicherheit der zwei Hoheiten wird in Bosnien gebürgt, sie fahren – und am 28. Juni sind die beiden tot. Wie wird Wien auf diesen Anschlag reagieren?

In Kiel an der Ostsee wird in diesen Tagen die *Kieler Woche* vorbereitet, die es so lange auch noch nicht gibt. Dort feiert Deutschland seine neuen Schiffe und genießt die Seeluft. Kaiser Wilhelm zum Beispiel bereitet die Jacht Meteor auf die große Segelregatta vor. Aber sicher helfen ihm ein paar Leute dabei. Am Nachmittag des 28. Juni kommt eine Barkasse an seine Jacht heran und der Chef des Reichsmarinekabinetts, der Admiral Georg A. Müller, ruft dem Kaiser über das Wasser hinweg zu, dass es in Sarajevo zu dem Attentat gekommen sei. An Bord wird eine Sitzung abgehalten, bei der beschlossen wird, dass der Kaiser unverzüglich zurück muss nach Berlin, „um die Sache selbst in die Hand zu nehmen und den Frieden in Europa zu bewahren".[102] Zwischenfälle dieser Art gab es ja in den letzten Jahren in Europa schon mehrere, nur nicht so dramatische. Jetzt ist wieder Diplomatie gefragt. Die rumänische Presse würdigt den ermordeten Erzherzog einhellig als „Beschützer der Minderheiten und Förderer der nationalen Ziele" innerhalb des Reiches. Die Rumänen beiderseits der Grenze zu Ungarn hätten gehofft, dass die Thronbesteigung durch den Erzherzog doch einen Kompromiss zwischen der ungarischen Verwaltung und den Rumänen in Transsylvanien ermöglichen würde.[103]

Wien fordert Krieg

Wiens Generalstabschef von Hötzendorf ist der Auffassung, es wäre jetzt Zeit zu handeln; ohne weitere Verhandlungen müsse die Mobilmachung befohlen werden. Außenminister Berchtold meint, man könne die Ratschläge mit drei Worten zusammenfassen: „Krieg, Krieg Krieg!"[104] Baron Tschirschky, der deutsche Gesandte in Wien, meldet schon am 30. Juni nach Berlin, dass seine Informanten besonders im Auswärtigen Amt den Wunsch aussprachen, „es müsse einmal gründlich mit den Serben abgerechnet werden". Es gibt verschiedene Motive. Vor allem belasten mehrfache Mobilmachungen, die keine Ruhe brachten, den Staatshaushalt in Wien dramatisch. Schon Ende 1913 hatte der Kaiser gesagt: „Noch eine Mobilmachung ohne Krieg darf es nicht und wird es nicht geben."[105] Es mag schon sein, dass es heiße Debatten in Wien und Budapest gibt, aber der größte Teil der österreichischen Entscheidungsträger ist letztlich für eine sofortige militärische Aktion gegen Serbien. Jetzt schwenken sogar Politiker um, die einst für die Mäßigung in der Innen- und Außenpolitik eingetreten waren, vor allem Finanzminister Leon Biliński. Eine weitere Mobilmachung ohne Krieg wird zu teuer. [106] In Wien stellt sich nun vor allem die Frage, wie sich Berlin verhalten wird, das gerade in der letzten Zeit unbeständig gewesen ist. Ungarns Regierungschef István von Tisza erinnert am 1. Juli Kaiser Franz Joseph in einer Denkschrift daran, dass einige Überzeugungsarbeit nötig sein wird, ehe der deutsche Kaiser die Wiener Balkanpolitik vielleicht unterstützen werde. Und tatsächlich ermahnt der deutsche Botschafter zur Vorsicht. Tschirschky konstatiert, er habe bislang „jeden solchen Anlass“ genutzt, „um ruhig, aber sehr nachdrücklich und ernst vor übereilten Schritten zu warnen“. In einer Unterhaltung mit dem österreichischen Botschafter äußert der Mitarbeiter des Berliner Auswärtigen Amtes Arthur Zimmermann sein Mitgefühl für die Lage, in der sich Wien befindet, warnt aber davor, die Führung Belgrads mit „demütigenden Forderungen“ zu konfrontieren.[107]

Berlin zwischen Baum und Borke

Kaiser Wilhelm II. erhält am 5. Juli ’14 vom österreichisch-ungarischen Botschafter einen handschriftlichen Brief von Kaiser Franz Joseph aus Wien. Darin heißt es: „Das gegen meinen armen Neffen verübte Attentat ist die direkte Folge der von den russischen und serbischen Panslawisten betriebenen Agitation, deren einziges Ziel die Schwächung des Dreibundes und die Zertrümmerung meines Reiches ist.“[108] Er vermutet die serbische Regierung hinter diesem Anschlag – wenigstens als Förderer. Weiter heißt es in dem Schreiben unter anderem: „Auch Du wirst nach dem jüngsten furchtbaren Geschehnisse in Bosnien die Überzeugung haben, dass an eine Versöhnung des Gegensatzes, welcher Serbien von uns trennt, nicht mehr zu denken ist, und dass die erhaltene Friedenspolitik aller europäischen Monarchen bedroht ist, solange dieser Herd von verbrecherischer Agitation in Belgrad ungestraft fortlebt.“[109]

Das ist ja äußerst pathetisch. Und Wilhelm wird gewiss annehmen, dies habe der alte Kaiser Franz Joseph selbst verfasst. Hat er aber nicht. Jene schwülstigen Zeilen hat der Stabschef im Wiener Auswärtigen Amt aufs Papier gebracht. Der Autor dieser Zeilen war also Alexander Hoyos. Der unklare Text des Memorandums, das jenem *persönlichen Brief* beigelegt war, enthält keine konkreten Gedanken, was man wohl zu unternehmen gedenke, dafür aber einen weitschweifigen Überblick über die schlechte Lage auf dem Balkan. Stark betont wird die Aggressivität des Bundes der Franzosen mit den Russen, als Denkanstoß für Berlin. Am Ende erwähnt der Autor, dass das begleitende Schreiben bereits vorgelegen hat, als das Attentat in Sarajevo geschah. In dem Brief von Kaiser zu Kaiser wird erklärt, dass es sich hier um ein Komplott handele, dessen Fäden bis nach Belgrad reichten. Serbien müsse darum „als politischer Machtfaktor auf dem Balkan ausgeschaltet" werden. Es wirft auch ein Schlaglicht auf die Intentionen in Wien, wenn die Schreiben zuerst einfach mit der Kurierpost nach Berlin geschickt werden sollten und Berchthold sich hinterher entscheidet, es vom Stabschef Graf Hoyos persönlich an die Adressaten überreichen zu lassen, denn der Graf gehört von Anfang an zu jenen, die für eine harte Linie als Reaktion auf die neue Provokation eintreten.[110]

Diplomatie und Presse in London in Aktion

Der Londoner Außenminister Sir E. Grey informiert am 6. Juli 1914 den deutschen Botschafter irreführend, dass Russland nicht bereit sei zu intervenieren und dass England weder mit Russland noch mit Frankreich eine bindende Verpflichtung eingegangen sei. Weitere zwei Tage später versichert Londons Außenminister Petersburg, laut „sehr zuverlässigen militärischen Quellen" würden die Deutschen rasch Militär nach Osten werfen und es heißt, dass die Situation für das Reich ungünstig sei. Das ist eine noch größere Lüge, allein schon deshalb, weil die Engländer vom Schlieffen-Plan wissen, der besagt, dass zur Sicherheit zuerst Frankreich ausgeschaltet werden muss. Solche Arbeiten im Hintergrund werden begleitet von verschiedenen „Vermittlungsversuchen" zur Bewahrung des Friedens, die der Öffentlichkeit angeboten werden.[111] In Londons Presse wird parallel dazu Wien *unterstützt* und gegen Serbien gehetzt, dem die Schuld für die zwei Morde gegeben wird. Das können Sie dort auch mit Fug und Recht behaupten, wurden sie doch Wochen vorher bereits ganz offiziell über jene Attentatspläne informiert. Wenn „Serbien" schuld ist, dann hat Wien allen Grund, um Serbien anzugreifen, und greift es dann an, freut sich Petersburg über den Anlass für den Beginn der Eroberung des Balkan. Stiller Nutznießer wird England. Serbiens Gesandter berichtet nach Belgrad: „Sie sagen, das seien die Handlungen eines serbischen Revolutionärs und dass er Verbindungen nach Belgrad habe; das ist für Serbien nicht gut."[112] Dem Außenminister Jagow ist die Motivation klar: „Die Gelegenheit, während kontinentaler Wirren die stärkste Macht, den deutschen See- und Handelsrivalen, zu schwächen und niederzuwerfen

– das alte Axiom britischer Außenpolitik –, lockte. Und wurde dabei neben Deutschland und von diesem auch Russland gleichzeitig geschlagen, um so vorteilhafter für die Weltstellung Englands. Es wurden dann zwei unbequeme Konkurrenten auf einmal lahmgelegt."[113] Wie lediglich so zu erwarten schürt auch der französische Botschafter am Zarenhof Maurice Paléologue von Anfang der Krise an gegen Deutschland. In Paris heißt es gerade umgekehrt, dass Wien kein Recht hätte, die serbische Regierung der Mittäterschaft zu bezichtigen. Zeitungen an der Seine werfen ihrerseits Wien vor, Stimmung zu machen gegen Serbien.[114] Das leistet Paris, um Petersburg zum Eingreifen zu ermuntern. Weder Paris noch London wollen selbst die Verantwortung für ein ganz großes Gemetzel in Europa übernehmen. Das überlassen sie dem russischen Bären. Sollen doch die Russen wieder als die Bösen dastehen in Europa.

Wien und Berlin ringen um eine clevere Lösung

Kritisch wird in diesen Tagen noch einmal analysiert, welche Bedeutung Deutschlands Bündnis mit Österreich-Ungarn hat. Gottlieb von Jagow, der Außenamtschef, weiß ebenso wie Theobald von Bethmann Hollweg, der Kanzler, dass es sich bei dem Bündnispartner um ein Reich handelt, „dessen Bestand als Großmacht für uns eine Notwendigkeit allerersten Ranges ist".[115] Jagow schätzt es so ein: „Eine Ablehnung der Bitte Österreichs musste das moralische Ende des Bündnisses und dies – oder gar eine Niederwerfung des Bundesgenossen durch Russland, wozu ein Einzelkrieg zwischen den beiden Mächten unzweifelhaft geführt hätte – die Isolierung Deutschlands bedeuten."[116] Das macht die Spielräume enger. Jagow fügt hinzu, das Bündnis mit Italien wird beim Zerfall Österreich-Ungarns endgültig wertlos. Schon jetzt sind die Italiener sehr unsichere Brüder. Doch wie verhält man sich Wien gegenüber richtig? Der Kanzler Bethmann Hollweg erläutert dem Philosophen Kurt Riezler, seinem sehr engen Berater: „Unser altes Dilemma bei jeder österreichischen Balkanaktion. Reden wir ihnen zu, so sagen sie, wir hätten sie hineingestoßen; reden wir ab, so heißt es, wir hätten sie im Stich gelassen. Dann nähern sie sich den Westmächten, deren Arme offen stehen, und wir verlieren den letzten mäßigen Bundesgenossen."[117] Außenminister von Jagow sagt zu der Problematik: „Ein moralisch geschwächtes, durch das Vordringen des russischen Panslawismus zusammenbrechendes Österreich wäre für uns kein Bundesgenosse mehr, mit dem wir noch rechnen könnten. Wir ließen daher Österreich freie Hand in seiner Aktion gegen Serbien, wir haben an den Vorbereitungen nicht teilgenommen.“[118] Der Kaiser selbst ist empört, als er liest, der Botschafter habe Wien zur Vorsicht gemahnt: „Wer hat ihn dazu ermächtigt? Das ist sehr dumm! Geht ihn gar nichts an, da es lediglich Österreichs Sache ist, was es hierauf zu tun gedenkt. Nachher heißt es dann, Deutschland hat nicht gewollt! Mit den Serben muss aufgeräumt werden, und zwar bald, versteht sich alles von selbst, und sind Binsenwahrheiten.“[119] Damit positioniert sich der Kaiser gegen die Sicht der Diplomaten, aber man stelle sich nur einmal zum Vergleich vor, einer der Angehörigen des britischen Königshauses würde bei einer Staatsvisite in seiner Kronkolonie von Indern ermordet. Da würde man nicht lange fackeln; die werden ja schon dann rabiat, wenn sich Arbeiter in den englischen Kolonien gegen die Arbeitsbedingungen auflehnen.

Der österreichische Botschafter Ladislaus von Szögyéni-Marich gibt am 6. Juli die Berliner Reaktion auf das Handschreiben nach Hause weiter. Nach einer Unterredung mit dem Kanzler schreibt er, das „Verhältnis zu Serbien betreffend stehe deutsche Regierung auf dem Standpunkt, dass wir beurteilen müssten, was zu geschehen hätte, um dieses Verhältnis zu klären; wir könnten hierbei – wie auch immer unsere Entscheidung ausfallen möge – mit Sicherheit darauf rechnen, dass Deutschland als Bundesgenosse und Freund der Monarchie hinter ihr stehe.“ In dem Papier des Botschafters findet sich auch dieses: „Im weiteren Verlaufe der Konversation habe ich festgestellt, dass auch Reichskanzler, ebenso wie sein kaiserlicher Herr ein sofortiges Einschreiten unsererseits gegen Serbien als radikalste und beste Lösung unserer Schwierigkeiten am Balkan ansieht. Vom internationalen Standpunkt hält er den jetzigen Augenblick für günstiger als einen späteren; er ist ganz damit einverstanden, dass wir weder Italien noch Rumänien vorher von einer eventuellen Aktion gegen Serbien verständigen.“[120] Botschafter Szögyéni-Marich informiert Wien darüber hinaus: „wenn wir aber wirklich die Notwendigkeit einer kriegerischen Aktion gegen Serbien erkannt hätten, so würde er (Kaiser

Wilhelm) es bedauern, wenn wir den jetzigen, für uns so günstigen Moment unbenützt ließen." Wilhelm besteht darauf, dass eine militärische Aktion gegen Serbien, wenn sie denn sein müsse, möglichst bald stattfinden solle, solange die allgemeine Empörung über die Anschläge noch frisch ist.[121] Die so erteilte Blankovollmacht kommt allerdings *nach* dem Attentat auf den Thronfolger Österreich-Ungarns; der Blankoscheck der Franzosen für das Russische Reich, der besagte, dass man Russland bei einem Konflikt mit Österreich bedingungslos unterstützen werde, wurde *vor* diesem Attentat nach mehreren friedlichen Jahrzehnten in Europa ausgefertigt. Als dies fixiert wurde, suchte Russland noch einen Grund, um sich dieses Mal auf den Balkan auszudehnen. Und Frankreich strebt weiterhin nach dem Besitz von Elsaß-Lothringen. Die Frage bleibt: Aus welchem Grund sollte das unbedingt zu Frankreich gehören, wenn über die Hälfte der Einwohner im Land Deutsche sind? Der Wiener Ministerrat für gemeinsame Angelegenheiten kommt am 7. Juli zur Auswertung der Gespräche von Hoyos in Berlin zusammen. Die verschiedenen Entscheidungsträger sind sich offensichtlich uneins. Wiens Außenamtschef Berchtold weist auf die von Russland geförderten irredentistischen Bewegungen hin, die auf die Ausweitung Serbiens hinauslaufen, sodass es die Siedlungsgebiete aller Slawen im Mittelmeerraum umfasst. Eine entscheidende Frage lautet, ob man auf das Attentat mit gängigen diplomatischen Mitteln antwortet oder diesen schon lange schwelenden Konflikt mit einem Militärschlag ein für allemal löst. Tisza gibt wohl zu, dass die Haltung der serbischen Presse und die Ergebnisse der Ermittlungen der Polizei in Sarajevo die Argumente für den Militärschlag erhärteten.[122] Er möchte trotzdem erst diplomatische Schritte sehen. Man müsse Belgrad nun ein Ultimatum vorlegen, dessen Forderungen „zwar hart, aber nicht unerfüllbar" wären. Österreich müsse engere Beziehungen zu Bulgarien sowie zu dem Osmanischen Reich anstreben und so auf dem Balkan ein Gegengewicht zu Serbien schaffen. Rumänien müsse zur Rückkehr zum Dreibund gezwungen werden. Doch Tisza steht einem soliden Block von Kollegen gegenüber, die entschlossen sind, Serbien Forderungen vorzulegen, die Belgrad bestimmt ablehnen wird. Die letztlichen Schlussfolgerungen aus der Zusammenkunft sind typisch österreichisch – von allem etwas und nichts so richtig. Schließlich wird dokumentiert, dass alle Anwesenden im Raume außer dem Chef der ungarischen Regierung finden, dass ein rein diplomatischer Erfolg, selbst wenn der auch eine „eklatante Demütigung Serbiens" bedeutete, wertlos wäre, und dass das Ultimatum so hart formuliert werden müsse, dass die Belgrader Ablehnung gewiss sei, „damit eine radikale Lösung im Wege militärischen Eingreifens angebahnt würde".[123]

London, St. Petersburg und Paris

In London war man schon *vor* dem Attentat darüber informiert, dass es in Belgrad vorbereitet wurde, und der Gesandte von Serbien Spalajkovic sagt der Presse in Petersburg *nach* dem Attentat, dass Beograd vor dem Attentat gewarnt hatte und somit tatsächlich eine Reihe von Leuten aus der Regierung des Balkanstaates von der kommenden Tragödie wussten. Dies wird bei der Auswertung einfach unterschlagen. Daran ändert sich auch nichts, als am 13. Juli in Wien erste Ermittlungsergebnisse vorgelegt werden, die auf die Verbindung nach Belgrad schließen lassen. Das Beweismaterial wird sofort nach Petersburg weitergeleitet. Davon völlig unbeeindruckt lautet die offizielle russische Version: Ein nicht geliebter, hetzerischer Zuchtmeister war von Bürgern seines eigenen Landes umgebracht worden, die durch eine jahrelange Demütigung und schlechte Behandlung zur Raserei getrieben worden seien. Jetzt will das korrupte, kollabierende und räuberische Regime, das er repräsentiert hat, seinen nicht bedauerten Tod einem schuldlosen, friedlichen slawischen Nachbarn anhängen. Dieser Deutung schließen sich die Franzosen an, sowie die Lords in den Londoner Clubs – wider besseren Wissens.[124]

Mittlerweile sind die Franzosen die besten Freunde der Briten – und das Land steht gerüstet in den Startlöchern. Die Zahl der Eisenbahnwagons, die bereitzustellen sind, die Anweisungen für die Dolmetscher, die Vorbereitung von Codes und Chiffren, die Furage für die Pferde sind bis in den Juli abgeschlossen. Sogar die Orte sind festgelegt, wo Kaffee für die Soldaten ausgegeben werden soll. Alles ist streng geheim, zum Beispiel, dass die Stäbe Englands und Frankreichs ständig im Kontakt miteinander stehen, oder wie das Expeditionskorps aufgestellt werden soll. Bloß wenige Offiziere sind eingeweiht und sie erledigen sogar eigenhändig die Schreibarbeit für die Ablage, damit nichts nach außen dringt.[125] Endlich hat Paris den Vorwand für seinen Revanchekrieg, auf den es seit Jahren schon ganz unverhohlen gewartet hat. Das braucht man auch überhaupt nicht großartig selbst zu erfinden, denn das schreiben sie in Paris in ihre Zeitungen hinein.

Ein Ultimatum an Belgrad

Wien stellt Serbien ein Ultimatum, das am 23. Juli in Belgrad überreicht wird. Darin wird zum Beispiel gefordert, umfassende Vorkehrungen zu treffen, um jede Form von anti-österreichischer Propaganda in Serbien zu unterbinden und eine Untersuchung der Mordaffäre einzuleiten, an der offizielle Vertreter Österreichs zu beteiligen seien. Einen Tag später versichert Russlands Außenminister Sasonow dem Gesandten Serbiens Spalajkovic „mit großer Entschlossenheit", dass das Russische Reich auf gar keinen Fall aggressive Handlungen Österreich-Ungarns gegen das Serbische Königreich zulassen könne. Zum englischen Botschafter sagt Sasonow, er denke, die russische Mobilmachung werde „auf jeden Fall" ausgeführt werden müssen. Gleichzeitig ersucht er die Regierung auf der Insel, sie möge ihre Solidarität mit Russland und Frankreich erklären.[126] Doch die tonangebenden Leute in London möchten sich bedeckt halten. Wenn es einst um die Schuld geht, will man eine weiße Weste haben.

In St. Petersburg möchte man Serbien unterstützen, doch entscheidend ist das nicht, weil Russland im Fall eines längeren Krieges auf Hilfe aus Großbritannien angewiesen ist, wie es zum Beispiel in den *Daily News* heißt: „Eigentlich hält der Zar die Waage in der Hand. Aber wir halten unsererseits den Zaren in der Hand. Daher hängt es schließlich von uns ab, ob Europa von Blut überfließen soll."[127] Lloyd George zeigt sich nachdenklich: „Und dann Russland. Nun, Russland ist Russland. Man weiß nicht so genau, was das Land leisten kann. Das Problem an Russland ist, wenn es Männer einsetzen könnte, hat es nicht die Verkehrsverbindungen und Transportmöglichkeiten, die es ihm ermöglichen würden, diese Männer auch wirklich zu nutzen. Darum hängt der Sieg in diesem Krieg im eigentlichen Sinn des Wortes von den Anstrengungen ab, welche das Britische Reich leisten kann."[128] Aber hatte London nicht sogar Muslime unterstützt, so sie die Ausbreitung Russlands verhinderten? Gut, als die Russen 1904 die britischen Schiffe in der Ostsee beschossen hatten, war auch nicht Russland angegriffen worden, sondern für die Ausschaltung von Deutschland warm gehalten.

London druckt krisensicheres Geld

Am 24. Juli 1914 wird in St. Petersburg ein Kommuniqué veröffentlicht, in dem es heißt, dass Russland dem österreichisch-serbischen Konflikt nicht gleichgültig gegenüberstehen könne. Der deutsche Außenminister von Jagow bittet den Amtskollegen in London, Grey, beruhigend auf das Außenministerium in St. Petersburg einzuwirken. Sir Edward Grey sagt, dies sei „völlig unmöglich".[129] Worauf – außer auf Krieg – könnte es abzielen, wenn das britische Schatzamt am folgenden Tage damit beginnt, spezielle Banknoten zu drucken, die nicht einlösbar sind gegen Gold?[130] Die finanztechnischen Vorarbeiten für einen mehrjährigen Krieg waren jedoch schon Monate zuvor mit der Gründung der Federal Reserve Bank fernab der lütten Insel auf dem sicheren Boden der Vereinigten Staaten von Amerika eingeleitet worden.

Berlin will auch diesen Konflikt lokalisieren

Berlin lebt weiterhin in der Illusion, dass der Spagat zwischen der denkbaren Strafaktion Österreich-Ungarns für den Fall der Ablehnung seines Ultimatums und einer Lokalisierung, einer Beschränkung des Konflikts auf Wien und Belgrad möglich sei. Die Hoffnung stirbt ja immer zuletzt. Nur um das hier einmal festzuhalten: Den Konflikt lokalisieren ist ganz gewiss mehrere Lichtjahre entfernt vom Griff nach der Weltherrschaft – bloß um an den immer einmal wieder formulierten Vorwurf zu erinnern. Hätte man dafür den Anlass gesucht, war der seit drei Wochen gegeben. Dem deutschen Botschafter in London Lichnowsky gegenüber beurteilt Außenminister Grey die Aussicht auf eine Lokalisierung des Konfliktes zwischen Österreich und Serbien äußerst pessimistisch. Sir E. Grey sieht nach der Veröffentlichung des Kommuniqués in St. Petersburg plötzlich das Eingreifen von Russland voraus und er bezweifelt ganz kategorisch, dass es der russischen Regierung möglich sein werde, der Regierung von Serbien die bedingungslose Annahme der österreichischen Forderungen zu empfehlen. An dieser Stelle sagt Grey zu Botschafter Lichnowsky, ein Staat, der so etwas annehme, höre ja eigentlich auf, als selbstständiger Staat zu zählen. Der britische Außenminister rechnet ebenso damit, dass die öffentliche Meinung in Russland die Regierung geradezu zwinge, gegen Österreich vorzugehen. Wenn Österreich serbischen Boden betrete, sei die Gefahr eines europäischen Krieges in nächste Nähe gerückt.[131] Ist das vielleicht eine verständliche Logik? Der Angriff kam aus der Hauptstadt Serbiens und richtete sich gegen die Führung in Wien. Wenn man unter diesen Umständen annimmt, dass ein Drittstaat das Recht hätte, den Staat zu verteidigen, aus dem das Unheil seinen Ausgang nahm, so muss man Wien doch viel eher zubilligen, dass die öffentliche Meinung in Österreich die Regierung zwinge, gegen Serbien vorzugehen? Die von Sir Grey angewandte Logik vertauscht die Rollen der Täter und Opfer – und zur Verdrehung der Tatsachen kommt die restliche Verlogenheit. Es ist ja ausgerechnet die Londoner Presse, die Wien *unterstützt* und gegen Beograd hetzt, dem man die Schuld für die zwei Morde zuschreibt. Wien muss sich ja buchstäblich durch London ermutigt fühlen, gegen Belgrad energische Schritte einzuleiten. So hält London die jüngste europäische Krise am Köcheln, wenn der Herd auch noch etwas zu weit entfernt ist. Der britische Außenminister schreibt jetzt an den königlichen Botschafter in Petersburg Sir George William Buchanan: „Ich glaube nicht, dass die öffentliche Meinung Englands es billigen würde oder sollte, dass wir wegen eines serbischen Streits den Krieg machten. Wenn es aber Krieg gibt, könnten wir uns durch andere Erwägungen in denselben hineingezogen sehen."[132] Wie elegant er hier andeutet. Und wie reagiert da Paris? Es feuert seinerseits Russland an und sagt ihm seine Hilfe zu.[133] Wenn es knallt, muss jetzt zwangsläufig zuerst Frankreich ausgeschaltet werden. Von Jagow erfährt, dass die deutschen Ausgleichsbemühungen in Paris als Absicht gewertet werden, Frankreich und Russland zu entzweien. In einem Exposé über die Lage, das der Minister des Äußeren René Viviani für den Präsidenten der Republik aufsetzte, heißt es dazu: „In Paris versuchte Freiherr von Schön vergebens, Frankreich zu einer solidarischen Einwirkung mit Deutschland auf Russland im Interesse des Friedens zu bewegen." Den Berliner Außenamtschef empört es, dass es als natürlich angesehen wird, dass sich Frankreich sogleich „voll und ganz" auf Seiten Russlands gestellt hat, während man es der Reichsleitung in Berlin – „so sehr wir auch an einer Ausgleichung des Konflikts gearbeitet und dabei mäßigend auf Wien eingewirkt haben" – zum Vorwurf machen will, dass Berlin die Interessen des Bundesgenossen vertritt. Das mag richtig sein für die Diplomaten; der Kaiser aber hat vorerst freie Hand gelassen. Auf der anderen Seite war Wien eben auch zum Opfer eines Terroraktes geworden. Russland hingegen will die slawische Bastion Serbien auf dem Balkan militärisch unterstützen, wissend, dass man die Attentäter selbst mit den nötigen finanziellen Mitteln ausgestattet hatte.[134]

Österreich macht mobil

Serbien akzeptiert alle Punkte des Ultimatums außer dem letzten. Es ist erwartungsgemäß nicht erwünscht, dass österreichische Beamte bei der Aufklärung des Falles eingeschaltet werden. Beograd bietet im Gegenzug an, den *Ständigen Schiedshof* in Den Haag wegen der Schlichtung anzurufen. Nur dreißig Minuten nach Empfang der serbischen Antwortnote verlässt der österreichisch-ungarische Gesandte Wladimir Giesl am 25. Juli um 18 Uhr die serbische Hauptstadt Beograd. Kaiser Franz Joseph unterzeichnet noch am selben Tage den Mobilmachungsbefehl für acht Armeekorps. In drei Tagen schon will Wien Serbien den Krieg erklären. Als Kaiser Wilhelm erfährt, wie weit Belgrad Wien bei jenem Ultimatum entgegengekommen war, ist er davon angetan und äußert: „Eine brillante Leistung für eine Frist von bloß 48 Stunden. Das ist mehr als man erwarten konnte." Der Kaiser hält dies für einen großartigen moralischen Erfolg für Wien und er stellt fest, damit falle jeder Kriegsgrund fort und Giesl hätte ruhig in Belgrad bleiben sollen. Daraufhin hätte er „niemals Mobilmachung befohlen!" Auch die Ablehnung österreichischer Untersuchungsbeamter kann dieses Urteil nicht ändern. Er meint, Österreichs Gesandtschaft in Belgrad könne mit der Kontrolle der Untersuchungen beauftragt werden. Die Vorbehalte, die Serbien habe, könnten sicherlich durch Verhandlungen geklärt werden. Kaiser Wilhelm II. möchte, dass Österreichs Truppen bloß die serbische Hauptstadt besetzen sollten als Pfand für die Erfüllung der bereits zugestandenen Bedingungen.[135]

In Berlin führte jener Spagat der vergangenen Wochen zur Bildung von zwei großen Lagern. Wichtige Diplomaten suchen nach ihnen gemäßen ausgleichenden Lösungen, um den großen Zusammenstoß in Europa zu vermeiden, und führende Militärs glauben, man solle möglichst schnell nach ihrem Schlieffen-Plan vorgehen, um „jedem Interventionsversuch den Boden zu entziehen".[136] Befürworter dieses Planes vertrauen traumtänzerisch darauf, dass Großbritannien weiterhin seine Neutralität bezüglich der Vorgänge auf dem Kontinent beibehält. Nachdem Englands Außenminister Grey seine irreführenden Informationen in verschiedene Hauptstädte auf dem Kontinent abgesandt hatte, schlägt er am 26. Juli vor, eine Botschafterkonferenz abzuhalten, bei der Großbritannien, das Russische Reich, Frankreich und Deutschland, die nicht unmittelbar an dem Konflikt beteiligt seien, zwischen Wien und Belgrad vermitteln. Der Botschafter Lichnowsky übermittelt diesen Vorschlag mit dem Hinweis, Londons Unterstaatssekretär Nicolson und Greys Privatsekretär würden darin die einzige Möglichkeit erblicken, einen allgemeinen Krieg zu vermeiden und hofften, „dass Serbien eher geneigt sein würde, dem Druck der Mächte zu weichen und sich in deren vereinten Willen zu fügen, als den Drohungen Österreichs."[137] Im Telegramm beschwört der Botschafter die Chefetagen in Berlin: „Ich möchte dringend davor warnen, an die Möglichkeit der Lokalisierung auch fernerhin zu glauben, und die gehorsamste Bitte aussprechen, unsere Haltung einzig und allein von der Notwendigkeit leiten zu lassen, dem deutschen Volke einen Kampf zu ersparen, bei dem es nichts zu gewinnen und alles zu verlieren hat."[138] Das ist alles vernünftig und richtig gesehen. Die Sache hat jedoch einen Haken. Der gute Botschafter weiß aus Quellenschutzgründen noch nicht einmal, dass Berlin den Agenten Benno von Siebert in der russischen Botschaft zu London hat, der Berlin über die Absichten in Petersburg und London auf dem Laufenden hält, und von daher hat der Herr Botschafter auf die Meinungsbildung in Berlin auch bloß einen sehr begrenzten Einfluss.[139]

L'Angleterre marchera avec nous

Trotzdem lehnt die deutsche Reichsleitung jeden Vermittlungsschritt ab, der nicht zur Lokalisierung des Konflikts führt.[140] Warum soll das nicht wieder möglich sein? Im Oktober 1913 hatte die Führung Russlands ein österreichisches Ultimatum auch angenommen.[141] Berlin möchte außerdem den Partner in seinem Konflikt mit Serbien auf keinen Fall vor ein europäisches Gericht ziehen. Ganz offensichtlich ist die Angst, über kurz oder lang auch noch Österreich zu verlieren, größer als die Angst davor, dass es zum Zusammenstoß kommt. Das sind Gründe für die Haltung in Berlin; zu gewinnen ist ja wirklich nichts. London ist andererseits auch gar nicht der unparteiische Vermittler, der glaubwürdig den Frieden in Europa zu verteidigen trachtet. Das wird eindrucksvoll illustriert, wenn man sieht, dass der Kolonialminister Lewis Harcourt an diesem 26. den Premier Herbert Henry Asquith bittet, den Ersten Lord der Admiralität Winston Churchill zurückzuhalten, weil dieser als Kriegstreiber bekannt ist. Berlin ist über ihn schon lange im Bilde.[142] Mal sehen, von wem man nochmal etwas liest, Harcourt oder Churchill. Was von Greys jüngstem Schachzug zu halten ist, wird auch deutlich, wenn Frankreichs Botschafter in London Cambon am selben Tag einem französischen Journalisten in Berlin den Wink gibt: „L'Angleterre marchera avec nous."[143] (England marschiert mit uns.) Da ist doch schon lange entschieden, wie es weitergeht, und es muss bloß noch dafür gesorgt werden, dass andere schuld sind. Frankreich muss ja nicht schon wieder als der Aggressor dastehen wie am Anfang und gegen Ende des neunzehnten Jahrhunderts. Wollte nicht Frankreich alle naselang Preußen erobern? In London wird freilich auch nicht erwogen, den Druck seiner Kriegsbanknoten, die nicht gegen Gold eintauschbar sind, nun wieder einzustellen. Was es für Berlin auch schwer macht, eine Botschafterkonferenz als Ausweg anzusehen, ist der Umstand, dass Petersburg zwei Tage zuvor erklärt hatte, dass es diesem österreichisch-serbischen Konflikt „nicht gleichgültig gegenüberstehen" könne, und dass sich Frankreich klar zugunsten Russlands positioniert. Wie soll denn das zusammen passen mit der Konferenz der Mächte, die nicht unmittelbar an dem Konflikt beteiligt sind?

Glanzstunden der Diplomatie und Mobilmachung

Sir Edward Grey richtet am 27. Juli seinen dringenden Appell an Berlin, man möge auf die Wiener Regierung einwirken, sodass sie die serbische Antwortnote als befriedigend anerkenne, weil er doch nur in diesem Fall seinerseits auf Petersburg mäßigend einwirken könnte. Aber als er noch vor wenigen Tagen gebeten worden war, beruhigend auf die Führung in St. Petersburg einzuwirken, war das durchaus überhaupt nicht machbar. Andererseits spielt auch das Zarenreich mit doppelten Karten. Während sein Geheimdienst die Gruppe der Attentäter unterstützt hatte und den Anlass für einen Konflikt mit der Habsburger-Monarchie überhaupt erst in Szene gesetzt hatte, kommt am 27. Juli auf einmal ein kompromissbereiter Außenminister Sergej D. Sasonow auf die Bretter, die die Welt bedeuten, und bemüht sich darum, „eine Brücke" zu finden, um den österreichischen Forderungen Genugtuung zu verschaffen. Er fragt den Botschafter Deutschlands nach einem Vorschlag, den er Wien als russische Kompromissformel anbieten kann. Pourtalès hat auch auf der Stelle eine Idee: Österreich mildert einige Punkte des Ultimatums und Serbien hat die Möglichkeit, die revidierten Bedingungen anzunehmen. Sasonow ist dazu bereit und er regt in Österreich zweiseitige Besprechungen „zwecks gemeinsamer Umarbeitung einiger Artikel" der Note vom 23. Juli an. Er äußert die Hoffnung, „auf diese Weise werde es vielleicht gelingen, eine Formel zu finden, die für Serbien annehmbar sei und zugleich Befriedigung der Forderungen Österreichs im Prinzip ergeben würde." Es sei dahingestellt, wie ernst man das nehmen muss, wenn das Attentat auf das Paar des Wiener Thronfolgers mit demselben Petersburg in Verbindung steht. Fakt ist nur eines: Die Berliner Diplomatie versäumt es, nach dem Strohhalm zu greifen. Solange die Engländer neutral bleiben, ist es dem Reichskanzler Bethmann Hollweg kein Schreckgespenst, dass es durchaus zum bewaffneten Konflikt mit zwei Frontlinien kommen kann.[144]

Wie *Vermittlungsambitionen* in London aussehen, lässt sich an diesem Tage wieder gut studieren: An diesem 27. Juli erfolgt die Mobilmachung der britischen Marine. Soll dieser Schritt jetzt Frankreich und Russland signalisieren, dass sie mit dem Krieg beginnen können, oder soll er eher eine drohende Kulisse für die Entscheidungsträger im Deutschen Reich bilden? Winston Churchill schreibt auf jeden Fall am folgenden Tage an seine liebe Frau: „Alles neigt sich in Richtung Katastrophe und Kollaps. Ich bin interessiert, bereit und glücklich." Schön, dass wir das erfahren. Damit ist ja auch geklärt, dass es in jedem Fall zum Krieg kommen wird. Man könnte auf die Idee kommen, dass es schon jetzt den Plan gibt, den Deutschen am Ende die Schuld für das angestrebte Gemetzel zu geben – dafür müssen am Ende nur Dokumente vorliegen, die von einer großen Verhandlungsbereitschaft in London, Paris und St. Petersburg künden. Der deutsche Botschafter in London Lichnowsky berichtet, Sir Edward Grey sei *verstimmt* und dass mit englischen Sympathien und britischer Unterstützung bei einem trotzdem ausbrechenden Krieg nicht mehr zu rechnen sei. „Der Schlüssel der Lage liegt in Berlin", sei die Auffassung in London. Wenn man dort den Frieden wolle, so könne man Österreich davon abhalten, „tollkühne Politik zu treiben". Drei Stunden nach dieser Mitteilung wiederholt Lichnowsky äußerst eindringlich, dass nach Greys Überzeugung die Erhaltung des Friedens in Europa von Berlin abhinge. London gehe zunehmend davon aus, dass die ganze serbische Frage sich auf eine „Kraftprobe zwischen Dreibund und Dreiverband zuspitzt". Will Österreich-Ungarn Serbien niederwerfen, dann würde England sich unbedingt auf Seiten Frankreichs und Russlands stellen, so Lichnowsky.[145]

Wien erklärt Serbien den Krieg

Wien, das wohl mehr mit den Walzernächten als mit Waffentechnik bei den Kennern renommiert, macht Ernst und erklärt am 28. Juli Serbien um 11 Uhr morgens den Krieg. In St. Petersburg lässt der Außenminister Sasonow der deutschen Regierung mitteilen, dass man am nächsten Tag nun doch anfängt vorsorglich die südlichen Militärbezirke Kiew, Odessa, Moskau und Kasan mobil zu machen. Die Maßnahme sei aber nicht gegen das Deutsche Reich gerichtet. In Wien ist natürlich die Nervosität in diesem Moment besonders groß und Generalstabschef von Hötzendorf möchte möglichst umgehend, spätestens aber innerhalb von fünf Tagen wissen, ob er sich nur auf einen Krieg gegen Serbien oder auch auf einen Krieg gegen Russland einzustellen habe. Wiens Außenminister bittet die Regierung in Deutschland, Russland „in freundschaftlicher Weise" klar zu machen, dass die Mobilisierung gegen Österreich Gegenmaßnahmen sowohl Österreichs als auch Deutschlands nach sich ziehen müsse.[146] Die Wiener sind offensichtlich so mächtig auf ihre Abrechnung mit Serbien erpicht, dass sie über die fatale Lage Deutschlands zwischen Frankreich, England und Russland nicht in Ruhe nachdenken. Aber Deutschland ist es, das alle bösen Geister im Ernstfall fernhalten müsste. Aus London ist von Botschafter Lichnowsky zu hören, in der dortigen Wiener Botschaft spreche man ungeniert offen davon, dass das Ultimatum absichtlich unannehmbar gefasst worden war und Serbien „niedergebegelt" – niedergebügelt – und aufgeteilt werden solle. Das verwundert kaum, wenn das Ultimatum von Alexander von Musulin aufgesetzt worden war, der sich vor allem selbst für den Serbien-Experten des Auswärtigen Amtes hält, ein Kroate, der einen tiefen Hass gegen den gewiss vorhandenen großserbischen Nationalismus hegt und in der Krise eine letzte Gelegenheit erblickt, um den Vormarsch des „Pan-Serbianismus" mit Unterstützung der Kroaten tatsächlich aufzuhalten.[147] Unser Reichskanzler Bethmann Hollweg notiert sich aufgebracht: „Diese Zweideutigkeit Österreichs ist unerträglich. Uns verweigern sie die Auskunft über ihr Programm, sagen ausdrücklich, dass die Ausführungen des Grafen Hoyos, welche auf eine Zerstückelung Serbiens hinausliefen, rein private gewesen seien, in Petersburg sind sie die Lämmer, die nichts Böses im Schilde führen, und in London spricht ihre Botschaft von Verschenkung serbischer Gebiete an Bulgarien und Albanien." Aus Paris berichtet Botschafter Schoen, dass sich die französische Regierung im Prinzip dem Vorschlag Greys für eine Vier-Mächte-Vermittlung angeschlossen habe, doch die österreichische Regierung habe erklärt, dieser Vorschlag komme zu spät, denn man befinde sich inzwischen im Krieg. Immerhin wird schon wenige Stunden nach der Kriegserklärung die Hauptstadt Beograd beschossen. So legen die Diplomaten in Berlin die Vorschläge des Kaisers auf Eis und bringen eine eigene Kreation auf den Weg nach Wien, ohne einen Hinweis, dass die Idee der Besetzung Belgrads vom Kaiser stammt oder auch dass der Kaiser die serbische Antwort für ausreichend hält. Es wird ebenso wenig erwähnt, dass sich Wilhelm II. als Vermittler anbietet. Es wird nicht einmal deutlich, dass hier eine bislang noch nicht diskutierte Strategie vorgeschlagen wird. Tschirschky soll vor allem herausfinden, was Wien in

Wirklichkeit vorhat, und er soll nicht den Eindruck erwecken, man wolle Österreich zurückhalten. Die einzig klare Ansage des Schreibens ist die, dass die Verantwortung für das mögliche Übergreifen auf nicht unmittelbar Beteiligte auf Russland fallen solle. Die Wirkung ist doppelt fatal, weil der Botschafter Tschirschky die Anweisung, nicht zurückhaltend zu wirken, direkt vorliest. Allerdings müsste sie die Wiener auf die Risiken hinweisen, die von ihrer Entscheidung ausgeht, denn im Wortlaut heißt es da: „Sie werden es dabei sorgfältig zu vermeiden haben, dass der Eindruck entsteht, als wünschten wir Österreich zurückzuhalten. Es handelt sich lediglich darum, einen Modus zu finden, der die Verwirklichung des von Österreich-Ungarn erstrebten Ziels ... ermöglicht, ohne gleichzeitig einen Weltkrieg zu entfesseln, und wenn dieser schließlich nicht zu vermeiden ist, die Bedingungen, unter denen er zu führen ist, für uns nach Tunlichkeit zu verbessern." Dem Kaiser wird jedoch weisgemacht, man habe *seinen* Vorschlag nach Wien weitergeleitet.[148]

Russlands Außenminister Sergej Sasonow erklärt dem österreichischen Botschafter, Serbiens Interessen seien in diesem Falle russische. Nun ist diplomatisches Geschick erforderlich, damit das hier nicht ausufert. In seiner ersten Unterredung mit dem englischen Botschafter Goschen im Verlaufe dieses 28. Juli beteuert Bethmann Hollweg den Friedenswillen Berlins und unterrichtet Goschen vertraulich über jene kaiserliche Note nach Wien mit der Aufforderung, nur die Stadt Belgrad zu besetzen, bis die Forderungen des Ultimatums erfüllt sind. In den Unterredungen am Nachmittag, die der Kaiser mit dem Kanzler und den führenden Militärs führt, scheint sich die Hoffnung der deutschen Politik auf eine englische Neutralität zu bestätigen. Bethmann Hollweg plädiert in dieser Situation erneut für ein Flottenabkommen mit England und hofft, England dieses gewissermaßen als Lohn für seine Neutralität anzubieten. Großadmiral Alfred von Tirpitz ist dagegen und Kaiser Wilhelm II. verlässt sich trotz der bekannten Aussagen des Londoner Außenministers Sir Edward Grey auf das Wort von King George V.[149] Mag ja sein, dass der König der Chef des Ganzen ist, aber wenn die Hoffnung des Kaisers auf des Königs Wort nicht aufgeht, kann man zumindest immer noch sagen, der Herr Außenminister habe Berlin gewarnt.

Maurice Hankey bringt das War Book

Premierminister Asquith lässt sich an diesem 28. Juli das Drehbuch für den Ablauf der Kriegsereignisse, das *War Book*, von Maurice Hankey an seinen Dienstsitz Downing Street Number 10 bringen. Maurice Hankey selbst wird beauftragt, eine Vertuschungs-Anweisung für die Presse zu erlassen, damit Asquiths Regierung später nicht als Kriegstreibertruppe an den Pranger kommt. Herbert Asquith kommt an diesem Abend nach Hause und nach einem zärtlichen Gespräch mit seiner Ehefrau hält sie in ihrem Tagebuch fest, er habe sich auf ihr Bett gesetzt und sie geküsst, was offenbar erwähnenswert genug ist, und habe gesagt, dass nunmehr passiere, was das *Committee of Imperial Defence* schon seit zwei Jahren diskutiert und festgelegt habe. Weiter schreibt sie: „Das bedeutet Krieg!" Über den Ersten Sekretär jenes *Committee of Imperial Defence* Maurice Hankey bleibt Großbritanniens Premierminister der Jahre von 1902 bis 1905 Arthur James Balfour, unter dem die Visionen des Masterminds in London Halford John Mackinder Eingang in die Planungen des Kriegs- und des britischen Außenministeriums fanden, im Kontakt mit Londons aktuellem Premierminister Herbert Henry Asquith. Auf der Bühne fürs Volk gibt Mr. Balfour momentan den Oppositionsführer.[150] Wie deutlich könnte es denn noch werden, dass Erklärungen für Entscheidungen mit der Zugehörigkeit eines der Akteure zu dieser oder jener Partei ins Leere gehen? Hier geht es um die langfristige Strategie des englischen Königshauses zur Sicherung des Lebensstandards der Oberschicht des Landes. In der eigenen Partei muss man nur stets die richtigen Sachen erzählen. Sir Edward Grey lässt am 29. den Pariser Botschafter in London wissen, dass er dem deutschen Botschafter sagen werde, er möge sich nur nicht in falsche Sicherheit wiegen, dass England beiseite stehen werde, wenn die Bemühungen, den Frieden zu erhalten, ohne Erfolg blieben. In einen Streitfall zwischen Serbien und Österreich fühle sich England nicht berufen einzugreifen. Auch nicht in einen Streit zwischen Österreich und Russland. Es handle sich dann lediglich um eine Frage slawischen oder germanischen Übergewichts, d. h. einen Kampf um das Übergewicht auf dem Balkan. Für den Fall, dass Deutschland und Frankreich aber in den Konflikt hineingezogen würden, behält sich der englische Staatssekretär auch wieder vorsichtig seine Stellungnahme vor.[151]

Die britische Flotte rückt auf Kriegspositionen

Die britische Flotte rückt am 29. Juli auf ihre Kriegspositionen. Auf der Nordsee begegnet das für Frankreichs Küstenschutz vertragsgemäß abgestellte Geschwader der Großkampfschiffe dem vom Staatsbesuch aus Russland zurückkehrenden französischen Staatspräsidenten Raymond Poincaré im Ärmelkanal. Georges Navy grüßt den befreundeten Kriegsherrn. Poincaré sagt beim Aussteigen in Dünkirchen auf die Frage, ob er glaube, dass sich der Krieg noch abwenden lasse: „Dies zu tun, wäre sehr bedauerlich, denn wir werden niemals günstigere Umstände finden.“[152]

Unterdessen eröffnet der Reichskanzler dem englischen Botschafter Gedanken zu einer wechselseitigen Neutralität beider Reiche. Dazu kommt noch die Zusage, die territoriale Integrität des europäischen Frankreichs und Belgiens nach einem wahrscheinlich gewordenen Konflikt unangetastet zu lassen. Was sich im ersten Moment gut anhört, erweist sich bei näherer Betrachtung als äußerst unbedachter Zungenschlag. Belgien ist neutral; wie kann er dieses Wort in den Mund nehmen? Damit hat Englands Botschafter zum ersten Mal eine offizielle Andeutung gehört, nach der in Berlin die Absicht besteht, im Falle eines Krieges durchaus durch das neutrale Belgien zu marschieren. Ein klassisches Eigentor.[153] In der Nacht vom 29. zum 30. Juli versucht der Reichskanzler erneut, England mit der Aussicht auf den Abschluss eines Neutralitätsabkommens festzulegen. Bethmann Hollweg versichert Herrn Botschafter Goschen, dass Deutschland „selbst im Falle eines siegreichen Krieges keine territoriale Bereicherung auf Kosten Frankreichs in Europa“ anstrebe. Das setze jedoch voraus, dass England, wie vom König angekündigt, neutral bleibe. Daraufhin fragt Goschen, ob sich diese Zusage auch auf die Kolonien der Franzosen beziehe. Das jedoch zuzusagen, kann sich Bethmann Hollweg dann eben nicht abringen. Er erklärt sich nur bereit, die Neutralität und Integrität der Niederlande zu achten, wenn die Gegner Deutschlands sie ebenfalls respektieren würden. Was Belgien angeht, wird formuliert, die Integrität des Landes werde geachtet, „vorausgesetzt, dass Belgien nicht gegen uns Partei nimmt“, für die Souveränität verbürgt sich der Reichskanzler allerdings nicht. Daraus darf Goschen entnehmen, dass Belgien nichts geschieht, wenn man die deutschen Truppen frei durch das Land nach Frankreich fahren lässt. In England wird die Bedeutung dieses Antrages verstanden.[154] So kommt der Stein des Anstoßes, der bereits lange auf Vorrat gehalten wird, langsam ins Rollen.

Auf die Bitte von Präsident Raymond Poincaré am 30. Juli um eine klare Stellungnahme, wie sich England in dem Konflikt positioniere, kann der Botschafter Cambon nach Paris telegrafieren, nach einer Mitteilung von Grey habe dieser den deutschen Botschafter Lichnowsky wissen lassen, wenn der Konflikt allgemein und namentlich Frankreich hineingezogen werden sollte, würde auch England mitgerissen werden. London erkundigt sich in Paris und in Berlin offiziell, ob man die belgische Neutralität respektieren werde. Zar Nikolaus informiert Kaiser Wilhelm, dass seine militärischen Maßnahmen schon vor fünf Tagen beschlossen wurden.[155]

Als Kaiser Wilhelm II. erfährt, dass Russland mobilmacht, ist er entsetzt und hält fest, „Dummheit und Ungeschicklichkeit“ in Wien hätten sich durch die aktuelle Entwicklung „zu einer Schlinge geformt“. Eine lange befürchtete Einkreisung Deutschlands sei doch endlich zur vollsten Tatsache geworden, „trotz aller Versuche unserer Politik. Das Netz wurde plötzlich über unseren Köpfen zusammengezogen, und die ausschließlich deutschfeindliche Politik, die England verachtenswerterweise auf der ganzen Welt betrieben hat, hat den spektakulärsten Sieg davongetragen, den zu verhindern wir uns als nicht fähig erwiesen haben. Dagegen haben sie uns trotz unseres Ringens infolge unserer Treue gegenüber Österreich ganz von alleine in das Netz laufen lassen und fahren nun fort, unsere politische und wirtschaftliche Existenz zu erdrosseln. Eine großartige Leistung, die Bewunderung weckt, selbst bei dem, der durch sie zugrunde geht.“ Inhaltlich überraschend in demselben Sinne schreibt Frankreichs stellvertretender Außenminister Abel Ferry in sein Notizbuch: „Das Netz war gesponnen und Deutschland flog wie eine laut summende Fliege hinein.“[156] Grigori Jefimowitsch Rasputin, der eine besondere Stellung am Hofe von Zar Nikolaus II. innehat, sagt zur selben Zeit: „Keine Sterne sind mehr am Himmel ... Ein Ozean der Tränen.“ In tiefer Traurigkeit ruft er aus: „Unser Vaterland hat noch nie ein solches Martyrium erlitten wie dasjenige, das auf uns wartet.“ Er sieht ganz klar die Gefahr, dass ein Krieg, wie er absehbar ist, unendlich viele Opfer im Reich mit sich bringen wird: „Russland wird in seinem eigenen Blut ertrinken."[157] Außenminister Sasonow aber hofft auf England. Petersburg hockt nichtsdestotrotz längst in den Startlöchern. Dasselbe gilt natürlich auch für London, denn Belgien wurde schon Jahre vor dem Krieg durch die Briten erkundet. Unter der Leitung von Ignaz Trebitsch-Lincoln, der einst Pfarrer war, wurde verdeckt eine allgemeine Landesaufnahme angefertigt.[158] Am 31. Juli weist Britanniens Außenminister Edward Grey den englischen Gesandten in Brüssel an, der belgischen Regierung seine Erwartung auszusprechen, dass diese die Neutralität ihres Landes „mit äußerster Kraft" aufrechterhalten werde, und der Gesandte Villiers lässt London am nächsten Tag wissen, dass Belgien hierzu bereit sei.[159]

Englands Kolonien machen mobil

Die einzige Kriegserklärung, die bis jetzt vorliegt, ist jene Österreichs an Serbien, und noch bevor auch nur zwischen Russland und Österreich ein Krieg erklärt worden ist, machen am 31. Juli 1914 bereits die englischen Kolonien mobil, von sich aus und spontan. Das möchte Großbritanniens Schatzkanzler George gern glauben machen: „It was a spontaneous rally to the flag which was marching to battle in a war when the whole Empire felt our cause was just. The Dominions even anticipated every appeal for help. So did some of the Princes of India." Das Übermaß an Spontaneität überwältigt den Beobachter, doch es fehlt jeder Hinweis, woher man am anderen Ende der Welt weiß, dass Großbritannien bald im Krieg ist. Aus den Zeitungen stammt es doch nicht und Englands Außenminister sagt, dass ein Eingreifen wegen eines Konfliktes auf dem Balkan *nicht* von der öffentlichen Meinung in England begrüßt würde. Und England ist schon so ein kleines bisschen das Herz dieses Empires. Davon ganz abgesehen ist das Deutsche Reich nicht mit von der Partie, was es schwierig macht, einen Grund für ein Eingreifen zu konstruieren. Da Österreich England nicht bedroht – warum auch? – ist nicht nachzuvollziehen, dass *alle* im Britischen Empire zu der Ansicht gelangen könnten, *die englische Sache* sei gerecht. Er meinte doch: „The whole Empire felt our cause was just." Wenn jemand eine Stunde *zu früh* meldet, dass es gerade brenne, ist das eben trotzdem *zu früh* und kann schon deshalb niemanden überzeugen. Zudem führt George aus: „The Canadian Government, watching events from thousands of miles away, foresaw that war was inevitable, and on July 31st, the day before Germany declared war on Russia, began to lay its plans for the mobilisation of its forces." Er sagt, dass die kanadische Regierung, die das Ganze aus großer Entfernung beobachtete, vorhergesehen habe, dass der Krieg unausweichlich sei und habe am 31. Juli die Pläne für die Mobilisierung ihrer Streitkräfte geschmiedet – schon einen Tag *bevor* Berlin Russland den Krieg erklärte. Sind diese Hellseher nicht großartig? „These great countries had no responsibility for the policy or diplomatic methods that preceded the War. They were, therefore, free to judge for themselves whether they were under any moral obligation to risk the lives of their citizens in an active participation in the conflict."[160]

Diese großartigen Länder seien weder für die Politik noch für die diplomatischen Methoden in dieser Phase verantwortlich und könnten nach Gusto entscheiden, ob sie vielleicht die moralische Verpflichtung hätten, das Leben ihrer Staatsbürger bei aktiver Beteiligung an dem Konflikt zu riskieren. Er spricht hier aber schon von den Kolonien Großbritanniens. Was für ein verlogener Kitsch, nachdem die eigene Flotte bereits am 27. Juli mobil machte und am 29. Juli auf die Kriegspositionen gerückt war. Bleibt nur noch anzumerken, dass auch Frankreich schon am 31. Juli die Ostkorps seiner Streitkräfte mobilisiert.[161] Das wird eigentlich bereits als eine Kriegserklärung aufgefasst. Doch vor der breiteren Öffentlichkeit in England wird weiter behauptet, dass es keine geheimen Vereinbarungen mit Frankreich oder Russland gäbe. Die Regierung erklärt, man darf die Stellung Großbritanniens nicht von Allianzen abhängig machen, die ihm vielleicht feste Verpflichtungen auferlegten. Darauf fällt auch Herr von Bülow herein und sagt, England habe seit dem Krimkrieg „kein Bündnis mit festländischen Mächten geschlossen".[162] Bertrand Russell, der Philosoph, sagt hierzu: „Ich hatte schon Jahre zuvor bemerkt, wie sorgfältig uns Sir Edward Grey belog, um die Öffentlichkeit davon abzuhalten, die Methoden zu erkennen, nach denen er uns für den Kriegsfall zur Unterstützung Frankreichs verpflichtete."[163]

Deutschland und Frankreich machen mobil

Berlin und Paris beschließen am 1. August allgemeine Mobilmachungen. Deutschlands Botschafter in St. Petersburg Friedrich Pourtalès eilt noch in das russische Außenministerium und fleht den Außenminister Sergej Sasonow dreimal an, die russische Mobilmachung einzustellen. Als der Minister endgültig ablehnt, reicht Friedrich Pourtalès ihm mit zitternder Hand Deutschlands Kriegserklärung.[164] In London erörtert unterdessen Außenminister Grey gegenüber dem französischen Botschafter Cambon zwei Wege, wie unter Umständen „die Bewegungsfreiheit der englischen Regierung", die eine Neutralitätserklärung gegenüber Deutschland abgelehnt habe, „zum Ausdruck kommen könnte". Erstens durch eine Erklärung, England werde die Verletzung der belgischen Neutralität nicht dulden, und zweitens durch eine Erklärung, dass es sich der Durchfahrt des deutschen Geschwaders durch den Kanal und jeder Demonstration an der französischen Küste widersetzen würde. Das wäre die Alternative zu einem Durchmarsch durch Belgien gewesen und würde nicht einmal französischen Boden berühren. Grey will also um jeden Preis erzwingen, dass er einen deutschen Marsch durch Belgien bekommt.[165] Dieser Tage betet sicherlich nicht nur Pussy, wie Lloyd George seine Sekretärin und Geliebte Frances Stevenson nennt, „dass die Deutschen in Belgien einmarschieren möchten". Weiter schreibt sie, das wäre „eine vom Himmel geschickte Entschuldigung, um die Kriegserklärung zu unterstützen."[166]

London spielt Katz' und Maus

Englands Außenminister Sir Grey ruft am 1. August den Botschafter des Deutschen Reiches in London an und fragt ihn, ob er glaube, im Namen seines Landes erklären zu können, bei einem deutsch-russischen Kriege würde Deutschland Frankreich nicht angreifen, falls Frankreich neutral bliebe. Der Botschafter antwortet ihm, er glaube, die Verantwortung für diese Aussage übernehmen zu können, und informiert umgehend seine Vorgesetzten in Berlin über dieses Gespräch. In Berlin wächst damit die Hoffnung, dass der laufende Konflikt wieder auf Osteuropa beschränkt werden kann, ein Hoffnungsstrahl, wie von Jagow notiert. Der Kaiser in

Berlin sendet sofort ein Telegramm an George V., in dem er sich auf die Meldung des Botschafters bezieht und erklärt, aus technischen Gründen müsse zwar die nach Osten und Westen angeordnete Mobilmachung wie vorbereitet ablaufen, regt hingegen an: „Aber wenn mir Frankreich seine Neutralität anbietet, die durch die englische Armee und Flotte garantiert werden muss, werde ich natürlich von einem Angriff auf Frankreich absehen und meine Truppen anderweitig verwenden. Ich hoffe, Frankreich wird nicht nervös werden.“ Und weiter: „Die Truppen an meiner Grenze werden gerade telegrafisch und telefonisch abgehalten, die französische Grenze zu überschreiten.“[167]

Parallel wendet sich der Kanzler an die Londoner Regierung: „Deutschland ist bereit, auf den englischen Vorschlag einzugehen, falls sich England mit seiner Streitmacht für die unbedingte Neutralität Frankreichs im deutsch-russischen Konflikt verbürgt. Die deutsche Mobilmachung ist heute auf Grund der russischen Herausforderung erfolgt, bevor die englischen Vorschläge hier eintrafen.“ Mit russischer Herausforderung ist die Mobilmachung der russischen Truppen gemeint. Ein Umstand ist wie gesagt nicht zu ändern: Teile der Truppen sind heute bereits in den Westen des Reiches verlegt worden. Der Kanzler verbürgt sich allerdings dafür, dass die Truppen die französische Grenze nicht vor dem 3. August überschreiten. Bis dahin soll die Zusage Englands erfolgt sein, dass man sich dafür einsetzt, dass Frankreich nicht von hinten zuschlägt. Außenamtschef Jagow verweist in einem Telegramm darauf, dass dies die Verhandlungsbereitschaft des Deutschen Kaisers zeige, denn es werden von dem eigentlich vorgesehenen Blitzkrieg noch mehr Tage verschenkt, was dem militärischen Vorgehen freilich das Überraschungsmoment nimmt und Frankreich Zeit gibt, Vorkehrungen zu treffen.[168] Aber keiner dieser drei kommt auf den Gedanken, ihre Zusicherungen in Richtung Westen publik zu machen, um der Öffentlichkeit im Reich genau wie in England zu zeigen, dass man im Westen nichts will. Für Berlin sind das diplomatische Angelegenheiten, die vertraulich zu behandeln sind. Damit geben sie den Akteuren in London allerdings die Gelegenheit, das Versprechen geheim zu halten und die britische Öffentlichkeit über die Absichten der Reichsleitung in Berlin zu täuschen.[169] Der Führung in London ist klar, dass man keine britischen Soldaten auf den Kontinent entsenden kann, wenn sie in einen fragwürdigen Streit auf dem Balkan eingreifen sollen. Für London drängt allerdings die Zeit, weil das Bevölkerungswachstum in Deutschland in den zehn Jahren bis 1914 real eine Million Menschen pro Jahr beträgt. Das bedeutet zwar auf der einen Seite, dass das Reich mehr Waren importieren muss, andererseits nun aber auch mehr Waren in anderen Ländern absetzen will. Überdies steht 1916 die Verlängerung des deutsch-russischen Handelsvertrags auf der Tagesordnung und wer kann sagen, ob es in den kommenden zwei Jahren noch so eine Chance für einen Waffengang geben wird? Danach kann sich die Situation auch für England grundlegend ändern. Halford J. Mackinder möchte es nicht ausschließen, dass das Londoner Drängen, jetzt einen Krieg auszulösen, mit der anstehenden Verlängerung des Vertrages zwischen Deutschland und Russland zu tun hat. Lieben Sie auch solche juristischen Zirkeleien, die „nichts ausschließen"? Er meint, dass das Deutsche Reich Russland unbedingt benötigt – als Lieferanten von Nahrungsmitteln genauso wie als Abnehmer seiner Produkte.[170]

In Berlin warten sie auf das erlösende Signal aus London. Doch die Antwort des Königs von England bringt die große Ernüchterung. Sie besagt, dass die Meldung des Botschafters auf einem Missverständnis beruhte. Somit ist klar, dass die Hoffnung, den Krieg lokalisieren zu können, vergebens war.[171] So wird auch klar, was von den englischen Vermittlungsvorschlägen zu halten war. Grey wollte Zeit herausschinden und schönes Papier in den Archiven hinterlegen. Es klang aber gut, als Grey unseren Botschafter fragte, ob er glaube, erklären zu können, bei einem Konflikt mit Russland würde Deutschland Frankreich nicht angreifen, vorausgesetzt, dass Frankreich neutral bliebe. Es bleibt ein Rätsel, was an diesem Satz missverständlich gewesen sein kann, zumal Fürst von Lichnowsky an diesem Tage ein weiteres Telegramm absendet, in welchem er sogar noch ergänzt: „Der Privatsekretär Sir E. Greys war eben bei mir, um mir zu sagen, der Minister wolle mir Vorschläge für die Neutralität Englands machen, selbst für den Fall, dass wir mit Russland und Frankreich Krieg hätten (also eigentlich noch weitergehende Vorschläge, als das erste Telegramm erwarten ließ!) Ich sehe Sir E. Grey heute Nachmittag und werde sofort berichten."[172] Also klärt Grey den Botschafter jetzt immer noch nicht auf, dass er einem Taschenspielertrick aufgesessen ist. Aber selbst wenn es den Vorschlag aus London nicht gegeben haben sollte, gibt es ja die Berliner Telegramme und diese könnten die Basis für *Talks* werden. Was führt Londons Außenminister Sir Grey im Schilde, wenn er die vier Erklärungen höchster deutscher Politiker sogar vor der Regierung verschweigt, nach denen Frankreich gewiss nicht angegriffen werden solle, wenn sich Frankreich und England aus diesem Konflikt heraushielten? So ist zu erklären, warum die Regierung auf Antrag von Marineminister Churchill am 2. August die *Navy* zum Schutze der französischen Küsten einsetzen möchte und nicht zum Absichern der Neutralität Frankreichs. Diese Zusicherung schickt Grey nach Paris mit dem Vermerk, man möge die Sache strikt geheim halten. Grey versichert dem Botschafter Frankreichs in London Paul Cambon am 2. August, dass die Royal Navy „allen in ihrer Macht stehenden Schutz gewähren" werde, falls die Marine der Deutschen in kriegerischer Absicht gegen Frankreich in den Ärmelkanal eindringen oder nur die Nordsee durchqueren würde.[173]

Als Edward Grey das sagt, hat er vierfach die Zusicherung von höchsten deutschen Stellen, dass es dort kriegerische Absichten gegen Frankreich nicht gibt. Genauso gut weiß er aber um die kriegerischen Absichten im eigenen Umfeld, man denke da nur an den Lordkanzler. Dieser Richard Haldane befiehlt nach eigenem Bekunden spätestens am frühen Morgen des 3. August eine De-facto-Mobilmachung. Welchen Grund könnte der Minister hier ins Feld führen? Es gibt zu diesem Zeitpunkt zum Beispiel kein Ultimatum an Belgien, das das Eingreifen britischer Truppen nachvollziehbar machen würde. Es gibt auch keine *allgemein bekannte* Verpflichtung gegenüber Paris. Die meisten Londoner Minister hören ja von jener Mobilisierung auch nichts. Im Laufe des Tages wird dann Premierminister Asquith gefragt: „Sie denken nicht daran, ein Expeditionskorps nach Frankreich zu entsenden?" Darauf antwortet er: „Nein, mit Sicherheit nicht." Im Unterhaus hält der Außenminister Edward Grey an dem Tag eine Rede, in der er die staunenden Abgeordneten informiert, dass es bereits jahrelange Kriegsabsprachen sowohl mit Frankreich als auch Russland gibt. Was auch immer er hier beabsichtigt, dieser Schuss geht nach hinten los. Von der gleichen Stelle aus hatte er selbst genauso wie Premier Asquith über die vergangenen Jahre hin explizit geleugnet, dass es solche Absprachen geben könnte. Damit löst Grey Tumulte im Hause aus. Die sind ja löblich – eine förmliche parlamentarische Befassung mit so einem unglaublichen Betrugsskandal kommt trotz alledem nicht zustande.[174] Was nützt die Möglichkeit, in einer Demokratie Kritik üben zu können, wenn letztlich doch jene Pläne aufgehen, die in Hinterzimmern ausgeheckt werden? Greys Rede ist eine Kampfansage an Deutschland, und es sagt alles über das Ziel der Berliner Mobilmachung, wenn man in der Folge nicht England selbst den Krieg erklärt. Auf das *Fair Play* beim Auswerten, wer welche Schuld an der Eskalation seit jenen zwei Morden in Österreich-Ungarn trägt, dürfen wir auf jeden Fall gespannt sein.

Blitzkrieg ist, wenn es schnell geht

Im Reich wartet das Militär weiter auf ein Zeichen des Kaisers, um seine Schlieffen-Offensive einzuleiten, denn sie steht und fällt mit dem Überraschungsmoment eines Angriffes. Der Chef des deutschen Generalstabs Helmuth von Moltke bekommt ob der Verzögerung mit diplomatischen Spielereien einen mittelstarken Nervenzusammenbruch – die deutsche Mobilmachung ist abgeschlossen und er besteht darauf, dass die Armee in Marsch gesetzt werden muss. Seit vier Wochen schwelt die Krise jetzt und seitdem haben die Armeen der anderen Länder Zeit für Gegenmaßnahmen. So wird das kein Blitzkrieg mehr mit einer überschaubaren Anzahl an Opfern. Hätte man längst begonnen, wäre in zwei Monaten alles über die Bühne, und dann könnten die Diplomaten gerne eine Friedenskonferenz abhalten und weiter palavern. Hieß es nicht, der Kanzler habe Österreich eine Blankovollmacht ausgestellt?[175]

Ein General weiß zweierlei: Ein toter Soldat ist ein schlechter Soldat und fachmännisch ausgebildete Soldaten wachsen nicht an Straßenbäumen. Es ist ja nichts Neues – Die militärischen Fachleute werden überstimmt von Politikern und Diplomaten und wertvolle Zeit geht verloren. Es fehlt bloß noch, dass hinterher irgendjemand sagt, die Deutschen hätten den Engländern vielleicht gar die Weltherrschaft wegnehmen wollen. Wann möchten die Herren denn jetzt endlich die Reißleine ziehen? Es ist auch zu spät zu bedauern, dass man keinen Plan B in der Westentasche hat – eben irgendeine alternative Kriegführung, wie sie durch diese Krise rund um Serbien jetzt notwendig wäre. Unter dem Druck der Generäle fordert die Regierung Kaiser Wilhelms als Garantie für Frankreichs Neutralität, nachdem Großbritannien die Absicherung der Neutralität abgelehnt hat, die präventive Überlassung von zwei französischen Festungen. Natürlich will Frankreich das nicht, aber das löst das Problem nicht. Jagow erklärt kategorisch, man könnte „es dem westlichen Nachbarn, dessen Haltung seit Dezennien eine feindliche war, nicht überlassen, zunächst etwa neutral abwartend Zeit zu gewinnen und dann doch zu einem für uns noch gefährlicheren Zeitpunkt uns den Krieg zu erklären." Zumal Paris gezielt auf einen Krieg drängt. In London wissen sie allerdings schon seit 1906, dass Teile der deutschen Truppen im Kriegsfall durch Belgien hindurch ziehen sollen, und erklären höchst feierlich, dass sie den Verstoß gegen Belgiens Neutralität unmöglich tolerieren können. In diesem einen ganz besonderen Fall müsste selbst dieses unschuldige kleine Empire beherzt eingreifen. Zugleich beteuert London weiter sein unbedingtes Festhalten am Frieden. Berlin bleibt jetzt nur die Wahl zwischen Teufel und Beelzebub: Wien Rückendeckung bieten für seinen Schlag gegen Belgrad oder den einzigen mäßig schlagkräftigen Partner an das gegnerische Bündnis verlieren. Als die Truppen Kaiser Wilhelms in der Nacht vom 3. auf den 4. August Belgiens Grenze überschreiten, schnappt die Falle zu. London stellt sein Ultimatum, bei dem es zweifellos davon ausgehen kann, dass Deutschland darauf nicht mehr eingehen wird. Um keine Überraschung zu erleben, nutzt das Kabinett in London die Zeitverschiebung zwischen London und Berlin und verkürzt die Wartezeit so noch um eine Stunde. Stumm um einen großen runden Tisch mit grüner Tischdecke schaut die Ministerrunde auf die große Uhr, bis sie endlich 11:00 Uhr schlägt. Nur zwanzig Minuten später kommt der Erste Lord der Admiralität Winston Churchill in den Raum und informiert die Herren darüber, dass gerade ein Telegramm in alle Ecken des Empires geschickt worden sei, welches die königliche Flotte auffordert, mit den Operationen zu beginnen.[176]

England bekommt seine Kriegserklärung nicht

Der deutsche Botschafter zu London Lichnowsky staunt, als sie ihm am Abend des 4. August die Pässe zustellen mit der Begründung, Deutschland habe England den Krieg erklärt. In Berlin sind sie ja nicht wirklich von allen guten Geistern verlassen. Wem ist denn *der* peinliche Fehler unterlaufen? War der Wunsch der Vater des Gedankens gewesen? Ganz zügig muss dieses verdammte Dokument zurückgeholt werden. Harold Nicolson, der Sohn des Unterstaatssekretärs Arthur Nicolson, soll flink im Dunkel der Nacht durch London fahren und versuchen, den Skandal abzuwenden. Die Reaktion des deutschen Botschafters ist unglaublich – widerspruchslos nimmt er den entschärften Text entgegen und händigt Nicolson stattdessen jenes verräterische Dokument aus. Wenn englische Soldaten nun jedoch nicht zu spät auf dem Kontinent sein sollen, um die Franzosen vor einer erneuten Niederlage wie 1871 zu bewahren, braucht man nunmehr umgekehrt die Londoner Kriegserklärung an das Reich.[177]

Eine Londoner Kriegserklärung muss her

Wie wird also vorgegangen? Wird festgestellt, wofür sich die Mehrheit in der Bevölkerung entscheidet? Natürlich nicht; im Königreich ist ja nicht die Demokratie ausgebrochen. Wird das Anliegen dem Parlament vorgetragen? Auch nicht; die *Members of Parliament* sind ja schon hysterisch geworden, weil sie vom Premier und vom Außenminister nicht über die militärischen Absprachen mit Frankreich informiert wurden. Wird über so eine Nebensächlichkeit wie eine Kriegserklärung wenigstens mit den Ministern im Kabinett gesprochen? Auch das nicht; wenn die offiziellen Vertreter des Empires in dieser Sache Bescheid wüssten, dann wäre das ja keine Verschwörung mehr. Wer gehört zu der illustren Runde? Zuerst selbstverständlich der Ideengeber Halford John Mackinder, dann bis zu seinem Tode 1910 König Edward VII., der momentane Premierminister und Kriegsminister Herbert Henry Asquith, der Außenminister Edward Grey, Lordkanzler Richard Haldane, Marineminister Winston Churchill, der Unterstaatssekretär Arthur Nicolson, *der Oppositionsführer* Arthur James Balfour, Schatzmeister David Lloyd George und um keinen Preis zu vergessen auch Maurice Hankey. Er verkörpert geradezu die lebende Verbindung zwischen Frieden und Krieg. Er ist der Chef des *Committee of Imperial Defence* und über ihn bleibt Arthur Balfour, der dieses CID eingerichtet hatte, in die Kriegsplanung eingebunden. Der *Upper-Class-Critic* Harold Begbie vertritt die Auffassung, dass Arthur Nicolson mehr noch als Edward Grey der Mann ist, der den Krieg organisiert hat, oder in seinen Worten *the man who made the war*. So ist das. Von Grey hört man häufig, von Nicolson hört man in der Öffentlichkeit im Prinzip gar nichts. Eine demokratische Basis für eine so bedeutsame Entscheidung sieht auf jeden Fall anders aus.[178]

Wie kommt die Kriegserklärung zustande? Bei einer Runde *Bridge*, dem Kartenspiel. Während Harold Nicolson durch die Nacht fliegt, sitzen die Getreuen um Premierminister Asquith zusammen und schicken danach einen Boten zum englischen König, der assistiert von zwei kriegswilligen Mitgliedern des Kronrats eine Erklärung unterfertigt, in der festgestellt wird, dass sich Großbritannien und Deutschland im Krieg befinden. So kommt es, dass nun ausgerechnet die Regierung der Liberalen, die stets dafür stand, dass sich Großbritannien nicht in die europäischen Zwistigkeiten einmischen würde, Deutschland am 4. August den Krieg erklärt – bevor jemand widersprechen kann. Wer nach diesem letzten Wink noch immer den Zeitungen glaubt, die politische Entscheidungen mit einem Parteibuch und mit verschiedenen Flügeln der Parteien zu erklären versuchen, dem ist gar nicht mehr zu helfen. Verkündet wird die Neuigkeit am 5. August. Der Diplomat Wilfrid Blunt schreibt sich in das Tagebuch, dass der Krieg erklärt wurde und fügt dem Text noch hinzu: „So werden wir hier mit den Konsequenzen von Greys Verbohrtheit konfrontiert." In seinen Überlegungen findet man: „Für wen kämpfen wir? Für Russland, den Tyrannen über Polen, Finnland, Persien und das gesamte nördliche Asien. Für Frankreich, unsern räuberischen Kumpel in Nordafrika, und schließlich für Belgien mit seinem verabscheuungswürdigen Kongo-Vorlauf." [179] Nein, britische Soldaten sollen den Kopf hinhalten für England, besser für die Oberschicht Englands. Die soziale Frage, die angeblich in nächster Zukunft in Angriff genommen werden sollte, wird auch diesmal wieder dem Vergessen anheimfallen. Ein paar Tage später wird Edward

Greys betrügerisches Taktieren bekannt, doch der gute Mann weiß sich mit einer zusammengelogenen Geschichte zu behelfen und versucht, sie mit verfälschten Dokumenten zu belegen. Es spielt keine Rolle, wie was in Wirklichkeit war. Am Ende zählt einzig und allein, was von offizieller Seite als reine Wahrheit verbreitet wird. Die Kabinettsprotokolle werden vernichtet oder beiseite geschafft. So ist es auch möglich, die Kabinettskrise, die durch die Aktion ausgelöst wurde, hundert Jahre vor der Weltöffentlichkeit geheimzuhalten, und eine Antikriegs-Demonstration wird zur patriotischen Kundgebung.[180] Verstehen Sie jetzt, warum nicht jeder Historiker werden und womöglich für die Zeitung schreiben darf?

Der Krieg kommt in die Gänge

In London soll es nach dem *War Book* weitergehen, nach dem Drehbuch für den Großen Krieg, an dem unter Maurice Hankey seit vielen Jahren herumgetüftelt worden ist. Doch schon die erstbeste Entscheidung des Kabinetts am 5. August verdeutlicht, dass es durchaus sinnvoll war, die Kriegserklärung an allen politischen Gremien vorbei zu treffen. Marineminister Winston Churchill fordert im Kabinett die sofortige Besetzung der holländischen Rheinmündungen; er kann sich aber mit diesem Vorstoß nicht durchsetzen, weil das den übrigen Kabinettsmitgliedern doch zu heikel erscheint. Wie könnte man der Öffentlichkeit denn dann noch verkaufen, dass es um die Verteidigung der kleinen Nationen gehe? Um die Kriegserklärung zu rechtfertigen, heuchelt der Premier Asquith am 6. August dem Wahlvolk vor, England hätte plötzlich die Verpflichtung, Belgien unbedingt zu helfen. Dem König gegenüber hat Herbert Asquith jedoch am 29. Juli gesagt, dass es solch eine Verpflichtung zur Hilfe für Belgien nicht gebe, und das schrieb er Ende Juli auch in einem Brief an Venetia Stanley, eine Adelige, die er persönlich kennt: „Wir haben keine Verpflichtung, ihnen zu helfen." Es macht vielleicht nachdenklich, dass Kabinettsprotokolle als Quellen leider nicht mehr auffindbar sind.[181] Die Neunmalklugen mögen sich doch ihre Hackerchen daran ausbeißen, der Führung in London nachzuweisen, dass sie den Krieg eingefädelt hatte. Kommen wir damit zurück zum *War Book*. Im Krieg kämpfen Soldaten gegen Soldaten und nicht gegen Zivilisten. Um solche Sachen zu regeln, trafen sich in den letzten Jahren Diplomaten und legten richtig offiziell fest, was im Krieg erlaubt sein soll und was nicht. Das hörte sich ja auch alles gut an, aber jetzt ist die Zeit der frommen Sprüche vorüber. Es geht für England um die Eindämmung vor allem deutscher Exporte und um die Geschichte mit dem Bevölkerungswachstum im Wirtschaftswunderland. Großbritannien hat sich nicht nur zum Vergnügen die mit Abstand größte Flotte in Europa zugelegt. Unmittelbar nach der Kriegserklärung wird ein Handelsverbot gegen Deutschland erlassen. Gut. Sehr gut. Ausgezeichnet. Das kann man als Kriegführung verkaufen und dient gleichzeitig dem strategischen Ziel der raschen Ausschaltung des erfolgreichen Konkurrenten. Marineminister Churchill kündigt am 7. August 1914 an, dass die *Royal Navy* dazu eingesetzt werden soll, um die Mittelmächte gegen die Weltmeere abzuriegeln. Um das Handelsverbot auch durchzusetzen, wird zwischen Süd-Norwegen und den Shetland-Inseln sowie im Kanal bei Dover eine Fernblockade eingerichtet. Sie wird mittels Minen und Patrouillenschiffen gesichert. Schön ist das nicht, denn es ist völkerrechtswidrig. Die deutsche Seekriegsleitung unter Alfred von Tirpitz war davon ausgegangen, dass an eine Nahblockade der deutschen Häfen gedacht war, und da hat man auch Gegenmaßnahmen ausgebrütet – doch was kann man gegen eine Fernblockade unternehmen?[182] Dem Erfinder der Herzland-Theorie ist die Bedeutung dieser Kriegsführung, ob illegal oder nicht, völlig klar. Mackinder schreibt, im Krieg zeige sich erneut die Überlegenheit der Seemacht Großbritannien gegenüber der Landmacht Deutschland. Nach der Schlacht an der Marne in Frankreich im September 1914 verlaufe die eigentliche Frontlinie zwischen den Kriegsgegnern etwa drei Meilen vor den Küsten Norwegens, Dänemarks, Deutschlands, Hollands und Belgiens.[183]

Die Überraschung nach dem Beginn der britischen Seeblockade vor den Küsten Nordeuropas besteht darin, dass der Generalstab in Berlin nicht den U-Boot-Krieg gegen diese Völkerrechtsverletzung ausruft. Das wäre, was Schiffe zum Abdrehen bringen kann. Doch die Blockade macht bloß das Essen knapp. Davon verhungern die Deutschen nicht gleich; sie sind hart im Nehmen. An der Westfront wird laut Außenminister von Jagow auf deutscher Seite nach dem Fall der Stadt Lüttich Mitte August wieder ein Versuch unternommen, Belgien die Schrecken eines Krieges, soweit als möglich, zu ersparen. Berlin bedauert gegenüber der dortigen Regierung, dass militärische Notwendigkeiten zur Einnahme der Maasfestung als Stützpunkt für Operationen gegen Frankreich gezwungen haben. Die Deutschen seien jedoch nicht als Feinde Belgiens gekommen. Nachdem Belgien seine Waffenehre durch tapferen Widerstand genügend gewahrt habe, sei Berlin immer noch zu jeder Verständigung bereit, die sich mit dem laufenden Feldzug gegen Frankreich vereinbaren ließe. Es wird erneut die Versicherung abgegeben, dass Berlin eine Annexion belgischen Gebietes nicht wünscht und dass das Land geräumt wird, wenn die Lage dies erlaubt. Aber die belgische Regierung beruft sich auf ihre erste Antwort, die sie lediglich wiederholen könne – kein Wunder, hat Belgien in den vergangenen Jahren doch seine geheimen Absprachen mit England getroffen, aus denen es jetzt nicht einfach herauskommt. London hat ja auch nicht nur aus Jux und Tollerei die Daten der allgemeinen Landesaufnahme Belgiens in eine vierbändige Beschreibung des *War Office* in London gebracht. Belgien steht so endgültig auf der gegnerischen Seite. Außenminister von Jagow versteht es nicht: „So wurde das unglückliche Land – durch Jahrhunderte der Schauplatz europäischer Kriege – auch diesmal in den Strudel der Kämpfe und Leiden hineingerissen." Werden Londoner Politiker später auch ein bisschen Mitleid mit den gebeutelten Europäern aufbringen? Nachträglich *legalisieren* die Herren in London jedenfalls am 5. September ihre geheimen Absprachen zur militärischen Zusammenarbeit mit wenigen Verantwortlichen in St. Petersburg sowie in Paris durch den sogenannten Pakt von London. Es ist jedoch sehr zu bedauern, dass sie die demokratische Legitimation dafür nicht vor aller Welt *vor* dem Ausbruch der Kampfhandlungen eingeholt haben.[184]

Die ersten Erfolge der deutschen Truppen im Westen lassen Phantasien darüber aufblühen, wie man wohl einen militärischen Sieg gegen Frankreich letztlich ausschlachten könnte. Hermann Röchling, der Chef eines Eisenwerkes, schreibt beispielsweise in einem Brief an den Kaiserlichen Statthalter des Reichslandes Elsaß-Lothringen Johannes von Dallwitz – und zugleich Innenminister des Königreichs Preußen: „Bei einem neuen Frieden mit Frankreich sollte der Fehler, der im Frankfurter Frieden bezüglich des Erzbeckens von Briey gemacht wurde, in Ordnung gebracht werden." Preußen hatte sich nämlich damals 1871 eines der ergiebigsten Erzabbaureviere in Europa eben gerade *nicht* unter den Nagel gerissen, denn in diesem Gebiet von Lothringen wohnen mehrheitlich Franzosen. Am 9. September formuliert auch der Kanzler Theobald von Bethmann Hollweg: „In jedem Fall abzutreten, weil für die Erzgewinnung unserer Industrie nötig, das Erzbecken von Briey." Vielleicht hat Röchling damit die erste Denkschrift deutscher Großindustrieller nach dem Beginn des Krieges für die Regierung geschrieben, aber das wird sicherlich nicht die einzige Denkschrift bleiben mit militärpolitischen Forderungen, die mithilfe des nun doch ausgebrochenen Krieges erreicht werden müssten.[185]

Wer hat das große Gemetzel angezettelt?

Es dauert nicht übertrieben lange, bis die ersten Deutschen in führender Stellung verstehen, dass sie gerade über den Tisch gezogen worden sind. Am 1. Oktober tritt zum Beispiel Gottlieb von Jagow mit dieser Einsicht an die Weltöffentlichkeit und macht in einem von der dänischen Tageszeitung *Nationaltidende* veröffentlichten Gespräch die britische Regierung für den Ausbruch des Krieges verantwortlich. Nach seiner Ansicht habe sie Russland und Frankreich zum Krieg gegen das Deutsche Reich ermutigt.[186] Hören wir in dieser Frage auch den Schöpfer der *Herzland-Theorie*, für den jegliche produktive Verbindung zwischen Deutschland und Russland Teufelszeug wäre. Es ist nicht erstaunlich, dass er darauf besteht, dass die Berliner Staatsführung selbstredend eine Hauptschuld an dem angelaufenen Blutbad trägt. Es lässt jedoch aufhorchen, dass er seinem Spruch das hinzufügt: „Aber vor der Geschichte wird ihre Schuld geteilt werden mit jenen, die das Ganze in den vergangenen Jahren fortgesetzt haben. Dabei wird man britische Staatsmänner und das britische Volk nicht für gänzlich schuldlos halten."[187] Hier werden einfache Briten allerdings denken, schönen Dank auch! Warum bin ich denn jetzt schuld am Ausbruch des Krieges? Ich habe doch lediglich die Zeitung gelesen – und mir eine Meinung gebildet. Doch zugegebenermaßen würde es sich auf jeden Fall ein wenig ungewöhnlich lesen, hätte er gesagt: Dabei wird man britische Staatsmänner *und mich* nicht für ganz und gar schuldlos halten. *Mister Mastermind* drückt sich ein wenig bemüht aus beim Verteilen der moralischen Schuld während des ökonomischen Wettrennens zwischen den beiden Staaten: „Der Unterschied, was britische und deutsche Verantwortung angeht, kann vielleicht folgendermaßen formuliert werden: Der britische Lokführer ist zuerst losgefahren, war unvorsichtig und hat die Signale nicht beachtet, wohingegen der deutsche Lokführer seinen Zug absichtlich gestärkt und bewehrt hat, um einen Zusammenstoß auszuhalten, hat ihn auf das falsche Gleis gesteuert und im letzten Moment die Drosselklappen geöffnet. Was sich nicht ändern wird, sind die größeren ökonomischen Realitäten: Sie wurden in einer kriminellen Weise von den Deutschen wahrgenommen und blind von den Briten."[188]

Trotz der verwendeten blumigen Bilder fehlt Mackinder eine zutreffende sprachliche Konstruktion für die kriminelle Energie, mit der ein kleines Grüppchen von Strippenziehern erstmals seit ein paar Jahrzehnten eine vertragliche Bindung mit anderen großen Mächten ausgeklügelt und in die Wege geleitet hat, mit deren Hilfe jede der neu entstehenden ökonomischen Mächte Europas in Mitleidenschaft gezogen werden soll. Dafür, dass Harold J. selbst 1904 die theoretischen Grundlagen dafür niedergeschrieben hat, wie das *British Empire* die Weltmachtstellung gegen alle Mächte des alten Kontinents ausweiten könne, stapelt er tief mit seinem Postulat, dass die Briten in dieser Hinsicht blind waren. Aber dies ist es, was sie auf der Insel mit ihrem britischen *Understatement* meinen; man stapelt tief und ist gegebenenfalls das Unschuldslamm. Die Einzelheiten der Absprachen zwischen London und Brüssel kommen Ende des Jahres 1914 ans Licht, weil deutsche Besatzungskräfte in Brüssel nicht beiseite geschaffte Akten entdecken. Rekonstruiert man die Londoner Vorbereitungen für einen großen *Crash*, dann sieht das nicht nach Blindheit aus. Der Minister Lord Loreburn notiert dazu: „Die Geheimhaltung vor dem Kabinett war ein lang andauernder Vorgang und sie muss vorsätzlich erfolgt sein." Das ist ja nun gerade die Begründung dafür, warum wir es in diesem Zusammenhang ohne jeden Zweifel mit einer Verschwörung zu tun haben. Nicht nur das Kabinett, sondern auch das Parlament und das übrige Volk sind außen vor. Darüber kann sich unter anderem der Erste Seelord Admiral Fisher freuen, der trefflich zusammenfasst: „The nation was fooled into the war."[189] Das heißt ungefähr: Das Volk ist in den Krieg hinein getrickst worden. Es wird vielleicht niemanden überraschen, dass die Zahl der Publikationen bei den gelackmeierten Deutschen höher ist. Londons Schatzkanzler Lloyd George sagt nichts über die eigene Schuld am Ausbruch des großen Gemetzels, aber er äußert sich über die Schuld, die andere Leute tragen: „Keiner der an der Spitze Stehenden wollte in diesem Stadium wirklich den Krieg. Sie glitten, oder vielmehr taumelten und stolperten hinein, vielleicht aus Torheit."[190] Der unschuldige Mann ist aber nicht so konsequent zu schreiben, die anderen taumelten herum und wir traten sie über die Klippen. Lloyd George werden wir im Visier behalten müssen, um zu sehen, wie er weiter vorgeht. Man weiß ja nicht, wie verrückt es im Leben kommen kann; vielleicht wird ausgerechnet er, *der Insider*, im Jahr 1936 von einem Jungchen ohne Schulabschluss im Deutschen Reich zu einer großen *Visite* empfangen. Wer die Handgriffe solcher Akteure verstehen will, muss die Erklärungen nicht im täglichen albernen Klimbim des politischen Geschäftes suchen. Als sich die ersten Rauchschwaden 1914 verzogen haben, dämmert es dem Berliner Außenminister: „Es war ein klug berechnetes Spiel: Belgien sollte als Vorwand für Englands Eintritt in den Krieg auf Seiten der Entente dienen. Einen englischen Krieg um eines serbischen Streits willen hätte die öffentliche Meinung Englands nicht verstanden, es musste ein anderer Grund gesucht werden."[191] Das, genau das haben wir über die letzten Monate aus England gehört. Wir werden ja sehen, was die Historiker zutage fördern und ob sie die Interessen der verschiedenen Seiten berücksichtigen. Von einem „Streben nach Weltherrschaft" oder anderen Phantasmagorien ist zumindest in der Hauptstadt des Deutschen Reiches nicht die Rede. Die Deutschen müssen eigentlich nur noch jeden Morgen aufstehen und zur Arbeit gehen, um genug für sich zu produzieren und die Welt mit Waren zu versorgen; die Briten haben jetzt noch Kohle für ein paar Jahre, dann ist der Ofen aus und in der Not frisst der Teufel Fliegen.

Der Griff nach dem Herzland der Welt

Schauen wir nun über die warmen Wellen des Mittelmeeres unter azurblauem Himmel einmal nach, was sich gerade auf der Insel Zypern tut. Seit 1869 der Suezkanal fertiggestellt wurde, kommen Schiffe wesentlich schneller von England durch das Mittelmeer und das Rote Meer hinüber in die englische Kronkolonie Indien. Bis dahin musste man umständlich um ganz Afrika herumschippern. Als das Osmanische Reich 1877 und im folgenden Jahr durch die Truppen des Zaren arg in Bedrängnis gebracht wurde, nutzte Großbritannien die Gunst der Stunde und einigte sich insgeheim mit dem Sultan in Konstantinopel auf die Überlassung der Insel Zypern. Damit hat man nach Gibraltar am Eingang zum Mittelmeer und Malta in der Mitte dieser Wasserstraße auch noch östlich von Malta eine weitere Bastion für einen Flottenstützpunkt zur Absicherung der neuen Route nach Asien. Offiziell bleibt Zypern bis 1914 Teil des Osmanischen Reiches und die Türken und Griechen, seien sie Moslems oder Christen, leben friedlich auf der Insel nebeneinander. Den Beginn der Kämpfe in Mitteleuropa lassen die Entente-Mächte nicht ungenutzt – jetzt werden Nägel mit Köpfen gemacht. In den ersten Novembertagen 1914 erklären das Russische Reich, das Britische Reich und Frankreich dem Osmanischen Reich den Krieg. Die Briten besetzen Zypern, um den Stützpunkt im Mittelmeer auch offiziell in Beschlag zu nehmen.[192]

Der Angriff auf das Reich des Sultans schafft zugleich günstige Voraussetzungen für den ganz großen *Coup*, von dem Halford John Mackinder 1904 nur träumte. Zum Erringen der Weltherrschaft muss England den Fuß setzen auf das Herzland der Welt, also die Landmasse von Russland über China bis auf die arabische Halbinsel, die seit Jahrhunderten schon dem Sultan gehört, zumindest bis es dann nur noch Wüste gibt. Das will der Sultan auch nicht. In London sehen sie noch einen weiteren Grund, warum sie die günstige Gelegenheit beim Schopfe packen und jetzt das Osmanische Reich angreifen sollten. Die Deutschen hatten sich auf dem Verhandlungsweg den Bau der Bagdadbahn in ihre Auftragsbücher geholt. Finanziert wurde dieser Auftrag, indem den Deutschen zugesichert wurde, dass sie fortan die Rechte zur Ausbeutung der Bodenschätze ungefähr zwanzig Kilometer rechts und links der Bahnlinie haben sollten –

und just dort fand man einige Jahre später tatsächlich Öl. Damit hatten die Deutschen einen Wettbewerbsvorteil vor den Briten, der so gar nicht ging. Das Ölgebiet muss so schnell wie möglich durch britische Truppen in Beschlag genommen werden.

Geld und Waffen aus den USA an Freund und Feind

Für eine so groß angelegte Nummer bedarf es fraglos auch der Summen, um sich einen solchen Krieg überhaupt leisten zu können. Als Geldgeber in der Größenordnung kommen nur die Amerikaner infrage. Anfang des Jahres 1915 geht die finanzielle Hintergrundarbeit in die nächste Runde. Der amerikanische Bankier John Picrpont Morgan und der Vertreter der britischen Regierung Lord Reading unterzeichnen die Verträge, die den Briten Riesenkredite gewähren und zugleich festlegen, dass und was sie hierfür an Kriegsgütern einkaufen können – beim Morgan-Konzern – ja was haben Sie denn gedacht? Auf der anderen Seite muss sich Großbritannien aber auch darauf festlegen, was sie für die Kredite eigentlich an Sicherheiten anbieten können. Großbritannien beginnt mit dem Ausverkauf seines *Empires*. Ist den Briten eigentlich absolut klar, dass sie hier *nicht* mit den Vereinigten Staaten verhandeln, sondern mit einem knallharten privaten Geschäftsmann, der sich von diesem Krieg Gewinne verspricht? So wird schon in den Verträgen vorgesorgt und ausgeschlossen, dass der erhoffte Kriegseintritt der USA die Forderungen später wieder zunichte macht, wenn sich die Briten womöglich darauf berufen wollen, dass sie nun Verbündete seien. Man schließt dies explizit aus und nennt die Briten eine „assoziierte Macht".[193] Man darf das Ganze sowieso nicht aus nationalen Perspektiven sehen oder aus einem kindlichen Freund-Feind-Denken heraus. Wer hier mitdenken will, muss das Ganze sehen wie ein Betriebswirtschaftler, den ausschließlich der Gewinn des eigenen Unternehmens interessiert. Für Deutschland und Österreich stellen sich in diesem Zusammenhang noch ganz andere Fragen. Welchen Sinn hat denn die Neutralität der USA, wenn amerikanische Firmen ihre Waffen an kriegführende Länder liefern und dies freundlicherweise gleich selbst durch amerikanische Banken finanzieren lassen?

Es spricht umgekehrt Bände, dass Lizenzen zum Bau von U-Booten gern auch an Deutschland vergeben werden. Doch nehmen wir noch ein Beispiel für die Unterstützung Englands. Isaac L. Rice zum Beispiel war als Kind mit seiner Mutter aus Deutschland eingewandert und gründete am 7. Februar 1899 die Firma Electric Boat Co. Sie erwarb Erfindungen und Patente für den U-Boot-Bau und handelte mit ihnen. Auf einer Werft in Groton, Connecticut, baut man aber auch selbst U-Boote. Noch vor dem Krieg schloss die Electric Boat Co. einen Lizenzvertrag mit Vickers, einer britischen Waffenschmiede. Für jedes in Großbritannien hergestellte U-Boot muss Vickers $ 28.467 an Mister Rice bezahlen. 1915 findet man in der *New York Times* einen Artikel, in dem steht, dass Rice seine Anteile vor seinem Tod mit einem Gewinn von $ 2.000.000 verkauft hat.[194] Fakt ist auch, dass amerikanische und britische Firmen vor und während des Krieges eine U-Boot-Flotte bauen, die der deutschen Flotte zahlenmäßig weit überlegen ist. Das muss jedoch geheim gehalten werden, weil sonst die Deutschen in der Propaganda nicht so herzlos dastehen würden. Ein halbes Jahr nach dem Beginn der Fernblockade des Außenhandels über die deutschen Häfen – einschließlich der Lebensmittelversorgung – beschließt man 1915 in Berlin, U-Boote einzusetzen, um diese Blockade zu durchbrechen, denn es wird allmählich eng mit den Vorräten. Aber auch der U-Boot-Krieg hat, kaum zu glauben, noch seine Vorteile: Immerhin lässt jeder Torpedoschuss aus einem U-Boot amerikanischer Bauart auf ein amerikanisches oder ein britisches Schiff die Lizenzkasse drüben in New York klingeln.[195] Das wird in den Medien der Vereinigten Staaten ja andererseits dann nicht an die große Glocke gehängt.

Die USA sollen in den Krieg gezogen werden

Doch mit jedem Treffer wird auch die Versorgung Englands schwieriger und es wird Zeit, dass Amerika offiziell in den Krieg einsteigt, wenn die Londoner Hinterzimmerpolitik für das *Empire* nicht zu einem Schuss in das eigene Knie werden soll. Viele Amerikaner wollen aber nicht in den Krieg ziehen, von dem man in allen möglichen Zeitungen schrecklichste Horrormeldungen bekommt. Jetzt werden die Bemühungen stärker, das Publikum in England und Amerika mit Lügen über das Reich Wilhelms einzudecken. Sie werden seit Monaten vom *War Propaganda Bureau* in Wellington House, London, fabriziert. Es ist auffällig genug, dass für die sachliche Information über Vorgänge in der Welt die Redaktionsstuben der Zeitungen nicht mehr genügen. Wenige Monate später steigen auch amerikanische Zeitungen ein. Nun wird über die Medien, die sich schon bei der Abhalfterung des *Imperio español* trickreich gezeigt hatten, das Wort von der *German menace* in die Welt gesetzt; es heißt, Deutschland bedrohe die Welt. Dabei ist nicht ausschlaggebend, ob jeder Amerikaner das glaubt. Entscheidend ist die veröffentlichte Meinung in den großen Medien und die sind in den Händen der bekannten Verdächtigen. Wenn sich da einige Autoren gegen das Eingreifen in Europa aussprechen und einige andere dafür, sieht das schon aus wie eine öffentliche Diskussion. Wichtig ist nur, dass am Ende der gewünschte Eindruck hängen bleibt. Es ist nicht extrem verwunderlich, dass hier steuernd eingegriffen wird; diejenigen Amerikaner, die in Europa aus Gewinngründen Krieg führen wollen, sind im Wesentlichen identisch mit den Eigentümern der großen Zeitungen. Die kaiserliche Botschaft in den Vereinigten Staaten versucht sich zu wehren und protestiert gegen die Falschmeldungen aus Europa, aber die US-Regierung verweist auf die Pressefreiheit als hohes Gut. So ist man fein aus dem Schneider heraus und man ist ja auch sonst nicht um die jeweils geeigneten Worte verlegen. Das größte Argument für die Notwendigkeit eines amerikanischen Eingreifens in den Krieg ist wieder die Einführung der Demokratie und „Freiheit der Meere".[196] In England muss witzigerweise die Demokratie nicht herbeigeführt werden, obwohl *Mann* dort bloß wählen darf, wenn *Er* über Grundbesitz verfügt oder ein Steuerzahler mit bemerkbaren Einkünften ist. In Großbritannien gibt es eben eine besonders feine Demokratie.[197] Im Vergleich dazu ist natürlich die Monarchie Wilhelms II. noch mit ihrem Drei-Klassen-Wahlrecht die reinste Volksdemokratie. Da dürfen die drei Klassen – so oder so – doch wenigstens an den Wahlen teilnehmen. Das geht in England nicht.

Wenn man bei einschlägigen Gesprächen nicht zugegen ist, kann man ja nur schwer einschätzen, ob die Briten auf ihrer Insel oder die Chefs von interessierten amerikanischen Rüstungsfirmen den Eintritt Amerikas in den Krieg heftiger herbeisehnen. Ein Gespräch im Februar 1915 scheint in dieser Hinsicht denkwürdig zu sein. Da erkundigt sich der Londoner Außenminister Grey bei Edward Madell House, der Präsident Woodrow Wilson in außenpolitischen Dingen berät: „Was wird Amerika tun, wenn die Deutschen einen Ozeandampfer mit amerikanischen Passagieren an Bord versenken?“ Darauf antwortet ihm Edward M. House: „Ich glaube, eine Flamme der Empörung würde über Amerika fegen, und sie würde ausreichen, uns in den Krieg hineinzutragen.“[198]

Umgekehrt liegt es im deutschen Interesse, dass keine Bürger neutraler Staaten in diesem Krieg zu Schaden kommen, am allerwenigsten solche aus den Vereinigten Staaten von Amerika. Inzwischen ist längst passiert, wovor Altkanzler Otto von Bismarck immer gewarnt hatte: Deutschland muss sich in einem Zweifrontenkrieg seiner Haut erwehren. Der Eintritt der USA in das Gemetzel würde die Entscheidung zugunsten der Gegner bedeuten. Deshalb warnt die deutsche Botschaft in großen Annoncen in amerikanischen Zeitungen vor der Benutzung von Passagierschiffen. So heißt es in einer Anzeige am 22. April 1915, die in englischer und auch in deutscher Sprache erscheint, in allerschönster Klarheit: „Passagiere, die beabsichtigen, sich auf eine Atlantikfahrt zu begeben, werden daran erinnert, dass zwischen Deutschland und seinen Verbündeten und Großbritannien und seinen Verbündeten Kriegszustand herrscht.“ Ausdrücklich wird darauf hingewiesen, dass die Kampfzone auch das Meer um die britischen Inseln einschließt, ein Wort an alle, die es noch nicht wissen. Außerdem wird gewarnt, „dass übereinstimmend mit der offiziellen Bekanntmachung der kaiserlich-deutschen Regierung Schiffe, die die Flagge Großbritanniens oder seiner Verbündeten führen, in dieser Gegend zerstört werden können und dass Passagiere, die in der Kampfzone auf einem Schiff Großbritanniens oder seiner Verbündeten reisen, dies auf ihre eigene Gefahr tun.“ Worum könnte es der US-Regierung gehen, die sich geweigert hatte, solche Reisewarnungen zu unterstützen, weshalb ja die deutsche Botschaft überhaupt erst Zeitungsanzeigen geschaltet hat? Die britische Presse ist noch zynischer: Dort werden die entsprechenden deutschen Reisewarnungen mit Spott überzogen.[199] Es ist jetzt bloß eine Frage der Zeit, wann es zivile Reisende erwischen muss.

Die Lusitania wird versenkt

Anfang Mai sticht der riesige Passagierdampfer *Lusitania* in See. Schon seit 1907 wissen sie in Berlin aus einem Bericht des deutschen Marineattachés in London Widenmann, dass jenes Schiff auch als Hilfskreuzer verwendet werden kann. Auf so einem großen Schiff kann man natürlich neben vielen Passagieren auch eine ganze Menge Rüstungsgüter auf die Fahrt schicken. Ist das während der Überfahrt unter den Reisenden ein Thema? Teile der Besatzung werden es vermutlich wissen. In der Nähe befindet sich jedenfalls das U-Boot von Kommandant Walter Schwieger, das die *Lusitania* am 7. Mai 1915 mit einem einzigen Torpedo versinken lässt in den Fluten der Irischen See. Das erstaunt sicherlich bei einem so großen Schiff, doch die *Lusitania* ist eben wirklich nicht ausschließlich mit Menschen an Bord auf große Fahrt geschickt worden. Sie hat Fracht geladen – vermutlich etwa zehn Tonnen an Waffen, darunter Granaten, Gewehrpatronen und Munition für Handfeuerwaffen. Der eine Torpedo hat also eine gewaltige Menge an Sprengstoff zur Explosion gebracht.[200]

Wird jene Rechnung vom Februar aufgehen? Reicht die Empörung aus? Mag schon sein, dass britische U-Boote rund um das Osmanische Reich türkische, deutsche und neutrale *Handels*schiffe versenken, und dass sie in der Ostsee mit Gewalt die Erzzufuhr aus Skandinavien nach Deutschland unterbinden,[201] aber jetzt geht es um den Grund für den Eintritt der Vereinigten Staaten in diesen Krieg. Nach dem Untergang der *Lusitania* verlangt Präsident Wilson von Deutschland in ultimativer Form die Einstellung des U-Boot-Krieges. Er fordert, obwohl er Chef eines neutralen Staates ist, natürlich von den Freunden in Großbritannien nicht die Aufhebung der Blockade, die Millionen deutscher Zivilisten aushungert.[202] Zu den Politikern, die den perfiden Schacher mit dem Leben von Passagieren durchschauen, zählt William Bryan, der seit 1913 Außenminister der USA ist. Er, der Vorsitzende der regierenden Demokraten, tritt offen gegen den Kriegskurs des Präsidenten Wilson auf. Er argumentiert, dass Deutschland ein Recht darauf hatte, zu verhindern, dass seinen Feinden Kriegsmaterial geliefert wird. Wenn Schiffe mit gefährlicher Fracht aber Passagiere mit an Bord nähmen, in der Hoffnung, bloß nicht angegriffen zu werden, so sei das kein legitimer Schutz vor einer Zerstörung. Diesen

Gedanken äußert Bryan nicht, um den Kaiser in Berlin zu erfreuen, nein, er sagt das, um die amerikanischen Männer von den Schlachtfeldern in Europa fernzuhalten. Am 9. Juni 1915 zieht er die Konsequenzen aus der unnachgiebigen Haltung des Präsidenten und tritt als Außenminister in Washington zurück. Doch auch hier ist wieder „gut gemeint" das ganze Gegenteil von „gut". Er wird durch einen Wall-Street-Mann ersetzt, den Wilson schon 1914 als Rechtsberater ins State Department geholt hatte. So tut Bryan dem Präsidenten eher einen großen Gefallen, denn er kann den Rechtsanwalt Robert Lansing zum Außenminister machen.[203]

Wie wird die Reichsleitung in Berlin auf das Ultimatum reagieren? Dort können sie den U-Boot-Krieg gar nicht zurückfahren, weil sonst weiterhin ihre eigene Bevölkerung zu Hause jämmerlich verhungern wird und erfrieren. So könnte Amerika nunmehr vom Kriegsgeschäft zum Kriegshandwerk übergehen und nach dem Spanischen Reich genauso auch das Deutsche Reich von den Landkarten streichen. Doch es geschieht etwas Unerwartetes: Die Deutschen wollten immer friedliche Beziehungen zu England und jetzt wollen sie um keinen Preis auch noch Amerika mit in den Krieg hineinziehen, also fahren sie den U-Boot-Krieg in der Irischen See zurück, um die amerikanischen Schiffe nicht mehr zu gefährden. Am 2. September '15 übergibt der deutsche Botschafter Graf Bernstorff eine Note an die US-Regierung, nach welcher künftig Passagierdampfer nicht mehr ohne vorherige Ankündigung versenkt werden. Damit nehmen sie Wilson den Vorwand für sein Eingreifen in den europäischen Krieg aus der Hand. Dass Amerika diesmal keinen *outward impulse* oder *äußeren Anstoß* in Europa platzieren kann, liegt an keinem Isolationismus, sondern an der unerwarteten weil selbstmörderischen Reaktion aus Berlin. Das barbarische Aushungern der deutschen Zivilbevölkerung, das jedem gültigen Kriegsrecht Hohn spricht, geht damit weiter.[204]

Mehr verantwortlich als jeder andere

Deutschlands Außenminister Gottlieb von Jagow reißt bei einem Dinner am 23. Oktober 1915 der Geduldsfaden und er platzt mit einer Äußerung über den englischen Pressemogul David Harmsworth heraus, der schon

1905 geadelt wurde: „Aber gibt es denn niemanden, der Lord Northcliffe erschießt? Er ist der schlimmste Feind sowohl seines eigenen Landes als auch unseres und er ist mehr für all dieses Gemetzel und Blutvergießen verantwortlich als irgendeine andere einzelne Person in der Welt." Diese Worte landen im Tagebuch der Engländerin Prinzessin Blücher, die mit einem deutschen Mann verheiratet ist. Illustriert die Äußerung nicht auf eindrucksvolle Art, dass zumindest unser Außenamtschef seinen Ehrgeiz nicht an die Entflammung eines Weltenbrandes von biblischem Ausmaß mit immer mehr Millionen Toten gesetzt hatte?[205] Von Jagow ist ein hervorragendes Beispiel für einen Vertreter der deutschen Diplomatie und Emil Kirdorf ist ein Beispiel für einen Hitzkopf aus der Großindustrie – er fordert 1915 von der deutschen Regierung, Russland durch den Krieg möglichst weit in den Osten zurückzudrängen, um Besiedlungsland für die Ausweitung der bäuerlichen Bevölkerung zu erwerben, damit die Ernährung des deutschen Volkes in künftigen Kriegen sichergestellt sei.[206]

Der Anfang vom Ende Zarenreiches

Sorgfältig behält London *seine Freunde* in Russland im Auge. Schon seit Kriegsbeginn befindet sich der Agent Paul Dukes im Russischen Reiche. Dukes erhält zuerst den Auftrag, eine Untersuchung über die russische Presse zu schreiben. 1915 wird dann eine Anglo-Russische Kommission gebildet, um Nachschublieferungen Großbritanniens für Russland zu organisieren.[207] Die Stadt St. Petersburg hatte übrigens ihren Namen nicht behalten dürfen. Nach dem Ausbruch der Kampfhandlungen musste die deutsche Bezeichnung einem russischen Klang weichen und so heißt die Hauptstadt nunmehr Petrograd – sagen wir Peterstadt. Ex-Kanzler von Bülow ist von der Brüchigkeit der aktuellen Kriegsallianz überzeugt, da „die Interessengegensätze zwischen unseren Gegnern nicht für immer aus der Welt geschafft" sind. Ganz klar sieht er, was andere nicht gerne glauben wollen: Mag sein, dass der Krieg vorerst eine Art von Solidarität hergestellt hat zwischen England und Russland, zwischen Russland und Japan sowie zwischen Frankreich und England. Diese durch gemeinsam vergossenes Blut vorläufig fest zusammengeschweißte Einheit entspricht seiner Auffassung nach jedoch nicht der Natur der Dinge.[208] Wann lässt

England seine aktuellen „Bündnispartner“ genau so zur Hölle fahren wie im Moment gerade das Osmanische oder auch das Deutsche Reich?

Eine dubiose Rolle während des Krieges spielt der russische Jude Israil Lasarewitsch Helphand, der 48 Jahre alt ist und unter dem Pseudonym Alexander Parvus agiert. Es gibt Indizien dafür, dass unter seiner Ägide eine Reihe von Personen von Westeuropa aus versuchen, die Herrschaft des Zaren in Russland über die Revolution meuternder Volksmassen zu beenden. Doch aus welchem Motiv heraus? Sein *Lifestyle* wie schon die Promotion an der Universität zu Basel zum Doktor der Volkswirtschaft wollen irgendwie nicht zum Bild des linken Revolutionärs passen. Aber das ist sicherlich eine Sache persönlicher Erfahrungen. Spätestens wenn man hört, dass er ein höchst profitables Import-Export-Unternehmen in Kopenhagen betreibt, dazu ein Forschungsinstitut sowie eine damit verbundene Zeitschrift als Frontorganisationen seines Spionagerings, und dass sich dieser Polyglott und eloquente Autor um eine beständige Versorgung des Osmanischen Reichs mit Rüstungs- und Kriegsmaterial verdient macht, werden doch erste Zweifel laut, ob da nicht jemand andere als linke Ziele verfolgt. Dabei stellt sich die Frage, für wen. Fakt ist, dass er sich über Diplomaten dem Auswärtigen Amt in Berlin andient mit der Idee, eine revolutionäre Welle in Russland auszulösen. In Berlin glauben sie, dass sie mit diesem Kartenspielertrick Druck auf die Regierung des Zaren bei Friedensgesprächen ausüben können. Sein Gesprächspartner, der deutsche Botschafter in Kopenhagen Ulrich von Brockdorff-Rantzau hält seine Gedanken fest, die ihn bewegen, als er wohl den Fehler seines Lebens verzapft: „Vielleicht könnte es gewagt sein, die hinter Helphand stehenden Kräfte benutzen zu wollen, doch wäre es sicherlich das Eingeständnis unserer eigenen Schwächen, wenn wir ihre Dienste aus Angst, sie nicht richtig lenken zu können, ausschlagen sollten.“ Es ist auf jeden Fall gewagt, weil man gar nicht mit Gewissheit feststellen kann, wer die hinter dem guten Geist aus der Flasche stehenden Kräfte eigentlich sind. Er hintertreibt nämlich von der deutschen Seite aus die Annäherung des kaiserlichen Deutschlands an das kaiserliche Russland mit dem Ziel des Separatfriedens der zwei geschundenen Länder, wie er vom Zaren angeboten wird. Zugleich wirbt Lord George Buchanan, Londons Botschafter in Petrograd, mit Hilfe eines *Teams* professioneller Agenten aus London für die Fortsetzung des Kriegs von der russischen Seite aus. Langer Rede kurzer Sinn: Helphand gewinnt Berlin für die Idee, die Bolschewiken zu unterstützen, so dass sie mit einem Umsturz in Russland die Niederlage der russischen Truppen im Weltkrieg bewirken. Ist das langfristig klug? Die Bolschewiki wollen einen Umsturz nach kommunistischem Vorbild. Was passiert, wenn das in Deutschland Schule macht? Na, auf alle Fälle untergräbt man vom Zaren angebotene Friedensgespräche, die für das Deutsche Reich überlebenswichtig wären und beschleunigen damit den Zerfall der deutschen kaiserlichen Führungskreise, indem sie beginnen, die russischen Revolutionäre unter Wladimir Iljitsch Uljanov alias Lenin zu unterstützen.[209] Jedem denkenden Menschen ist klar, dass es auch in den beiden Kaiserreichen Kritik an den Verhältnissen gibt, aber die Gesellschaften dort funktionieren und entwickeln sich insgesamt prächtig. Das Schlimmste, was man dem Regime des Zaren vorwerfen könnte, ist die Verbannung von Kritikern. Aber wie sieht das in der Praxis aus? Die Staatsfeinde dürfen dort mit ihren Familien zusammenleben. Halten Sie sich das einmal gegen politische Haft in Männergefängnissen woanders. Verbannung hat nur im Sinn, Leute, die die Machtverhältnisse im Reich des Zaren ändern wollen, so weit wie möglich von der Gesellschaft fernzuhalten. Doch sie werden immerhin nicht von ihren Frauen getrennt – im Westen geht die Grausamkeit bis hin zur jahrelangen Einzelhaft.

Noch im selben Jahr beginnt Deutschland zu zahlen. In den zwei Jahren danach sollen vermutlich ca. neun Tonnen Gold in das Projekt investiert werden. Helphand stellt gleich selbst Geschäfts- und Bankverbindungen zur Verfügung, um die großen Summen zu überweisen, die dazu dienen, die revolutionäre Miliz auszurüsten und den Propagandaapparat dieser Leute zu finanzieren. Der Goldsegen kommt unter anderem der Zeitung *Prawda* zugute. Doch obwohl die Zeitung *Die Wahrheit* heißt, schweigt sich jenes Blatt darüber aus, dass der böse Klassenfeind – und, das wird der Volltreffer: der Klassenfeind aus anderen Ländern – diese Mittel zur Verfügung stellt. Das am Rande. Lenin, *der* Bolschewik, hat übrigens die Theorie aufgestellt über das Wesen des Imperialismus, wie er in großen, entwickelten kapitalistischen Staaten zu finden ist. Wird er selbst Opfer raffinierter imperialistischer Intrigen, die mit Hilfe der Arbeiter, Bauern und Soldaten an den Hebeln der Macht die Bevölkerungsexplosion des Russischen Reiches beenden und das jahrhundertealte reiche Imperium zurückwerfen sollen in krude Barbarei? Bedenkt er, dass er bezahlt und für fremde Interessen missbraucht werden kann, und anschließend mit einem Attentat aus dem Weg geräumt? Schätzt er die Intellektualität bei den potenziellen Nachfolgern richtig ein? Da kommen zuerst Stalin oder Trotzki infrage – Welcher ist schlimmer? Nach ein paar Monaten schon kündigt Helphand oder Parvus, wie er sich nennt, dem Auswärtigen Amt in Berlin für den 9. Januar '16 ein großes Erdbeben in Russland an. Was kommt, ist nur eine kurze Meldung über einzelne Sabotageakte und Aufstände, über das Sinken eines Kriegsschiffes und verstreute Stockungen, die von Arbeiterdemonstrationen verursacht worden sind, die aber von der Polizei ohne Schwierigkeiten unter Kontrolle gebracht werden.[210]

London bleibt am Ball

In Europa ist England von militärischem Erfolg weit entfernt – doch an Frieden denkt London nicht im Traum. Wer soll die Kredite begleichen, die man in den Vereinigten Staaten aufgenommen hat? Auf eine parlamentarische Anfrage erklärt Premierminister Herbert H. Asquith am 25. Februar 1916: „Wir werden niemals das Schwert in die Scheide stecken, das wir nicht leicht gezogen haben, ... bis die Militärherrschaft Preußens gänzlich und endgültig vernichtet ist."[211] Fürst von Bülow klang da ganz anders, als er sagte, dass noch niemals eine starke Macht wie das geeinte Deutschland so der Erhaltung und Sicherung des Friedens gedient hatte. Nach Jahrhunderten war endlich in und rund um Deutschland Ruhe in den Karton gebracht worden und der Frieden konnte 43 Jahre gehalten werden. Man sollte wichtige Details im entscheidenden Moment einfach nicht beliebig durcheinanderbringen: Die 26 Eroberungen in den Jahren seit der Vereinigung der deutschen Landfetzen von 1871 gingen auf alle Fälle auf das Konto des britischen Imperialismus. Wenn das Leben doch schon unerbittlich grausam ist, werden hoffentlich zumindest Historiker in späteren Betrachtungen diesen Umstand gebührend herausstellen.

Das Sykes-Picot-Abkommen

Den ersten greifbaren Erfolg des Krieges kann England im Nahen Osten verbuchen. Was britischen Truppen allein nicht gelang, konnte mit Hilfe von arabischen Kämpfern erreicht werden, denen London versprach, sie würden nach dem Kriege vom Osmanischen Reich *unabhängig* werden. Der Kriegseintritt war mit dem Schutz des neutralen Belgiens begründet worden, nur um daran zu erinnern. Unterdessen stellt London Weichen für die Zukunft. Am 16. Mai 1916 wird nach langen Verhandlungen eine geheime Übereinkunft zwischen den Regierungen in London und Paris unterzeichnet, das Sykes-Picot-Abkommen. Es ist kein Wunder, dass sie das vor allem vor den Arabern geheim halten, denn der Text handelt von allem anderen als irgendeiner *Unabhängigkeit*. Es geht vielmehr um die kolonialen Interessengebiete nach dem Krieg. Vom Einfluss des mit den Westmächten verbündeten Russland oder womöglich Deutschlands und Österreich-Ungarns ist hier längst keine Rede mehr. Mit der Abwicklung des Zarenreiches wird London nicht lange warten. Es kann ja noch nicht einmal überraschen, dass London auch nicht gedenkt, Frankreich länger als nötig Einfluss in der Region zu lassen. Grenzziehungen werden ausgetüftelt, die ethnische Konflikte für die Zukunft absolut unausweichlich machen – angefangen damit, dass für eines der großen Völker im Nahen Osten kein eigener Staat vorgesehen wird; nach der Planung werden die Kurden in Zukunft über die neu zu erschaffenden Länder Türkei, Syrien und Irak verteilt leben.[212] Ein Schelm, wer Böses dabei denkt. Natürlich kann der Orient dann nie wieder seine Ruhe finden – und britische und amerikanische Rüstungsfirmen werden für lange Zeit Aufträge haben.

Berlin will Krieg und Frieden mit Russland und London lässt St. Petersburg hängen

Deutschlands Außenminister von Jagow wird langsam misstrauisch und er fordert – gemeinsam mit anderen Diplomaten – seinen Chef auf, das Spiel mit Helphand zu beenden. Aber Brockdorff bürgt leidenschaftlich *für den Revolutionär* und führende Generäle sind nicht willens, gerade jetzt die bolschewistische Trumpfkarte zu verwerfen.[213] Andere befinden, statt Geld in eine abenteuerliche Revolution zu investieren, sollen lieber Verhandlungen mit der Regierung des Zaren zur Beendigung des Kriegs geführt werden. So ist Außenamtschef Gottlieb von Jagow im November 1916 an der Ausarbeitung eines Friedensangebotes beteiligt.[214] Auch bei den Russen macht sich Ernüchterung breit. Es ist wahr: Russland ist auf den Nachschub aus England angewiesen. Wahr ist aber auch, dass jenes Riesenreich ausgeschaltet werden soll. Also werden die Hilfslieferungen verschleppt, nötige militärische Aktionen des *Blitzkrieges* verzögert und sinnlose Scharmützel groß in Szene gesetzt. In Russland fällt es langsam auf, dass die Unterstützung aus dem Westen ausbleibt, was diesen Krieg Jahr für Jahr verlängert. Ein Blitzkrieg ist es jedenfalls nicht mehr, eher eine Art Abnutzungskrieg mit unendlich vielen Toten und Verwundeten. Russlands Jugend blutet aus. Es gibt einen Kronzeugen, der hinter dem Vernichtungsplan steht, Lloyd George. Er sagt, das Gefühl, besonders in Russland, dass die westlichen Verbündeten die russischen Soldaten dem hoffnungslosen Kriegsgemetzel und deutschen Granaten überlassen, obwohl sie in der Lage sind, die Ausrüstung für die wirksame Verteidigung zur Verfügung zu stellen, trage zur Verzweiflung der russischen Soldaten bei und dazu, dass sich die Wut letztlich gegen die Alliierten richtet. Das Wissen um die ungeheure Verschwendung von Munition an der Front in Frankreich, wo sinnlose und schlecht konzipierte militärische Aktionen verfolgt werden, während die Russen ohne jedes Schild zur Verteidigung dastehen, wirke auf sie wie mutwilliger und verschwenderischer Verrat, der eine riesige Empörung in den russischen Reihen auslöse. Militärisch sei es töricht und psychologisch sei es verrückt. Und gerade, als wäre er zu diesem Zeitpunkt nicht der Boss der Regierung in London, kritisiert er, es sei die Pflicht der britischen und der französischen Regierung, so eine Katastrophe zu vermeiden. Bedauerlicherweise überließe man aber die Entscheidungen Generälen, deren Schicksal von den Siegen der eigenen Armeen abhänge.[215] Das sagt der Sohn auch zur Frau Mama: Ich war das nicht, der Nachbarsjunge hat den Bockmist verzapft. Duncan Spaeth liegt wohl nicht grundlegend falsch mit seinem Credo: „Ich weiß, warum die Sonne über dem Britischen Empire nie untergeht. Gott würde einem Briten im Dunkeln nicht trauen."[216]

Deutschland verschärft den U-Boot-Krieg

Während Berlin im Osten um einen Friedensschluss mit Petrograd verhandelt, gibt Kaiser Wilhelm in Anbetracht der durch die Blockade der deutschen Küsten immer verheerender werdenden Versorgungslage für die Bevölkerung des Reiches am 9. Januar 1917 grünes Licht für den uneingeschränkten U-Boot-Krieg rund um die Britischen Inseln ab dem 1. Februar. Das mögen doch die Diplomaten der Welt erklären. Es wird ein Telegramm an den deutschen Botschafter in Washington geschickt, das die Maßnahme ankündigt und Weisung gibt, am Vortag des Beginns den US-Präsidenten zu unterrichten. Ein zweites Telegramm erhält die Botschaft in Washington zur Weiterleitung an die Gesandtschaft in Mexiko. Man weist den Gesandten dort an, für den Fall der Kriegserklärung der USA gegen das Deutsche Reich mit der mexikanischen Regierung Verhandlungen über ein Kriegsbündnis gegen die USA aufzunehmen. Berlin bietet für diesem Fall an, die Rückeroberung der Gebiete, die im Kriege von 1846 bis 1848 an die USA gefallen waren, zu unterstützen. Die zwei Weisungen werden verschlüsselt und über Dänemark und England nach Washington gekabelt. So weit, so gut. Doch der Weg, der im Frieden ersonnen wurde, wird im Krieg zum Selbsttor. Im *Room 40* der britischen Admiralität wird dieses Telegramm als Diplomatenpost identifiziert und entziffert. Damit kennt der Leiter des britischen Marinegeheimdienstes NID William Reginald Hall den Inhalt eher als deutsche Diplomaten in Amerika. Spricht Hall sich mit anderen ab oder entscheidet er auf eigene Faust, niemanden, nicht einmal seine eigene Regierung zu unterrichten? Doch wird Washington nicht auch wütend werden, wenn nun irgendwer meint, er müsste den Inhalt verkünden? Dann wissen sie ja in Amerika, dass London ihre Post mitliest. Diesmal soll unbedingt gelingen, was mit der Versenkung der Lusitania noch nicht funktioniert hat. Hall hält den Zünder in der Hand, mit dem Amerika in den Krieg geholt werden kann. Um dieses Ziel um jeden Preis zu erreichen, riskiert Hall somit britische Opfer und auch Schiffe, obwohl er schon drei Wochen eher von der Verschärfung des U-Boot-Krieges weiß. Hall entwickelt einen Plan, wie man es anstellen könnte. Er vertraut auf den Kabelweg zwischen Washington und Mexico City. Dort muss dieses Telegramm aus der Flut der anderen Kabelmeldungen herausgeangelt werden. Dann kann man mit dem dechiffrierten Text aufwarten. Wer wird denn dann wohl noch auf die Idee kommen, die Briten könnten ihn zuvor schon einmal entziffert haben?[217]

Deutsche Unternehmer kommen auf den Geschmack

Generäle wie Wilhelm Groener erfahren vom wachsenden Unmut unter den Arbeitern in der Rüstungsindustrie. Groener benennt die Ursache in einer vertraulichen Eingabe an die Reichsregierung in der Raffsucht von Unternehmern, die so gar nichts gegen die Fortsetzung des Krieges einzuwenden haben. Der „Appetit" der Großindustrie, schreibt Groener, sei „mit dem Essen gewachsen", und in der Tat sind die Kriegsgewinne der deutschen Konzerne und die damit verbundene Aussaugung des Landes unerhört hoch. General Groener sagt, dass die Motive der Großindustrie in Hinblick auf den Krieg nicht „ethische Motive, wie Opfersinn, Vaterlandsliebe und dergl." seien, sondern „fast ausschließlich der Verdienstanreiz". Je länger der Krieg andauere, so fuhr Groener fort, sei das Bestreben, die Rüstungskonjunktur „nach Kräften auszunutzen, auf allen Seiten um so rücksichtsloser zum Ausdruck gekommen".[218]

Der Zar verscherzt es sich mit London

Kriegsmüde setzt der Zar Nikolaus II. am 12. Januar '17 den Botschafter Großbritanniens Lord Buchanan davon in Kenntnis, dass eine Friedenskonferenz, „die abschließende", bald zu erwarten sei. Buchanan schlägt eine Alternative vor. Der Zar soll es wie die britische Regierung machen und in das kaiserliche Kabinett einen Vertreter der „gemäßigten Linken" aufnehmen, um damit zwei Ziele zu erreichen. Auf diese Art werde man die sozialen Unruhen beruhigen und gleichzeitig die Offensive gegen die Deutschen weiter vorantreiben. Der Zar scheint die Botschaft nicht verstanden zu haben und wiederholt seine Absicht, mit Wilhelm II. Frieden zu schließen. Diplomatisch verbrämt warnt Buchanan vor der Möglichkeit einer Revolution und deutet dabei an, dass er eine Woche im Voraus von dem kürzlichen Mord an dem engen Vertrauten des Zaren Rasputin gewusst habe. Rasputin hat schon am Beginn des Krieges gesagt: „Unser

Vaterland hat noch nie ein solches Martyrium erlitten wie dasjenige, das auf uns wartet." Er musste offenbar sterben, weil auch er sich am Zarenhof für einen Separatfrieden zwischen Russland und Deutschland eingesetzt hatte. Zar Nikolaus schenkt den Andeutungen bedauerlicherweise keine Aufmerksamkeit. In Petrograd versteht man offenkundig so wenig wie in Berlin, dass Britannien um keinen Preis ein Zusammengehen von Russland und Deutschland wünscht. Botschafter Buchanan steht folgerichtig von Stund an im Mittelpunkt der Umsturzpläne gegen den Zaren und kein Aufwand ist zu groß. Er schart wohlhabende Bankiers, liberale Kapitalisten, konservative Politiker und sogar verstimmte Aristokraten um sich. Es gibt Konstellationen, die sich wiederholen. Manchmal muss man ganz einfach skrupellos die herrschenden Eliten ansprechen, wenn man das momentan herrschende Regime ablösen will. Der Zar hat verstanden, dass Russland in diesem Krieg nichts zu gewinnen hat, und aus diesem Grunde soll er gehen. Die Russen motiviert Buchanan natürlich ganz anders. Es gehe um ein Ende des autoritären Regimes und *bessere* Entwicklungsmöglichkeiten für Russland. Einen Monat später brechen tatsächlich gewalttätige Streiks aus, die zum Sturz des Zaren führen. Sie gehen als Februarrevolution in die russische Geschichte ein. Zu den Belastungen durch den Krieg kommen jetzt noch Auseinandersetzungen in der Bevölkerung, doch Großbritanniens Premierminister Lloyd George bejubelt den Putsch gegen den Zaren mit den Worten: „Eines der Ziele Englands wurde erreicht."[219] Hoffentlich ist das weiteren Aspiranten auf ein faires Bündnis mit England eine Lehre. London schließt eben keinen Vertrag ab, um anderen Mächten unter die Arme zu greifen. Frankreich geht am Ende dieses Krieges noch mehr am Stock als Russland. Es sind nach diesen vier Jahren so viele Franzosen tot, dass potenzielle Väter in den Kolonien aufgetrieben werden müssen.

Auf der Suche nach geeigneten Berichterstattern vor Ort in Russland ist man unter anderem auf den Schriftsteller Somerset Maugham gestoßen. Er arbeitet seit 1917 für den britischen Geheimdienst Secret Intelligence Service (SIS) und für das US-Außenministerium. Maugham lernt unter anderem den Führer der Menschewiki Alexander Kerenski kennen und schließt Bekanntschaft mit prominenten Führern der Bolschewiki. Umfangreiche Berichte schickt er an Sir William Wiseman, Großbritanniens Nachrichtenverbindungsoffizier in den USA. Den wachsamen Roten aus Petrograd entgeht nicht, dass der britische Schriftsteller spioniert, doch sie unternehmen nichts gegen den Mann, da er in seinen Meldungen die wachsende Kraft der kommunistischen Bewegung betont. Er informiert London darüber, dass Kerenskis Einfluss immer schwächer wird.[220]

Die USA erklären Deutschland den Krieg

Anfang März 1917 ist es soweit. Der uneingeschränkte U-Boot-Krieg hat einen ersten Monat hinter sich, als Hall seinen amerikanischen Kontaktleuten das Ergebnis der Dekodierung des Telegramms mit dem Angebot der militärischen Zusammenarbeit zwischen dem Deutschen Reich und der Republik Mexiko präsentiert. Von da gelangt das Telegramm an den US-Präsidenten, der es – wie er bloß darauf kommt? – zunächst für eine britische Provokation hält. Also zögert er. Doch mit dieser Zauderei hat Hall gerechnet und auch je eine Kopie an einige ausgesuchte Größen der amerikanischen Kriegspresse gegeben. Es ist übertrieben trottelig, dass die Reichsleitung in Berlin noch nicht einmal bestreitet, dass jenes Telegramm echt ist, und sich auch keine Mühe gibt, so zu tun, als habe man an der Spitze des Auswärtigen Amtes von nichts gewusst. Nein, es wird zugegeben, und die USA haben letztendlich den ersehnten Kriegsgrund, nach dem so lange gesucht worden ist. Bloß wenige Tage nach dem Beginn der Präsidentschaft erklärt der großartige Vorkämpfer des Friedens Woodrow Wilson dem Deutschen Reich den Krieg.[221]

Washington erkennt die Revolution in Russland an

Die Administration der Vereinigten Staaten erkennt jene neue russische Regierung schon am 9. März 1917 diplomatisch an. Ihre Hauptsorge ist, dass diese Regierung vielleicht nicht stark genug ist, um den Krieg fortzusetzen. US-Präsident Woodrow Wilson teilt Lloyd Georges hoffnungsvolle Stimmung und preist am 2. April 1917 in einer Adresse an den US-Kongress bezüglich des Ausscheidens des Zaren, „jene prachtvollen und freudevollen Ergebnisse“ in Russland, wo die Autokratie nun endlich gestürzt worden sei. Der Zeitgenosse kann sich darüber nur wundern, weil der Zar doch mit England und Frankreich verbündet war. Niemand soll annehmen, dass der Präsident ein Wort darüber verliert, dass die angloamerikanischen Clubs von allen Entwicklungen einen separaten Frieden zwischen Russland und Deutschland mehr fürchten als die dadurch frei werdenden deutschen Truppen.[222] Am laufenden Krieg verdienen sie.

London feilt am weiteren Vorgehen

Nachdem der kriegsmüde Zar vom Sockel geholt ist, gibt es für London nun drei denkbare Szenarien für die weitere Entwicklung. Entweder der Februarkomplott wird fortgesetzt – es wird ein liberales Kabinett eingerichtet, das vom Sowjet, einer Art Parlament, unterstützt wird, und das formell ans Königshaus gebunden bleibt. Das würde auf ein System wie in Großbritannien hinausgelaufen. Oder, wenn diese neue provisorische Regierung versagt, dann kann man es mit den Bolschewiken versuchen. Bei ihnen sitzt die Abneigung gegen den deutschen dynastischen Geist, gegen Kapitalismus und Imperialismus tief. Es ist einigermaßen ausgeschlossen, dass sie sich mit der Monarchie im Deutschen Reich auf eine gemeinsame Linie in der Außenpolitik einigen können. Allerdings ist in London nicht geklärt, wohin sich ein bolschewistisches Regime mit dem Genossen Lenin an der Spitze entwickeln kann. Groß ist nur das Risiko, dass Russland trotz allem Frieden mit Deutschland schließt. Sollten die Bolschewiki wider Erwarten Frieden mit den Deutschen schließen, dann soll durch Finanzmanipulationen und Militärhilfe, sowie durch die Art der „Unterstützung“ der *Weißen*, also der Verteidiger der Monarchie in Russland, und durch eine raffinierte Diplomatie ein neues Russland als feindliche Macht gegen Deutschland aufgebaut werden. Das dritte denkbare Szenario sieht folgendermaßen aus: Hält die aktuelle provisorische Regierung nicht durch, dann kann eine Koalition zaristischer, „weißer“ Generäle, Russland in einen Bürgerkrieg stürzen und dadurch das Land lähmen. Das Zusammentreffen gleich gesinnter Generäle *der Weißen* in Russland mit der Reichswehr würde hingegen wegen ihrer geistigen und klassenmäßigen Verwandtschaft mit der Zeit eine Annäherung und Verbindung erleichtern. Die „Hilfe“ darf ergo nicht zum Erhalt der Ordnung in Russland führen. Deshalb ist es am Ende sicherer, auf die Bolschewiki zu setzen. Was meinen Sie, wie wichtig es jetzt bei solchen äußeren Umständen noch ist, was die Bevölkerung Russlands mehrheitlich will?[223]

Bei Russland sind London und Berlin einig

Endlich, im April 1917 geht Helphands Plan auf. Besonders witzig: Was ihm in die Hände spielt, ist, dass London und Berlin einigermaßen das Gleiche mit dem Russischen Reich vorhaben. Im Einvernehmen mit den deutschen Behörden wird sichergestellt, dass Wladimir Iljitsch Uljanov, alias Lenin, in einem gepanzerten Zug aus der Schweiz durch Deutschland nach Finnland und von dort aus nach Petrograd reisen kann. Jetzt kehrt auch der Menschewik Georgi Walentinowitsch Plechanov zurück, geleitet von britischen Zerstörern auf der Ostsee. Plechanov unterstützt die neue provisorische Regierung und ihren Kriegskurs. Lev Davidovič Bronštejn, alias Trotzki, bricht in New York mit einem amerikanischen Pass auf und macht sich nunmehr auf den Weg zurück in sein Russland. Nachdem er in Halifax an Bord eines norwegischen Passagierschiffs von kanadischen Marineoffizieren verhaftet wurde – und festgehalten wegen eines Verdachts auf verräterische und umstürzlerische Aktivitäten gegen die neue provisorische Regierung in Russland, also ein mit England befreundetes Land, lässt man den guten Mann auf Befehl aus London hin ohne jegliche Erklärung wieder frei. Auf diese Weise wird es ihm ermöglicht, im Mai 1917 zu seinen Genossen in Moskau zu gelangen.[224] Das ist wieder so ein Umstand, der später in die Geschichtsbücher gehört, wenn die Nachwelt verstehen soll, wie der Hase läuft.

Russen und Deutsche wollen endlich Frieden

Der Londoner Premierminister Lloyd George erläutert, seiner Regierung mache „die Situation in Russland ernsthaft Angst“. Eine ganze Zeit lang sei die Petersburger Regierung „höchst unbestimmt und unzuverlässig“ gewesen. Während von offizieller Seite eine Fortsetzung des Krieges gepredigt worden sei, habe man „unglaubliche Störungen der öffentlichen wie auch der militärischen Ordnung“ zugelassen. Zusätzlich würden bolschewistische Kommissare „die Truppen aufhetzen“, den Krieg aufzugeben und ihre Offiziere zu erschießen. Sie überreden Arbeiter, ihre Arbeit in den Munitionsfabriken einfach stehen und liegen zu lassen.[225]

Es gibt aber nicht bloß in Russland Probleme mit der Fortsetzung dieses Krieges. Auch in Berlin regt sich Widerstand. Im Reichstag bringen die Deutsche Volkspartei, die Sozialdemokratische Partei und das Zentrum eine gemeinsame Friedensresolution ein, die am 19. Juli ’17 beschlossen wird. Dort heißt es dann: „Zur Verteidigung seiner Freiheit und Selbstständigkeit, für die Unversehrtheit seines territorialen Besitzstandes hat Deutschland die Waffen ergriffen. Der Reichstag erstrebt einen Frieden der Verständigung und der dauernden Versöhnung der Völker.“ Die Zeit der Siege ist sicher vorbei, aber noch hat kein fremder Soldat deutschen Boden betreten. Aus dieser Position relativer Stärke heraus formulieren sie außerordentlich scharf: „Mit einem solchen Frieden sind erzwungene Gebietserwerbungen und politische, wirtschaftliche oder finanzielle Vergewaltigungen unvereinbar.“ Eine Fortsetzung der nationalen Egoismen in Europa muss verhindert werden: „Der Reichstag weist auch alle Pläne ab, die auf eine wirtschaftliche Absperrung und Verfeindung der Völker nach dem Kriege ausgehen.“ Was werden sie wohl glauben, worauf es im Jahre 1897 hinauslief, als England den Handelsvertrag mit Deutschland nicht verlängert hat? In aller Treuherzigkeit meinen sie: „Nur der Wirtschaftsfriede wird einem freundschaftlichen Zusammenleben der Völker den Boden bereiten.“[226] Das ist die nächste Rechnung ohne den Wirt. Da der Krieg doch einmal so schön läuft, soll er immer so weitergehen. Das ist die Logik des Strategiepapiers von Halford John Mackinder aus dem Jahre 1904, für das er nach dem Ende des großen Gemetzels zum Ritter geschlagen wird. Übrigens wird Sir Edward Grey, der bei Ausbruch des Krieges der Londoner Außenminister war, in Anerkennung des Lebenswerkes zum Viscount Grey of Fallodon ernannt. Alles wird er dann auch nicht falsch gemacht haben. Falsch ist ja immer relativ, je nachdem, wer eine Angelegenheit aus seiner Perspektive beurteilt. Inzwischen ist Grey auch ins Oberhaus eingezogen.

Oktoberrevolution in Petrograd

Wie geht es denn jetzt mit den Bolschewiki im Russischen Reich weiter? Lange wollen sie nicht mehr warten. Geht man nach dem alten Kalender in Russland, ergreifen die Bolschewiki dann im Oktober die Macht; nach dem neuen Kalender erst im November. Es gibt zu denken, dass man die Machtübernahme nicht fürchtet. Am Tage der Revolution spazieren die modischen Leute wie gewöhnlich auf dem Newski Prospekt, lachen und sagen, die Macht der Bolschewiki würde im Höchstfall drei Tage dauern. Die Reichen schimpfen aus ihren Wagen auf die untätigen Soldaten und diese wehren sich hilflos und grinsen beschämt. Während viele von den Russen über die Jungs aus dem Volk lächeln, die waghalsig ankündigen, sie würden nun selbst die Verwaltung eines Staates aufbauen, muss man sich wundern, wie jener revolutionäre Aufbruch von Sprachrohren westlicher Eliten im Ausland aufgenommen wird. Internationale Bankiers an der *Wall Street* begrüßen jenes „neue Russland“ von Lenin und Trotzki. Das neue Regime wird von Anfang an mit Hilfe ausländischen Geldes in den Sattel gehoben und es ist denkbar, dass es sich überhaupt nicht erst etablieren könnte ohne diese Unterstützung von außen.[227]

Britische Agenten helfen den Bolschewiki

Um herauszufinden, was London vorhat, schauen wir uns exemplarisch eine Reihe von Agenten an, die für den britischen Geheimdienst wirken. Über den aktuellen Stand der Entwicklung informieren ihn SIS-Agenten wie Paul Dukes. Er kehrte Anfang ’17 nach London zurück, um eine Zeit lang als Vertreter der Anglo-Russischen Kommission im *Foreign Office*, dem Außenministerium zu arbeiten. Nach der Oktoberrevolution soll er wieder nach Russland, um festzustellen, welche Hilfsmaßnahmen jetzt nach dem Zusammenbruch der russischen Armeen erforderlich werden. Schön ist auch, dass dieser Agent des britischen Geheimdienstes als ein Delegierter an Plenarsitzungen des Petrograder Stadtsowjets teilnimmt. Dukes Berichte zeichnen sich dadurch aus, dass er objektiv und faktenreich, kurz und mit Quellenangaben schreibt, wobei er den Empfängern seiner Nachrichten das antikommunistische Beiwerk erspart.[228] Wenn es ohnehin klar ist, dass sich in den Tiefen Russlands eine Entwicklung an der langen Leine fremder Interessen abspielt, dann kann es nur nerven, wenn jemand mit seinem Mitleid zeigt, dass er nichts versteht.

Großbritannien schickt außer Dukes und Maugham verschiedene andere Geheimdienstagenten des SIS nach *Russia*, die unter anderem auch die Aufgabe haben, den schlappen Kampfwillen der russischen Truppen zu stärken und zu verhindern, dass deutsche Agenten den Russen eventuell einen Separatfrieden schmackhaft machen. Diese Briten werden danach ausgewählt, ob sie fließend russisch sprechen können und ob sie ebenso über gründliche Kenntnisse von Land und Leuten verfügen. Sie sollen in Russland schließlich Agentennetze knüpfen.[229] Als Lenin und Anhänger seiner Lehren die Macht übernehmen, befindet sich zum Beispiel Robert Wilton in Russland. Offiziell ist er Korrespondent des Blattes *The Times* in Petrograd. Sidney Reilly hatte sich seinen Namen selbst zugelegt. Der Agent heißt eigentlich Georgi Rosenblum. Im Krieg hat er Geld verdient durch Vermittlung von Waffengeschäften und 1917 wird er im Laufe der Oktoberrevolution ein sowjetischer Regierungsangestellter mit Zugang zu Dokumenten aus Trotzkis Büro im Außenministerium. Seine Aufgabe besteht darin, die Stärke der antikommunistischen Kräfte einzuschätzen und darüber nach London zu berichten. George Hill ist eine Art Adlatus von Reilly. Er berät Trotzki beim Aufbau einer neuen Luftwaffe, hilft bei der Organisation einer Spionageabwehr, um deutsche Agenten in Russland zu enttarnen, verkehrt mit vielen führenden Bolschewiken und hilft ihnen, Ordnung in das nachrevolutionäre Chaos zu bringen.[230]

Er sind nicht nur englische Agenten, die sich direkt in Russland ein Bild von der Lage machen. Arthur Henderson, der Chef der Labour Party, behält die Revolution ebenfalls vor Ort im Auge. Da England im Kriege ist, spielt es allerdings keine Rolle, welcher Partei er vorsteht. Der Minister im Kriegskabinett ist auch ein Teil der Regierung. Sein Premierminister gibt sich höchst erstaunt darüber, in welcher gehobenen Stimmung der Ministerkollege aus dem proletarisierten Russland zurückkehrt: „Frisch aus der Glut der Atmosphäre von Emotionalität und Begeisterung, die große Revolutionen erregen, war Mr. Henderson nicht im Einklang mit jenem strengen Verantwortungsgefühl und der Selbstbeherrschung, die hier vorherrschten. Als er aus Russland zurückkam, war der feine Stahl seines Charakters magnetisiert von seinen Erfahrungen. Er war in einer abnormen Geistesverfassung. Er war ziemlich von einer revolutionären Malaria angesteckt. Seine Temperatur war hoch und seine Gemütsverfassung widerspenstig. Der Vorstand der britischen Labour Party hatte vorgeschlagen, ihn als Generalsekretär gemeinsam mit Mr. Wardle, dem Schatzmeister der Partei, sowie Mr. Ramsay MacDonald, als Delegierte nach Paris zu entsenden zu Gesprächen mit den sowjet-russischen Abgeordneten. Er nahm die Nominierung an. Es war ein schwerwiegender Fehler. Als Mitglied des Kriegskabinetts hatte er nicht das Recht, nach Paris zu fahren, um mit französischen Sozialisten Absprachen zu treffen für eine internationale Konferenz, der seine eigene Regierung nicht zustimmte und die unsere Alliierten, die Franzosen, die Italiener sowie die Amerikaner energisch ablehnten, und das tat Henderson, ohne wenigstens seine Kabinettskollegen zu konsultieren, und dies Arm in Arm mit Ramsay MacDonald, der sich ganz offen gegen den Krieg ausgesprochen hatte wie auch jetzt gegen seine wirkungsvolle Fortsetzung, ja, der sogar pazifistische Propaganda organisiert hat."[231] Was soll man davon halten?

Erinnern Sie sich, wie Botschafter Buchanan dem Zaren riet, er soll eine „gemäßigte" Kasperlefigur in sein Kabinett aufnehmen, damit sich diese Antikriegsstimmung in Russland legt und alle wieder herunterkommen? Das und nicht mehr ist davon zu halten. Gewiss geht der „linke" Arthur mit Theaterabgang von der Bühne, weil *seine Regierung* die Konferenz zur Beendigung des Krieges ablehnt, obwohl England kriegsmüde ist wie jedes andere betroffene Land, doch Arthur Henderson geht bloß kurz in die Kleiderkammer. Dann hat ihn die große Bühne zurück. Demokratie ist, wenn es stets so aussieht, als ob sich die Stimmungen auf der Straße widerspiegeln würden bei den Volksvertretern. Das ist ja eben genau der Trick: Sie entscheiden völlig unabhängig von den Wünschen des Volkes, und alles läuft weiter, wie es geplant ist. Auf alle Fälle würde es mir sehr schwer fallen, die gedrechselten Sätze über Henderson ernst zu nehmen und zu glauben, dass er gegen den Willen der herrschenden Kreise nach Russland aufgebrochen ist. Lesen Sie das einmal im englischen Original.

Antisemitismus und die Balfour Declaration auf dem Weg zur Weltherrschaft der Briten

Auch zu den Aufgaben Hills gehört, darauf hinzuarbeiten, dass Russland im Krieg mit Deutschland bleibt. Selbstredend sorgt er dafür, dass außer der neuen Führung in Petrograd auch seine Auftraggeber in London erfahren, was die neu aufgebaute Spionageabwehr in Russland so erfährt. In den Agentenberichten spielt der Antisemitismus eine große Rolle. Es ist bei näherer Betrachtung auch nicht schwierig zu verstehen, warum.[232]

In den *Protokollen der Weisen von Zion* warf man *anonym* den Juden – arm oder reich, jung oder alt, dick oder dünn, unabhängig vom Wohnort vor, sie würden die Weltherrschaft anstreben. Die erste Ausgabe dieses Buches entstand in den 1880er Jahren in England. Im Jahre 1899 folgte Houston Stewart Chamberlain mit dem nächsten antisemitischen Buch *The Foundations of the Nineteenth Century*, das auch – seltsam genug – übertrieben schnell ins Deutsche übersetzt wurde. Da war der Gedanke ausgekochter Leute in Großbritannien, *ihr* Streben nach Weltherrschaft, nach dem Motto *Haltet den Dieb,* den Juden in die Schuhe zu schieben, offenkundig schon nicht mehr taufrisch. 1904 stellte dann Halford John Mackinder seine *Heartland-Theory* auf. Er ist es, der rascher als andere Briten begreift, dass es die deutschen Juden, in erster Linie selbstredend die Frankfurter Bankiers sind, die Deutschland sein Wirtschaftswunder seit dem letzten Viertel des neunzehnten Jahrhunderts finanziert haben. Mackinder ist schon ein kluger Denker. Seit dem Jahre 1910 bereits hat er einen Sitz am Busen der Macht im Londoner Parlament – und er vertritt dort wenig überraschend imperialistische Positionen. In den letzten Zügen des großen Krieges entwickelt er seine Vorstellungen weiter, wie England langfristig und endgültig die Weltherrschaft erringen soll – und die sind überhaupt nicht antisemitisch, im Gegenteil. Inzwischen haben britische und amerikanische Soldaten den Fuß auf das Herzland gesetzt. In Palästina. Das ist der weiche Unterleib. Über Deutschland kam man nicht an die Landmasse Eurasiens heran, und was mit Russland wird, ist noch in den Sternen geschrieben; am östlichen Ende des Mittelmeers ist der Traum aber in greifbare Nähe gerückt. Mackinder schlägt vor, dafür zu sorgen, dass „im physischen und historischen Zentrum der Welt“ die

Juden „eine nationale Heimstätte“ – *„a National Home“* bekommen. Ist der Wunsch der Vater dieses Gedankens? Warum sollen sie alte Kulturstädte wie Frankfurt oder Hamburg verlassen, um auf einmal in das 1917 britisch besetzte Land Palästina zu gehen? Weil England so Zugang zum Herzland bekommt und der Besitz eben genau dieses Territoriums über die Weltherrschaft für das kleine England entscheidet?[233] *Die Protokolle der Weisen von Zion*, so gefälscht sie auch gewesen sein mögen, wurden jedoch nicht nur in Deutschland verbreitet. Ab dem Jahre 1903 wurden sie auch im Russischen Reich verkauft und jetzt wird es Zeit, eine reiche Ernte einzufahren. Die elf Millionen Juden, die verteilt über eine Menge Länder wohnen, sollen sich zu Hause so unwohl fühlen, dass sie sich aus freien Stücken auf den Weg machen ins Gelobte Land – nach Palästina. Das wird wohl der Grund sein, warum die Agenten nach London melden sollen, wie weit der Antisemitismus in der Zwischenzeit gediehen ist. Zu den Jüngern von Halford Mackinder in der Politik gehört beispielsweise Lord Milner, der sich seinerseits einen sogenannten Kindergarten eingeschworener Nachwuchspolitiker herangezüchtet hat. Lord Milner ist der Pressezar, der höchstpersönlich auch Redakteure entlässt, wenn die sich seinem Diktat nicht unterordnen wollen. Er besetzt Redaktionsstuben in England wie in Deutschland mit Juden, die antideutsche Propaganda in die Blätter bringen müssen, wenn sie weiter Geld verdienen wollen.[234]

Er hat also Erfahrung, wie man Juden vor den Karren spannen kann; er ist es aber auch, unter dessen Ägide im Herbst des Jahres 1917 der nachfolgende Brief entsteht: „Verehrter Lord Rothschild, ich bin sehr erfreut, Ihnen im Namen der Regierung Seiner Majestät die folgende Erklärung der Sympathie mit den jüdisch-zionistischen Bestrebungen übermitteln zu können, die dem Kabinett vorgelegt und gebilligt worden ist:“ Da bin ich aber gespannt: „Die Regierung Seiner Majestät betrachtet mit Wohlwollen die Errichtung einer nationalen Heimstätte für das jüdische Volk in Palästina und wird ihr Bestes tun, die Erreichung dieses Zieles zu erleichtern, wobei, wohlverstanden, nichts geschehen soll, was die bürgerlichen und religiösen Rechte der bestehenden nicht-jüdischen Gemeinschaften in Palästina oder die Rechte und den politischen Status der Juden in anderen Ländern in Frage stellen könnte. Ich wäre Ihnen dankbar, wenn Sie diese Erklärung zur Kenntnis der Zionistischen Weltorganisation bringen würden." Das ist eins zu eins bis zum Spruch von einer nationalen Heimstätte der Vorschlag von Mackinder. Dabei wird sogar extra darauf hingewiesen, dass man die Rechte der ortsansässigen Leute in Palästina nicht beeinträchtigen wird, sodass die Juden dort nicht auf einmal mit Problemen konfrontiert sind, die in Deutschland spätestens im neunzehnten Jahrhundert in den Hintergrund getreten waren. Diese säuselnden Worte schickt Arthur Balfour am 2. November 1917 als seine eigenen Zeilen tatsächlich an den britischen Bankier Lord Rothschild in London. Schlimm genug, dass dies mit dem US-Präsidenten abgekartet wurde.[235] Balfour hatten die Briten einst als Premierminister abgewählt, doch jetzt erscheint er wieder auf der Londoner Bühne und gibt diesmal den Außenminister. Es ist doch Krieg, da sollen alle zusammenhalten in einem Kriegskabinett. Der Brief wird fortan als *Balfour Declaration* bezeichnet. Doch wenn schon Lord Milner nicht wirklich koscher ist beim Umgang mit den Juden, wie ist es dann um Arthur Balfour bestellt?

Wie Winston Churchill und Neville Chamberlain ist auch Arthur Balfour der Sohn eines hohen Londoner Politikers, und Minister wird er letztlich im Kabinett *seines Onkels* Lord Robert Salisbury. Genau so funktioniert eine mustergültige Demokratie. Nachdem Mackinder seinen Masterplan für das kommende Jahrhundert vorgelegt hatte, setzte Arthur Balfour in seiner Eigenschaft als Premierminister Großbritanniens ihn um, brachte die *Entente Cordiale* mit den *schon immer heiß geliebten* Franzosen auf den Weg und machte im gleichen Jahr 1904 das *Committee of Imperial Defence* zum Planungsstab für den Krieg gegen das Wirtschaftswunderland. Er war auch der Politiker, der im Jahr 1910 in einem Gespräch mit dem US-Botschafter spekulierte: „Wahrscheinlich sind wir Narren, dass wir keinen Grund finden, um Deutschland den Krieg zu erklären, bevor es zu viele Schiffe baut und uns unseren Handel wegnimmt." Ein Autor jüdischer Herkunft, William Bernard Ziff, beobachtet den Kerl und resümiert: „Balfour selbst, gutaussehend, clever und eiskalt, war kein reiner Romantiker. Er, der Irland mit Waffen befriedet hatte, war anschließend als der «blutige Balfour» bekannt und wird kaum plötzlich einen philantropischen Komplex zugunsten der Juden entwickelt haben."[236] Hat man

Zweifel an der Lauterkeit der Motive hinter der *Balfour Declaration*, ist man demzufolge in bester Gesellschaft. Nach allem, was wir inzwischen schon mit Londoner Politikern mehr oder weniger *live* erlebt haben, ist allein schon der Gedanke belustigend, einer von ihnen könnte etwas wie ein Romantiker sein. Dass dort knallharte Geschäftsleute am Werk sind, wird gerade einen Katzensprung von Palästina entfernt klar. Die Armee seiner Majestät George V. marschiert gerade in Bagdad ein, verspritzt da Giftgas – wegen der Menschenrechte – und nimmt die dortigen Ölfelder unter Kontrolle – sicher wegen der Demokratie. Damit haben die Briten schlussendlich jene Ölfelder, die bei Fertigstellung der Bagdadbahn den Deutschen gehört hätten. Aufgrund eines Handelsvertrages.[237]

Der geistige Vater hinter dem Großen Krieg lässt freundlicherweise auch selbst gar keinen Zweifel am Ziel der Übung. Am Ende des Krieges sieht er sich die Ergebnisse an und ist damit zufrieden. In einem Buch klärt er den Rest: „Who rules East Europe commands the Heartland; who rules the Heartland commands the World-Island; who rules the World-Island commands the world."[238] Das ist der O-Ton. Die Erkenntnis aus diesem Krieg lautet somit: „Wer Osteuropa dominiert, beherrscht das Herzland; wer das Herzland dominiert, beherrscht die Weltinsel (und meint damit Eurasien – d. V.); wer die Weltinsel dominiert, beherrscht die Welt." Es gibt Momente, in denen die Kenntnis der Sprache des Gegners durchaus von Nutzen ist. Halford Mackinder stellt ebenso frank und frei dar, dass das demokratische System in England nur dann Chancen hat, den Plan für die Erringung der Weltherrschaft durchzuführen, wenn die Spitzen der Parteien koordiniert zusammenarbeiten: „The one hope of the future is that, as a result of the lesson of this War, even democracy may learn to take longer views."[239] Er postuliert also, dass seine einzige Hoffnung für die Zukunft darin bestehe, dass die Demokratie als Resultat des Krieges lernt, langfristige Betrachtungen anzustellen (und sie nicht im Parteiengezänk zu zerreden bzw. sie nicht je vier Jahre lang Volkes Stimmungen blind zu überlassen). Damit hat er noch nicht einmal unrecht, denn vor dem Krieg gab es führende Nasen in London, die ein anderes, friedliches Ziel verfolgt haben. Langfristig geht es dem Politiker Mackinder darum, sowohl Deutschland als auch Russland in kleinere Staaten zu zerlegen –

föderative Strukturen zum Beispiel.[240] So haben Juden, Araber, Russen und Deutsche schon einmal vorgezeichnet, wie es in Zukunft weitergeht. Im Falle der Deutschen ist das besonders notwendig, denn sie sind auch Ende des Jahres 1917 noch nicht am Ende – trotz der völkerrechtswidrig betriebenen Hungerblockade gegen Zivilisten. Im Gegenteil: Die Armee ist weiter tief in Frankreich und im Russischen Reich, obwohl im Fahrplan doch längst ihre Niederlage eingeplant war. Wenn die Wende nicht in absehbarer Zeit kommt, gewinnen sie womöglich noch den Krieg. Im Dezember 1917 schreibt einer der Direktoren der Federal Reserve Bank oder einfach FED William Boyce Thompson ein Memorandum an Lloyd George, den Premierminister von England, in dem er unterstreicht, dass England Interesse an der Revolution in Russland haben muss, nachdem der Krieg längst zugunsten Deutschlands entschieden ist: „Die russische Situation ist verloren und Russland ist einer vollständig offenen, ungehinderten deutschen Ausbeutung ausgesetzt, wenn nicht eine sofortige Umkehrung der Politik durch die Alliierten unternommen wird." Weiter schreibt er an George: „Ein demokratisches Russland würde schnell die größte Kriegsbeute werden, die die Welt jemals gesehen hat."[241] Schlecht ist daran nur, dass es die Beute der Deutschen wäre.

President Woodrow Wilson hat einen Plan

Die Abwicklung des Wirtschaftswunderlandes von Wilhelm II. geht nach dem Jahreswechsel in die letzte Runde. Der Stellungskrieg frisst Europa den männlichen Teil seiner jungen Generation weg, da kommt Amerikas Präsident Wilson im feinen Anzug auf's diplomatische Parkett. Wird er es schaffen, die Deutschen fernab der Schlachtfelder des Krieges auf die Matte zu legen? Am 8. Januar 1918 tritt Woodrow Wilson mit einem aus vierzehn Punkten bestehenden Plan vor den amerikanischen Kongress. In seiner Rede sagt er, er würde gern die Geheimdiplomatie abschaffen. Meint er das ernst? Dann dürfte er in Zukunft jedoch zum Beispiel nicht mehr verschweigen, dass er von illegalen Rüstungsverträgen US-amerikanischer Firmen mit Unternehmen in kriegführenden Staaten weiß. In Zukunft sollen keinerlei geheime internationale Abmachungen mehr bestehen, sondern die Diplomatie soll immer aufrichtig und vor aller Welt getrieben werden. Das sagt ausgerechnet der *Master* des Imperiums. Er fordert einmal von dieser Stelle aus die Freiheit der Meere, für alle! Wer kauft dem Ersten Gentleman des frisch aufblühenden Imperiums in der Neuen Welt diesen Unfug ab? England wusste und Amerika weiß um die erstrangige Bedeutung der eigenen Hoheit über die sieben Meere in der Welt. Es ist kein Zufall, dass in England bald damit begonnen wird, den Amerikanern einzureden, sie hätten neuerdings besondere Beziehungen zu Großbritannien. In London verstehen sie ganz hervorragend, dass sie es in der Gestalt der Vereinigten Staaten mit ihrem Nachfolger als erste Macht in der Welt zu tun haben, und überschütten die aussichtsreichen Kandidaten mit aller Herzlichkeit, die Briten eben zu bieten haben, denn um die Staaten wieder zur Kolonie zu machen, fehlen die Möglichkeiten.

Ganz ausgezeichnet nachvollziehbar ist es, wenn der vom Volk gewählte und von der Wirtschaft bezahlte Repräsentant ihrer eigenen Interessen vorschlägt, man müsste international alle Handelsschranken beseitigen. Dann kann sich nämlich keiner mehr vor Waren aus den USA schützen. Besonders albern ist Wilsons Vorschlag, man solle die Rüstungen in der Welt in Zukunft beschränken. Er kann bloß noch nicht genau sagen, wie er das seinen Sponsoren aus der Industrie beibringen will. Warum sollte man überhaupt Angst haben vor einer Wiederholung eines erfolgreichen Unternehmens wie des Großen Krieges? Halford Mackinder kann sich ja noch erinnern, dass Kritiker seiner Vorstellungen Bedenken hatten, dass ein Weltkrieg einen so gründlichen Finanzcrash bringen würde, dass er weder stattfinden dürfe noch könne. Doch dieser Krieg zeigt nach seiner Analyse, dass die vorhandenen gewaltigen wirtschaftlichen Kapazitäten wider Erwarten kontrollierbar sind.[242] Bei Vorschlägen muss man schon darauf achten, wer sie macht, und wenn ausgerechnet Woodrow Wilson eine freie und unparteiische Ordnung der kolonialen Ansprüche bei Berücksichtigung der Interessen der Kolonialvölker vorschlägt, sollte eine Frage erlaubt sein: Warum haben Söldner der neureichen Elite der USA Menschen in anderen Ländern gefoltert, wenn diese Leute lediglich ihre Interessen gegen jene Okkupanten aus dem *Reich des Guten* verteidigen wollten? Spätestens als Wilson seine Vorschläge in die Luft haucht, hat man auch in Russland verstanden, dass die Deutschen, Habsburger oder andere, nicht so eine leichte Beute geworden sind wie die vielen Völker, die die Armee der Zaren über die Jahrhunderte einkassiert hat. Passend dazu wünscht der *Speaker* des erwachenden Imperiums, dass Russland durch die Truppen Österreichs und Deutschlands geräumt werden soll.

Wer darauf hereinfällt ist selber schuld. Das kann unter Umständen Ergebnis einer Friedenskonferenz werden; Angloamis sind auch nicht dafür berühmt, dass sie eroberten Boden wieder verlassen, womöglich sogar noch freiwillig. Hier muss niemand besorgt sein, dass Deutschland Gebiete behalten würde, die ihm durch die Siege der Armeen zugefallen sind. Das läge ja überhaupt nicht auf einer Linie mit der Resolution des Reichstages vom 19. Juli 1917. Woodrow Wilson wünscht in seiner Rede auch die Räumung und Wiederherstellung Belgiens und Frankreichs – und hier kann man vorherige Feststellungen nur wiederholen, ja, als das Ergebnis einer Friedenskonferenz, zumal Wilson formuliert: Frankreich einschließlich Elsaß-Lothringens. Diese Provinzen sind mehrheitlich bewohnt von Deutschen und sie gehören seit 1871 zu Deutschland. Davon handelt der *Frieden von Frankfurt*, der 1871 nach einem von Frankreich angefangenen und verlorenen Krieg unterschrieben worden war. Italien soll nunmehr berichtigte Grenzen bekommen „gemäß den klar erkennbaren Nationalitätengrenzen“. In Tirol zum Beispiel sprechen die Leute ganz unverkennbar Deutsch. Für die Völker der Habsburgermonarchie wünscht er sich die autonome Entwicklung; konkret heißt das, dass man die Zerlegung des ungeschlagenen Reiches wünscht. Rumänien, Serbien und Montenegro sollen nach Wilson geräumt werden, bevor er zu einer Debatte überhaupt bereit ist. Serbien bekommt einen freien Zugang zum Meer genau so wie Polen, das nach knapp zweihundert Jahren plötzlich wieder ein unabhängiger Staat werden soll. Sind eigentlich alle Indianer, die von den weißen Siedlern am Leben gelassen und in Reservate abgeschoben wurden, mit ihrer Zugehörigkeit zum Hefekuchen USA absolut glücklich oder wollen sie auch wieder wie freie Menschen leben? Das ist nicht Teil des 14-Punkte-Planes des amerikanischen Präsidenten, dafür jedoch eine autonome Entwicklung für die unter türkischer Herrschaft stehenden Nationalitäten und die Öffnung der Dardanellen für die internationale Schifffahrt. Gibt er im Gegenzug die Panamakanalzone an die ursprünglichen Eigentümer zurück? Aber Amerika kam, sah und siegte. Ohne Diskussion. Nein, es wäre nicht gut, wenn mit verschiedenen Ellen gemessen würde. Der letzte Punkt betrifft die Bildung eines allgemeinen Verbandes der Nationen. Ziele sollen nach Wilsons Worten gegenseitige Garantien für politische Unabhängigkeit und eine territoriale Integrität für große und kleine Staaten gleichermaßen sein. Was für eine maßlose Unverschämtheit, solche Begriffe in seiner Position bloß in den Mund zu nehmen. Viele Menschen wären vielleicht heute noch frei und glücklich, wenn der Staat, an dessen Spitze Wilson steht, solche Werte erst einmal selbst in sein außenpolitisches Denken eingearbeitet hätte. Doch davon entfernen sich die Vereinigten Staaten mit Lichtgeschwindigkeit.[243]

Man darf nichts über die bisherige Geschichte der Ausbreitung der USA und die dabei angewandten Methoden wissen, um bei den Vorschlägen nicht vor Lachen zu prusten. Aber Wilson ist ja mit seinem Psalm noch gar nicht fertig. Hören Sie sich doch einmal an, was dieser Schlingel zur Konkurrenz äußert: „Wir sind nicht eifersüchtig auf die deutsche Größe und es ist nichts in diesem Programm, das sie verringert." Keine Hintertür und kein Fallstrick. „Wir wünschen nicht, Deutschland zu verletzen oder in irgendeiner Weise seinen berechtigten Einfluss oder seine Macht zu hemmen." Wer sagt das? „Wir wollen Deutschland nicht bekämpfen, weder mit Waffen noch mit feindlichen Handelsmethoden, wenn es bereit ist, sich uns und den anderen friedliebenden Nationen in Verträgen der Gerechtigkeit, des Rechts und der Fairness anzuschließen." Oh Gott. Der Experte für die Gerechtigkeit, das Recht sowie die Fairness spricht, und nicht der Meister für Folter, Mord und Totschlag rund um die Welt. Und jetzt erklärt er die Vereinigten Staaten schon zu den friedliebenden Staaten der Erde. „Wir wünschen nur, dass Deutschland einen Platz der Gleichberechtigung unter den Völkern einnimmt, statt eines Platzes der Vorherrschaft." Das sagt ein Mann aus der Elite Amerikas, die zuvor die Menschen in der Mitte und im Westen des Kontinents um alles geprellt und nach 1898 schon das spanische Weltreich gefrühstückt hat. Schade, dass er nicht offen einräumt, dass die USA gerade im Begriff sind, selbst die Vorherrschaft auf der Welt mit aller Kraft an sich zu reißen. In einer weiteren Rede vor dem Kongress am 11. Februar 1918 ergänzt Wilson, er schließe Regelungen aus, „die mit der Zeit den Frieden Europas und somit der Welt stören werden". Wer ihm das abkauft, wird selig. Amerika oder besser gesagt einige Firmen in Amerika haben so viel an dem Krieg verdient, dass man die Geschäftsidee am liebsten patentieren würde.[244]

George Orwells Informationsministerium für England

Die Veralberungsmaschine läuft auch in *good old England* seit Urzeiten wie geschmiert. Das ist ja keineswegs erstaunlich, wenn eine reiche Elite den Untertanen Seiner Majestät etwas vom Pferd darüber erzählen soll, wer außer ihnen selbst noch alles Weltherrschaftsträume habe. Zugleich ist die soziale Lage vieler Untertanen Seiner Majestät bis zum Beginn jenes Gemetzels auf dem Kontinent erbarmungswürdig und verschlechtert sich seitdem dramatisch – außer für diejenigen Untertanen des Reiches, die in den letzten Jahren auf den Schlachtfeldern liegen geblieben sind und denen von daher schon kein Zahn mehr wehtut. Anfang des Jahres 1918 wird die Nachrichtengebung der absolut unabhängigen Zeitungen Englands auf Regierungsebene angesiedelt. Jetzt wird ein Informationsministerium eingerichtet, an dessen unglaublich unabhängige Spitze der kanadisch-britische Unternehmer und Pressezar Lord Beaverbrook tritt. Für bessere Feindstaatenpropaganda gründet man auch gleich noch ein Direktorium, dessen Führung dem Herren über die *Yellow Press*, Lord Northcliffe, übertragen wird. So kommen an die Spitze dieser Behörden zwei Presse-Millionäre.[245] Die zwei Konkurrenten auf dem Medienmarkt arbeiten hier demzufolge mit der gleichen Zielstellung zusammen.

Russland und Deutschland schließen Frieden

Was passiert unterdessen auf dem Kriegsschauplatz bei uns in Europa? Erst weil es am 3. März 1918 doch zu jenem gefürchteten Separatfrieden zwischen dem Russischen und dem Deutschen Reich mit einem Vertrag kommt, der in Brest-Litowsk unterzeichnet wird, zieht man in England in Erwägung, Truppen nach Sowjetrussland zu entsenden. Der Interventionskrieg wird aber doch eher geführt als ein *Show-Event* für die eigene

Bevölkerung. Im Kern geht es wieder nur darum, keine Kooperation von Deutschen und Russen zu ermöglichen. Es treffen sicher Truppen aus 14 Ländern ein, doch Englands Soldaten haben nur *die Weißen* zu täuschen und verlieren zu lassen. Aber auch im großen Rahmen muss man sagen, dass es alles in allem zu keinem Zeitpunkt x mehr als 250.000 Soldaten aus dem Ausland gibt,[246] die geschickt werden, um *die Weißen* zu unterstützen. Das ist ein Bruchteil der Soldaten, die im Krieg bis 1918 eingesetzt worden sind. In den Kriegserinnerungen hält Englands Ex-Premier dieses Bekenntnis fest: „None of us had the least wish to restore Russian Czardom. We did however think it essential to re-create an anti-German front in Russia whilst the War lasted." Übertragen ins Deutsche sagt der Politiker: „Keiner von uns hatte auch nur das geringste Verlangen, diese Zarenherrschaft wiederherzustellen. Wir fanden es jedoch ganz wesentlich, eine anti-deutsche Front in Russland wiederherzustellen, so lange der Krieg andauerte."[247]

American League to Aid and Cooperate with Russia

Schon am 1. Mai 1918, als die Bolschewiki bloß einen kleinen Teil Russlands unter ihrer Kontrolle haben und dabei sind, auch jenen wieder zu verlieren, wird die „Amerikanische Liga zur Hilfe und Zusammenarbeit mit Russland", die *American League to Aid and Cooperate with Russia*, in Washington zur Unterstützung der Bolschewisten gegründet. Natürlich darf man auch nicht denken, die Mitglieder dieser Liga würden aus *roten* Arbeiterzirkeln stammen. Von welchem Geld wollen die denn eine Revolution von einem Ausmaße wie im Russischen Reich unterstützen? Das ist ausgedehnter als die USA! Zu den großen Namen zählen George P. Whalen von der Vacuum Oil Company als Schatzkanzler, Coffin und Oudin von dem Unternehmen General Electric, Thompson vom Federal Reserve System sowie Willard von der Eisenbahngesellschaft Baltimore & Ohio Railroad.[248] Das darf zumindest zu ersten Fragen anregen. Reden wir an dieser Stelle jedoch auch einmal darüber, dass der amerikanisch-jüdische Bankier Jacob Schiff zum Beispiel kein Teil jener hinterhältigen anglo-amerikanischen Verschwörung gegen diese Welt ist. Dafür zählen aber die amerikanischen Bankiers Morgan, Rockefeller und Thompson zu den größten der Financiers der russischen Revolution. Schriftstücke, die Jacob Schiff verfasst, belegen, dass er dagegen ist, die Bolschewiken zu unterstützen. Doch die Helfershelfer *der Roten*, die Russland mit der Unterstützung einer Regierung schöner Arbeiter und Bauern zu schaden versuchen, schieben dann ausgerechnet Jacob Schiff in das Rampenlicht der Öffentlichkeit und geben jenem Affen des Antisemitismus Zucker.[249] Vielleicht ist J. P. Morgan der cleverste von allen. 1918 werden zwei Mitarbeiter seines Konzerns ins Kriegsministerium berufen, wo sie, wie der Zufall es so will, für die Rüstungsverträge zuständig sind. Wenn ab jetzt verhandelt wird, sitzen auf beiden Seiten des Tisches Morgans Leute.[250]

Die Bolschewiki machen Schluss mit der Toleranz

Der britische Bevollmächtigte in Moskau, jetzt wieder Hauptstadt Russlands, Robert Lockart berichtet, dass die Revolutionäre den Leuten im Land gegenüber überraschend tolerant sind. Im Fall der Zarenfamilie ist das gewiss anders gewesen, aber nach einem kriegsmüden Zaren hat in London auch kein Hahn gekräht. Die Regierung Kerenski hatte noch im Sommer 1917 die *Freunde* in Großbritannien um Asyl für die Romanows gebeten, doch die Regierung in London lehnte dies in aller Kälte ab. Die Außenpolitik ist nichts für Philanthropen und Humanisten aller Art. Mit der ganzen Toleranz der Bolschewiki ist erst Schluss, als am 30. August 1918 auf den Kopf der Bewegung ein Attentat verübt wird.[251] Interessant daran ist, dass sie in den führenden Kreisen der Bolschewiki hinter dem Attentat auf Lenin den britischen Geheimdienst vermuten. Dies scheint auf den ersten Blick widersprüchlich, wenn London selbst seinen Anteil an der bolschewistischen Revolte hatte. Sinn ergibt das aber, stellt man in Rechnung, wer als Nachfolger eigentlich so zur Verfügung steht – und dass London keinen schlauen Kopf an der Spitze von Russland will. Die nicht erfolgte Intervention gegen jenen Umsturz in Russland zusammen mit den Aufgaben, die britische Agenten im *neuen Russland* ausführen, kombiniert mit dem Attentat bedeuten doch streng genommen, dass der erste Mann an der Spitze des Umsturzes bloß weggeschossen zu werden brauchte, und dann ging schon alles seinen sozialistischen Gang. Gegen den bolschewistischen Putsch hat man gar nichts. Ein sprachliches Indiz für diese Ableitung ist, dass *Insider* befinden, der Premierminister Lloyd George bewahre in der inszenierten aufgeladenen antikommunistischen Atmosphäre einen kühlen Kopf.[252] Das gelingt besonders dann problemlos, wenn eine Sache so läuft, wie sie geplant worden ist.

Wer auch immer dieses Attentat inszeniert hat, hat mit hoher Sicherheit den klügsten Kopf unter den Revolutionären lahmgelegt. Die Anzahl der kleineren theoretischen Vorarbeiten bis hin zu den umfangreichen Ausarbeitungen in dicken Büchern, die er der Nachwelt hinterlässt, geht ins Unendliche. Doch die Sache hat einen Haken. Wenn jemand im Sommer 1918 damit beginnt, sich in jenes komplexe Gedankengebäude hineinzudenken, braucht er wie jeder durchschnittlich intelligente Mensch Jahre oder Jahrzehnte. Doch die weit über hundert Völker, die im Russischen Reich leben, brauchen auch nach diesem Umsturz noch jeden Tag etwas zu essen. Das bringt erheblichen Zeitdruck und was ist, wenn diejenigen Leute, die nun die Wirtschaftspolitik vorgeben wollen, nur in Kurzlehrgängen mit einigen Fragmenten von Lenins Gedanken vertraut gemacht werden können – in der Auslegung von Anleitern, die sich teilweise auch erst jetzt mit dem theoretischen Krempel befassen? Lenin ist ja reichlich angeschlagen und kann nicht mehr selbst die Ausbilder anleiten. Außerdem setzen nunmehr extreme Kräfte unter den Bolschewiki ihre eigenen Vorstellungen über den richtigen Umgang mit den vermuteten Gegnern der Revolution durch. Das Personal der Geheimpolizei Tscheka steigt in den folgenden drei Jahren von 15.000 auf etwa 250.000 Personen an.[253]

Friedensverhandlungen mit dem Westen

Über den Sommer des Jahres ist die Lage der Mittelmächte schwieriger geworden und da auch die Amerikaner eingetroffen sind und auf gegnerischer Seite mitmischen, ist an einen Sieg über Frankreich nicht mehr zu denken. Militärs setzen nun Politiker unter Druck, auf dass diese um Friedensverhandlungen nachsuchen. Der Kriegseintritt der USA auf der Seite der Westmächte hat alle Planungen zunichte gemacht. Nun geht es endgültig um Frieden. Am 3. Oktober senden die Regierungen Deutschlands, Österreich-Ungarns sowie auch der Türkei ihre Waffenstillstandsangebote an Präsident Woodrow Wilson auf der Grundlage seiner Vorschläge. Am 10. Oktober trifft die Antwort ein; es ist eine Rückfrage, ob man damit seine 14 Punkte angenommen habe; er wolle den verbündeten Regierungen einen Waffenstillstand vorschlagen, verlange aber, dass die deutschen Truppen vorher die besetzten Gebiete in Belgien sowie in Frankreich räumen. Dies wäre Voraussetzung für ein „gutes Vertrauensverhältnis". Die Reichsregierung vertraut auf Wilsons Angebot und auf die Bedingungen, zieht ihre Truppen aus Frankreich und aus Belgien ab und beginnt, sie in der Heimat aufzulösen. Auf die Art wird das aber nix mehr mit dem Erringen der Weltherrschaft. Die Blauäugigkeit deutscher Diplomaten war schon früher legendär – und sie wird gnadenlos ausgenutzt. In einem Papier vom 23. Oktober stellt Wilson neue Forderungen auf; er will beispielsweise erst dann über einen Waffenstillstand reden, wenn die deutsche Seite zu diesem Zwecke gewählte Volksvertreter entsendet. Er und seine Rüstungslobby haben alle Zeit der Welt. Wenn sie in Berlin darauf nicht eingingen, müsse sich Deutschland ergeben. Mitte November fallen dem amerikanischen Präsidenten weitere Forderungen ein. Die Reichsregierung akzeptiert die beiden Briefe Wilsons jeweils in einer diplomatischen Note und hat keine Druckmittel mehr in der Hand. Am 11. November 1918 wird letzten Endes der Waffenstillstand auch im Westen unterzeichnet. Doch der Krieg geht weiter. Englands Schiffe vor der deutschen Küste halten die Seeblockade weitere sechs Monate nach dem „Waffenstillstand" aufrecht und es sterben noch viele Menschen an Hunger. Bis zum bitteren Ende hält sich London an das Strategiepapier Mackinders. Er hatte sowohl für Deutschland als auch für Russland klar gemacht, welche Folgen deren Bevölkerungswachstum für England und seine künftige Stellung in der Welt hat, deshalb die Massenmorde.[254]

Wie es absehbar war und wovor Ex-Kanzler Fürst von Bülow rechtzeitig warnte, hat über die ewigen Monate des Blutens auf den Getreidefeldern und des Hungerns in der Heimat der Hass der europäischen Völker aufeinander unendlich Nahrung gefunden. Nach dieser Friedensresolution vom vergangenen Jahr ergreift die Reichsleitung die Initiative, um eine Nachkriegsordnung herbeizuführen, die solche Katastrophen zukünftig ausschließt. Als Voraussetzung dafür wird die Aufklärung der Ursachen angesehen, wie es zu dem großen Gemetzel überhaupt kommen konnte. In einer Note an die anderen Mächte vom 29. November 1918 wird diese Erkenntnis ausformuliert: „Eine gerechte Würdigung der Hergänge bei Freund und Feind ist die Vorbedingung für die künftige Versöhnung der Völker, ist die einzige mögliche Grundlage für einen dauernden Frieden und für den Bund der Völker." Damit eine faire Untersuchung erfolgen könne, heißt es weiter: „Die deutsche Regierung schlägt daher vor, dass eine neutrale Kommission zur Prüfung der Frage der Schuld am Kriege eingesetzt werde, die aus Männern bestehen soll, deren Charakter und politische Erfahrung einen gerechten Urteilsspruch gewährleisten." Wie es Bülow zu Beginn der Kampfhandlungen forderte, wird auch jetzt eine Dokumentenöffnung gewünscht: „Die Regierungen sämtlicher kriegführenden Mächte müssten sich bereit erklären, einer solchen Kommission ihr gesamtes Urkundenmaterial zur Verfügung zu stellen."[255] Doch beim Beantworten lässt sich die englische Regierung Zeit, zumal man ja weiß, dass zum Beispiel die Kabinettsprotokolle aus der Zeit rund den Beginn des Krieges aus dem Weg geschafft wurden. Welcher Teufel soll sie denn reiten, das Papier plötzlich öffentlich zugänglich zu machen?

Der Westen sorgt für das Scheitern der Weißen

Wer in Russland ist, wird viele Ungereimtheiten entdecken, hier müssen jedoch wenige markante Auffälligkeiten genügen. Lloyd George, der den kühlen Kopf bewahrt, ist nicht bereit, mehr Truppen zu schicken, die in dem Riesenreich auch wirklich etwas bewirken könnten. Das verkauft er als den „Plan einer beschränkten Intervention" und lehnt eine Blockade Russlands ab. Folgerichtig werden diese *Weißen* von den Westmächten auch nicht diplomatisch anerkannt als die offizielle russische Regierung. Der Premier Lloyd George versichert dem Kabinett im Dezember 1918, dass ein bolschewistisches Russland auf keinen Fall „eine ebenso große Gefahr darstellen würde wie das alte Russische Reich mit all seinen aggressiven Vertretern und Millionen Soldaten". Wer soll sich denn besser als Briten auskennen in Sachen Aggressivität? Ein Jahr danach wiederholt er das Gleiche unumwunden, nämlich dass jenes „einige und unteilbare Russland" eines Koltschaks und Denikins nicht in Großbritanniens

„bestem Interesse“ sei. Als in England herumposaunt wird, wie viel Hilfe an *die Weißen* gegangen wäre, erwidert Winston Churchill ganz trocken, dass Behauptungen dieser Art schon deshalb weit übertrieben sind, weil die britische Hilfe zumeist aus Restbeständen des Krieges bestand, „die für Großbritannien keinen weiteren praktischen und kaum finanziellen Wert“ gehabt haben.[256]

Das Faisal-Weizmann-Abkommen

Einer der größten Erfolge des Großen Krieges war die Zerschlagung des Osmanischen Reiches und die Besetzung Palästinas. So hat London jetzt endlich vom Festland aus den Zugang zu Harold Mackinders *Heartland*, also zu Russland und dem östlichen Europa. Doch mehr hat man leider im Moment eben noch nicht. Langsam wird die *Balfour Declaration* bei den Arabern und bei den Juden ein Thema und es muss geklärt werden, wie und wo die Juden angesiedelt werden, so sie sich auf die Einladung aus London einlassen. Die Araber wissen natürlich, dass ihr Land heillos unterbesiedelt ist, und sie begrüßen die Zuwanderung von Juden. Noch sind deshalb die Verhandlungen zwischen Arabern und Zionisten, man möchte es nicht glauben, freundlich und von gegenseitigem Verständnis geprägt. Sie führen letztlich zum *Faisal-Weizmann-Abkommen*, das am 3. Januar 1919 zustande kommt. Emir Faisal I. hat sich im Krieg auf die Engländer eingelassen und die Beduinenstämme gegen die osmanische Herrschaft aufgewiegelt. Sein Partner war der britische Offizier Thomas Edward Lawrence. Sie haben zusammen gesiegt. Und Chaim Weizmann wird Präsident der Zionistischen Weltorganisation. Im Dokument steht, dass das Ziel in der freundschaftlichen und neidfreien Zusammenarbeit von Arabern und Juden in Palästina besteht und in der endgültigen Unabhängigkeit von Syrien. Diese Abmachungen beruhen auf dem heiligen Versprechen Londons – gut, alles klar. Also nochmal, die Abmachungen beruhen auf dem heiligen Versprechen Londons, Syrien nach dem Krieg in die Unabhängigkeit zu entlassen. Damit wollte man die Syrer für sich und gegen den Sultan der Osmanen mobilisieren. Das ist geglückt. Jetzt bleibt den Arabern nur zu wünschen, dass London *diese Zusage* hält.[257] Emir Faisal I. erklärt in seiner Denkschrift dazu: „Die Juden stehen den

Arabern blutsmäßig sehr nahe und zwischen den beiden Völkern gibt es keinen Konflikt der Charaktere. Grundsätzlich besteht zwischen uns absolutes Einvernehmen." Einem bedeutenden amerikanischen Zionisten, Professor Felix Frankfurter verspricht der Emir: „Wir werden den Juden ein herzliches Willkommen in der Heimat entbieten." Hoffentlich ist es am Ende kein Unterschied, ob ein Araber etwas in die Hand verspricht, oder ein Engländer. Der Emir zeigt Gottvertrauen, wenn er in dem Brief schreibt: „Die jüdische Bewegung ist national und nicht imperialistisch und es gibt in Syrien für jeden von uns Platz. Ja ich bin der Ansicht, dass keinem ohne den anderen ein echter Erfolg beschieden sein kann."[258] So beginnt eine Welle der Einwanderung der Juden in Palästina. Und nicht nur den Arabern, auch den Juden ist zu wünschen, dass die Zusagen, die in der *Balfour Declaration* gemacht wurden, eingehalten werden.

Geheimkonferenz in Versailles

Die Hoffnung auf eine Einhaltung westlicher Zusagen teilen Araber und Juden mit den Deutschen. Letztere müssen auf die Zusage in einer Note vom 5. November 1918 vertrauen, dass der Friede ein Friede des Rechts auf der Grundlage der 14 Punkte Wilsons sein würde. Immerhin haben sie inzwischen ihre Armeen entwaffnet und können sich nicht mehr verteidigen, wenn dieses Vertrauen missbraucht wird. Es ist allerdings kein ausgesprochen gutes Zeichen, wenn man sich das so überlegt, dass jetzt die Friedenskonferenz nach dem Abschluss des „Großen Krieges" ausgerechnet am 18. Januar 1919 beginnt. Das war der Tag, an dem 1871 das Deutsche Reich gegründet wurde, im Spiegelsaal zu Versailles, und dort wird die Konferenz der Rache eröffnet. Finden Sie unter Umständen für das Treffen *ohne die Deutschen* eine bessere Bezeichnung? Vielleicht ist es auch einfach nur ein Zeichen für zu konservative Wertvorstellungen, wenn man über die Regelungen eines Vertrags, den man unterschreiben soll, vorher noch kurz sprechen darf. Der Wunsch der speziell bestellten deutschen Volksvertreter nach einer Verhandlung über den Vertrag wird auf jeden Fall abgelehnt.[259] Werden sich die versammelten Herrschaften darüber verständigen, dass Berlin im Sommer 1914 keinen Blitzkrieg aus heiterem Himmel inszeniert hat? Werden sie darüber sprechen, wie viel

Zeit verging nach dem Attentat in der Stadt Sarajevo bis zum Einmarsch in Frankreich quer durch das neutrale Belgien? Werden die Briten noch laut sagen, dass sie einen Anlass gesucht haben, um den Anteil Deutschlands am Welthandel abzuwürgen? Werden die Franzosen am Tisch laut sagen, dass sie ihren fehlgeschlagenen Angriff auf Preußen von 1870 bei anschließendem Verlust der mehrheitlich deutschsprachigen Provinzen Elsaß und Lothringen nie verwunden haben und Revanche wünschten? Werden die Italiener noch hören wollen, dass sie zu Beginn des Krieges mit Österreich-Ungarn und mit Deutschland verbündet waren? Bei den Russen stellen sich keine Fragen. Diejenigen, die den Habsburgern den Balkan abluchsen wollten, sind nicht mehr an der Macht, und die neuen Herren sind in Versailles so wenig zugegen wie die Deutschen.

Ich habe die Ehre: Sie sind verantwortlich

Seit mehreren Monaten wartet Berlin inzwischen schon auf die Antwort auf die Note an die Kriegsgegner vom 29. November '18. Am 7. März im Jahre 1919 kommt die empörende Erwiderung: In London ist nicht klar, wozu dies nötig sei: „Ich habe die Ehre, Sie zu benachrichtigen, dass die Regierung Seiner Majestät der Meinung ist, dass es unnötig sei, auf den deutschen Vorschlag irgendeine Antwort zu geben, da nach der Meinung der verbündeten Regierungen die Verantwortlichkeit Deutschlands für den Krieg längst unzweifelhaft festgestellt ist."[260] Wen wird das vielleicht überzeugen, wenn Akteneinsicht verweigert wird? Raymond Poincaré – als er nicht mehr im Amte ist – urteilt anders: „Ich behaupte nicht, dass Österreich oder Deutschland in erster Linie eine bewusste und überlegte Absicht hatte, einen allgemeinen Krieg zu entfesseln. Es existieren keine Dokumente, die uns das Recht zu der Annahme geben, dass sie damals etwas so Systematisches geplant hatten." Das sagt er *nach* Versailles und niemand ändert daraufhin das Urteil über die Schuld am Krieg.[261] Durch die Ablehnung des Berliner Vorschlages wird es nichts mehr mit der gerechten Würdigung der Hergänge bei Freund und Feind im Vorfeld des Megagemetzels und es wird auch keine neutrale Kommission geben, die die Frage der Schuld an diesem Krieg klärt, allein schon, weil in London nicht die Bereitschaft besteht, Dokumente zur Verfügung zu stellen.

Weichenstellungen in London

Nachdem der Umsturz in Russland gelungen ist, fächert sich London in drei Gruppen auf. Die erste Gruppe sind die *Antibolschewisten*, dann ist da eine *Round-Table-Group*, auch *Milner-Gruppe* genannt, und es gibt drittens die Gruppe der *Appeaser* oder *Beschwichtiger*. Jede Gruppe für sich hat Ziele, die man in der britischen Öffentlichkeit verstehen kann – doch wofür nutzen sie ihre nachvollziehbaren Argumente? Erst herrscht in der Regierung die Gruppe der Antibolschewisten vor. Sir Eric Simon und andere unterstützen die *geheime* Wiederaufrüstung Deutschlands. Das begründen sie damit, dass ein Bollwerk gegen den Kommunismus aufgebaut werden müsse. Von der *Round-Table-Group* wird eine „Welt der drei Blöcke“ propagiert. Das umfasst die Idee, Deutschland habe in Europa freie Hand von der französischen Ostgrenze bis zur Westgrenze des „neuen Russland“. Es ist gewiss kein Zufall, dass damit geografische Grenzen in Eurasien gemäß dem Strategiepapier von Halford John Mackinder von 1904 aufgegriffen werden: Im Westen *die Insel* Westeuropa, in der Mitte das Deutsche Reich und im Osten die Sowjetunion, und hier wird sogar ignoriert, dass nun Polen und die Tschechoslowakei zwischen beiden Staaten gegründet worden sind. Mackinder hatte vor anderthalb Jahrzehnten Mitstreiter wie Viscount Milner gefunden und dessen sogenannter Kindergarten von damals ist auch älter geworden. Das ist heute diese *Round-Table-Bewegung*. Überraschung: Von ihnen sowie von den *Appeasern* stammt im Wesentlichen der Text des Versailler Vertrages.[262]

Deutschland erfährt in Versailles das Urteil

Aber staunen Sie selbst, wie meisterhaft man solche pikanten Details im Hintergrund vor den Leuten überspielen kann. Es ist schlechtes Theater. Die Galavorstellung der Erben William Shakespeares findet am 7. Mai in Versailles statt. Eine deutsche Delegation ist eingetroffen, um sich über die Ergebnisse der Beratungen hinter verschlossenen Türen informieren zu lassen. Als die *Show* beginnt, drückt eine bislang unbekannte Lebensform dem englischen Premierminister Lloyd George den Text des abzunickenden Urteils über das Deutsche Reich in die Hand. Als der absolut unschlagbare Schauspieler vorzulesen beginnt, kommt er ins Stottern – weil doch weder er noch ein anderer Bevollmächtigter der Alliierten das Dokument in seiner endgültigen Form vorher je gesehen hatte. Das war nämlich von den Heinzelmännchen ausgearbeitet worden und die haben dabei niemanden über die Schulter schauen lassen. Hoffentlich kommt das später so nicht in die Geschichtsbücher, damit die Kinder nicht vor Lachen ersticken. Als die, wie gewünscht, extra zu dem Zweck gesandten Volksvertreter aus Deutschland die ersten Bestimmungen gehört haben, sinken sie sprachlos auf die Stühle zurück.[263]

Ulrich von Brockdorff-Rantzau, der inzwischen der Außenamtschef des Deutschen Reiches ist, trägt in einer langen Rede den deutschen Protest vor. Doch die Alliierten stellen ein Ultimatum von fünf Tagen. Bis dahin hat Berlin den Text zu akzeptieren. Andernfalls werde die Blockade vor den deutschen Küsten fortgesetzt und darüber hinaus soll Deutschland dann militärisch besetzt werden. Um nicht ihre Unterschrift unter einen solchen Text zu setzen, tritt die erste Nachkriegsregierung unter Kanzler Philipp Scheidemann aus der SPD nach nur vier Monaten zurück.[264] Der Reichspräsident Friedrich Ebert, der genauso der SPD angehört, erklärt, nachdem er den Text der unglaublichen Friedensbedingungen zugestellt bekommen hatte: „Das deutsche Volk hat die Waffen niedergelegt und alle Verpflichtungen des Waffenstillstands, so schwer sie waren, ehrlich gehalten. Trotzdem setzten unsere Gegner sechs Monate lang den Krieg durch Aufrechterhaltung der Hungerblockade fort." Es ist ohnehin recht gewagt, von einer Friedenskonferenz und von Friedensbedingungen zu sprechen, wenn eine militärische Maßnahme, die 1914 angeblich Kampfhandlungen auf dem Kontinent unterstützen sollte und obendrein auch damals schon illegal war, jetzt weitergeführt wird. Es hat niemanden zu einem Einlenken gebracht, dass die Reichsregierung darum ersucht hat, wenigstens Weizen, Fette, Kondensmilch und Medikamente durchgehen zu lassen. Das wurde selbstredend abgelehnt, da der mörderische Erfolg noch ausbaufähig ist. Wer hat eigentlich festgelegt, dass Vergehen gegen die Menschenrechte nur dann benannt werden, wenn sie von Deutschen begangen werden? Allein bis in den März 1919 war in Deutschland und dem Rest von Österreich die Zahl der Hungertoten noch einmal um eine

Million Menschen gestiegen und jetzt ist bereits Mai. So steigt die Zahl der Opfer des Krieges weiter, als ob dreieinhalb Millionen tote Soldaten und anderthalb Millionen tote Menschen wie du und ich nicht wirklich genug gewesen wären. Es geht immer noch besser. Friedrich Ebert sagt außerdem, dass das deutsche Volk alle Lasten ertragen habe vertrauend auf die durch die Note vom 5. November 1918 von den Alliierten gegebene Zusage, dass der Friede ein Friede des Rechts auf der Grundlage der 14 Punkte Wilsons sein würde. Was jetzt stattdessen in den Friedensbedingungen geboten werde, widerspreche der gegebenen Zusage, und sei für das Volk unerträglich. Auch bei Aufbietung aller Kräfte seien solche Bedingungen nicht erfüllbar. Hilflos konstatiert er, dem deutschen Volk solle Gewalt ohne Maß und Grenzen angetan werden. Aus solchem aufgezwungenen Frieden müsste neuer Hass zwischen den Völkern und im Verlauf der Geschichte neues Morden erwachsen.[265]

Robert Lansing, der 1915 William Bryan im Amt des US-Außenministers gefolgt war, jammert über diesen Versailler Vertrag in einer Aktennotiz vom 8. Mai 1919: „Der Eindruck, den der Friedensvertrag macht, ist enttäuschend. Er weckt Bedauern und Niedergeschlagenheit. Die Friedensbedingungen erscheinen unsagbar hart und demütigend, während viele von ihnen mir unerfüllbar erscheinen." Und: „Es mag Jahre dauern, bis diese unterdrückten Völker imstande sind, ihr Joch abzuschütteln, aber so gewiss wie die Nacht auf den Tag folgt, wird die Zeit kommen, da sie den Versuch wagen. Wir haben einen Friedensvertrag, aber er wird keinen dauernden Frieden bringen, weil er auf dem Treibsand des Eigennutzes begründet ist."[266] Lansing war Außenminister geworden, als sich Bryan geweigert hatte, Soldaten in den Krieg nach Europa zu entsenden. Schön, dass er einen zweiten Weltkrieg jetzt schon als sicher vorhersagt.

In der Französischen Nationalversammlung protestiert der Abgeordnete Jean Longuet als Vertreter seiner Sozialistischen Partei: „Dieser Vertrag kann in keiner Weise die Zustimmung der Sozialistischen Partei erhalten. Er geht aus dem wohl skandalösesten Missbrauch der Geheimdiplomatie hervor. Er verletzt offen das Selbstbestimmungsrecht der Völker, knechtet ganze Nationen und erzeugt neue Kriegsgefahren."[267] William

Bullitt, ein Diplomat und eines der Mitglieder der amerikanischen Delegation, ersucht den US-Präsidenten Woodrow Wilson in einem Brief am 17. Mai 1919 um seine Abberufung von jener Friedenskonferenz. In dem Brief schreibt er: „Die ungerechten Beschlüsse der Versailler Konferenz über Shantung, Tirol, Thrazien, Ungarn, Ostpreußen, Danzig, das Saarland und die Aufgabe des Prinzips der Freiheit der Meere machen neue Konflikte sicher." Die Empfehlung, die William Bullitt formuliert, ist nur folgerichtig: „Daher halte ich es für meine Pflicht der eigenen Regierung und dem eigenen Volk gegenüber zu raten, diesen ungerechten Vertrag weder zu unterschreiben noch zu ratifizieren." Der italienische Ministerpräsident Francesco Nitti kommentiert das derart: „Noch niemals ist ein ernstlicher und dauerhafter Friede auf die Ausplünderung, die Quälerei und den Ruin eines besiegten, geschweige denn eines besiegten großen Volkes gegründet worden. Und dies und nichts anderes ist der Vertrag von Versailles."[268] Reichsjustizminister Otto Landsberg aus der SPD sagt dazu: „Dieser Friede ist ein langsamer Mord des deutschen Volkes."[269]

Auch andere Zeitgenossen befürchten, dass die Bedingungen, welche die vermeintlichen Friedensverträge von Versailles und Saint-Germain enthalten, bereits den Boden für einen neuen Weltkrieg bereiten. Man darf doch nun nicht glauben, dass das einer gewissen Ungeschicklichkeit der Diplomaten geschuldet ist, die die ganzen Schikanen ausgetüftelt haben. Deutschland muss den größten Teil der Handelsflotte den Siegern überlassen. Das ist die Hauptsache. Jetzt können die Fritzen zusehen, womit sie ihren Export ins Ausland kriegen. Das Wandern ist des Müllers Lust. Das Deutsche Reich verliert seine Kolonien in erster Linie an das *British Empire* und die britischen Dominions, aber auch an Frankreich, Belgien und Japan. Hatten Sie etwa gedacht, die armen Völker würden jetzt unabhängig? Der Vertrag nimmt Deutschland die Hoheit über die eigenen Binnenwasserstraßen und die Lufthoheit im eigenen Land. Beim Militär werden Obergrenzen von 100.000 Mann im Heer und 15.000 Mann bei der Marine bestimmt. Luftwaffe, U-Boote und schwere Artillerie sind für Deutschland zukünftig verboten. Mit diesem Text, den sich Diplomaten im stillen Kämmerlein ausgedacht haben, werden Besatzungsgebiete auf deutschem Territorium links des Rheins festgelegt. Da im Westen sollen fünf, zehn oder auch fünfzehn Jahre lang Truppen aus Frankreich sowie aus Belgien stationiert werden und ein Gebiet von 50 Kilometern Breite rechts des Rheins wird für deutsches Militär gesperrt. Das ist ja auf gar keinen Fall nur gegen Deutschland gerichtet. In Artikel 8 steht, dass *alle Unterzeichner* ihre Armeen „auf ein Mindestmaß herabsetzen" müssen. Es ist nur so, dass das Deutsche Reich zuerst abzurüsten hat. Dies biete die Voraussetzung für den Abbau der Flotten und Armeen aller anderen Staaten. Erinnert doch recht arg an Wilsons 14 friedfertige Punkte, denn die anderen Staaten denken nicht einmal im Traum ans Abrüsten. Sehr schön ist, dass die Dokumente der beteiligten Regierungen zur Klärung der Vorgänge, die zum Ausbruch des Krieges führten, nicht freigegeben werden. Präventiv wird aber schon einmal das Postulat einer alleinigen Kriegsschuld Deutschlands im Paragraphen 231 festgeschrieben und Sie dürfen drei Mal raten, wer den Text entworfen hat. Das war John Foster Dulles, ein Cousin des Historikers Foster Rhea Dulles, der gewarnt hat, dass man sich Rohstoffvorrat für die Zukunft sichern müsse. Wie es nur kommt, dass die unterschiedlichen Puzzleteile so zusammenpassen?[270]

Worum es außer um einen neuen Krieg im Kern geht, steht 1919 in aller wünschenswerten Offenheit in *The London Times*: „Wenn Deutschland in den nächsten 50 Jahren wieder Handel zu treiben beginnt, ist dieser Krieg umsonst geführt worden."[271] Setzt man dieses Ziel an, ist man über die abenteuerlichen Bedingungen, die in Versailles für Deutschland und in Saint-Germain für Österreich festgezurrt wurden, nicht so überrascht. Je wütender die Deutschen werden, desto besser. Wenn sie sich an einer Revanche versuchen, watscheln sie vom Regen in die Traufe. Unter den Untiefen in den territorialen Regelungen ist eine Abtrennung der Wohnorte von dreieinhalb Millionen Sudetendeutschen. Deren Zuordnung zur Tschechoslowakei, die vor Nationalismus so strotzt wie deren Nachbarländer auch, muss beinahe zwangsläufig Probleme bereiten und sie kann in Zukunft einen Vorwand liefern, diese bedauernswerten Menschen im Namen *ethnischer Selbstbestimmung* zurück ins Reich zu fordern. Falls kein Deutscher selbst darauf kommt, hilft *Mister President* Wilson. Mit seinem *Selbstbestimmungsrecht der Völker* liefert er den Deutschen die geeignete Formulierung für das Heimholen ins Reich gratis mit. Obwohl es 6 Millionen Tschechen gibt, 3,4 Millionen Deutsche sowie 3 Millionen Slowaken, werden nur Tschechen und Slowaken zu Staatsvölkern. Eine weitere Untiefe liegt in der Schaffung eines Korridors als Zugang Polens zur Ostsee. Dafür gehen die Provinzen Posen und fast ganz Westpreußen an Polen. Dadurch ist Streit zwischen Deutschland und Polen ebenfalls vorprogrammiert, da der reibungslose Transit nun von den Beziehungen zu Polen abhängt. Eine andere Möglichkeit wäre sicherlich gewesen, die Provinz Ostpreußen abzutrennen und dort den Zugang zum Meer herzustellen. Dann gäbe es aber keine Reibefläche mit Litauen ob des Memellandes. Das Letztere selbst wird unter die Verwaltung des Völkerbundes gestellt – und das hat auch nix mit dem Sülz von der Selbstbestimmung zu tun. Man könnte einwenden, dass London und Paris nicht weiter an die Punkte Wilsons gebunden wären, nachdem die amerikanische Delegation die Konferenz verlassen hat. Doch wer das akzeptiert, kann sicher die Frage beantworten, welche Ziele dann die anderen Herren am Tisch verfolgen. Der nächste Stein des Anstoßes ist die Stadt Danzig. Die ehrwürdige Hansestadt wird mehrheitlich von Deutschen bewohnt und ihre Unterstellung unter den Völkerbund hält auch Ärger vorrätig wie schon die Eingliederung der Sudetendeutschen in einen Staat unter der Oberhoheit der Tschechen. Um das Wirtschaftswunderland noch effektvoller zu schröpfen, wird auch das oberschlesische Industriegebiet Polen zugeschlagen. Elsaß-Lothringen inklusive seiner deutschen Bevölkerung geht an Frankreich, Nordschleswig an Dänemark und das Gebiet um die zwei Städte Eupen und Malmedy an Belgien. Der Vertrag stellt das Saargebiet für 15 Jahre unter französische Herrschaft und macht die dortigen Bergwerke zu französischem Eigentum. Von der alten Habsburgermonarchie bleibt der deutschen Bevölkerung lediglich noch ein Rumpf in den Alpen übrig und diesem verwinkelten Bergland ist es obendrein untersagt, sich in jeglicher Form an Deutschland anzulehnen.[272] Damit ist das Land tot.

Während diese territorialen Regelungen auf mittelfristigen Ärger ausgelegt sind, gibt es in diesem Gebräu auch eine Komponente, die schneller wirken muss. Es werden Reparationen festgesetzt, die das Reich weder praktisch noch theoretisch aufbringen kann. Diese werden nach einigem Hin und Her auf 132 Milliarden Goldmark festgesetzt, die in jährlichen

Raten zu zahlen sind. Sie entsprechen etwa einem Viertel des deutschen Gesamtexports des Jahres 1921. Der Geschenksendung wird das Rätsel beigefügt, wie man das aufbringen könnte, wenn das Deutsche Reich im selben Vertrag dazu verurteilt wird, auch seine Goldreserven den Siegermächten zu übergeben, einen großen Teil der jährlichen Erz- und Kohleförderung, der Kalk-, Zement- und Benzinproduktion, dazu Unmengen von Nutzvieh und Landwirtschaftsmaschinen sowie 150.000 Eisenbahnwaggons und Tausende Lokomotiven und Lastkraftwagen. Das gesamte deutsche private Auslandsvermögen und eine große Zahl der Industriepatente werden konfisziert. Später folgt eine feine Extra-Überraschung, denn Großbritannien schlägt dann auf Waren aus dem Reich noch eine 26-prozentige „Importsteuer“ auf und Frankreich weigert sich, deutsche Waren und Dienstleistungen überhaupt abzukaufen.[273] Das Einzige, was nun noch fehlt, sind die professionellen Historiker, die sich gar nicht erklären können, warum die Deutschen stinksauer sind. Die Schulden des Deutschen Reiches sind jetzt zweimal so groß wie sein Einkommen und die Reparationen sind ganz offenbar darauf ausgelegt, dass Deutschland endgültig finanziell kollabiert und große Investitionen aus dem Ausland benötigt.[274] Der Zusammenbruch der Währung im Reich ist natürlich in erster Linie eine direkte Folge der Kosten des Krieges an sich. Während des Krieges waren Kredite für die benötigte Ausrüstung der Reichswehr aufgenommen worden, Kredite die nur bei einem siegreichen Abschluss der Kampfhandlungen bedient werden konnten. Weil die ausgegebenen Schuldscheine von den Siegern nicht einkassiert wurden, belasten diese den deutschen Staatshaushalt jetzt und die abgeforderten Reparationen beschleunigen nunmehr den Zusammenbruch der deutschen Währung bloß noch. Der Großindustrielle Emil Kirdorf zeigt in einem Schreiben, dass ihm wie allen Regierungen seit Ex-Kanzler Bismarck klar war, dass Krieg in Europa für Deutschland schlimm enden musste: „Seit Langem habe ich unter der unglücklichen Regierung des letzten Kaisers den Zusammenbruch befürchtet und von Anbeginn des Weltkrieges an dessen ungünstigen Ausgang vorausgesehen.“ Kirdorf fügt allerdings noch hinzu, dass seine diesbezüglichen Befürchtungen durch die Art der Niederlage „leider noch übertroffen“ wurden.[275]

In Deutschland können sich alte Leute jedoch noch erinnern, dass man im Frieden von Frankfurt 1871 so nicht mit den Franzosen umgegangen war. Frankreich, das den Krieg '70 angefangen und ein Jahr später verloren hat, musste das überwiegend deutschsprachige Elsaß-Lothringen abtreten und binnen dreier Jahre fünf Milliarden Franken in Silbergeld bezahlen. Anschließend zogen die deutschen Besatzungstruppen wieder ab. Frankreich behielt seine Armee und Flotte, seine Kolonien und seine Goldreserven. Für die französischen Elsässer wurde seinerzeit sogar die Besitzstandsgarantie in den Friedensvertrag aufgenommen. Mit Artikel 74 des Friedens von Versailles regeln die Franzosen jetzt die Enteignung der deutschen Elsässer. *Fair play* funktioniert anders. Was die alleinige Schuld am Ausbruch dieses Krieges angeht, haben die Leute auch einige Zweifel. Hat Kaiser Wilhelm II. im Juli 1914 versucht, den Frieden durch Vermittlung und Verhandlung zu erhalten oder nicht? Hat Russland mit den Säbeln gerasselt und zuerst mobilgemacht und sich dann geweigert, das wieder rückgängig zu machen? Waren Briten und Franzosen bereit, ihren deutschen Nachbarn Neutralität und Frieden zuzusichern? Keiner muss sich wundern, warum die Parteien im Reichstag den sogenannten Friedensvertrag geschlossen ablehnen.[276]

Man kann das wirklich drehen und wenden, wie man will: Deutschland, vom Kaiser angefangen und über die Politiker und Diplomaten bis zum einfachen Volk, ist mit den 14 wohlklingenden Punkten des Präsidenten Woodrow Wilson endgültig über den Tisch gezogen worden. Wenn man alles in Rechnung stellt, was über Wilson bekannt ist, kann man einfach nicht umhin zu bekennen, dass er bis zum i-Punkt weiß, was da gespielt wird, und sich zurückzieht, damit man ihn nicht auf die albernen Punkte festnageln kann. Indem er die Friedenskonferenz verlässt, macht er den unverschämten Missbrauch seiner leeren Versprechen durch Vertreter der anderen Siegermächte erst möglich – und diejenigen, die ihn seinerzeit ins Amt gehoben haben, konnten in diesen Jahren hinreichend Geld aus dem Gemetzel in Europa ziehen. Er tut England bloß einen Gefallen, indem er rechtzeitig von der Bühne abtritt. Nein, Geheimdiplomatie soll es niemals wieder geben, aber wenn so ein Vertragstext, den zwei Seiten unterschreiben sollen, von einer Seite hinter verschlossenen Türen ausgearbeitet wird und dann der anderen Seite die Unterschrift mit Waffengewalt abgepresst wird, dann ist das sogar eine unschöne Übertreibung von Geheimdiplomatie. Wilson hatte versprochen, Annexionen solle es nicht geben, doch er fügt sich in die Besetzungen der Alliierten. Er hatte versprochen, es solle keine Entschädigungen geben, doch er stimmt den einseitigen Reparationsforderungen in irrwitziger Höhe letztendlich zu. Wenn man wissen will, was von den Sirenenklängen dieser Worthülsen vom 8. Januar 1918 zu halten war, dann wirft man einfach einen Blick in die Ausgabe der wunderschönen Reden von Woodrow Wilson, die nach dem Krieg auf den deutschen Markt geworfen werden. Dort fehlen jetzt exakt die Passagen, auf die sich Kritiker des Versailler Vertrages berufen könnten. Dort fehlt dann auf einmal: „Wir wünschen nicht, Deutschland zu verletzen oder in irgendeiner Weise seinen berechtigten Einfluss oder seine Macht zu hemmen." Wie kommt es, dass man ausgerechnet diesen Satz nicht druckt? „Wir wollen Deutschland nicht bekämpfen, weder mit Waffen noch mit feindlichen Handelsmethoden, wenn es bereit ist, sich uns und den anderen friedliebenden Nationen in Verträgen der Gerechtigkeit, des Rechts und der Fairness anzuschließen."[277] Aber das soll hier nicht alles wiederholt werden.

Auch Englands Premier Lloyd George kann es nur darum gehen, Spuren zu verwischen, wenn er am 26. März 1919 in einer Denkschrift die Worte aufschreibt: „Ungerechtigkeit und Anmaßung, ausgespielt in der Stunde des Triumphes, werden nie vergeben und vergessen werden. Aus diesem Grunde bin ich auf das Schärfste dagegen, mehr Deutsche als unerlässlich nötig der deutschen Herrschaft zu entziehen, um sie einer anderen Nation zu unterstellen. Ich kann kaum eine stärkere Ursache für einen künftigen Krieg erblicken, ..."[278] Wie erklärt es sich dann, dass sein Land diesen Vertrag absegnet und den Kadaver Deutschland ausweidet?

Der Erste Lord der Admiralität Winston Churchill, dessen kriegerisches Hetzen gegen das Reich legendär geworden ist, wird am Lebensende auf einmal sentimental: „Die wirtschaftlichen Bestimmungen des Vertrages waren so bösartig und töricht, dass sie offensichtlich jede Wirkung verloren. Deutschland wurde dazu verurteilt, unsinnig hohe Reparationen zu leisten.“ Fachleute bezeichnen das, was er hier literweise vergießt, als Krokodilstränen. Seine Worte sind unfassbar: „Die siegreichen Alliierten versichern nach wie vor, sie würden Deutschland ausquetschen, bis die «Kerne krachen». Das alles übte auf das Geschehen der Welt und auf die Stimmung des deutschen Volkes gewaltigen Einfluss aus.“[279]

Welches ist der Gipfel der Verkommenheit? Sind es vielleicht die Worte von US-Präsident Wilson Anfang 1918, sind es die des jetzigen Premierministers Lloyd George oder sind es vielleicht ja auch jene von Winston Churchill? Und wie ist das zu werten? John Maynard Keynes gibt als ein britischer Nationalökonom einen Berater der englischen Delegation in Versailles und wertet den Vertrag schon 1920 in seinem Buch *Die wirtschaftlichen Folgen des Friedensvertrags* als einen „Versuch, Deutschland der Versklavung zuzuführen und als ein Gewebe von jesuitischen Auslegungen zur Bemäntelung von Ausraubungs- und Unterdrückungsabsichten“. An anderer Stelle des Buches meint Keynes: „Je öfter ich den lese, um so übler wird mir. Das größte Verbrechen sind die Reparationsklauseln, ...“ Seine Empfehlung lautet folglich: „Wenn ich die Deutschen wäre, würde ich mit keinem Strich unterschreiben.“[280]

So viel Freiheit bleibt den Deutschen in letzter Konsequenz jedoch nicht. Die militärische Drohkulisse der Sieger zwingt zur Unterschrift. England droht ohne mit der Wimper zu zucken für den Fall der Verweigerung der Unterzeichnung des Vertrags, die Hungerblockade der deutschen Häfen für die Einfuhr von Nahrungsmitteln und Rohstoffen nach Deutschland und nach Österreich-Ungarn wieder aufzunehmen. War sie denn in der Zwischenzeit einmal aufgehoben worden? Doch noch mehr Hungertote will niemand verantworten und Frankreich droht seinerseits ebenso mit der Besetzung Deutschlands, das inzwischen weitgehend entmilitarisiert ist und keine Gegenwehr mehr leisten könnte. Wie zum Hohn erfolgt die Unterzeichnung des Versailler Vertrages nun ausgerechnet am 28. Juni 1919, und somit am fünften Jahrestag des tödlichen Attentates auf Erzherzog Franz Ferdinand und seine Gemahlin Sophie Choteck.[281]

London nimmt den Nahen Osten auseinander

Was Europa angeht, hat die Führung des *Empires* die Weichen gestellt. In der nächsten Etappe steht London vor der Aufgabe, die Atmosphäre in Palästina so zu vergiften, dass der ordnende Arm des britischen und amerikanischen Militärs von schwer verfeindeten Kampfhähnen händeringend erbeten wird. Bis zum Sommer 1919 ist den Syrern die Doppelzüngigkeit der *Balfour Declaration* und der Bruch des englischen Versprechens auf Unabhängigkeit klar geworden, und darum verändern sie ihre Haltung grundsätzlich. Es gibt keine Vertrauensbasis mehr und das *Faisal-Weizmann-Abkommen* tritt nicht in Kraft. Von dem Moment an lehnen die Syrer jede weitere Einwanderung von Juden ab.[282] Vielleicht hatte der britische Offizier Thomas Edward Lawrence selbst lautere Absichten in Bezug auf die Araber. Wenn man ihn nicht persönlich kennt, sollte man das nicht in Abrede stellen. Doch am Ende des Tages sind die Engländer für die Araber eine mächtige Enttäuschung – und der Ehrgeiz der Führung in London richtet sich auch gar nicht darauf, die Wogen in Palästina wieder zu glätten.

Ganoven werden Palästina vorgesetzt

Was wird aus den Akteuren? Emir Faisal I. wird im Laufe der Jahre vom Staub der Geschichte bedeckt; sein *Partner* im Kampf gegen den Sultan in Istanbul hingegen wird von der britischen Propagandamaschine zum *Lawrence von Arabien* aufgebaut, dem nächsten *Helden* des Britischen Empires. In England scheut man sich nicht, *dieses Wort* zu verwenden. London setzt der Verärgerung der Araber die Krone auf, indem der Jude Sir Herbert Samuel 1920 das Amt eines Britischen Hochkommissars für Palästina übertragen bekommt. Samuel tut nichts, was dem offiziell erteilten Auftrag entsprechen würde. Er tut eben auch nichts Gutes für die Juden, nichts, um diese Auseinandersetzungen zur Ruhe zu bringen. Im Gegenteil: Gegen den Willen der Syrer gestattet er weitere Zuwanderung von Juden und weist auch Beamte nicht im Sinn der Balfour Deklaration zum Handeln an. Das führt schon im April 1920 zu ersten *Pogromen* in Jerusalem. Das ist natürlich für Juden, die aus Deutschland hierher gezogen sind, eine wilde Erfahrung. So etwas gab es in Deutschland zuletzt im Jahre 1699. Unter solchen Umständen fragt man sich dann schon, ob Britisch-Palästina das Gelobte Land ist. Wegen dieser Ausschreitungen wird unter anderem ein harter Bursche namens Haj Amin al-Husseini von den Engländern 1920 verhaftet und zu 15 Jahren Zwangsarbeit verurteilt, weil er sich als Antizionist und fanatischer arabischer Nationalist bei den vorangegangenen Pogromen besonders hervorgetan hat. Das ist allerdings auch nur der offizielle Teil der Geschichte. Fernab des Lärms auf den kleinen Straßen ermöglichen die Engländer dem al-Husseini anschließend in aller Stille nicht nur die Flucht, sondern sie gestatten ihm die Rückkehr nach Jerusalem bereits ein Jahr später. Wer sich mit den Engländern einlässt, muss auf jeden Fall wissen, bei denen gilt nicht das Motto: Üb' immer Treu und Redlichkeit. Ab 1920 liefern Engländer und Amerikaner auch Waffen an arabische Staaten. England seinerseits beliefert zum Beispiel Syrien, um dort einen Aufstand gegen Frankreich zu unterstützen, ihre lieben *Freunde* aus der *Entente Cordiale*.[283] Wer nicht gelegentlich zurückblickt und alte Entscheidungen mit neuen vergleicht, wird immer wieder in die gleichen Fallen hinein tappen. Paris sollte sich in Zukunft auf jeden Fall nicht noch einmal blind auf London verlassen. Es muss Englands Politikern bewusst sein, dass die Waffen früher oder später gegen die Juden in Palästina eingesetzt werden. Damit dies auch ganz bestimmt passiert, setzt Sir Herbert Samuel 1921 den vollkommen ungeeigneten Extremisten Haj Amin al-Husseini, genau jenen Ganoven, als Großmufti von Jerusalem ein. Dieses geschieht gegen den erklärten Widerspruch des Hohen Muslimischen Rates, der Husseini als Ganoven und zu wenig gebildet betrachtet. Mit gerade einmal 26 Jahren wird er der jüngste Großmufti aller Zeiten und er besitzt selbstredend nicht die notwendige Ausbildung für ein so hohes Amt. Das Einzige, was Husseini garantieren kann, ist ein fanatisches Vorgehen gegen die Juden vor Ort. Folgerichtig werden die Pogrome in Jaffa schon 1921 fortgesetzt. Weder die arabische Polizei noch die englische Mandatsmacht greifen ein, um die Bürger am gegenseitigen Töten zu hindern. England erstellt jedoch einen Untersuchungsbericht über die Ausschreitungen und gestattet in der Folge den Juden das Tragen von Waffen. Damit ist der Zustand hergestellt, dass sich von diesem Moment an bewaffnete Araber und Juden gegenüber stehen.[284] Da es sich bei den Lieferungen an die Araber sowie jenen an die Juden um bewusste Entscheidungen handelt, und da es die theoretischen Ausarbeitungen darüber gibt, auf welchem Weg die Briten gedenken, Zugang zum reichen Eurasien zu erlangen, darf davon ausgegangen werden, dass hier ein mörderisches Szenario präpariert wird.

So finden bereits 1922 wieder Pogrome statt, die mehr als hundert Opfer fordern. Husseini ist maßgeblich an deren Organisation und Ausführung beteiligt. Wieder wird ein Untersuchungsbericht erstellt – offensichtlich will man in London mit jenen *White Papers* nur feststellen, auf welchen Wegen man noch mehr Ärger unter die Kampfhähne bringen kann. Auf jeden Fall wird die Schuld für die Ausschreitungen in dem neuen Bericht eindeutig den Arabern zugeschrieben. Dennoch oder eher gerade darum werden nur die Juden von den Engländern ermahnt, die Rechte und die religiösen Bräuche der Araber besonders zu respektieren. Die Engländer haben seit Jahrhunderten Erfahrung mit der *Balance of Power*. Gleichzeitig wird von den Engländern die Bildung einer bewaffneten jüdischen Schutzorganisation „Haganah" toleriert, deren Gründer vor zwei Jahren verhaftet worden waren. 1922 melden auch die USA eigene Interessen in der Gegend an. Sie unterstützten fortan die Politik Englands in Arabien. Im gleichen Jahr bekommt England vom Völkerbund das Mandat über Palästina offiziell zugesprochen. Damit steht nun alles, was in Palästina passiert, unter der Verantwortung Englands. Und London ermuntert die Araber zur kompromisslosen Haltung gegenüber den Juden. Man unterstützt die Araber mit Geld und Waffen, Propaganda und Schulungen, die zur Bildung von extrem nationalistischem arabischem Gedankengut beitragen. Diese Masche ist so alt wie die Kohle unter Newcastle. Auf diese Art war das Inselchen im Atlantik in der Lage, mit hunderten Millionen Indern fertig zu werden. Das funktioniert ja schon lange genau so gut in Europa. Sie machen den Arabern immer schönere Versprechungen zur baldigen Unabhängigkeit ihres Landes, von denen sie kein einziges auch einmal einhalten. Churchill selbst tut sich dabei ganz speziell hervor, wie man in seinem „Weißbuch" von 1922 lesen kann. Darin stellt der Mann von jenem grün gedeckten Tisch des Jahres 1914 fest, dass er „Palästina niemals so jüdisch werden lassen will, wie England englisch ist". Er hat die *Balance* so gut verstanden wie jeder andere an der Spitze der Macht; wenn Palästina bloß noch jüdisch wäre, könnte man dieses erbarmungswürdig missbrauchte Volk der Juden ja nicht mehr als Sandsack auf der Wippe der Weltmachtpolitik Großbritanniens missbrauchen.[285]

Palästina ist ein gutes Beispiel für die Kreativität Londons bei der Handhabung des Konzeptes der „Balance of Power". Zuerst wurden die Leute vor Ort gegen die Herrschaft der Osmanen ausgespielt und anschließend laden sie – mein Gott, wie freundlich! – andere Leute kurzerhand in ein fremdes Land ein. Kaum sind die Osmanen aus dem Feld geschlagen, ist im Wüstensand Syriens auch schon der nächste Sparringspartner für die Araber am Start. Da die *Balance of Power* nun einmal das Erfolgsrezept des Weltreiches war, gibt es überhaupt keinen Anlass, jetzt die Weichen auf friedliche Koexistenz umzustellen. So ist London seit Jahrhunderten verfahren und die Methode hat sich Anfang des 20. Jahrhunderts weiter bewährt. Man hat vor dem Ausbruch des Weltkrieges sowohl Serbien als auch Russland zu einer kompromisslosen Haltung gegenüber Deutschland aufgefordert. Damit hat London die Deeskalation hintertrieben und der Krieg wurde unausweichlich.[286] Diesmal treiben sie dieses Spielchen in Syrien, zu dem Palästina gehört. Dafür hat man mit dem Sykes-Picot-Abkommen 1916 und seinen Grenzziehungen im früheren Osmanischen Reich die Grundlagen geschaffen. Übrigens trifft sich das *Committee of Imperial Defence* unter dem alten Haudegen Maurice Hankey seit 1922 wieder regelmäßig. Warten wir ab, wie sie weiter vorgehen.[287]

Völker gegeneinander ausspielen auch in Europa

Die Fähigkeit, mit mehreren Kugeln gleichzeitig zu jonglieren, die einen Otto von Bismarck zum Ausnahmetalent unter den deutschen Politikern machte, gehört zu den Basisqualitäten für eine Ernennung zum Außenminister eines Empires. Oder anders, haben die Kandidaten die Eignung nicht, wird aus grünen Hügeln eben auf keinen Fall ein Empire. Schauen wir uns also parallel zum Orient einmal den Anfang der zwanziger Jahre in Europa an. Die Balance of Power wird wie schon so oft ebenso auf den europäischen Schauplatz angewandt. In Russland hat London mit Erfolg dazu beigetragen, die Ordnung des Zaren zu beseitigen, der gerade mit einer Alphabetisierungskampagne in die Offensive gegangen war, bevor der Krieg um den Balkan wichtiger wurde. Die Deutschen sind sich nach dem Chaos des Krieges und ihren Perspektiven nach Versailles untereinander nicht mehr grün, ja sie hatten den Kaiser gleich selbst zum Teufel gejagt. Was nun benötigt wird, ist ein *neues Deutschland*, welches gegen das *neue Russland* in Stellung geht. Da schaut man sich also um, wer im Durcheinander nach dem Krieg am radikalsten gegen die Bolschewiken in Russland (und ihre Genossen in Deutschland) hetzt, und stößt auf ein Trüppchen von Leuten, das im Nationalsozialismus sein Heil sucht. Eine Frage drängt sich allerdings auf. Woher bekommen diese Männer Geld? Der Bergassessor und Unternehmer Wilhelm Tengelmann weint sich zu Recht bei dem bekannten Großindustriellen Fritz Thyssen darüber aus, dass die Nazibewegung von Seiten der deutschen Industrie „sehr wenig Ermutigung findet“. Das verwundert nicht: Es sind die Wahlversprechen vom Enteignen der Kapitalisten und Junker und vom Brechen der Zinsknechtschaft, die verhindern, dass jene Kreise am Anfang der zwanziger Jahre im großen Stil den Nazis ihr gutes Geld geben.[288]

Money makes the world go round

Mag sein, dass die Mitglieder von Hitlers Partei ihr Scherflein beitragen, um den Boden der Parteikasse halbwegs zu bedecken; mehr können die armen Schlucker gar nicht leisten. Doch Fakt ist, dass der von der Partei betriebene Aufwand in einem deutlichen Missverhältnis zur Anzahl der Mitglieder steht. Woher also kommen diese Beträge, die in Propaganda und Wahlauftritte investiert werden? Die Parteiführung trägt ihrerseits durch mächtige Heimlichtuerei zu diesbezüglichen Spekulationen noch bei. Es kommt zu Gerichtsprozessen, weil die politischen Gegner immer wieder behaupten zu wissen, wer Geld zuschießt, und die vermeintlichen Gönner lassen diese Vorwürfe natürlich nicht auf sich sitzen. Die Tricks der Parteiführung zur Verschleierung der Herkunft der Gelder sind sehr einfach gestrickt, so gilt von Anfang an die Regel, dass keine Belege aufbewahrt werden dürfen. Das Tagebuch der Geschäftsstelle enthält bloß selten einen Vermerk, in aller Regel mit dem Zusatz: „Wird von Drexler persönlich erledigt." Hitler verbietet Besuchern einer Veranstaltung im Münchener Kindlkeller sogar, die Einzelheiten einer von ihm selbst berichteten Transaktion zu notieren. Es bleiben noch kleine Spenden von opferbereiten Anhängern, Eintrittsgelder zu den Redeauftritten Hitlers oder Sammlungen, die unter den Kundgebungsteilnehmern veranstaltet werden und der Kasse oft mehrere tausend Mark einbringen. Es gibt ja auch ganz wilde Enthusiasten wie Oskar Körner, dem ein kleiner Spielwarenladen gehört und der sich der Partei zuliebe nahezu ruiniert. Und es gibt noch Thyssen und Kirdorf sowie Bechstein und Bruckmann, die sich auch nicht lumpen lassen. Die Zahl der wohlhabenden Gönner hält sich aber offenkundig im überschaubaren Bereich. Anders als sein liebes Publikum weiß Adolf Hitler, woher der Geldsegen stammt. Eines Tages kehrt er von einer Reise aus Zürich zurück – mit einem „Kabinenkoffer, gefüllt mit Schweizer Franken und Dollarnoten".[289]

Die Nazis werden ausstaffiert. Das sorgt gut für Zulauf bei jener Truppe. Wer die Uniform trägt, muss sich nämlich keine eigene Kleidung kaufen, und auf dem unsäglichen Vertrag von Versailles kann Hitler immer feste herumhacken, je mehr desto besser. Das verstärkt den Zulauf weiter und drüben in London gießen die Schauspieler des *Appeasement* Wasser auf Hitlers Mühlen, indem sie schon in den frühen zwanziger Jahren darauf hinweisen, wie ungerecht dieser böse Vertrag ist.

Es gibt, bloß um das aufzuklären, nach 1925 doch noch reiche Deutsche, die Hitler unterstützen, weil er ihnen bei Vorträgen versichert, dass die Versprechen an die Arbeiter bloß der Wahlkampftaktik geschuldet sind. Mit denen werden wir uns zu gegebener Zeit noch zu beschäften haben. Doch wie Katholiken reagieren, wenn Nazis Propaganda auf den Straßen betreiben, spürt der zehnjährige Franz Josef Strauß* auf der Wange. Als er sich von einem fremden Mann bunte Zettel in die Hand drücken lässt, um sie zu verteilen, geht eine Kundin seines Vaters in dessen Laden und erzählt ihm davon. Zu Hause kriegt er dann eine gewaltige Maulschelle. Es sind Propagandablätter der NSDAP gewesen.[290] Die Botschaft hinter dem Schmerz ist schnell zu verstehen: Nimm nichts von Braunen.

Adolf Hitler

Wen interessieren die Nazis *jetzt*? Wer finanziert das braune Trüppchen so lange, bis daraus eine ansehnliche Truppe wird, die für Unternehmer in Deutschland interessant wird? Jemand muss den Tagelöhner aus dem Wald in Österreich überhaupt erst einmal in einen Anzug stecken und in einen feinen Schlitten mit Chauffeur setzen, damit ihm die feine Gesellschaft als Vortragsredner zuhört. Naheliegend wäre zum Beispiel, wenn sich der Führer der italienischen Faschisten Benito Mussolini umsehen würde nach Jüngern in anderen Ländern. Doch der Italiener ist nicht an Deutschland interessiert. Italien wurde mit dem Urteil von Versailles die Region Südtirol zugeschlagen, da ist zukünftiger Ärger mit Deutschland zu befürchten. Wer ist es dann? Einer von denen, die über die Truppenteile unter einem etwas über dreißigjährigen ehemaligen Frontsoldaten namens Hitler Bescheid wissen, ist der Amerikaner Henry Ford. Er gibt dem jungen Redetalent die finanziellen Mittel in die Hand, um weitere *Fans* anzulocken. Die liebäugeln nun gerade nicht mit Russland. Anders als die Adligen in Deutschland, die sich zurücksehnen in die Zeit, in der in Russland wie in Deutschland noch geordnete Verhältnisse geherrscht haben, will zumindest deren Führer Gebiete in Russland erobern. Seine Nationalsozialisten sind zwar ein winziger Teil der Wählerschaft, das ist aber wenigstens ein Anfang.[291]

Am 20. Dezember 1922 verkündet die amerikanische Zeitung *New York Times*, dass der Autohersteller Henry Ford die deutsch-nationalistische und antisemitische Bewegung eines gewissen Adolf Hitler im Deutschen Reich finanziere. Zur gleichen Zeit appelliert das *Berliner Tageblatt* an den amerikanischen Botschafter in Berlin, der Einmischung Fords in die inneren Angelegenheiten Deutschlands auf den Grund zu gehen und ihr endlich Einhalt zu gebieten. In dem Zeitungsbericht heißt es auch, dass Hitler am letzten Sonntag sein sogenanntes Sturm-Bataillon überprüfte. Während viele im Reich unter horrender Hyperinflation leiden und die meisten Leute nicht wissen, wie sie die Familie ernähren sollen, werden 1.000 junge Männer der SA „in brandneue Uniformen" eingekleidet.[292] Das macht auf jeden Fall Eindruck. Mit Fords Geld kann der Postkartenmaler und Hilfsarbeiter Adolf Hitler ein geräumiges Hauptquartier mit hochbezahlten Leutnants und Angestellten unterhalten. Ohne Moos ist eben nichts los. Von diesen Dollars kann Hitler seine Privatarmee S. A. in Uniformen einkleiden und mit Pistolen und Totschlägern bewaffnen, während er und seine Umgebung in leistungsstarken neuen Autos durch die bayerische Landeshauptstadt München kurven. Gleichzeitig sterben, nur einmal zum Vergleich, etwa eine Million Deutsche an Hunger. Diese Menschen werden in Pappschachteln vergraben, da nicht so viele Särge gebaut werden können, wie gebraucht werden.[293]

Zu den ersten Firmen, die Hitler in den frühen zwanziger Jahren auf die Beine helfen, gehört die Royal Dutch Shell von Sir Henri Deterding. Die holländische Presse berichtet, dass Deterding dieser NSDAP, die in den Kinderschuhchen steckt, über 4 Millionen Gulden zur Verfügung stellt. Es sind renommierte internationale Konzerne, die die Bezahlung hauptamtlicher Funktionäre der NSDAP, von Parteigebäuden und Zeitungen ermöglichen. Alanson Houghton hat das Familienunternehmen Corning Glass Works zu einem der größten Glasproduzenten der USA gemacht – und wird prompt der Botschafter Amerikas in Deutschland. Glauben Sie noch an den Weihnachtsmann oder sehen Sie auch, dass in Amerika vor Jahren bereits die Superreichen die Macht an sich gerissen haben? Auch dort kommen Sie nicht viel weiter mit Demokratieträumen. Im *Talk* mit dem deutschen Großindustriellen Hugo Stinnes erfährt dieser Vertreter der Regierung in Washington, man habe einen Anwärter für den Posten des Diktators über Deutschland gefunden, und dieser müsse nun ausgestattet werden mit der Macht, alles zu tun, was hier irgendwie nötig ist. Er müsse sprechen wie das Volk, selbst hingegen bürgerlich sein.[294] Gut, dass er in dieser Angelegenheit im Botschafter der demokratischen USA einen aufnahmebereiten Zuhörer findet. Hoffentlich lässt sich später die Gilde der Historiker nicht so weit treiben, Stinnes' Worte wiederzugeben und den Adressaten vor dem geschichtlich interessierten Publikum verborgen zu halten. Hier sind beide Teile für die Aufklärung wichtig. Es ist überhaupt interessant, dass sich Historiker so gern mit den Motiven von wichtigen Akteuren beschäftigen, aber gibt es eigentlich schon ein gutes Nachschlagewerk über die Biografien von Historikern? Es wäre in vielen Fällen sehr erhellend, aus welchen ganz menschlichen, biografisch nachvollziehbaren Beweggründen Historiker ihre festen Thesen ableiten.

Paris und Brüssel bedienen sich

Frankreich und Belgien tragen aus ihren eigenen Motiven heraus ebenso zur Überspitzung der Not in Deutschland bei. Als sich herausstellt, dass das Reich nicht in der Lage ist, die irren Reparationen zu bezahlen, verklagt Frankreich am 9. Januar 1923 Deutschland. Es muss kaum davon ausgegangen werden, dass man lange fackelt. Hier wird kurzer Prozess gemacht. Zwei Tage nach dieser Klage kommen 17.000 französische und belgische Soldaten zusammen mit Ingenieuren ins Ruhrgebiet, um dort Kohlelieferungen zu requirieren, eine Vorgehensweise, die der Versailler Vertrag in dieser Form vorsieht.[295] England kann es nur recht sein. Versinkt das Reich in der Unregierbarkeit, so wird das ehemalige Wunderland den Briten nie mehr wieder das Wasser reichen können.

Hitlers Marsch auf Berlin versandet

Adolf Hitler lässt die katastrophale Situation nicht ungenutzt. Während des Jahres 1923 sammelt er Männer, die sich für seine Reden begeistern lassen. Am 9. November hat er es geschafft – der charismatische Redner führt seine Truppenteile zu einem großen Marsch auf unsere Hauptstadt Berlin. Bayerns Polizei beendet den ganzen Spuk vor der Feldherrnhalle in München. Bis in die Reichshauptstadt fehlt da aber noch eine Strecke. Interessant ist, dass es Hitler nicht stört, dass das benötigte Geld für die Einkleidung und Bewaffnung der Männer aus dem feindlichen Ausland stammt. Wie der kluge Lenin freut er sich nur darüber, dass irgendeiner bei der Umsetzung seiner Träume behilflich ist. Wer das ist, spielt leider keine Rolle. Das ist schade, doch wie soll unser armer Hitler ohne jeden Schulabschluss darauf kommen, dass diese groß angelegte Nummer eine Kriegslist ist? Aber Husseini war ja nach denselben Kriterien auserkoren worden. Als Hitler wegen jenes Aufstandes vor Gericht landet, wird auch der stellvertretende Präsident des bayerischen Parlaments als Zeuge der Anklage befragt. Auer verweist darauf, dass der bayrische Landtag schon lange Informationen hat, nach welchen die Nazibewegung zu einem Teil von einem antisemitischen Boss namens Henry Ford finanziert werde.[296] Erhard Auer dazu: „Das Interesse Mister Fords an der bayrischen antisemitischen Bewegung nahm seinen Anfang vor einem Jahr, als einer der Vertreter Mister Fords, der Traktoren verkaufen wollte, in Kontakt mit Dietrich Eckart, dem berüchtigten Alldeutschen, kam. Kurz danach bat Herr Eckart den Vertreter von Mister Ford um finanzielle Hilfe." In Bezug auf den weiteren Gang der Dinge sagt Herr Auer: „Der Vertreter kehrte nach Amerika zurück und sofort floss das Geld von Mister Ford nach München. Herr Hitler prahlt in aller Öffentlichkeit mit der Unterstützung durch Mr. Ford und lobt Mr. Ford als großen Individualisten und großen Antisemiten." In Hitlers privatem Büro hänge sogar ein Foto von Mr. Ford und im Vorraum stehe ein großer Tisch, der mit Büchern bedeckt ist, von denen fast alle eine Übersetzung eines von Henry Ford verfassten und veröffentlichten Buches sind. Als Adolf Hitler nach dem Prozess schnurstracks ins Gefängnis wandert und *Mein Kampf* verfasst, benutzt er Passagen aus dem Buch *The International Jew*, oder wie das Teil auf Deutsch heißt, *Der Internationale Jude*, wortwörtlich.[297]

Fords Ansatz wird wohl dem anderer strategischer Grübler in der angloamerikanischen Inselwelt rund um Mackinders eurasische Problemzone stark ähneln: In Europa leben wunderbar viele verschiedene Völker mit unterschiedlichen Kulturen und historisch bedingten Animositäten vom Feinsten auf engem Raum zusammen. Da muss man nur noch die Zündschnur ans Pulverfass legen und mit den jüdischen Volksgruppen in den einzelnen Ländern hat man gleich das erste Opfer. Nach der Entlassung aus der Haft wird Adolf Hitler als Führer der neu begründeten Nationalsozialistischen Arbeiterpartei von der bayerischen Regierung mit Redeverbot belegt, dem sich ebenso die Regierung von Preußen anschließt.[298] Der monumentale Schinken *Mein Kampf* sollte uns noch einen Moment des Verharrens wert sein. Er enthält zwei Kernaussagen, die keineswegs zum Gedankengebäude des jungen Hitler gehört haben. Da ist zuerst ein Bündnis, das Deutschland mit England und Italien eingehen sollte. Aber England ist ausgerechnet das Land, dem Deutschland das tägliche Elend auf den deutschen Straßen nach dem Ende des Gemetzels und nach dem Zirkus von Versailles verdankt. Wie könnte jener ehemalige Frontsoldat von sich aus seine Hoffnung für die Zukunft gerade auf ein Bündnis mit dem, wie die Franzosen sagen, *perfiden Albion* setzen? Auch eine zweite und völlig albern überbetonte Aussage ist bedenkenswert. Es gibt genug Hinweise darauf, dass Hitler als junger Mensch noch nicht das mächtige Problem mit Juden hatte. Manch einer kann sich noch erinnern, dass er vor dem Krieg in einem Männerwohnheim in Wien gelebt hat und dass er dort nachweislich mit Eduard Neuman und Josef Löffner befreundet war, auch mit Rudolf Häusler – und der war es sogar, mit dem er nach Deutschland ausgewandert war. Mit Juden hat er danach im Krieg Seite an Seite um die Verteidigung Deutschlands gekämpft. Nach dem Kriege hatten alle Leute in Deutschland dieselben Probleme: herumhumpelnde Krüppel auf den Straßen, Hunger, Kälte und eine Wirtschaft, die einfach nicht wieder auf die Beine kommen konnte. Das waren – verständlicherweise – die Gründe, warum es bis zur Veröffentlichung von *Mein Kampf* so viele Juden in Deutschland gab, die Hitlers Partei ihr sauer Erspartes gespendet haben. Genau deshalb hat die gute Seele ja auch erst Skrupel gehabt, Antisemitismus in sein Parteiprogramm aufzunehmen. Zu Recht hatte er Angst, seine jüdischen *Fans* zu vergraulen. Die Lösung für beide Rätsel ist banal. Anfang der zwanziger Jahre floss Geld an seine NSDAP vom *Langnamverein* und vom *Verein für die bergbaulichen Interessen*, kurz: *Bergbauverein*. In vielen der dazugehörigen Firmen sitzen unsere Freunde aus England und Amerika in den Chefetagen – und das Papier für *Mein Kampf* kam von Winifred Wagner, einer geborenen Williams. Erst im Knast begann Hitler ab 1924 an „seinem“ Werk zu arbeiten und aus Fords Hetzschrift *The International Jew* zitiert er eben sogar.[299]

Vielleicht an der Stelle noch ein Wort, was Stabilität und Verlässlichkeit, die der Deutsche schon immer geschätzt hat, angeht: Seit 1919 gab es im Reich bis zu Hitlers misslungenem Marsch auf das alte Berlin '23 bereits sieben Reichskanzler und, weil es so schön ist, neun Regierungen. Wenn irgendwann einmal jemand in seinem Elfenbeinturm die dumme Frage aufwirft, weshalb die Demokratie nach der Abdankung des Kaisers nicht auf ungeteilte Zustimmung stößt, kann er sich die Antwort selbst geben und sogar mit großem zeitlichem Abstand einräumen, dass der Wechsel an der Spitze im täglichen Leben nur Minuspunkte einbrachte.

Mehr Dollars für die Bolschewiki

Und was geschieht in Osteuropa? Analog zum Engagement in Deutschland unterstützt das reiche Amerika *die Roten* in Russland, was es auch denen erlaubt, Waffen und Munition zu kaufen. Raymond Robins sorgt sich für die interessierten Kreise an der *Wall Street* um die Übergabe an die roten Kämpfer gegen die Ausbeuter. Das neue Reich der Sowjets gibt amerikanischen Firmen Verträge, Konzessionen und Lizenzen. Für den vermeintlich schnellen Vorteil verpfänden die Revolutionäre strategisch die Zukunft des Russischen Reiches. Wie beliebt wird sich ein russischer Staatsmann machen, der diese *Deals* irgendwann aufkündigt? Allein in der Zeit von Juli 1919 bis Januar 1920 geht es hierbei um Kommissionen im Wert von 25 Millionen Dollar für US-Firmen. Wenige Monate später folgen auch noch die Asbest-Förderkonzession an Armand Hammer von 1921 und der 60-jährige Pachtvertrag an das Konsortium Frank Vanderlips, des Vorsitzenden der National Bank in New York, zur Nutzung von Kohle, Erdöl und Fischfang auf einem etwa 600.000 Quadratkilometer großen Gebiet im Norden Sibiriens.[300] Unterdessen tobt in Russland der Bürgerkrieg, in den Soldaten aus 14 Ländern eingreifen. Jahrelang sind bis zu 250.000 Soldaten im neuen Russland und beherrschen zeitweise 70 Prozent des ehemaligen Zarenreichs. Doch London versteht es, in der Weite Russlands Kampfhandlungen so zu inszenieren, dass die Generäle der alten Ordnung im Endeffekt keine Chance haben. Es darf nur nicht übertrieben auffallen. Aber wozu hat man beim Sturz der Monarchie in Russland geholfen, wenn man zulässt, dass sie wieder eingerichtet wird? Das Schauboxen fern der Heimat gereicht England allerdings nicht zum Schaden: Das wird der größte *brain drain* in der russischen Geschichte, bei dem große Teile der gebildeten Oberschicht aus dem Land abgesaugt und ins Ausland geschleust werden. Jeder einzelne gebildete Russe, der jetzt das Russische Reich verlässt, ist im Handumdrehen ein Gewinn für andere Länder. Neben diesem Verlust fordert der Krieg weitere dreizehn Millionen Tote, als seien bis 1918 nicht genug Menschen gestorben.[301]

Moskau und Berlin einigen sich in Rapallo

Unterdessen haben Berlin und Moskau den praktischen Ausweg aus der politischen Isolation gefunden, in der sich das revolutionierte Russland wie auch der *Wolf unter Wölfen* mit der *Alleinschuld* am Hals befinden. Am späten Abend des 14. April 1922 besucht eine russische Delegation am Rande einer internationalen Konferenz in Genua die deutschen Diplomaten und schlägt vor, sich wie böse Ausreißer in die nahe gelegene Stadt Rapallo zurückzuziehen, um mit ihnen dort einen Freundschaftsvertrag zu schließen. Die deutschen Diplomaten halten im Schlafanzug eine Sitzung ab, und nach reiflichen Überlegungen stimmen sie zu. Man wird sich einig, Handelsaustausch aufzubauen sowie alle gegenseitigen finanziellen Forderungen, die vor dem Krieg existierten, zu annullieren.

Beide unterschreiben im italienischen Seebad Rapallo zwei Tage später einen Vertrag, durch den eine enge Zusammenarbeit zwischen den zwei Staaten erreicht werden soll. Aber London bleibt natürlich am Ball. Um den Überblick zu behalten, was sich im Sowjetreich abspielt, spendierte der britische Geheimdienst SIS bereits im Jahre 1920 20.000 Pfund für Agenten in Helsinki, die alleine für den Norden von Russland zuständig waren. Deutschland ist viel kleiner und es gibt mehr offizielle Möglichkeiten, so dass für britische Agenten im Deutschen Reich lediglich 2.000 *Pound Sterling* benötigt wurden.[302] Auf jeden Fall stehen London damit viele Informationen über die *geheime* militärische Zusammenarbeit der beiden großen Staaten zur Verfügung und an der Themse ist es bekannt, dass Deutschland weiterhin gegen den Vertrag von Versailles verstößt – das Londoner Außenministerium reagiert jedoch keineswegs darauf. In der Antwort auf eine parlamentarische Anfrage hinsichtlich der deutsch-russischen Verhandlungen weicht Außenminister Lord Curzon der Frage einfach aus und behauptet, die Regierung verfüge über keine amtlichen Informationen hinsichtlich dieser Gespräche.[303] Weshalb auch großartig Aufhebens drum machen, wenn man dem abgestürzten deutschen Adler letzten Endes – wenn auch hintersinnig – selbst unter die Arme greift?

Deutschland braucht Brot und bekommt Waffen

Parallel zur Förderung der wenigen Anhänger Hitlers wird Deutschland, das am Boden zerschmettert ist und noch nicht einmal für Nahrung und Kleidung seiner Bevölkerung sorgen kann, aufgerüstet. Da es aber auch dafür kein Geld hat, gewähren Briten und Amerikaner ab dem Jahr 1924 deutschen Firmen, die Militärgerät herstellen könnten, in den folgenden sieben Jahren über 150 langfristige Devisendarlehen.[304] Das müsste man wissen, wenn man die *geheime Aufrüstung* hier beklagt. Nutznießer der ersten Stunde sind große Unternehmen, die 1925 zur IG Farbenindustrie Aktiengesellschaft zusammengefasst werden. Mit dieser IG Farben wird das größte Kartell im Bereich der chemischen Industrie in der Welt aufgebaut. Das ist beispielsweise für die Herstellung von Bomben und weiteren Erzeugnissen in dieser Richtung nützlich. In den USA entsteht zugleich eine Tochterfirma der IG Farben, in deren Aufbau mehrere *Wall Street Banker* 30 Millionen Dollar investieren.[305] Seit wann züchtet sich jemand seine Konkurrenz uneigennützig heran? Zu den Direktoren der IG Farben zählen neben prominenten amerikanischen Financiers natürlich auch Deutsche. Im Vorstand der amerikanischen Tochterfirma sind drei Direktoren aus der Federal Reserve Bank of New York. Diese Firma ist auch mit der Standard Oil of New Jersey, der Ford Motor Company, der Bank of Manhattan und der Firma AEG, also der deutschen General Electric, verbunden. Die Federal Reserve Bank sollte auf jeden Fall ganz besondere Beachtung verdienen, denn sie ist die amerikanische Zentralbank mit der Lizenz zum Geldscheindrucken. Seit 1924 der *Dawes-Plan* zur Abwicklung der deutschen Reparationszahlungen in Kraft getreten ist, wird dieses Schurkenstück von denselben Zentralbankern realisiert, die ebenfalls in Komitees sitzen, die nicht von der US-Regierung berufen wurden, die aber diesen *Dawes-Plan* selbst billigen und fördern, weil sie an den Geldflüssen genug verdienen. Schön ist auch, dass man deutsche Ingenieure nach Detroit holt, wo sie neueste Techniken kennenlernen.[306]

Die Unterstützung ist sehr vielfältig. Morgan & Co. und der finanzstarke Rockefeller vertreiben IG-Farben-Industrieanleihen sowie Chemiewerte für Deutschland an der New Yorker *Wall Street*. Dillon & Read platziert Schuldverschreibungen im Wert von siebzig Millionen Dollar für Kohle-

und Stahlkonzerne – wie zum Beispiel Fritz Thyssens Vereinigte Stahlwerke –, die den Nazis als Schmiergeldfonds dienen und zum Hauptersteller von Roheisen und Panzerplatten in Deutschland werden. W. A. Harriman & Co. fördert elektrotechnische Konzerne.[307] Auffällig ist, dass die Regierung der Vereinigten Staaten die privatwirtschaftlichen Pläne unterstützt, gewinnbringende Anleihen für deutsche Kartelle in den Vereinigten Staaten aufzulegen.[308] 1926 fängt die Kooperation der Standard Oil Company of New Jersey mit IG Farben an. Perspektivisch geht es da unter anderem um die Entwicklung eines Verfahrens für die Produktion von Öl aus Kohle, ein Vorgang, den man in Amerika nicht nötig hat; dort kann man das Öl aus dem Boden pumpen. Aber was ist, wenn Deutschland im Krieg ist und hat nur seine Kohle? Darüber muss man doch einmal nachdenken. In diesen Jahren stellen also die beiden Unternehmen eine neue Firma unter dem Namen Standard IG Company auf die Beine. Ein Amerikaner, Mister F. A. Howard, wird zum Vorsitzenden ernannt; die US-amerikanischen und deutschen Direktoren heißen Guy Wellman, E. M. Clark, Peter Hurll, Walter Duisberg, R. A. Reidemann, H. G. Seidel und Otto von Schenck. Die Mehrheit der Aktien jenes Forschungsunternehmens ist im Besitz der Standard Oil. Technische Arbeiten, die Arbeit der Prozessentwicklung sowie der Aufbau von drei nagelneuen Anlagen zur Kohleverflüssigung in den USA wird dann der technischen Tochterfirma der Standard Oil übertragen.[309]

Kommunismus ist Sowjetmacht plus Elektrifizierung

Neben einer Modernisierung der deutschen Wirtschaft unterstützen die *Freunde* aus *America* auch die Erneuerung in der Sowjetunion, die seit dem Beginn ihres kommunistischen Experimentes offiziell diplomatisch in Quarantäne gehalten wird. Was die Vereinigten Staaten von Amerika angeht, so liefert General Electric die Technologie, um die Sowjetunion an das Stromnetz anzuschließen und für die Sowjets Lenins Direktive zu erfüllen, nach der Sozialismus zu erreichen sei über eine Elektrifizierung des ganzen Landes.[310] Der westliche *Support* für das neue Russland folgt seiner eigenen Agenda: Er macht die UdSSR fit für einen weiteren Krieg mit Deutschland. Also werden die Talsperren am Fluss Dnjepr mit Geld aus den USA vorfinanziert und von einem britischen Unternehmen ausgerüstet.[311] Hier bleibt lediglich zu ergänzen, dass ein- und dieselbe PR-Firma, Ivy Lee & T. J. Ross aus New York City, die Öffentlichkeitsarbeit übernimmt, um den interessierten Zeitgenossen zu erklären, warum die Rockefellers die IG Farben in den Vereinigten Staaten unterstützen, und ein Buch mit dem nüchternen Titel *Die UdSSR* auf den amerikanischen Markt bringt, das jenes Land, Stalins Sowjetunion, in den schillerndsten Farben schönredet.[312] Dort waren schon Anfang der 1920er Jahre einige Millionen Menschen an Hunger gestorben und am Ende des Jahrzehnts verhungern noch einmal über zehn Millionen durch die Kollektivierung der Landwirtschaft.

Friedensnobelpreis für Briand und Stresemann

Gespräche über Krieg und Frieden und die Zugehörigkeit einzelner Gebiete zu diesem oder jenem Staat bewegen die deutschen Gemüter. Mit der Zeit setzten sich in Deutschland und in Frankreich Politiker durch, die eine Aussöhnung der Erbfeinde anstreben. Großbritannien hat sich nach dem Weltkrieg verpflichtet, die Ostgrenze Frankreichs zu schützen, so dass es ohnehin aussichtslos ist, Gebiete westlich der Reichsgrenzen zurückzubekommen. Wenn sich jedoch die ökonomischen Beziehungen mit Frankreich normalisieren sollen, wird das nur über die Aussöhnung möglich sein. Für diese Bemühungen bekommen die Außenminister von Frankreich und Deutschland – Aristide Briand & Gustav Stresemann – 1926 den Friedensnobelpreis. Anders liegt die Sache östlich des Reiches. Kein Land garantiert den Polen die Gebiete, die ihnen mit dem Vertrag von Versailles zugesprochen worden waren, die Deutschland allerdings beansprucht. Die Sowjetunion, der Polen 1921 große Gebiete im Westen des Landes abgenommen hat, wird es noch am wenigsten tun. Apropos Westen: Die gemeinsamen Bemühungen westlicher Länder mit dem Ziel der Ausbeutung von arabischen Ländern tragen 1926 Früchte. England, Frankreich und die USA teilen sich nun die Iraq Petrol Companie. Dem Mutterland der Demokratie England gehören fortan 52,5 Prozent, dem Hort der Demokratie, nämlich den Vereinigten Staaten von Amerika gehören von Stund an 21,25 Prozent und Frankreich, das trotz der beiden anderen Raubtierstaaten immer noch einige Kolonien hat, kriegt genau so wenig ab wie die USA. Und 5 Prozent dürfen die Iraker behalten.[313]

Blinde Wut im Ruhrgebiet

Staatsmännisches Denken wird beileibe nicht jedem in die Wiege gelegt, und vielleicht neigen Unternehmer mehr noch als andere dazu, die Welt aus dem engen Blickwinkel zu betrachten, was für ihre Firma momentan gerade gut und nützlich wäre. Als sich das *Empire* der britischen Könige Ende des neunzehnten Jahrhunderts heillos verschuldet hat, um immer noch mehr zu erobern, auf dass die dortigen Firmen auch langfristig die Rohstofflagerstätten und Absatzmärkte haben sollten, die sie einfach für sich beanspruchten, geschah es aus einer Position der Stärke heraus. Als sich die USA ans Werk machten, das *Imperio* der Spanier zu versenken, standen dahinter keine anderen Beweggründe und auch sie standen auf sicherem Boden, denn wer sollte ihnen denn Einhalt gebieten? Das sieht schon anders aus, wenn deutsche Firmenbosse *1926* applaudieren, wenn ihnen jemand auseinanderklamüsert, „die Steigerung der Volkszahl" bedinge das natürliche Anrecht auf „Bodenzuwachs" und folglich auch den „Erwerb" von Grund und Boden. Dabei würden sich auch der Wirtschaft neue Absatzgebiete eröffnen. Derartige Sprüche klopft zum Beispiel der entlassene Zuchthäusler Adolf Hitler – Delikt Hochverrat – erstmals am 18. Juni 1926 vor vierzig Industriellen im Ruhrgebiet. Er kann in der Art ein halbes Jahr danach am 1. Dezember 1926 mit einer derartigen Argumentation in Königswinter auftreten und nur wenige Wochen später im Kruppsaal in Essen erneut und wird auch dort mit Beifall bedacht. Das Denkraster dieses Hitler ist einfach: „Was der Güte verweigert wird, hat eben die Faust sich zu nehmen." Der *Essener Anzeiger* schreibt über die Reaktion eines handverlesenen Publikums: „Den ersten Teil seines Vortrages nahm die Versammlung abwartend und zurückhaltend entgegen, später aber unterbrach sie ihn wiederholt mit Zustimmungsäußerungen, die sich am Schluss in anhaltendem Beifall kundgaben." Solche Auftritte wiederholen sich und bereits 1927 erreicht der Redemeister im Essener Kruppsaal die beachtliche Anzahl von 600 Industriellen, die sich durchaus einladen ließen. In der *Rheinisch-Westfälischen Zeitung* steht nach der Veranstaltung, dass dieser Saal „brechend voll" gewesen sei, „herbeigeströmt aus Essen, Bochum, Gelsenkirchen, Duisburg, aus dem ganzen Industriebezirk". Natürlich entspringt diese Zustimmung der verständlichen Empörung über die Bestimmungen von Versailles 1919 und einem Verlangen nach einem Wiederaufstieg in die erste Liga in der Welt, aber sie geht auf gar keinen Fall auf eine strategische Analyse der Lage dieses Reiches nach dem Weltkrieg zurück. Es wurde schon richtig verstanden, dass Deutschland durch die intrigante Londoner Außenpolitik in diesen fatalen *Crash* dirigiert worden ist, doch die offenkundige Überzahl aller Industriellen an der Ruhr zieht daraus die falschen Schlüsse. Wenn der Krieg eingefädelt wurde, um das Deutsche Reich als einen Konkurrenten auszuschalten, dann kann man bei ruhiger Analyse nur entnehmen, dass man mit aller Konsequenz zum friedlichen Ausgleich mit den Nachbarn in Europa kommen muss. Namentlich ein zweiter Konflikt mit Russland muss ausgeschlossen sein. Das Reich befindet sich unter den gegebenen Umständen in einer Position absoluter Schwäche, zumal auch noch neue Widersacher auf der europäischen Bühne erschienen sind wie Polen und die Tschechoslowakei als eigenständige Staaten. Über die katastrophale Lage des Reiches und der Unternehmen kann man in Ruhe wütend sein; die Wut selbst darf aber nicht dazu führen, dass man ihretwegen seinen kühlen Kopf verliert. Tatsache ist offenkundig, dass Teile der Chefetagen deutscher Firmen im Ruhrgebiet ihre Hoffnungen in Hitlers Grüppchen setzen, während Hitler in der Bevölkerung weiter bloß auf zwei oder drei Prozent Zustimmung stößt; und Politiker haben die NSDAP bereits 1924 verboten.[314] Andererseits soll die Unterstützung für Adolf Hitlers Trupp durch deutsche Unternehmer als hausgemachtes Eigentor bei der Auswertung nicht von den Summen der ersten Jahre ablenken, die den Chef der NSDAP erst in die Lage versetzten, im guten Anzug aus feinen Autos auszusteigen und vor feinen Herren an der Ruhr erscheinen zu können. Diese Gelder aus Amerika bleiben als Treffer ins gegnerische Tor stehen, zumal der allmähliche Zuwachs für Hitlers Truppenteile offenbar gerade nicht auf die deutsche Politik dieser Jahre zurückzuführen ist. Das Wort von den *Erfüllungspolitikern* hat seine Entstehung der Tatsache zu verdanken, dass in der Politik richtige Schlüsse gezogen worden sind.

Frieden durch den Briand-Kellogg-Pakt

Zum Bumerang wird langsam der Artikel 8 im Versailler Vertrag. Nachdem Deutschland 1927 abgerüstet hat, weigern sich völlig überraschend die Siegermächte, ihren Pflichten selbst nachzukommen und Flotten wie auch Armeen abzubauen. Darüber ist man in Deutschland empört. Erst verlangt die Reichsregierung, dass Deutschland wieder aufrüsten kann, doch dann schlägt die Stunde für das glänzende diplomatische Parkett. 1928 unterzeichnen Vertreter aus Großbritannien, Frankreich, den USA, aus der Tschechoslowakei, dem Deutschen Reich, Belgien, Italien sowie aus Japan den sogenannten *Briand-Kellogg-Pakt*. Es geht darum, Krieg als Mittel der Politik im Umgang zwischen ihnen auszuschließen. Dieser Vertrag beendet endgültig auch die Übergriffe von Franzosen und Polen auf das Deutsche Reich, das nach dem Weltkriege und dem Vertrag von Versailles schon Gebiete an Frankreich und Polen abgetreten hat. Später unterschreiben auch noch weitere Staaten den Vertrag, der klar und eindeutig besagt: „Die Hohen Vertragschließenden Parteien erklären feierlich im Namen ihrer Völker, dass sie den Krieg als Mittel für die Lösung internationaler Streitfälle verurteilen und auf ihn als Werkzeug nationaler Politik in ihren gegenseitigen Beziehungen verzichten." So verhindert man die Abrüstung, die der Versailler Vertrag von allen forderte.[315]

Die Bank of England ruiniert Währungen

Als Preußen 1928 das Verbot öffentlicher Auftritte für Adolf Hitler aufhebt, weil man ihn wegen seiner Erfolglosigkeit nicht mehr fürchtet, beginnen die beteiligten Banken der *Wall Street*, Deutschland die Kredite zu entziehen. Die Bank of England trägt durch ihre Finanzpolitik ebenso ganz wesentlich zu dem neuerlichen Zusammenbruch der Wirtschaft in Deutschland und zu den horrend steigenden Arbeitslosenzahlen bei. Der Erfolg ist im letzteren Falle vor allem Montagu Norman zu danken. Als Gouverneur der Bank of England tut er, was er tun kann, damit weitere europäische Währungen wie z. B. der Franc destabilisiert werden und die Wirtschaft zuerst aufgebaut wurde und dann effektvoll zusammenbricht, was nur zeigt, dass sich die Aktion gegen alle auf dem Kontinent richtet.

Nachdem die amerikanische Finanzelite ansehnliche Gewinne aus dem Elend der Hyperinflation in Deutschland 1923 gezogen hatte und daran ging, die Last der deutschen Reparationszahlungen teilweise durch die Vergabe von Krediten US-Investoren aufzubürden, sieht die *Wall Street*, dass die ganze Aktion eine Weltwirtschaftskrise mit herbeigeführt hat.[316]

Amerikanische Banker und die Nazis

Im Juni des Jahres 1929 findet ein Treffen zwischen den Mitgliedern der Federal Reserve Bank und führenden amerikanischen Bankiers statt, bei dem das Deutsche Reich aus der finanziellen Umklammerung durch die Franzosen *befreit* werden soll. Es herrscht die Auffassung vor, dass dies bloß durch irgendeine Revolution zu erreichen sei, und bereits vor dem Treffen gab es den Vorschlag, mit dem Anführer der Nationalsozialisten, einem Hitler, in Verbindung zu treten, um den Versuch zu unternehmen herauszufinden, ob er einer amerikanischen finanziellen Unterstützung gegenüber aufgeschlossen wäre. Warum soll er sich sträuben, hat er sich doch zuvor schon gern bedient? Im Gegenzug für diese Hilfe würde man von ihm erwarten, dass er eine aggressive Außenpolitik betreibe und den Gedanken der Rache an Frankreich schüre. Die Beteiligten erhoffen sich davon, dass eine derartige Politik dazu führt, dass sich Frankreich an die USA und England um Hilfe wegen eines möglichen deutschen Angriffes auf ihr Land wenden würde. Schön dumm, wenn er auf diesen Hintergedanken nicht selbst kommt. Trotz verständlicher anfänglicher Probleme kommt es zu dem Gespräch mit Hitler, der erst einmal im großen Trubel Münchens gefunden werden muss. Der lässt natürlich zuerst dem Hass gegen die Juden freien Lauf. Was die finanziellen Zuwendungen angeht, wünscht Hitler, dass dieses Geld bei einer ausländischen Bank hinterlegt werden soll. Er fragt nach 100 Millionen Mark und schlägt vor, dass der Kurier ihm von der Reaktion der *Wall Street* über einen gewissen Herrn von Heydt, Am Lützow-Ufer 18 in Berlin, berichten soll. So viel will man an der *Wall Street* aber nicht locker machen und gibt Anweisungen, 10 Millionen bei der Bank Mendelsohn & Co. in Amsterdam zur Verfügung zu stellen. Wie 1917 bei Rothschild wird ein Jude als Aushängeschild benutzt. Bloß wenige Wochen nach der Rückkehr des Kuriers aus Europa bekunden die Zeitungen Hearsts ein „ungewöhnliches Interesse“ an den Aussagen Hitlers über die Kommunisten.[317] William Randolph Hearst ist ein amerikanischer Medienmogul, und zwar genau jener, welcher schon 1898 über seine Medien die Öffentlichkeit in den USA auf den Krieg vorbereitete, mit dem seinerzeit das *Imperio español* abgeschossen wurde. Davon weiß Hitler logischerweise nichts. Damals war er noch nicht einmal in der Pubertät. Es lässt nichts Gutes ahnen, dass sich Hearst dieses Mal für das Deutsche Reich interessiert. Das liegt so schön in der Mitte von Europa. Das wäre der ideale Ausgangspunkt für einen neuen Krieg. Nach dem Großen Krieg von 1914 bis 1918 stehen der endgültigen angloamerikanischen Weltherrschaft bloß noch das revolutionierte Russland, Deutschland, Italien und nicht zuletzt Frankreich im Wege. Südamerika ist bereits seit der Monroe-Doktrin der Hinterhof der USA, Afrika steht unter Kolonialherrschaft und China ist seit dem englischen Opiumkrieg gegen das Reich der Mitte längst aus der Wertung gefallen, wahrscheinlich auch aus dem Grund, weil es solche Ambitionen selbst nicht hatte.

Neuer Ärger für Araber und Juden

Es verwundert wenig, dass 1929 die andauernden kleineren Stänkereien zwischen Arabern und Juden wieder zu einem großen Aufstand führen. Es sind geschickt gestreute Gerüchte, laut denen die Juden angeblich die heiligen Stätten Jerusalems ganz für sich beanspruchen wollten, die die Araber zu einem neuen Pogrom aufstacheln, bei dem mehrere Hundert Menschen den Tod finden, obwohl sie ihn gar nicht gesucht hatten. Die Engländer unternehmen auch dieses Mal wieder nichts zum Schutz der Bürger. Wie gehabt wird ein *White Paper* erstellt, das scheinbar wieder überhaupt keine Konsequenzen hat. Sieht man sich den Verlauf über die letzten Jahre in Ruhe an, bleibt es bei dem irren Eindruck, dass all diese Dokumente sorgfältig studiert und genutzt werden für die Entfesselung der nächsten Runde dieses Hickhacks. Bevor die Briten Giftköder an die alten und neuen Bewohner Palästinas ausgehändigt hatten, gab es jenen Ärger nachweislich nicht. Haj Amin al-Husseini, der gewiss älter wurde aber nicht intelligenter als in der Sturm-und-Drang-Zeit, ermordet nicht nur Juden, sondern auch Araber, die eine Haltung vertreten, die seinen

Interessen zuwider laufen. In ihm haben die Briten noch einen gefunden wie Hochkommissar Samuel. Dem Araber genau wie dem Juden ist der Rock näher als das Hemd. Es ist unstrittig, dass er in Übereinstimmung mit London agiert, wenn doch die englische Besatzungsmacht jederzeit die Möglichkeit hat, ihn aus seinem Amt zu entfernen oder ihn vielleicht zumindest zur Ordnung zu rufen. Wie sehr die widerwärtigen englischen Intrigen den tatsächlichen Interessen der Araber widersprechen, zeigen Ausschnitte aus Artikeln wie nachfolgendem in der Jerusalemer Zeitung *Al Inqdam* des Jahres 1930: „Wir werden geführt von einer Gruppe von Männern, die uns wie eine Viehherde kaufen und verkaufen. Das arabische Volk hat noch nicht sein letztes Wort in der arabisch-jüdischen Frage gesprochen. Wenn dieses Wort gesprochen sein wird, wird es keines des Hasses, sondern eines des Friedens und der Brüderlichkeit sein, wie es angemessen ist für zwei Völker, die in einem Staat leben."[318] Probleme wie die in Palästina sind im Deutschen Reich natürlich auch bekannt – aber Gott sei Dank lediglich aus der Zeitung.

Ten years later – Über zehn Prozent wählen die Nazis

Während sich die knapp dreißigtausend Angehörigen der NSDAP bisher immer nur selbst gewählt haben und es auf ca. 2,6 Prozent der Stimmen bei den Reichstags-Wahlen brachten, steigt ihr Anteil bei den Landtags-Wahlen 1929 und 1930 auf weit über zehn Prozent. Dies geht nicht bloß auf die Mitgliedsbeiträge der Nazis und finanzielle Unterstützung durch in- und ausländische Sponsoren zurück. Die Steigerung auf etwas über zehn Prozent ist auch der Entscheidung der Parteiführung zu danken, in der sie ihre Parteigliederungen anweist, in der Propaganda keine Hetze gegen die Juden zu betreiben. Hitler weiß zu gut, dass Antisemitismus in Deutschland längst nicht so allgegenwärtig ist, wie in anderen Ländern auf dem alten Kontinent. Bloß eine geringe Zahl deutscher Firmenbosse stattet die Nationalsozialisten um 1930 mit der nötigen *Kohle* aus. Über die restlichen Unternehmer, die die *braunen* Mitbürger finanziell unterstützen, ist festzustellen, dass es sich „überwiegend um Direktoren von Kartellen mit amerikanischen Verbindungen, Besitz, Beteiligungen und einer Form von Verbindung durch Tochtergesellschaften" handelt, eine

Auffälligkeit, die unser Interesse verdient.[319] Neun von zehn Wählern im Deutschen Reich wählen zwar andere Parteien als die NSDAP, doch der Trend zum Anwachsen über zehn Prozent beunruhigt selbstredend. Der Mitarbeiter des Berliner Auswärtigen Amtes Dr. Paul Schmidt, welcher berufsbedingt häufig im Ausland weilt, erfährt dort, dass die Bilder von den Aufmärschen der Nazis sehr wohl mit Sorge beobachtet werden. In einem Gespräch mit Jules Sauerwein von der Pariser Zeitung *Matin* sagt dieser Journalist: „Wenn bei Ihnen die Nationalsozialisten etwa an die Macht kommen sollten, dann gibt es bald danach bestimmt Krieg." Kein Wunder, wenn diese Männer tagtäglich in militärischen Uniformen um die Häuser ziehen. Aufgrund des besseren Überblicks über die Verhältnisse außerhalb der Reichsgrenzen glaubt Schmidt die Befürchtungen in Europa „nur allzu gut" zu verstehen. Pessimisten unter den Diplomaten aus Berlin sehen die Entwicklung so besorgt wie der Franzose, doch die jüngeren und optimistischen Kollegen – wie Paul Schmidt – hoffen, dass das alles so schlimm schon nicht werden wird. Wie es der Zufall so fügt, sitzt man nicht bloß einmal unter Kollegen vom AA in einem Hotel von Genf, als über einen Lautsprecher die jüngsten Wahlergebnisse aus dem Reich durchgegeben werden. Er sieht rundum die betretenen Gesichter, wenn ein – nach Ansicht der Diplomaten – „katastrophales Anwachsen" von Hitlers Partei gemeldet wird.[320] Anders als die Berliner Diplomaten und der Journalist aus Paris reagieren die Strippenzieher der Ereignisse in der Welt auf der anderen Seite des Ärmelkanals.

London empfängt einen Oberrassisten

Offiziere von der britischen *Royal Air Force* begleiten im Jahr 1931 den Rassentheoretiker der Nazis Alfred Rosenberg auf einer Tour durch die Londoner *Clubs*. Der Größte der Arier trifft sich auch mit dem Direktor der Londoner Tageszeitung *The Times* Geoffrey Dawson, und der Mann ist nicht irgendwer. Dawson gehörte einst zu Milner's Kindergarten und ist jetzt Teil der *Round-Table-Bewegung*, die die *Herzland-Theorie* von Halford J. Mackinder umsetzt. Rosenberg trifft ebenso den Herausgeber des *Daily Express* und Vertrauten Churchills Lord Beaverbrook, der im Jahre 1918 an die Spitze des *Informationsministeriums* kam, sowie mit dem Gouverneur der Bank of England Montagu Norman, den er mittels antisemitischer Sprüche erfreut.[321] Das räumt auch die Zweifel aus, was die Rolle von Houston Stewart Chamberlain angeht, der vor dem Kriege erst über Blandine und dann über Isolde in die Familie des Antisemiten Richard Wagner hineindrängte und *at the end of the day* wirklich Erfolg hatte, indem er Eva, eine Tochter Wagners, heiratete und sich ernstlich einbürgern ließ. Schön, dass sein antisemitisches Buch *The Foundations of the Nineteenth Century* parallel auf Englisch und auf Deutsch herausgebracht wurde im Jahre 1899. Kein Wunder, dass Alfred Rosenberg ein gern gelittener Gast ist, denn er kommt nicht mit leeren Händen. Er ließ sich von dem ollem Schinken des *Upper-Class*-Wunderkindes Houston Chamberlain zum Schreiben verleiten, was nicht so gut war. Was heraus kam, war so dumm wie arm und heißt recht einfallslos *Der Mythus des 20. Jahrhunderts.* Warum nimmt Alfred Rosenberg denn nun das Motiv auf? Die Debatte mit den Juden war doch im Deutschen Reich schon so lange abgegessen. Antisemitismus war vor Jahrhunderten mal aktuell – zumal sogar Adolf Hitler höchstpersönlich dieses schwer verständliche Machwerk ausdrücklich als „Privatarbeit Rosenbergs" bezeichnet hatte; für unbedenklich hielt er es auch nicht. Mag sein, dass später noch mehr antisemitischer geistiger Abfall produziert wird, aber hier bleibt festzuhalten, dass sowohl Hitlers Müll als auch Rosenbergs Abfall entstanden *nach* Hitlers Zusammentreffen mit Chamberlain und Konsorten Anfang der zwanziger Jahre in Deutschland. *Norman* gehört jedenfalls zu jenen Spezialisten, deren Geschick es Deutschland verdankt, dass es unter 36 Milliarden Mark, die es zwischen 1924 und 1931 unter dem Dawes- und dem *Young-Plan* an Reparationen an die Alliierten zahlte, nicht kaputtging. Das bedeutet, dass das Reich finanziell absolut von den Alliierten abhängt. Sie ermöglichten, dass sich das Reich im Ausland, vornehmlich in den USA, etwa 33 Milliarden Mark leihen konnte und somit nur eine Nettozahlung von drei Milliarden Reichsmark leistete. Deutschland mag später für die Hölle vorgesehen sein, aber nicht, bevor es auch Russland mit in den Abgrund der Zerstörung gerissen hat. Der US-amerikanische antisemitische „Hitler-Freund" Henry Ford baut in den dreißiger Jahren die erste Autofabrik der Sowjetunion mit Sitz in Gorki.[322] Auf den Fließbändern dieses Werkes kann man natürlich auch Panzer und noch ganz andere Militärfahrzeuge herstellen, was ja auch auf die Fließbänder bei Ford Deutschland und General Motors' Opel-Werken zutrifft. Allgemein beschränkt sich die US-Unterstützung für die Sowjetmacht jedoch nicht auf den zivilen Bereich. Seit der proletarischen Revolution von 1917 sind Amerikaner auch am Aufbau der militärischen Stärke der entstandenen Sowjetmacht im früheren Russischen Reich gut beteiligt.[323]

Der Chef der Bank of England schüttelt den Kopf

Seit Reichsbankpräsident Hjalmar Schacht seine Unterschrift unter den *Young-Plan* gesetzt hat, herrscht bedenklich Ebbe auf dem Finanzmarkt in Deutschland. Das führt zum Absaugen des Geldes aus dem Reich. Die Arbeitslosigkeit ist von Monat zu Monat schlimmer geworden und setzt Deutschland schwer zu. Wer noch immer glaubt, dass Politik in der Lage wäre, etwas gegen die Macht der Märkte unternehmen zu können, dem wird dieser Zahn nachhaltig gezogen. Schacht nahm bereits 1930 seinen Hut; er wollte wohl nicht gerade der Kapitän sein, wenn das Schiff sinkt. Nun soll es Hans Luther richten. Reichskanzler Brüning glaubt, mit Notverordnungen das Ruder herumreißen zu können, kürzt die Gehälter der Regierungsbeamten, öffentliche Ausgaben, Kriegerrenten und verordnet Steuererhöhungen, alles Maßnahmen, die unter Deflationspolitik fallen. Sie sollen die Geldversorgung verringern, um jene in Einklang zu halten mit der aktuell verfügbaren Gold- und Devisendeckung. Außerdem sieht man einen Ausweg aus der Krise darin, im März 1931 eine Zollunion mit Österreich anzustreben. Das ist wieder so eine Rechnung ohne den Wirt. In den USA werden die „Hawley-Smoot-Zolltarife" eingeführt, wodurch die Zölle für eine ganze Reihe von Produkten auf über 20 Prozent angehoben werden. Am 20. Juni erklärt der US-Präsident Hoover angesichts des rasanten Goldabflusses aus Deutschland und des Chaos, welches die führenden Bankenestablishments des Westens dadurch erleiden, für ein Jahr ein Moratorium für alle Reparations- und Schuldenzahlungen. Auf diese Art will er der deutschen Wirtschaft Entspannung gewähren sowie verhindern, dass sie vollständig zusammenbricht. Wenn das passiert, ist ein zweiter Krieg gegen die Russen nicht mehr drin. Vier Tage später erhält das Deutsche Reich aus dem Westen ein Notdarlehen, das natürlich nicht aus der Krise heraushelfen kann. Reichsbankpräsident Luther will am 9. Juli 1931 in London doch noch erreichen, dass weitere Kredite gewährt werden, um die Weimarer Republik vor einem Umsturz bewahren zu können. Der Gouverneur der Bank of England Montagu Norman aber schüttelt den Kopf, drückt sein Mitgefühl aus und fügt hinzu, dass er zur Zeit nicht viel tun könne. Das Problem, meint er, sei eher ein politisches als ein finanzielles. Schade, dass er diesen Gedanken nicht ein bisschen offener erläutert. Das nähme den Spekulationen den Anschein der Verschwörungstheorie. Er rät dem Gast aus dem Reich, in der Zwischenzeit solle er die Kredite weiter beschränken. Darauf wäre Luther auch selbst gekommen und ohne den Hinweis des Experten, denn welche weiteren Möglichkeiten stehen denn sonst zur Auswahl? Die Vermutung liegt zu nahe, dass es London darum geht, die Regierung Deutschlands über das Manöver anhaltender Geldverknappung aus dem Amt zu treiben.[324]

Millionen frischer Dollars für Hitler aus Amerika

Ein US-Unterhändler erhält im Oktober 1931 einen Brief von Hitler, den er an Carter von der Guarantee Trust Company weitergibt. Anschließend kommt es zu einem Bankierstreffen in den Büroräumen der Guarantee Trust Company. Dies führt zu einem Meinungsaustausch, bei dem man sich durchaus nicht einig ist. Rockefeller, Carter und McBean sind zum Beispiel für Hitler, während die anderen Financiers noch unsicher sind. Montagu Norman von der Bank of England ist der Ansicht, dass die bereits für Hitler ausgegebenen 10 Millionen zu viel gewesen seien – und dass der Mann niemals handeln wird. Norman ist derjenige, der Luther sagte, die Entscheidung gegen mehr Geld für Deutschland sei politischer eher als finanzieller Natur gewesen... Schließlich entscheiden die Herren auf ihrem Treffen, Hitler prinzipiell weitere Hilfe zu gewähren, und der Unterhändler fährt wieder ins bayerische München. Es kommt erneut zu einem Treffen mit dem Nazi-Führer, bei dem dieser sagt, er sehe da zwei Möglichkeiten. Er könne selbstverständlich auf revolutionärem Weg die Macht übernehmen – das koste drei Monate und fünfhundert Millionen Mark, und er könne auf legalem Weg an die Macht kommen – das koste drei Jahre und zweihundert Millionen Mark. Fünf Tage gehen ins Land, dann erhält der Kurier ein Telegramm mit dem Resultat der Beratungen der Sponsoren aus den USA: „Vorgeschlagene Beträge kommen nicht in Frage. Wir wollen und können nicht. Erklären Sie dem Mann, dass ein solcher Transfer nach Europa den Finanzmarkt erschüttern würde. Auf dem internationalen Gebiet absolut unbekannt. Erwarten ausführlichen Bericht, bevor eine Entscheidung gefällt wird. Bleiben Sie. Schauen Sie sich weiter um. Überzeugen Sie den Mann, dass Forderungen unmöglich. Vergessen Sie in Ihrem Bericht nicht Ihre eigene Meinung über die Zukunftsmöglichkeiten des Mannes." Letzten Endes werden von diesen Akteuren hinter der großen Bühne 15 Millionen für den Plan der Machtübernahme nach geltenden Gesetzen bewilligt.[325] Was man einst auf den Fotografien vom Wahlkampf in Deutschland sehen wird, sind wohl bloß die von dem Geld bezahlten Plakate. *Money makes the world go round.* Mit solchen Summen im Rücken kann man fürstlich auftreten und Eindruck schinden. Das macht Hitlers Auftritte großartig. Er kommt oft mit einem Flugzeug angereist, was seinem Erscheinen einen messianischen Schimmer verleiht – und eine Sensation für Wahlkampfauftritte ist. Das erlaubt zwei bis drei davon am Tag. Der Slogan *Hitler über Deutschland* lehnt sich daran an. Wie ein Retter senkt er sich über die geduldig ausharrenden Menschenansammlungen herab und reißt sie dann aus ihrer Dumpfheit und Verzweiflung. Eine Hamburger Lehrerin berichtet 1932 über eine von etwa 120.000 Menschen besuchte Versammlung, es habe dort eine Stimmung ergreifender Gläubigkeit geherrscht. Was hat Hitler an sich, das die Leute beeindruckt? Langsam geht er zum Rednerpult – dort angekommen verharrt er dann noch einige Minuten, sammelt sich, schweigend, die Spannung steigt bis ins Unerträgliche. Es ist diese Ruhe und die perfekte Choreographie seines Auftritts, die das von den Szenen der Anarchie durchgeschüttelte Zeitbewusstsein gierig in sich aufsaugt. Seine ersten Worte fallen gedämpft und tastend in diese atemlose Stille. Der Anfang bleibt eintönig, ja trivial; er beginnt mit der Legende seines Aufstiegs: „Als ich im Jahre 1918 als namenloser Frontsoldat. . ." So wird die Spannung noch weiter verlängert bis in die Rede hinein – er stimmt sich ein und nimmt Fühlung auf mit seinem Publikum. Kommt nun ein Zwischenruf, lässt er sich davon inspirieren zu einer Antwort, zu einer zuspitzenden Bemerkung, bis der erste Beifall aufbrandet. Wenn dieser

Punkt erreicht ist, hat er es geschafft. Nach etwa fünfzehn Minuten tritt ein, was sich nur mit dem alten Bilde sagen lässt: Der Geist fährt in ihn. Mit explosiven Bewegungen, seine metallisch verwandelte Stimme in die Höhe treibend, schleudert er große Worte aus sich heraus; nicht selten zieht er, im Furor der Beschwörung, die geballten Fäuste vor das Gesicht und schließt seine Augen. Das wirkt. Dem sorgfältig berechneten Ritual der Veranstaltungseröffnung entspricht der Abschluss. In den Lärm und den Jubel hinein intoniert eine Musikkapelle das Deutschlandlied oder eine der Parteihymnen, die nicht nur den Eindruck von Geschlossenheit sowie verschworener Zustimmung erzeugen, sondern die Versammelten festhalten sollen, bis Hitler, noch benommen und von der Anstrengung schwitzend, den Saal verlassen, den schon auf ihn wartenden Wagen vor dem Veranstaltungsort bestiegen hat und entschwunden ist.[326]

Für den revolutionären Weg legen die Nazis schon Waffenlager nahe der deutschen Grenze in Belgien, den Niederlanden und in Österreich an. Es muss jedoch auch bezahlt werden, was zur Aushebelung der Demokratie in Deutschland angesammelt wird. So bittet Hitler die Klassenfeinde im fernen *America* wieder einmal um 100 Millionen Reichsmark dafür und ist nicht überrascht, dass ihn *der liebe Klassenfeind* erneut unterstützt, wenn auch nicht mit der irren Phantasiesumme, die ihm da vorschwebt. Es wundert ihn auch nicht, dass das der Absprache über eine Erringung staatlicher Macht nach den gültigen Gesetzen des Reiches widerspricht. Die Guarantee Trust schickt ihrem Kurier daraufhin ein Telegramm mit dem wirklich nicht zu verachtenden weil immer noch großzügigen Angebot von 7 Millionen Dollar.[327] Mag sein, dass das alles diskret und lautlos vonstatten geht und dass Außenstehende nichts davon erfahren. Müsste man die Geschichte aber einst rekonstruieren, würde dies dazugehören.

Menschenrechte in der Polnischen Republik

Wer der Auffassung ist, dass in seinem Staate die Menschenrechte nicht besonders ernst genommen werden, der wende sich an London. Dort ist der Ort, an dem aus furchtbaren Schmerzen geschliffene Reden werden. Nehmen Sie zum Beispiel die Zustände in Polen und in den Gebieten, in denen seit 1921 polnische Militärs wüten. Lord Noel-Buxton vertritt das Anliegen vor dem Oberhaus am 15. Juni '32: „In den letzten Tagen sind auf den Tagungen des Rates des Völkerbundes wichtige Fragen, die die nationalen Minderheiten betreffen, behandelt worden. Vor allem wurde auf der Januartagung ein Bericht verhandelt, der sich mit der sogenannten Terrorisierung beschäftigte, die im Herbst 1930 in der Ukraine stattgefunden hat." Ei, was ist denn da passiert? Es heißt, dort sei eine Assimimilierung durch eine Zerstörung der Kultur an der Tagesordnung. Ist da noch mehr zu melden? „Aus dem Korridor und aus Posen sind bereits nicht weniger als eine Million Deutsche seit der Annexion abgewandert, weil sie die Bedingungen dort unerträglich finden." Das ahnte man nicht 1919. „Im polnischen Teil Ostgaliziens wurden vom Ende des Krieges bis 1929 die Volksschulen um zwei Drittel vermindert. In den Universitäten, in denen die Ukrainer unter österreichischer Herrschaft elf Lehrstühle innehatten, besitzen sie jetzt keinen, obwohl ihnen 1922 von der polnischen Regierung eine eigene Universität versprochen worden war." Das ist nicht fein. „In dem Teil der polnischen Ukraine, der früher zu Russland gehörte, in Wolhynien, sind die Bedingungen noch härter: Hier gibt es ein umfangreiches System der Kolonisierung durch frühere Soldaten, und diese Leute verfolgen ihre Nachbarn in einer äußerst bedauernswerten Weise." Der Pegelstand der Themse steigt wegen der dicken Tränen Lord Noel-Buxtons. „In der ganzen Ukraine gibt es überdies das System der polizeilichen Verfolgung." Ne, is net möchlich. So ein Sauhaufen ist das dort? Und was ist jetzt mit den Schmerzen? „Wir können in diesem Zusammenhang eine besonders beklagenswerte Tatsache nicht beiseite lassen, nämlich die Folterung von Gefangenen in Gefängnissen und von Verdächtigen, die sich die Ungnade der polnischen Behörden zugezogen haben. Überzeugende Beweise dafür, dass in solchen Fällen mittelalterliche Foltern angewandt werden, liegen zu meinem Bedauern vor. Diese Darstellungen wurden im Völkerbund durch Lord Cecil als Delegiertem der britischen Regierung als das Gewissen der Menschheit erschütternd bezeichnet. Sie sind vom Rat nicht untersucht worden, wie das hätte erfolgen müssen." *Shit happens.* „Die Führer des Dorfes wurden umringt, in eine Scheune getrieben, entkleidet, niedergeschlagen und mit dicken Stöcken, die zum Dreschen gebraucht werden, geschlagen. Ärzten war es verboten, von den Städten in die Dörfer zu gehen." Und die Bauern, die den Versuch gemacht haben, zur Behandlung in eine Stadt zu gehen, hat die Polizei zur Umkehr gezwungen.[328] Wie lange muss man sich denn im Deutschen Reich jetzt noch gedulden, bis derartige Zustände da endlich ebenso an der Tagesordnung sind? Hoffentlich ist der Hinweis unnötig, dass es sich hierbei um finsteren Zynismus handelt.

Hollywood rückt Hitler ins rechte Licht

Der breiteren Öffentlichkeit im Reich wird Hitlers Nationalsozialistische Arbeiterpartei (NSDAP), die bei 10 Prozent der Wählerstimmen herumkrebst, durch *Fox Tönende Wochenschau* bekannt. Jene wird durch *Fox Movietone News* aus den USA ins Leben gerufen. Die UFA ist offenbar nicht bereit, ohne oder mit Bezahlung Werbung für die Nazis zu drehen. Mit leerer Kasse hat es jede Partei schwer. Die materielle Unterstützung, die hier gewährt wird, muss bei einer späteren Auswertung zu bisher gezahlten Beträgen hinzugerechnet werden. Warten wir ab, wie lange die Wirkung der modernen amerikanischen Werbefilme für die NSDAP anhält. In diesen Monaten wird immer einmal wieder die Einbindung der Nazi-Partei in die Verantwortung ins Gespräch gebracht. Wer sonst soll die Straßenschlachten zwischen Nazis, Kommunisten und anderen denn beenden? Während sich Hitler rührend und geduldig um die Gunst des bürgerlichen Lagers bemüht, sagen führende Kommunisten völlig frank und frei, dass sie die bürgerliche Demokratie durch eine Revolution hinwegzufegen gedenken. Sie wollen nicht eingebunden werden; sie wollen selbst an die Macht kommen. So sollen führende Nationalsozialisten im Politikkarussell mitmischen. Davon verspricht sich mancher, dass deren Patentrezepte auf diese Art zu entzaubern wären. Franz von Papen reißt den Mund vielleicht am weitesten auf, der prophezeit: „In zwei Monaten haben wir Hitler in die Ecke gedrückt, dass er quietscht."[329]

Franz von Papen

Nazis streiken zusammen mit den Kommunisten

Ehe die Linken hämisch grinsen und mit langen Fingern auf den armen Papen zeigen, der es gut meint und nicht sieht, dass man mit den Nazis nicht spielen sollte, weil das wahrscheinlich bloß den Nazis etwas nützt, muss hier auf den Streik in den Berliner Verkehrsbetrieben hingewiesen werden, der Anfang November ausgerufen wird. Organisiert hat ihn die Kommunistische Partei Deutschlands, KPD, doch trotz Bauchschmerzen aufseiten der Nazis schließen diese sich an. Der gesamte Vorgang ist aus drei Gründen peinlich. Erstens profiliert sich die KPD, obwohl sie damit entgegen einem Votum der Gewerkschaften agiert. Zweitens legen direkt vor der Wahl dadurch Kommunisten und Nazis gemeinsam die Berliner öffentlichen Verkehrsmittel still und drittens geht es bei der Aktion hier buchstäblich um einzelne Pfennige. Mancher wird sagen, diese Pfennige sind für die Arbeiter viel Geld; man kann aber auch dagegenhalten, mit Nazis dürfte man um keinen Preis spielen. Goebbels seinerseits rechnet clever: „Hier haben wir vor der Wahl noch einmal die große Gelegenheit, der Öffentlichkeit zu zeigen, dass unser anti-reaktionärer Kurs wirklich von innen heraus gemeint und gewollt ist.“ Diese Aktionseinheit mit den Kommunisten fällt den Nazis allerdings krachend auf ihre Füße. Bürgerliche Wähler sind entsetzt und spendieren den Nazis noch viel weniger. Am 5. November hält Dr. Goebbels fest: „Es gelingt uns in letzter Minute noch, RM 10.000.- aufzutreiben, die wir am Sonnabendnachmittag noch in die Propaganda hineinpfeffern. Was getan werden konnte, das haben wir getan. Nun muss das Schicksal entscheiden.“[330]

Absturz der Nazis bei der dritten Wahl 1932

Nach 37,3 Prozent bei den Reichstagswahlen im Juli 1932 bekommt die Nazi-Partei am 6. November 1932 nur noch 33,1 Prozent der Stimmen in Deutschland. Das ist ein schwerer Rückschlag für den Führer der Partei und entfernt ihn weiter vom Endsieg. Die Wahl ist auch sonst nicht der große Wurf. Die Wahlbeteiligung liegt bloß bei 80 Prozent der Wählerschaft, so dass tatsächlich weniger als 27 Prozent für seine Truppenteile votiert haben. Mit einem Drittel der abgegebenen Stimmen liegt er aber immer noch vor der SPD, die auf 20,4 Prozent gesunken ist. Zweieinhalb Prozent kann die Kommunistische Partei zulegen und erreicht ungefähr 17 Prozent. Die Zentrumspartei bleibt bei etwa 12 und die DNVP steigert sich auf über 8 Prozent.[331] Damit könnte die NSDAP den Kanzler stellen. Nach zahlreichen (gescheiterten) politischen Kombinationen wird Hitler von vielen Leuten gerade wegen seiner Ablehnung großen Palavers, das zu nichts führt, geschätzt. Wie viele Kanzler sollen sich noch zu Hampelmännern machen lassen? Der Verschleiß ist unglaublich und die Politikverdrossenheit in der von wirtschaftlichen Sorgen, Hunger und weiteren Folgen der Krise gebeutelten Bevölkerung ist bedenklich. Seit dem Jahr 1919 haben sich auf dem Schleudersitz schon Philipp Scheidemann und Gustav Adolf Bauer sowie Hermann Müller aus der SPD versucht. Dann gingen nacheinander die beiden Zentrumspolitiker Konstantin Fehrenbach und Joseph Wirth an den Start. Anschließend versuchte der parteilose Wilhelm Cuno sein Glück. Gustav Stresemann aus der DVP war der nächste Frontmann. Nach ihm kam und ging Wilhelm Marx, wieder von der Deutschen Zentrumspartei. Mit Hans Luther setzte sich noch einmal ein Parteiloser auf den heißen Stuhl. Vielleicht weil es so schön war, hat nach ihm noch einmal Wilhelm Marx Anlauf genommen, erfolglos. Zum nächsten Reichskanzler machte man Hermann Müller, der ebensowenig taufrisch war. Nagelneu war dafür Heinrich Brüning aus der Zentrumspartei genau wie der parteilose Held Franz von Papen. Wir sprechen von einer Spanne von weniger als *dreizehn* Jahren, damit das klar ist. Um *so* viele Kanzler zu erleben, hätte man früher richtig alt werden müssen. In den Jahren seit 1919 wechselte der Staffelstab *dreizehn* Mal den Besitzer und das veranschaulicht nur einen Teil des politischen Chaos. *Siebzehn* Mal wurden in diesen wenigen Jahren neue Kabinette eingesetzt.[332] Der britische Diplomat Harold Nicolson notiert nach einem Besuch in Berlin im Tagebuch, dass die Leute in Deutschland in der gegenwärtigen Lage „alles hinnehmen würden, was wie eine Alternative aussähe."[333] Das ist nur gut für den Sohn Arthur Nicolsons, über den der *Upper-Class-Critic* Harold Begbie geurteilt hatte, er sei jener Mann gewesen, der den Krieg von 1914 bis 1918 „gemacht" hatte, *the man who made the war*. Doch in Deutschland sind nicht alle blind und manche steuern kräftig gegen. Ein NSDAP-Kanzler wird nach den Wahlen vom November erneut mit Hilfe

Gustav Stresemann

einer Koalitionsregierung abgewendet. Wenige Tage nach jenen Wahlen notiert der braune Gauleiter von Berlin Joseph Goebbels seine Not: „Ich entnehme einen Bericht über die Kassenlage der Berliner Organisation. Dieser ist ganz trostlos. Nur Ebbe, Schulden und Verpflichtungen, dazu die vollkommene Unmöglichkeit, nach dieser Niederlage irgendwo Geld in größerem Umfange aufzutreiben."[334]

Von Schleicher wird der 14. Kanzler seit dem Krieg

Am 3. Dezember wird Kurt von Schleicher zum *vierzehnten* Kanzler seit 1919 ernannt. Mit dem General kommt nunmehr bereits das *achtzehnte* Reichskabinett in Berlin seit dem Jahr des Versailler Vertrages zum Zug. In seiner Regierungserklärung hat sich Kurt von Schleicher als „sozialer General" vorgestellt, doch die Zugeständnisse an die unteren Schichten, die er anbietet, vermögen es nicht, die Sozialdemokratie im Reichstag zu gewinnen, während sie von den Unternehmern übel genommen werden. Die Bauern sind verbittert über die Bevorzugung der Arbeiterschaft und Großgrundbesitzer treten dem groß angekündigten Siedlungsprogramm mit dem Kastenbewusstsein entgegen, das schon Brüning zum Verhängnis geworden war. Auch seine Annäherungsversuche an Gewerkschaften oder die Ansätze zur Wiederherstellung normaler parlamentarischer Zustände tragen ihm bloß Misstrauen und Widerstände ein. Im Bunde mit Gregor Strasser in der NSDAP versucht er sich an einer Intrige, die aber zum Scheitern verurteilt ist. Die Affäre schadet jedoch dem Zusammenhalt in der Nazi-Partei, die total demoralisiert und hoch verschuldet ist. Nutzen im engeren Sinne zieht aus dieser Nummer ausgerechnet Hitler. Während bisher immer die sozialistischen Wahlversprechen des linken Flügels der NSDAP rund um Gregor Strasser reiche Leute einen großen Bogen um die Partei machen ließen, kommt Hitler jetzt das Ausscheiden Strassers gerade zupass. Und noch jemand pfuscht Schleicher hinein. Es ist Papen („dass er quietscht"), der alle Überlegungen Schleichers durcheinander wirft und jener NSDAP doch eine Chance gibt. Mitte Dezember '32 bekundet Papen dem Kölner Bankier Kurt von Schroeder gegenüber Interesse an einem Zusammentreffen mit Adolf Hitler.[335]

1932 haben die Nazis eine Pechsträhne

Mit den leeren Kassen der Nazis wird es nicht besser. Am 10. Dezember notiert Dr. Goebbels: „Die Finanzlage des Gaues Berlin ist trostlos. Wir müssen ganz rigorose Sparmaßnahmen durchführen und den Gau unter eine selbst gewählte Zwangsverwaltung stellen." Kurz vor Weihnachten hält er diese dramatische Erkenntnis fest: „Wir müssen die Gehälter im Gau abbauen, da wir sonst finanziell nicht durchkommen." Kurz vor der Heiligen Nacht schreibt Goebbels: „Die furchtbarste Einsamkeit fällt wie eine dumpfe Trostlosigkeit über mich herein!" Auf der einen Seite heißt es bei Doktor Goebbels: „Alle Aussichten und Hoffnungen vollends verschwunden." Aber einfach geschlagen geben möchte er sich trotz allem noch nicht: „Das Jahr 1932 war eine ewige Pechsträhne. Man muss es in Scherben schlagen." Die *Frankfurter Zeitung* frohlockt und feiert schon die „Entzauberung der NSDAP". Harold Laski, der seinerseits Professor an Mackinders *London School of Economics* ist, zeigt sich demonstrativ erleichtert: „Der Tag, da die Nationalsozialisten eine Lebensbedrohung darstellten, ist vorbei." Seine Prognose ist amüsant: „Von Zufälligkeiten abgesehen, ist es heute nicht unwahrscheinlich, dass Hitler seine Laufbahn als ein alter Mann in einem bayerischen Dorf beschließen wird, der abends im Biergarten seinen Vertrauten erzählt, wie er einmal beinahe das Deutsche Reich umgestürzt hätte."[336]

Bei den Kommunisten hört man derweil hier und da die Schellack-Platte *Der Marsch ins Dritte Reich*. Darin bedenkt der Sänger Ernst Busch die SA mit Hohn und Spott. Busch greift hier das ständige Marschieren der Sturmabteilung der Nazis auf, Schlagworte wie *die Deutsche Eiche*, die Unterstützung der Industrie für Hitler – und geht dabei selbstverständlich ausschließlich von der deutschen Industrie aus, die Homosexualität mancher SA-Führer und er amüsiert sich über den Versuch Hitlers, sich an den uralten Reichspräsidenten Paul von Hindenburg anzulehnen.

> Der Führer sagt: Jetzt kommt der letzte Winter, oh, jetzt nicht schlappgemacht, Ihr müsst marschier'n! Der Führer fährt voran im Zwölfzylinder – Marsch, Marsch, Marsch, Marsch, Ihr dürft die Fühlung nicht verlier'n! Es ist ein langer Weg zum Dritten

Reiche. Man soll's nicht glauben, wie sich das zieht.
Es ist ein hoher Baum die Deutsche Eiche,
von der aus man den Silberstreifen sieht.

Der Führer sagt: Nur nicht in Lumpen laufen!
Er hat's ja schon gesagt der Industrie.
Wir wollen neue Uniformen kaufen,
der Hauptmann Röhm liebt uns nicht ohne die.
Es ist ein langer Weg zum Dritten Reiche.
Ein bisschen Liebe macht ihn halb so schwer.
Es ist ein hoher Baum die Deutsche Eiche,
und kameradschaftlich sei der Verkehr.

Der Führer hat gesagt, er lebt noch lange, und er wird älter als
der Hindenburch. Er kommt noch dran, da ist ihm gar nicht
bange, es int'ressiert ihn gar nich. Es ist ein langer Weg
zum Dritten Reiche. Es ist unglaublich, wie sich das zieht.
Es ist ein hoher Baum die Deutsche Eiche, von der aus man
den Silberstreifen sieht.[337]

Anfang Januar 1933 kommt es zu jenem Gespräch Franz von Papens mit Adolf Hitler, das im Dezember angebahnt worden war. Für Männer aus der Wirtschaft wird dieses Gespräch zum Hinweis darauf, dass die antikapitalistischen Stimmungen in der NSDAP nach dem Ausscheiden von Gregor Strasser ihres Kopfes beraubt sind. Nicht umsonst hieß es bisher in der Propaganda der NSDAP, wenn diese Partei morgen zerbricht, hat Deutschland übermorgen zehn Millionen mehr Kommunisten. Wird von Papen rasch merken, dass er sich in Hitler getäuscht hat?[338]

Deutlich schneller als Herr von Papen merkt beispielsweise der Verleger Hinrich Springer, der den Verlag Hammerich & Lesser innehat, dass das keine gute Idee ist, die Nazis *so oder so*, einer der Lieblingsausdrücke im Repertoire von Adolf Hitler, im politischen Geschäft rumfuhrwerken zu lassen. Als Schatzmeister der Deutschen Demokratischen Partei kann er sich für *die Braunen* nicht erwärmen. In der Hauptkirche zu Altona wird am 11. Januar das *Altonaer Bekenntnis* von 21 evangelisch-lutherischen Pfarrern aus Altona vor den Toren Hamburgs verlesen, das ihre Ansicht zu den brutalen Kämpfen von Nationalsozialisten und Kommunisten im Reich darstellt sowie die Haltung der Kirche dazu. Jenes Positionspapier lässt Hinrich Springer dann in seinem Verlag drucken und veröffentlicht 230.000 Exemplare. Vielleicht prägt die Verkündung jenes Altonaer Bekenntnisses die religiöse Einstellung zu Kirche und Gemeinde, Staat und Gesellschaft Hinrichs 20-jährigen Sohn Axel Springer mehr als andere – zumal die Verkündung in seiner Taufkirche stattgefunden hat. Auf jeden Fall ist dieser Text das erste politische Dokument der entstehenden antifaschistischen Bekennenden Kirche.[339] Wenn der junge Mann in seinem späteren Leben Dinge tun sollte, die die Guten für böse halten, wird man sich erst einmal völlig entspannt zurücklehnen und analysieren müssen, welche Ziele er wohl hintersinnig verfolgt.

Meldung nach Washington

Im Januar des Jahres 1933 schickt der Wirtschaftsattaché der Botschaft der USA in Berlin einen Bericht an Washingtons Außenministerium, der den Zweiflern die Hoffnung raubt, dass westliche Firmen mit dem Reich einfach so zum gegenseitigen Vorteil Handel treiben. Aber das wurde ja bereits vor Jahr und Tag deutlich: „In zwei Jahren wird Deutschland genügend Öl und Gas aus weicher Kohle für einen langen Krieg herstellen. Die Standard Oil aus New York hilft dabei mit Millionen von Dollars.“[340]

Das ist die Verbindung zwischen Politik und Wirtschaft. Wollte man in Washington verhindern, dass Deutschland bald wieder einen Krieg oder sogar einen langen Krieg führen kann, müsste nach so einer eindeutigen Information durch seinen Attaché spätestens eingegriffen werden. Hier wird aber kein Riegel vorgeschoben. Das wird noch schlimmer. In dieser Angelegenheit kümmert sich umgekehrt die Industrie gut um die Politik und hofft, dass Roosevelt die in ihn gesetzten Erwartungen erfüllt. Man darf aber nicht annehmen, dass F. D. Roosevelt mit einem Vorschlag zur Anhebung der Steuern für Reiche auf den Plan tritt. Natürlich nicht. Das Ass behält er im Ärmel für den Fall, dass eine Wiederwahl gefährdet ist.

In Berlin selbst gibt es unterschiedlichste Gedanken über das Vorgehen. Bei allem Für und Wider in den Debatten bleiben große Akteure weiter skeptisch ob eines Erfolges, wenn man ein paar Nationalsozialisten mit in die Regierung hineinnimmt. Kurt von Hammerstein zum Beispiel hält von militärischen Abenteuern so wenig wie vom politischen Experiment. Kein Wunder, das ist alter Adel aus Hinrichshagen in Mecklenburg. Der 54-jährige Chef der Heeresleitung geht deshalb Ende Januar zu Kanzler Kurt von Schleicher, um zu erfahren, was an den Gerüchten über einen erneuten Regierungswechsel wahr sei. Schleicher bestätigt, dass ihm der Reichspräsident so gut wie sicher in den nächsten ein bis zwei Tagen das Vertrauen entziehen und dass er zurücktreten werde. Anschließend geht Kurt von Hammerstein-Equord zu Staatssekretär Otto Meißner, der das Büro von Reichspräsident Paul von Hindenburg leitet, und fragt, wie es nach dem Rücktritt Schleichers weitergehen solle. Meißner bittet ihn, zu Reichspräsident von Hindenburg selbst zu gehen. Dem kommt Kurt von Hammerstein nach und geht zu von Hindenburg. Klar und deutlich sagt der General zum Präsidenten, die Nationalsozialisten würden niemals in ein Kabinett Papen-Hugenberg eintreten. Ein solches Kabinett hätte auf der einen Seite die Linken zum Feind und auf der anderen die Nationalsozialisten. So würde es eine verschwindend kleine Basis haben. In dem Fall müsste die Armee für eine 7-prozentige Basis gegen 93 Prozent des deutschen Volkes auftreten. Das wäre im höchsten Maße bedenklich, ob sich das nicht noch vermeiden ließe? Die Polizei, die ja eigentlich für die Aufrechterhaltung der öffentlichen Ordnung zuständig ist, wird mit den Straßenschlachten schon seit Jahren nicht mehr fertig. 1932 war bislang das schlimmste Jahr geworden. Bloß allein im Sommer gab es 100 Tote und 1125 Verletzte bei blutigen Schlachten zwischen Nationalsozialisten und Kommunisten. Streng genommen hätte auch alles noch schlimmer kommen können, denn die zwei Hauptkontrahenten Kommunisten und Nationalsozialisten verfügen immerhin über 18 Millionen Wähler – das ist ein richtiges Pulverfass. Reichspräsident Hindenburg seinerseits verbittet sich allerdings äußerst empfindlich jede politische Beeinflussung, sagt dann aber, anscheinend, um Hammerstein zu beruhigen, er dächte gar nicht daran, den österreichischen Gefreiten zum Wehrminister oder zum Reichskanzler zu machen.[341]

Schon der 15. Kanzler seit dem Krieg

Der Montag wird ein aufregender Tag für Carola. An diesem 30. Januar hört das Mädel in den 13-Uhr-Nachrichten, dass Adolf Hitler jetzt zum Reichskanzler geworden ist. Sie rennt sofort los, um es dem Onkel Hans zu sagen. Sie rennt dann weiter zu Tante Meta, Bäcker Spintig und Frau Mauksch und ruft ihnen entgegen: „Onkel Hans sin Führer is nu dran!“ Am Abend veranstalten Onkel Hans und seine Freunde einen Fackelzug zum Bismarckturm und hissen dann ihre Fahne auf dem Gemeindeamt von Ahlbeck auf der Insel Usedom. Der Onkel Hans meint, jetzt sind sie die Sieger. Die niedliche Carola Stern* ist gerade sieben Jahre alt.[342] Es ist diese Unbeschwertheit des kleinen Kindes, die einen daran erinnert, wie unbekümmert es die Leute vor anderthalb Jahrzehnten in Petrograd aufgenommen haben, als es hieß, die Bolschewiki hätten wohl die Macht übernommen.[343] Und anschließend bekamen die Revolutionäre rund um den Genossen Lenin weitere Finanzspritzen als Hilfe aus dem Westen.

Ortswechsel. Schellingstraße in München. Franz Josef* kommt von der Schule nach Haus. Der Vater spricht heute wieder über Hitler. Eine Zeit lang fand Vater Strauß ihn noch gut. Hitler, meinte der Vater, habe recht eigenartige Ideen. Er sei gegen den Versailler Vertrag und auch für eine bessere Behandlung der Deutschen. Von daher sei vielleicht doch etwas an ihm dran. Diese Möglichkeit wurde in der Familie aber nur kurze Zeit erörtert, dann kam die nächste Phase, in der Vater Strauß endgültig den Stab über Hitler brach: „Was der über die Juden sagt, darf kein Katholik mitmachen. Der ist Judenfeind, und der ist Kirchenfeind.“ Von dem Tag an war Hitler für den Vater bloß noch der Verderber und Zerstörer, der Dämon. Am Dienstagmorgen hat sein Vater aus dem *Neuen Münchener Tagblatt* erfahren, dass Adolf Hitler Reichskanzler geworden ist. Als der sportliche Sohn aus der Schule kommt, sagt der Vater: „Bub, jetzt ist der Hitler Kanzler. Das bedeutet Krieg, und dieser Krieg bedeutet das Ende Deutschlands.“ Seit jenem Orakel seines Vaters lebt dieser hochbegabte Abiturient „in der Hoffnung, dass kein Krieg kommt, und in der Furcht, dass er kommt.“ Franz Josefs Vater hält Adolf Hitler seit jenem Putsch hier in München 1923 für eine Ausgeburt des Teufels, schon weil er eine so milde Strafe dafür bekam. Wenn der Name Hitler fällt, schlägt Vater

Strauß das Kreuz, um den Dämon zu bannen. Nunmehr ist der Franz 17. Die Familie kennt Hitler und andere führende Leute aus der NSDAP zumindest vom Sehen her bereits länger als ein Jahrzehnt durch den Umstand, dass diese Truppe einst ihre Parteizentrale eingerichtet hat in der Münchener Schellingstraße, in der die Familie wohnt, und diese Herren kamen gelegentlich vorbei, um sich in der Metzgerei seines Vaters etwas zu essen zu holen. Franz weiß noch, wie der Vater eines Abends erzählte, Heinrich Himmler sei wieder einmal da gewesen und habe gefragt, ob er nicht doch in seine Partei eintreten wolle, habe ihm versprochen, damit habe er nach einem Wahlsieg der Partei eine bessere materielle Grundlage, und er habe darauf erwidert: „Eher fress' ich Hundsfutter, als dass ich in *die* Partei eintrete." An die Wagen vor der Zentrale der NSDAP hat er eine lebhafte Erinnerung – kein Wunder, da stand ja auch das Feinste vom Feinen: nach der Anfangszeit mit dem Opel Laubfrosch standen vor dem Gebäude solche Marken wie Maybach, Mercedes, BMW, Audi und Opel, die ganze Palette. Wo die bloß das Geld für diese Wagen herhaben, wird er sich manches Mal gefragt haben. Nobel geht die Welt zugrunde... Kommt so viel zusammen, wenn die mit den Sammelbüchsen losziehen? Wenn jemand wie dieser junge Mann im Laufe des Lebens anfinge, sich an einem Rednerpult mit starken Worten wie der neue Kanzler in Berlin zu gerieren, müsste jemand, der ihn kennt, vor Lachen prusten – nun ja, oder eben nachdenken, warum er diesen Mummenschanz aufführt.[344]

Da nun also der Führer der NSDAP der Kanzler im Reich ist, sichert sich das Auswärtige Amt vorsichtshalber zeitnah gegen Überraschungen ab. Der Staatssekretär Bernhard von Bülow gibt einen Runderlass heraus, in dem es heißt, das Reich will auch künftig vermeiden, „seine Haltung gegenüber dem Ausland von jeweiligen Regierungsmaximen abhängig zu machen".[345] Den Kollegen im Amt ist es auch nicht so geheuer, den Boss der Nationalsozialisten zum Chef der neuen Reichsregierung zu machen. Unser Diplomat Erich Kordt, 29, weiß, wie im Hintergrund die Strippen gezogen wurden. Er glaubt, weil Hitler nur legal zur Macht hat kommen können, sah er sich gezwungen, auch bei der Errichtung seiner Diktatur weiter die Formen der deutschen Verfassung zu wahren. Ein Argument, mit dem dem Reichspräsidenten die Verabschiedung Schleichers mundgerecht gemacht worden war, meint Kordt, habe darin bestanden, dass dieser gezwungen sein würde, den Reichstag erneut aufzulösen. Aber ein neuer Wahlkampf sollte dem Reich erspart bleiben. Dem greisen Präsidenten war beigebracht worden, die neue „nationale Regierung" Hitlers werde auch die Parteien der Mitte an sich ziehen und auf diese Art eine Mehrheit im Reichstag erringen können. Hitler lag aber alles daran, den Reichstag so schnell wie nur möglich aufzulösen und einen neuen Wahlkampf zu eröffnen, bei dem er im Besitze aller verfügbaren Machtmittel des Staates, vor allem der Polizei, sein würde. Er ist entschlossen, diese rücksichtslos gegen seine Gegner einzusetzen. Eine Verbindung mit der Mitte kann ihn bei seinem Vorhaben nur stören.[346] Der junge Kollege im Amt ist vor allem auf einen Mann ziemlich wütend: „Wohl selten hat ein Staatsmann seine Wähler so verraten wie Reichspräsident von Hindenburg die 20 Millionen Deutschen, die seine zweite Amtsperiode möglich gemacht hatten." Er meint, die Hintermänner dieses Tricks seien selbst betrogene Betrüger. Zwar glaubten sowohl Hindenburg als auch die Persönlichkeiten, die Hitler nach dem Rückschlag vom November 1932 vor einer wohl noch schwereren Niederlage in einer neuen Reichstagswahl retteten und ihm die Macht ohne Kampf übergaben, dass sie den Mann im Zaume zu halten vermöchten, gehorcht doch die Reichswehr den Befehlen des Reichspräsidenten. Franz von Papen hat die Schlüsselstellung Preußen inne und als Vizekanzler soll er, wenn es möglich ist, bei jedem Vortrag des neuen Kanzlers beim Reichspräsidenten zugegen sein. Der deutschnationale Parteiführer Alfred Hugenberg vereinigt überdies die wirtschaftlichen Ministerien Preußens und im Reich in seiner Hand und glaubt als Fachminister in dieser starken Stellung eventuelle „desperate Machenschaften" verhindern zu können. Industrielle hoffen, mit Unterstützung der NSDAP und der neuen Regierung den Einfluss der Gewerkschaften zu brechen; Kreise des Großgrundbesitzes glauben, Siedlungspläne im Bereich der Latifundien zunichte machen zu können. Hitler begnügt sich damit, neben dem Kanzlerposten *nur* das Ministerium in die Hand zu bekommen, dem die Polizei untersteht. Außer Hitler sind lediglich zwei weitere Nationalsozialisten im Kabinett: Hermann Göring als Reichsminister ohne Portefeuille und Reichskommissar für Luftverkehr sowie Wilhelm Frick als Innenminister.[347]

Unter den jüngeren Offizieren des Generalstabs sind die Ansichten über die Entscheidung des Präsidenten, Hitler zum Reichskanzler zu machen, so unterschiedlich wie in anderen Kreisen der Gesellschaft auch. Hauptmann Hans Speidel*, 35, der im Moment seine Generalstabsausbildung absolviert, sieht, dass die Oberbefehlshaber von Heer und Reichsmarine bei ihren Überlegungen zu keinem besseren Entschluss und zu keinem anderen Vorschlag für die Lösung der Krise kommen außer jenem, den Vorsitzenden der NSDAP bis zu den nächsten ordentlichen Wahlen zum Kanzler zu machen. Er hat den Eindruck, dass die Mehrheit des Volkes glaubt, durch die Bindung Hitlers und die Einbeziehung der NSDAP in die Verantwortung ein Optimum erreicht zu haben.[348]

Der Kanzler trifft vielfach auch den Ton, weil er die Bedürfnislage kennt: Demoralisierte Arbeiter hoffen auf Sicherheit und Brot, die revolutionär gestimmten jüngeren Leute auf eine neue, romantische Gesellschaft, das verängstigte Bürgertum auf seine ehemalige Sozialgeltung und auf eine Wiederherstellung geordneter Zustände, die 100.000 in der Reichswehr auf Karrieren und dekorierte Uniformen und die Intellektuellen auf eine kühne und vitale Antwort auf die modischen Stimmungen der Vernunftverachtung und Lebensvergötzung.[349] Die Botschaft, die dieser Reichskanzler mitbringt, gibt Hoffnung auch in der Außenpolitik, und er kann sie sehr gut anbringen. Hitler, dem man alles, aber nicht Unkenntnis der Massenpsychologie vorwerfen kann, hat dementsprechend auch immer wieder – und schon vor 1933 betont, dass er Frieden, Frieden und nichts als Frieden wolle. Er hat darauf hingewiesen, dass er die Schrecken des Krieges am eigenen Leibe gespürt habe, dass der Krieg immer eine Gegenauslese zu Lasten der wertvollsten Menschen eines jeden Volkes sei. Nur damit hat er immer größere Teile des deutschen Volkes für sich und seine Idee gewonnen. Mit Kriegspropaganda, und wäre sie noch so vorsichtig geführt worden, hätte er das niemals erreicht.[350] Aber ohne seine SA-Schlägertrupps hätte er das auch nicht erreicht und diese stehen nun hinter ihm wie ein Mann und fordern die Umgestaltung der Gesellschaft für mehr soziale Gerechtigkeit. Das hat Hitler ihnen immer versprochen. Der Führer der SA-Truppen heißt Ernst Röhm. Der 28 Jahre junge Hans Bernd Gisevius versteht nur zu gut, was sich hier abspielt. Kanzler Hitler macht in der Reichskanzlei Halt, während Röhm weitermarschiert. Der Reichskanzler muss hinfort Schwierigkeiten erwägen, die sich nicht von heute auf morgen überwinden lassen. Er muss Obacht geben nach ganz verschiedenen Seiten. Röhm hingegen fühlt sich frei von solchen staatspolitischen Rücksichten. Er meint, man müsse sofort aufs Ganze gehen. Und deshalb gestattet er den vordringenden Kolonnen weder Rast noch Ruh. Im Sturmschritt führt er sie in die Totalität, mit einem noch hastigerem Tempo in die Revolution hinein. Kein Erfolg kommt ihm schnell genug; keine Vermehrung seiner SA scheint ihm ausreichend genug. Er stürmt fanatisch und siegestrunken auf das „Volksheer" der Zukunft los. Röhm ist in diese Idee so verrannt, dass er weder nach rechts noch nach links schaut. Ihn kümmert es nicht, ob Hitler eine langsamere Marschweise anrät. Solche „realpolitischen" Redensarten ärgern ihn nur. Dieser Landsknechtsführer verfährt lieber nach dem Rezept, seine Gegner einfach über den Haufen zu rennen, wie Hans Bernd Gisevius konstatiert. Deshalb halte er auch so große Stücke auf den Terror der SA. Röhm hat sich früher nie um die Vorstrafenregister seiner SA-Leute gekümmert – übrigens hat sein Führer während der Kampfzeit gleichfalls nie danach gefragt. Warum soll er sich daher ausgerechnet jetzt an allen möglichen Straftaten stoßen, die ihm in verschwenderischer Fülle aus allen Ecken des Reiches gemeldet werden? Erst recht lässt es ihn kalt, wer alles noch vor kurzem Kommunist oder sonst was war. Hauptsache ist, dass seine Truppe groß und schlagkräftig wird. Dieser Ernst Röhm rechnet einfach und folgerichtig: Je eher er sich im ersten Schwung der Machtergreifung den Weg durch das Gestrüpp von Gesetzesvorschriften und außenpolitischen Bindungen bahnt, desto schneller muss die Revolutionsarmee zur Wehrmacht der Zukunft werden. Allen Ernstes bildet Röhm sich ein, die SA werde die Armee schlucken. Anstelle der *reaktionären* Offiziere sieht er bereits die Heines, Karl Ernst, Heydebreck, Hayn in der Position von kommandierenden Generälen. Offen vergibt er die wichtigsten Armeekorps, während seine präsumptiven Generäle unverzüglich die unteren Chargen an ihre nächststehenden Radaubrüder weiter verteilen. Dabei kommt es vor, dass sich irgendein SA-Standartenführer bei dem 1a eines Korps freundschaftlich meldet, um sich im Voraus in den von ihm angestrebten künftigen Aufgabenbereich einarbeiten zu lassen. Ebenso freimütig bespricht Karl Ernst in der Bierrunde, wie er den Generalstab zukünftig zusammenzusetzen gedenkt. Da stehen den führenden Männern der Reichswehr noch spannende Debatten ins Haus.[351]

Deutschland hebt die Hände hoch

Am Mittwoch, dem 1. Februar, löst von Hindenburg nun doch noch den Reichstag auf. Damit hat auch ein Reichstagsabgeordneter wie Theodor Heuss* viel Freizeit und *muss* nicht mehr über alles bei uns entscheiden. Jetzt haben es die *Politiker* der Laienspieltruppe an die Macht geschafft und benennen ihr Rezept für alle Probleme – es heißt Gleichschaltung. *Ein* Patentrezept für Wüsten und Seen, Berge und Täler, für Arme und Reiche, für Alt und Jung. Eine gleichgeschaltete Gesellschaft lässt sich natürlich für enge Stirnen leicht begreifen, zumal, wenn solch eine enge Stirn den anderen Menschen vorgeben kann, was sie sehen, hören, lesen und sagen dürfen. Was Deutschland jedoch zur Stabilität führen soll, ist eine schlechte Idee. Selbstverständlich ist es besser, wenn es kontrolliert und auch korrigiert werden kann, was sich irgendjemand so ausgedacht hat. Winston Churchill sagte bei passender Gelegenheit, Demokratie sei die schlechteste Staatsform, wenn man von all den anderen absieht, die gelegentlich noch ausprobiert werden. Hautnah erlebt auch Hans Bernd Gisevius, wie im Reich der Gleichschritt als Fortbewegungsform Einzug hält. Wie nicht anders zu erwarten, sträubt sich die Masse der Leute bei uns gegen die Versuche, hier alles über einen Kamm zu scheren. Zynisch merkt er in dieser Hinsicht an: „Man muss es der SA lassen, dass ihr an dieser Gleichschaltungsspontaneität der Hauptanteil zufällt." Was genau machen die rauhen Kerle bei der SA da draußen? „Wo sich der Einzelne über seine Freiwilligkeit nicht ganz schlüssig ist, da beseitigt sie unzweideutig jedes Missverständnis. Ihre Mittel sind primitiv, aber dafür umso schlagkräftiger." Wie darf man sich das denn praktisch vorstellen? Jener neuartige „Hitler-Gruß" lernt sich auf der Straße ganz schnell, wenn nur neben jeder marschierenden SA-Kolonne auf dem Bürgersteig handfeste SA-Männer einhergehen und allen Passanten rechts und links hinter das Ohr hauen, wenn sie nicht schon drei Schritte im Voraus der SA-Sturmfahne ihren Gruß entbieten. Und wo wird heute nicht marschiert?[352]

Ähnlich verfahren die „Sturmleute“ dann ebenfalls auf allen anderen Gebieten. Hans Bernd erklärt, dass es bei der Auflösung von Vereinen und Klubs auch nicht anders zugeht und fügt bitter hinzu: „Ganz so spontan, wenn auch selbstverständlich freiwillig, pflegt schließlich kein Vereinsvorsitzender zu liquidieren.“[353] Ob des penetranten Drucks der braunen Schläger nennt Erich Ludendorff, der alte Haudegen aus dem Weltkrieg, das Reich schon länger ein „besetztes Gebiet der SA“.[354] Viele hoffen, der Kanzler werde sich bald gegen die Straßenschläger durchsetzen. Gerade im Bürgertum hatte man auf die Wiederherstellung der Ordnung gehofft und nicht erwartet, dass es nun erst recht Übergriffe, Morde oder wilde *Konzentrationslager* geben würde. Befriedigt nimmt man zur Kenntnis, dass der Kanzler die SA Anfang Februar zur Ordnung ruft und dass der Tatendrang der Schläger zunehmend durch friedliche Aktionen mit der Sammelbüchse in der Hand oder sogar durch geschlossene sonntägliche Kirchgänge ersetzt wird.[355] Diejenigen in der Bevölkerung, die wegen der Straßenkämpfe in Angst und Schrecken gelebt haben, können unter dem starken Mann in Berlin hoffen. Die Zukunft wird zeigen, was er kann.

Abrüstungskonferenz am Genfer See

So gehen die Tage ins Land. Am Donnerstag tritt in Genf der Hauptausschuss des Völkerbunds zu einer Abrüstungskonferenz zusammen. Genf liegt an einem schönen See in der Schweiz und der Völkerbund ist nach dem Weltkrieg gegründet worden, damit man über alles sprechen kann. Perfekt läuft es nicht, aber was ist schon perfekt. Auf Deutschland haben sie sich eingeschossen und die Sowjetunion soll noch nicht mal rein. Der Völkerbund wird auch nicht aktiv, als Truppen oder einfach nur Banden aus fremden Ländern über Deutschland herfallen, obwohl der Weltkrieg vorbei ist. Adolf Hitler, 43, nutzt die Erinnerungen der Deutschen an die Einmärsche der Polen, der Belgier und Franzosen in den frühen 1920er Jahren, um den Menschen im eigenen Lande Frieden, Verteidigung und Aufrüstung als Teile eines Ganzen darzustellen.[356] Der Kanzler kann zu Recht darauf verweisen, dass sich andere Länder nicht an die festgelegten Begrenzungen für bestimmte Rüstungsgüter halten.[357] Dass sich das Deutsche Reich ebenso wenig an die Vorschriften hält, sagt Adolf Hitler natürlich auch nicht – wie schon seine Vorgänger im Amt – und ebensowenig wie es die Strippenzieher eines künftigen zweiten Megagemetzels in Europa und Asian tun.

Der neue Kanzler spricht zu alten Preußen

Vier Tage gibt es jetzt den neuen Kanzler und am 3. Februar stellt er den Spitzengenerälen der Reichswehr sein Programm vor. Die dort in Berlin vor ihm sitzen, das ist ganz alte preußische Schule. Hoch gebildet, ihrem Vaterland treu ergeben. Soldat muss jeder werden. Offizier schon nicht mehr. Wer General wird, der ist gebildet und seinem Vaterland ergeben. Dort drüben sitzt Kurt von Hammerstein, alter Adel aus Hinrichshagen in Mecklenburg, 54. Das ist die Preislage, die vor dem Kanzler, 43, sitzt. An dem Freitag weiß von Hammerstein, dass er gescheitert ist. Kurt von Hammerstein-Equord ist der Chef der Heeresleitung. Für diesen Freitag hat sich der neue Kanzler zu einem Antrittsbesuch angekündigt, bei dem er sich den großen Generälen des Deutschen Reiches präsentieren will. Jetzt sitzt von Hammerstein dort drüben und hört, was jener böhmische Gefreite, wie der Reichspräsident von Hindenburg ihn zu nennen pflegt, zu sagen hat. Er will sich für eine Revision der Bedingungen von Versailles engagieren. Damit findet auch er Zustimmung. Nimmt man nur die vorhandenen Möglichkeiten der verschiedenen europäischen Länder im nüchternen Vergleich, so ist Deutschland, bedingt durch die Regelungen von Versailles, nicht in der Lage, sich gegen neuerliche Übergriffe durch Soldaten aus anderen Ländern erfolgreich zu verteidigen.[358]

Doch wie will es der neue Kanzler anstellen? Er spricht die ersten Worte gesetzt, dann in immer größerer Ekstase, über den Tisch gelegt, gestikulierend. Nach Meinung der Generäle sehr logisch und gut, überzeugend betreffend der innenpolitischen Probleme. Außenpolitisch nicht besonders klar. Nach Art seiner Agitationsreden wiederholt er die markanten Stellen bis zu zehnmal. Hitler hat weiterführende Pläne: Die Reichswehr solle wieder aufgebaut werden – aber die Reichswehr bauen sie ja schon seit Versailles wieder auf, heimlich. Dabei helfen ihnen die Sowjets. Die deutsche Wirtschaft und der Außenhandel sollen gefördert werden. Gut.

Dann spricht er an, wie er *dieses* anstellen will: dass „vielleicht neue Exportmöglichkeiten erkämpft werden müssten oder vielleicht – und das wäre wohl besser – neuer Lebensraum im Osten erobert und rücksichtslos germanisiert werden müsste."[359] Worin besteht aber der Unterschied zwischen *erkämpfen* und *erobern*? Zugleich möchte Hitler natürlich die Arbeitslosigkeit mit effektiven Maßnahmen bekämpfen wie „durch groß angelegte Siedlungspolitik, die eine Ausweitung des Lebensraumes des deutschen Volkes zur Voraussetzung hat. Dieser letzte Weg wäre mein Vorschlag. Man würde in einem Zeitraum von 50-60 Jahren einen vollkommen neuen gesunden Staat haben. Doch die Verwirklichung dieser Pläne kann erst in Angriff genommen werden, wenn die Voraussetzungen dafür geschaffen sein werden. Die Voraussetzung heißt Konsolidierung des Staates. Man muss zurück zu den Anschauungen, in denen der Staat gegründet wurde. Man darf nicht mehr Weltbürger sein. Demokratie und Pazifismus sind unmöglich."[360] Die Herren Militärs sind in dieser Informationsveranstaltung zum Zuhören verurteilt.

„Um dieses Ziel zu erreichen, erstrebe ich die gesamte politische Macht. Ich setze mir die Frist von 6-8 Jahren, um den Marxismus vollständig zu vernichten. Dann wird das Heer fähig sein, eine aktive Außenpolitik zu führen, und das Ziel der Ausweitung des Lebensraumes des deutschen Volkes wird auch mit bewaffneter Hand erreicht werden. Das Ziel würde wahrscheinlich der Osten sein. Doch eine Germanisierung der Bevölkerung des annektierten bzw. eroberten Landes ist nicht möglich." Doch *6 Jahre* am Stück hat seit dem Ende des Kriegs keiner mehr auf dem Stuhl eines Kanzlers gesessen, mögen sich die Militärs denken. Das muss man erst einmal schaffen. Aber warum sagt er, dass eine Germanisierung der Bevölkerung eroberter Gebiete nicht möglich sein soll? Der Kanzler hat auch auf diese Frage seine Antwort: „Man kann nur Boden germanisieren. Man muss wie Polen und Frankreich nach dem Kriege rücksichtslos einige Millionen Menschen ausweisen."[361] Das alte Preußen schaut den neuen Kanzler an, hört seine Worte. So alt ist Preußen jedoch gar nicht. Preußen ist in seinen besten Jahren. Mitte vierzig, fünfzig, und die hier anwesenden Männer kennen die Folgen des Krieges. Erst kürzlich wurden die Reparationen ausgesetzt – Deutschland kann sie doch nicht bezahlen. Und fast alle Länder rundum sind besser gerüstet. Was geht nun in den Köpfen vor sich? Wenn er Fehler macht, dann sind schließlich wir noch da! Oder denken auch sie: Lange macht auch er nicht, dann hat er abgewirtschaftet! Auf jeden Fall sagt nicht nur einer hier im Reiche dies. Das verwirrt die siebenjährige Carola Stern*. In der Schule hört sie, dass ihr Lehrer Christian dem Fräulein Illich zuflüstert: „Die Nazis sind doch grüne Jungs." Das Kind läuft zu Onkel Hans und will mit dem frisch aufgeschnappten Ausdruck imponieren: „Du bist ein grüner Junge!"[362] Der neueste Kanzler spricht seinerseits zweieinhalb Stunden zu den Gästen des Dinners. Adolf Hitler hat während der Rede das Gefühl, „gegen eine Wand"[363] zu reden. Der Generalmajor von Brauchitsch äußert nach dem Vortrag: „Na, der wird sich noch wundern in seinem Leben."[364] Der Chef des Allgemeinen Heeresamts Oberst Fromm lächelt bloß über das, was er gehört hat, und äußert zu Generalleutnant von Fritsch, „dass die maßlosen Vorhaben an der Härte der Tatsachen scheitern und auf ein nüchternes Maß zurückgeführt"[365] werden würden. Sein Wort in Gottes Ohr. Generalleutnant Ludwig Beck sagt später, er habe den Inhalt jener Rede „sofort wieder vergessen".[366] Das sollte er aber nicht tun, denn der Boss der Bank of England Montagu Norman wartet bloß noch ab, ob sich das Regime unter ihrem Günstling in Deutschland etablieren kann. Wenn er erstmal für den Verkauf der ersten Ausgabe von Nazi-Anleihen auf dem Londoner Finanzmarkt bürgt, werden sich umgekehrt die Generäle der Reichswehr in Kürze wundern.[367] Wenn wieder Geld zum Investieren da ist, kommt auch schnell ein wirtschaftlicher Aufschwung.

Am Samstag liest der siebzehnjährige Paul aus dem thüringischen Oberweißbach im *Völkischen Beobachter*, den sein Vater mitgebracht hatte: „Die Armee Schulter an Schulter mit dem neuen Kanzler. Niemals war die Reichswehr identischer mit den Aufgaben des Staates als heute."[368] Woher soll man wissen, was in der Welt passiert, außer aus der Zeitung? Zumindest die Führung in Moskau weiß wenige Tage später, was unser Kanzler zu den Generälen gesagt hat zum Thema Lebensraum im Osten. Wie diese Informationen das edle Haus Hammerstein-Equord verlassen konnten, verblasst im weißen Nebel der Geschichte. Wenige Menschen wissen, dass sie über den Geheimdienst der KPD weitergegeben werden.

Aber wer stellt den Agenten die geheime Mitschrift zur Verfügung? Sind es Hammersteins Söhne? Seine Töchter, die Verbindungen zu jenem Geheimdienst der KPD unterhalten? Ist es der Freiherr womöglich höchstpersönlich über seine Töchter?[369] Weil er Adolf Hitler gleich von Anfang an abgelehnt hat?

Zurück zur Konferenz in der Schweiz

In Genf war diese Abrüstungskonferenz zustande gekommen, weil man überall in Europa um die Gefahren durch die Aufrüstung Bescheid weiß. Nun soll aber endlich wieder abgerüstet werden. Nach der Anerkennung der Gleichberechtigung des Reiches am 11. Dezember 1932 nimmt auch eine Berliner Delegation unter dem Diplomaten Rudolf Nadolny teil. Die Übersetzung für deutsche Teilnehmer liefert auch Dr. Paul Schmidt. Der 33-jährige ist jetzt seit zehn Jahren Dolmetscher des Auswärtigen Amtes in seiner Heimatstadt Berlin. Der junge Mann war durch sein sehr gutes Gedächtnis aufgefallen und avancierte so schnell zum Chefdolmetscher. Jetzt wird er in Genf eingesetzt. Die deutsche Delegation besteht, wie er sagt, mit verschwindenden Ausnahmen bei den jüngeren Offizieren aus dem „politischen Sandkasten“ nicht aus Nationalsozialisten. Speziell die Mitarbeiter im Auswärtigen Amt verfolgen das Erstarken der extremen Partei in Deutschland seit Monaten schon mit schweren Bedenken.[370]

Dr. Paul Schmidt konstatiert einerseits, dass die Amtseinführung Hitlers einen Schock in Frankreich auslöste, andererseits sagt er auch, für jeden Unvoreingenommenen auf der Konferenz sei es einleuchtend, dass dem deutschen Volk die zweitrangige Stellung auf die Dauer nicht zugemutet werden kann und ihm letztlich nur mit Gewalt, also mit einem weiteren Kriege, aufgezwungen werden kann. Schmidt hat den Eindruck, dass besonders die Vertreter der angelsächsischen Länder sich – wie er meint – „als praktische Realisten“ über diese Sachlage klar geworden seien. Die Lage auf der Abrüstungskonferenz werde infolge dieses inneren Widerspruchs immer hoffnungsloser. Hitler ist im Vorfeld nicht gelungen, die Sorgen durch viel beachtete Reden über die politische Lage und die Abrüstungskonferenz im Reichstag zu entkräften. Paul Schmidt denkt sich nichts Böses dabei, dass besonders die Engländer die Reden wegen ihrer Mäßigung anerkannt haben.[371] Man wird den Eindruck nicht los, dass er nach dem alten deutschen Motto lebt: Üb' immer Treu und Redlichkeit! Für die Engländer gilt allerdings eine andere Losung: *Right or wrong – My country!* Damit lässt sich jede Handlung rechtfertigen, wenn sie nur dem eigenen Lande nützt. Dieses Denken ist Paul Schmidt fremd. Wahrscheinlich vermutet er deshalb auch keine Hinterhältigkeit, wenn es von den Engländern für bare Münze genommen wird, dass Hitler so maßvoll in die Mikrophone säuselt. Paul Schmidt würde Augen machen, wenn er wüsste, dass große englische Firmen wie British Petroleum (BP), Dunlop Rubber, Unilever, die Stahlexportvereinigung des britischen Königreichs oder auch der Produzent von schweren Geschützen, Panzerplatten sowie von Kriegsschiffen Vickers-Armstrong *die geheime Aufrüstung unseres Deutschen Reiches* noch anheizen werden.[372]

Die ersten Gehversuche der diplomatischen Equipe des Kanzlers in Genf empfindet der bürgerlich erzogene Schmidt als peinlich. SS-Standartenführer Reinhard Heydrich kreuzt als erster Nationalsozialist zusammen mit einem SA- und einem Stahlhelm-Führer eines Tages bei der Berliner Delegation auf. Die drei sollen als „Sachverständige" für die nationalen Verbände in der Kommission für die Landheere auftreten. In dem Felde dolmetscht Jacob, und seinetwegen gibt es prompt den ersten Krach mit Heydrich. Er beschwert sich bei Nadolny, dem Leiter der deutschen Delegation darüber, dass seine Ausführungen durch einen Juden übersetzt werden sollen. Deshalb wird Schmidt wieder zur „Infanterie" zurück geschickt und ausgerechnet Heydrich wird der erste nationalsozialistische „Kunde" für Herrn Doktor Schmidt. Heydrich ist in seinen Augen keine gerade Sympathie erregende Erscheinung mit seinem kleinen Kopf auf dem großen langen Körper und dem hämischen Lächeln, das die Lippen bei fast allem, was er sagt, umspielt.[373] So weit Schmidts Wahrnehmung. In der Luftkommission fordert Berlins Vertreter, der Ministerialdirektor Brandenburg, die Abschaffung der militärischen Luftfahrt, insbesondere der Bombenflugzeuge. Er ist Chef der Zivilluftfahrtabteilung des Reichsverkehrsministeriums. Dagegen wird von englischer Seite eingewendet, man brauche die Bomber zu Polizeizwecken in Übersee.[374] Paul-Boncour erklärt für Frankreich, man sei bereit, der Abschaffung der Luftbombardements zuzustimmen. Zu einem vollständigen Verbot aller Luftwaffen können sich die Franzosen allerdings auch nicht durchringen. Sie wollen dafür die Internationalisierung und strenge Überwachung der Zivilluftfahrt, „damit diese nicht zu einer unerhörten Bedrohung werde". Damit kommen die Franzosen auf eine Sachverständigenfrage aus dem Vorjahr zurück. 1932 stand die Frage: „Kann man auch aus Verkehrsflugzeugen Bomben herauswerfen?" Die älteren Teilnehmer, wie zum Beispiel Herr Brandenburg, die den Weltkrieg noch erlebt haben, mögen nicht so gern über Aufrüstung sprechen. Die Jüngeren aber meinen, wenn die Militärluftfahrt nicht vollständig abgeschafft werde, dann müsste sich natürlich auch das Reich eine Luftwaffe zulegen können – die Gleichberechtigung sei ihm ja im Vorjahr wieder zuerkannt worden. „Um Gottes willen, nur keine Aufrüstung auf dieser Abrüstungskonferenz", rufen die Engländer, Franzosen und andere. Ministerialdirektor Brandenburg konsultiert sich per Telefon mit Berlin. „Das ist eine glatte Unverschämtheit", schreit der neue Herr Minister Hermann Göring in den Telefonhörer. „Wenn in der nächsten Sitzung die deutsche Gleichberechtigung wieder so beiseite geschoben wird, dann hat die deutsche Delegation in der Luftkommission sofort aufzustehen und den Saal zu verlassen, und zwar so, dass man die Tür auf der ganzen Konferenz zufallen hört."[375]

Über das Wochenende wird mehrfach mit Berlin telefoniert, um darüber zu verhandeln, ob die Tür nun laut oder leise zugemacht werden soll. Bis zum 6. Februar bemühen sich die deutschen Diplomaten in Genf darum, die Luftkommission wenigstens ohne Türenknallen verlassen zu dürfen. Schmidt hört einen sagen: „Nur wer als Diplomat verloren hat, verlässt eine Konferenz."[376] Es war ja im Vorjahr auch auf diplomatischem Wege gelungen, die Gleichberechtigung zu erreichen – leise. Fremde Truppen zogen ab, Reparationen wurden ausgesetzt und Deutschland war wieder auf dem Wege „zur Wiedergewinnung seiner Großmachtstellung".[377] Es ging dabei selbstredend um Gleichberechtigung „in einem System, das allen Nationen Sicherheit gewährt."[378] Allerdings merkt der Freiherr von Neurath an: „Noch ist der Kampf nicht gewonnen, es wird noch manche Schwierigkeit zu überwinden geben."[379] Am Montag steht prompt einer von den Franzosen auf und bestreitet wieder die Gleichberechtigung. Im Laufe der Debatte wird der Streit aber noch einmal beigelegt, so dass die Deutschen ohne Theaterabgang an den Sitzungen teilnehmen können.[380] In Genf geht es auch darum, die maximalen Truppenstärken neu festzulegen. Dabei taucht die Frage auf, inwiefern SA, SS oder Stahlhelm militärische Vereine sind, die eingerechnet werden müssten – und schon hat Paul Schmidt ein richtig handfestes Problem: Bei diesen Verhandlungen stößt er nämlich erstmals auf Übersetzungsschwierigkeiten beim harten Bemühen, die durch die nationalsozialistischen Bosse geprägten neuen Begriffe dem Ausland deutlich zu machen. „Wehrsport" hatte Röhms SA als Betätigung angegeben, doch „military sport" darf er nicht sagen, weil sonst bereits in der Übersetzung der militärische Charakter der SA zum Ausdruck kommen würde, und genau der wird deutscherseits bestritten. Nach Rücksprache mit englischen Kollegen einigt man sich auf „defence sport". Als Schmidt das verwendet, fährt der englische General Temperley dazwischen: „Was ist das für ein Unsinn? Ich vertrete das Land, von dem der Ausdruck Sport herstammt, aber unter *defence sport* kann ich mir gar nichts vorstellen." Schmidt selbst kann sich ebenso wenig etwas unter *Wehrsport* als einer nicht-militärischen Sportart denken, obwohl sich mehrere Sachverständige der deutschen Seite längere Zeit bemühen ihm klarzumachen, dass „wehr" mit militärischen Dingen nichts zu tun habe. Schade, dass der Dolmetscher nicht auf die Frage kommt, wozu es dann die Reichs*wehr* gibt. Außer dem Krach wegen Jacob provoziert der Neuling Heydrich noch einen Flaggenzwischenfall. Als die Delegation in Genf ankommt, ist die Reichsflagge vollkommen fraglos auch weiterhin Schwarz-Rot-Gold und genau so weht sie sowohl auf dem Hotel als auch an den Delegationsautos. Heydrich hat offenbar in seinem Gepäck eine Hakenkreuzfahne mitgebracht und eines Tages zieht er diese einfach auf eigene Faust statt der offiziellen Farben auf ihrem Hotel auf. Für einige Stunden ist das die Sensation von Genf. Die Leute auf den Straßen, ganz besonders die Schweizer Arbeiter, haben ohnehin schon eine von Tag zu Tag feindseligere Haltung eingenommen gegenüber der deutschen Delegation. Die Zeitungen sind voll von Nachrichten über die Unterdrückung Andersdenkender im Reich, über *Säuberung* und *Gleichschaltung*. Man wirft schon Steine hinter den Autos her, und schimpft kräftig, wenn die

Delegation vorüber fährt. Das Hakenkreuz auf dem Carlton Hotel droht zu noch unangenehmeren Zwischenfällen zu führen. Energisch greift der Delegationschef Nadolny ein. Er bringt die Rekordleistung zustande, das Hakenkreuzbanner innerhalb weniger Stunden einholen und die eigentlichen Reichsfarben wieder an seine Stelle setzen zu lassen. Dem Herrn Heydrich sagt er so gründlich seine Meinung, dass diesem eine Zeit lang das maliziöse Lächeln vergeht, als er mit hochrotem, sozusagen mit gewaschenem Kopf wieder aus Nadolnys Zimmer herauskommt.[381]

Der britische Premierminister James Ramsay MacDonald setzt sich mit Schwung für seinen Abrüstungsplan ein, der zwar nicht ganz abgelehnt, aber auch nicht von allen Staaten akzeptiert wird, da sich England nicht bereit erklärt, Verpflichtungen zum militärischen Schutz anderer Länder zu übernehmen. Der Premier sagt bloß, dass man eine Konferenz einberufen solle, „falls wirklich eine Verletzung des Paktes festgestellt worden ist".[382] Die deutschen Teilnehmer drückt aber auch weiterhin der Schuh der zwanziger Jahre. Sie fragen, wie es denn um ihre Gleichberechtigung bestellt sei, wenn es nur um Abrüstung geht, und wünschen sich erneut, dass auch Deutschland in der Zwischenzeit wenigstens in gewissem Ausmaß die Waffen besitzen darf, die dem Reich seit dem Versailler Vertrag verboten sind. Das Ergebnis der Abrüstungskonferenz ist einigermaßen mickrig und die Lage verschärft sich Tag für Tag.[383]

Widerstand gegen die Nazis in Köln

Der Preußische Landtag soll am 6. Februar nun auch vorzeitig aufgelöst werden, doch es hapert mit der Gleichschaltung der Deutschen. Staatsratspräsident Konrad Adenauer widersetzt sich weiter dem Vorhaben im sogenannten Drei-Männer-Gremium. Dr. Adenauer, der schon seit 1917 Oberbürgermeister der Stadt Köln ist, ist nicht bereit, diesen Kanzler zu empfangen, der zu einer Wahlkampfrede aus Berlin in die Stadt kommt. Er lässt die Hakenkreuzfahnen von Kölns Deutzer Brücke abnehmen. So macht Konrad Adenauer* keinen guten Eindruck auf den neuen Kanzler in Berlin. Er ist mit 57 auch nicht mehr so leicht für jede Revolution zu gewinnen. Im Wahlkampf wird plakatiert: „Adenauer, an die Mauer!"[384]

Konrad Adenauer

War es doch nicht die optimale Entscheidung, Adolf Hitler zum Kanzler zu machen? Aber wer soll sonst bis zur nächsten ordentlichen Wahl die Amtsgeschäfte leiten? Sollen die Sozialdemokraten einen Kanzler stellen oder besser noch die Kommunisten? Mit wem hätten *sie* eine Mehrheit zusammenbekommen? Mit den Deutschnationalen? Oder vielleicht mit dem Zentrum? Kaum einer will erklärte Feinde des Staates mit Waffen in der Hand an der Macht haben. Max Leube ist 37 und Sozialdemokrat in Reichmannsdorf in Thüringen. Wenn er mit seiner 33-jährigen Frau Emma über diese Brüder von der KPD spricht, lächeln die beiden bitter. Die meinen ja, wenn sie die Fabrikanten aufhängen, dann haben sie den Kommunismus schon in der Tasche.[385]

Ein Obdachlosenheim für die SA

Ein paar Kilometer nördlich von Berlin liegt das Städtchen Oranienburg. Dort gab es früher mal eine Brauerei. 1925 hatte die Aktiengesellschaft für Ost- und Überseehandel das Fabrikgelände erworben und begonnen, Radios herzustellen. Die Produktion hielt sich jedoch nicht lange, weil es nicht genug Absatz gab. Später fand sich kein Interessent mehr für das Grundstück mit dem leer stehenden Fabrikgebäude und im Februar '33 wird es der SA-Standarte 208 als Obdachlosenheim für SA-Männer zur Verfügung gestellt.[386] Wenn man so will, ist das die erste sozialpolitische Maßnahme unter dem neuen Kanzler. Der Pluspunkt ist: Es kostet nicht eine Mark und ist ein einfacher Verwaltungsakt. Mal sehen, was sich die braunen Männer dort einfallen lassen, um wieder zu Arbeit zu kommen.

Nervosität in Warschau

In Berlin soll der polnische Gesandte Wysocki am 17. Februar über die Nachbesetzung für den polnischen Generalkonsul in der ostpreußischen Stadt Königsberg sowie für den deutschen Militärattaché in Warschau verhandeln. Im Gespräch mit dem Abteilungsleiter Osteuropa des Auswärtigen Amtes fragt der Gesandte, „ob es denn überhaupt noch Zweck habe, diese Posten zu besetzen, da wir ja doch am Vorabend eines Krieges zwischen Deutschland und Polen“ stehen. Diese Gefahr ist real, doch sie geht nicht von der gestutzten Reichswehr aus. In Warschau will man einen Wahlsieg der NSDAP nicht kampflos hinnehmen. Man befürchtet, dass sich die Freie Stadt Danzig, die seit dem Weltkrieg vom Völkerbund verwaltet wird, nach den Wahlen wieder mit dem Deutschen Reiche vereinigen könnte.[387] Unter den gegenwärtigen Bedingungen, könnte sich ja die Reichswehr im Fall des Falles noch nicht einmal verteidigen.

Weitere Dollarnoten für Adolf Hitler

Unterdessen läuft bei uns im Reich der Wahlkampf auf Hochtouren und Hitlers Gönner lassen ihn nicht im Stich. Auf den letzten Metern vor der Ziellinie kommt erneut Geld. Am 27. Februar schickt die Bankabteilung der 1925 von Amerikanern hochfinanzierten IG Farben 400.000 Reichsmark an die *Nationale Treuhand* – den Schmiergeldfonds der Partei des neuesten Kanzlers. Damit tragen die IG Farben ungefähr dreißig Prozent zu dem Fonds bei.[388] Die Rettung kommt wieder von den seit anderthalb Jahrzehnten involvierten Industriellen und Bankern in den Vereinigten Staaten von Amerika. Sie unterstützen zwei Männer in ihrem Kampf um den Chefsessel wichtiger Länder, Franklin D. Roosevelt als Präsidenten der USA und Adolf Hitler als Reichskanzler in Deutschland.[389] Letzterer hat vielleicht eigenwillige Vorstellungen und ist streng genommen gegen parlamentarischen Quark an sich allergisch, aber dieser Umstand muss nicht dazu führen, dass er chancenlos bleibt. Vom *New Deal* Roosevelts versprechen sich die reichsten Amerikaner ganz märchenhafte Gewinne. Schauen wir doch einmal das Kartell des Sponsoren IG Farben an: Zum Vorstand der amerikanischen Tochterfirma gehören große Industrielle, darunter Edsel B. Ford von der Ford Motor Company, C. E. Mitchell von der Bundesnotenbank Federal Reserve Bank of New York sowie Mister Walter Teagle, der Direktor dieser Institution sowie der Standard Oil of New Jersey und daneben durchaus ebenso einer Firma wie der Georgia Arm Springs Foundation des gerade gewählten Präsidenten Franklin D. Roosevelt.[390] Es gibt sogar amerikanische Firmen, die Hitler unmittelbar unterstützen, so zahlt die Standard Oil über deutsche Zulieferfirmen ihr Geld in den persönlichen Fonds von Reichsführer-SS Heinrich Himmler ein. Darüber hinaus ist erwähnenswert, dass bedeutende Summen in die Öffentlichkeitsarbeit der Nationalsozialisten in den USA fließen. Langfristig ist fatal, dass Firmen wie Standard Oil auch Verbindungen zu der IG Farben unterhalten, die die strategische Kriegführung betreffen, was dazu führt, dass deren Firmen „versehentlich eine wichtige Rolle bei der technischen Aufrüstung Deutschlands“ spielen. Besonders versehentlich kann es dann natürlich auch wieder nicht sein, wenn Anfang '33 darüber durch den US-Wirtschaftsattaché nach Washington berichtet wurde.[391]

Unter den ganz großen Geldgebern sind auch AEG und Osram. Auch sie unterstützen die Wahl dieses Adolf Hitler über die *Nationale Treuhand*. Doch wem gehören die zur Debatte stehenden Firmen? Sie stehen unter amerikanischer Oberaufsicht und haben US-amerikanische Chefs.[392] Da findet man zum Beispiel Owen Young, den Mann, nach dem der *Young-Plan* zur Abzahlung der Reparationen durch das Reich benannt war. Er wurde zu einem der ausländischen Direktoren, die die AEG Deutschland führen dürfen. Diese Elektrotechnikfirma bekommt beispielsweise über den *Dawes-Plan* 35 Millionen Dollar. AEG gehört zu 30 Prozent der US-amerikanischen Firma General Electric.[393] Während die Unternehmer in Deutschland kein Geld mehr haben, sind diejenigen, die die Nazis weiter finanzieren, überwiegend Direktoren von Kartellen mit amerikanischen Verbindungen, Besitz, Beteiligungen oder einer Form von Verbindung durch Tochtergesellschaften. Belächelt werden die *Nazzis* im Inland wie im Ausland – nur dass manch einer im Ausland offenbar gerade deshalb schon vor Jahren ein Interesse daran hatte, dieses Grüppchen zu unterstützen. Ein weiteres gutes Beispiel ist die DAPAG. An dieser Stelle kann daran erinnert werden, dass dieselbe Gruppe, viele mit einer Adresse am Broadway 120 in New York, zuvor schon den bolschewistischen Umsturz im Russischen Reich von 1917 ermöglicht hatte.[394] Es wäre recht albern, wenn man hinterher versuchen würde, die Völker vor Gericht zu stellen, denen in ihren Ländern brutale Diktaturen übergeholfen wurden. Wenn jemand an den Pranger gehört, dann die Strippenzieher.

Über all die Hilfen für die NSDAP berichtet ein Mitwisser übrigens 1933 in einem Buch, das in Holland unter dem Titel *De Geldbronnen van het*

Nationaal-Socialisme (Drie Gesprekken met Hitler) erscheint in einem Verlagshaus Van Holkerna & Warendorf. Verständlicherweise benutzt er für diese durchaus äußerst gefährliche Veröffentlichung ein Pseudonym, er firmiert nämlich unter dem Namen Sidney Warburg. In der Schweiz wird dieses Buch auch ins Deutsche übersetzt. In den Bücherläden überlebt es jedoch nicht lange. Nach wenigen Tagen muss es aus den Regalen genommen werden. Der Autor sagt, dass reiche Amerikaner wie Rockefeller von 1929 bis 1932 Hitler mit einem Betrag von 32 Millionen Dollar finanziert haben. Dann erstaunt es auch keinen mehr, dass Hitler zu den Wahlkampfauftritten mit dem Flugzeug über staunenden Zuhörern einschweben konnte. Die Familie Warburg hat sich gegen die Verwendung ihres Namens durch den wirklichen Autoren verwahrt. Sie hat jedoch in keiner Weise den Inhalt dieses Buches in Zweifel gezogen.[395] Am Anfang jenes Buches äußert sich der Autor, der ganz offensichtlich ein *Insider* in der Finanzszene ist, folgendermaßen: „Es gibt Augenblicke, da ich mich von einer Welt voller Intrigen, List und Schwindel und Manipulationen der Börse abwenden möchte." Es ist in einer gewissen Art und Weise auf jeden Fall menschlich bewegend, dass der gute *Whistleblower* fassungslos ist, weil man wieder einen Krieg vorbereitet: „Wissen Sie, was ich nie verstehen kann? Wie ist es möglich, dass Menschen von gutem und ehrlichem Charakter – wofür ich ausreichend Beweise habe – an Schwindel und Betrug teilnehmen und ganz genau wissen, dass dies Tausende in Mitleidenschaft ziehen wird?"[396] Gebe Gott, dass es nicht viel übler wird und die Zahlen der Opfer in einen zweistelligen Millionenbereich gehen. Der anonyme Autor merkt noch an: „Ich führte meinen Auftrag strikt bis ins letzte Detail aus. Hitler ist Diktator des größten Landes Europas. Die Welt hat ihm nunmehr seit einigen Monaten bei der Arbeit zugeschaut." Und dann: „Meine Meinung über ihn ist heute von keinerlei Bedeutung. Durch seine Handlungen wird sich erweisen, ob er schlecht ist, was ich glaube. Für das deutsche Volk hoffe ich jedoch in meinem Herzen, dass ich unrecht habe." Er leitet aus seinen Erfahrungen ab: „Die Welt leidet weiterhin unter einem System, das sich einem Hitler beugen muss, um sich selbst aufrecht zu halten."[397] Aber leidet nicht streng genommen das System unter den Superreichen, die aggressive Psychopathen draußen in der Welt für ihre Zwecke einspannen und missbrauchen? Sie sind es, die sich das demokratische System unter den Nagel gerissen haben.

Der Auslandskorrespondent des *Manchester Guardian* Robert Dell sagt in seinem Buch *Germany Unmasked* jedenfalls, dass er jenes verbreitete Gerücht bestätigen muss, dass der Hauptteil der Finanzierung der Nazis aus dem Ausland gekommen ist: „Hitler standen umfangreiche Geldmittel zur Verfügung, die nicht nur aus deutschen Quellen stammten. Er bekam von gewissen kapitalistischen Interessengruppen im Ausland Geld, die von seiner Feindschaft gegenüber Russland oder seiner Politik, welche die Nachfrage nach Waffen verstärkte, angezogen wurden." Um das Motiv ging es ja auch schon im Juni 1929. Robert Dells Schluss aus dem Vorgang lautet: „Die internationale Hochfinanz schien dem Naziregime nicht ungewogen zu sein."[398] Wenn das Buch in ein paar Monaten fertig ist und auf den englischen Markt kommt, ist es für das Reich zu spät. Es hat dann nur noch Wert für die Auswertung, wer die Schuld dafür trägt, dass im Land der Dichter und Denker Schläger und Idioten das Ruder in die Hand bekommen haben und eine Diktatur einrichten konnten.

In Berlin brennt der Reichstag

Am Abend des 27. Februar sehen Passanten, dass der Reichstag brennt. Vorübergehende bleiben stehen und Feuerwehrautos nahen. Die Polizei nimmt Ermittlungen auf. Ein Mann läuft ihnen aus den Flammen direkt in die Arme. Sie nehmen ihn sofort fest. Am nächsten Tag steht es in den Zeitungen. Allerdings bleiben diese polizeilichen Verlautbarungen trotz der vielen Worte mager. Sie reden von einem verhafteten holländischen Kommunisten und von dem Vorsitzenden der kommunistischen Reichstagsfraktion, der mit diesem Holländer im Komplott gewesen sein soll. Es kommen noch drei bulgarische Agenten der III. Internationale dazu. Andererseits scheinen die Angaben reichlich unbestimmt, so dass in der Öffentlichkeit bald Zweifel aufkommen, ob bei jener Untersuchung alles mit rechten Dingen zugehe. Warum ist es zum Beispiel nicht möglich gewesen, die angeblich „auf frischer Tat Ertappten" zu einem überzeugenden Geständnis zu bewegen? Wieso bleibt es noch lange unklar, was sich an dem Brandabend im Reichstagsgebäude abgespielt hatte? Dabei läuft die Sache zunächst wie ein gewöhnlicher Kriminalfall, zumal die Polizei einen der Brandstifter ja noch am Tatort verhaften konnte.[399]

Hans Gisevius hat in Berlin und München studiert und dann in Marburg promoviert. Jetzt will er zur Polizei. Der Fall interessiert ihn schon aus diesem Grund. Ihm fällt vor allem auf, dass Hermann Göring am Abend des Brandes „keine Volksversammlung abhält",[400] sondern wundersam zur Stelle ist. Sonst ist er immerfort im Land unterwegs; am 5. März soll der Reichstag ja doch neu gewählt werden. Der Beamte *in spe* bemerkt, dass nur wenige Minuten nach der Tat bereits der neue Kanzler vor Ort ist. Adolf Hitler hat gerade bei Joseph Goebbels zur Nacht gegessen, als er die aufregende Nachricht von der Brandkatastrophe erhielt. Gisevius findet es erstaunlich, dass ausgerechnet an diesem Abend weder Hitler noch sein sonst so redelustiger Propagandachef einen Wahlkampauftritt hat. Unentwegt starrt der Kanzler und um ihn noch eine Schar Minister und Beamte auf das brennende Gebäude. Offenbar ist dieser Meister der Selbstsuggestion von diesem Schauspiel außergewöhnlich gepackt. Von Minute zu Minute steigert sich seine Erregung. Göring erteilt mit leidenschaftlichen Worten alle polizeilichen Vollmachten. In dieser Nacht verkündet man die unsäglichen Notverordnungen vom 28. Februar '33. Es werden ausgesprochene Notstandsverordnungen, erlassen „zum Schutze von Volk und Staat" gegen „kommunistische Anschläge". Dem Sinn und Wortlaut nach sind es tatsächlich Kommunistenverordnungen.[401] Das ist genau nach Hitlers Geschmack: Nach menschlichem Ermessen wird sich niemand außer den Kommunisten gegen die Neuregelungen auflehnen. Nachdem der Kanzler die eigenen Truppenteile sonntags in die Kirchen schickt, dürfte jetzt auch in den roten Garden Ruhe einziehen, und mehr wird sich die Mehrheit der Bevölkerung dabei vermutlich kaum denken. Jetzt ist es nicht mehr entscheidend, ob dieser Holländer ein Einzeltäter war oder ob die Nazis da mitgekokelt haben. Wichtig ist die Ausnutzung der sich bietenden Chance für Gesetze, die auf demokratischem Wege in eine Diktatur führen. Bald schon bekommen auch die Sozialdemokraten arg zu spüren, dass hier im Reich ein neuer Wind weht. Umgehend verbietet Hermann Göring auf Grund der neuen Paragraphen ihre gesamte

Presse. Doch lange müssen sie nicht allein bleiben. Sehr schnell werden sämtliche übrigen Parteien mit der Willkür Bekanntschaft machen. Aber während die Linke noch die Möglichkeit hat, in Wahlversammlungen zu protestieren, während es Blätter der demokratischen Mitte gibt, die die Proteste abdrucken, während es einstweilen noch eine gewichtige Möglichkeit gibt, öffentlichen Unwillen kundzutun, nämlich die kommende Reichstagswahl, wird es später höchstens noch schriftliche Beschwerden geben, die in den Papierkorb wandern oder die ihre Verfasser einfach in ein Konzentrationslager bringen. Jedwede richterliche Nachprüfung der staatlichen Eingriffe hört auf. Wer ahnt am Morgen nach diesem Brandabend beim Lesen der Notverordnungen, dass einzig mit diesen wenigen Bestimmungen die Revolution legalisiert werden wird? Aber genau so ist es. Weiter berichtet Gisevius, dass Juden und Christen, Stahlhelmer und Logenbrüder, Zentrumsleute und Deutschnationale, Gesangsvereine wie auch Konsumgenossenschaften mit der Zeit diese Art neues Polizeirecht kennen lernen, das aus jenem Flammenmeer am Königsplatz den Schein der vollen Berechtigung ableitet, ein ganzes Sechzig-Millionen-Volk dem Terror auszuliefern.[402]

Die Notverordnungen werden auch genutzt, um den Widerstand in den Ländern zu brechen. Sie liefern der Reichsregierung *legale* Handhaben, um selbst die Gewalt in allen Ländern zu übernehmen, wenn nicht „die zur Wiederherstellung der öffentlichen Sicherheit und Ordnung nötigen Maßnahmen“[403] von ihnen selbst getroffen werden. Nehmen Sie Bayern. Weite Kreise in dem bergigen Lande kämpfen energisch gegen ein Übergreifen der Zustände in anderen Ländern des Reiches auf den Freistaat. Besonders beherzt treten dabei Repräsentanten der Bayerischen Volkspartei auf. Sie richten Anfragen an den Reichspräsidenten und sie holen Zusicherungen von ihm und Vizekanzler von Papen ein. Der Führer der Partei Heinrich Held hat zum Beispiel mehrfach verkündet, kein Reichskommissar wird ungestraft die Mainlinie überschreiten, und kommt ein Reichskommissar trotz Hindenburgs Versprechungen nach Bayern, wird er unverzüglich verhaftet. Es kursieren verschiedene Ideen, wie sich das Land vor der braunen Flut schützen kann. Sie reichen von der Stärkung des Föderalismus im Reich, um der Regierung Bayerns ihre Eigenständigkeit zu sichern, bis zum Separatismus. Dann würde dieses Land eben von Deutschland abgetrennt. Verbreitet ist auch die Idee, die 1918 abgeschaffte Monarchie der Wittelsbacher wieder einzuführen.[404]

Der Kanzler will seinerseits an den Kommunisten, die nach dem Brande festgenommen worden sind, ein Exempel statuieren. So landet in § 5 der Notverordnungen die Anweisung, diejenigen durch ihre Hinrichtung zu bestrafen, die den bösartigen *Terroranschlag* auf die Demokratie verübt haben. So schwingt sich einer der lautesten Hetzer gegen die parlamentarische Demokratie zu ihrem Beschützer auf. Zum Tatzeitpunkt kommt aber bloß Zuchthaus für jenes Delikt in Frage (§ 307 StGB). Hitler macht dieses Detail kein Kopfzerbrechen: Dann muss sein Gesetz rückwirkend Geltung erlangen. Danach geht es hoch her. Es wird ein Gutachten angefordert, das schon am 4. März von den drei Strafrechtsexperten Walter Nagler, Hellmuth von Weber* sowie Friedrich Oetker vorgelegt wird. Sie vertreten darin die Auffassung, dass kritische Bedenken vermutlich auch in der deutschen Öffentlichkeit erhoben werden, wenn eine Notverordnung rückwirkende Strafverschärfungen enthalten würde.[405] Der Staatssekretär im Justizministerium Franz Schlegelberger ergänzt, er rate vom Erlass einer solchen Rückwirkungsverordnung ab und er habe überdies grundsätzliche Bedenken, den juristischen Grundsatz zu verwerfen, dass es eine Strafe nur dann geben könne, wenn eine Tat zum Zeitpunkt ihrer Ausführung gesetzeswidrig gewesen ist. Der juristische Grundsatz *Nulla poena sine lege* gelte „fast in der ganzen Kulturwelt“[406] und zusammenfassend kommt Schlegelberger zu dem Schluss, eine Preisgabe eines so elementaren Grundsatzes müsse „zu einer Verwirrung des allgemeinen Rechtsbewusstseins“ führen.[407]

Die erste Wahl im Dritten Reich

Unter diesen Bedingungen läuft am 5. März die Wahl zum Reichstag an. Es ist Sonntagmorgen in München. Am Abend geht der 17-jährige Franz Josef Strauß mit seinem Vater zur Versammlung der Bayerischen Volkspartei in den Mathäser-Bräu. Dort sagt der Vorsitzende der Partei, Fritz Schäffer*, der die Versammlung leitet, jetzt gebe es keinen Zweifel mehr,

Nationalsozialisten und Deutschnationale hätten die Mehrheit. Was der Chef der Partei sagt, vergisst Franz* nicht: „Meine lieben Parteifreunde, jetzt kommt eine furchtbare Zeit." Und erläutert anschließend: „Morgen beginnt die Karwoche für Deutschland. Diese Karwoche wird einen Karfreitag für Deutschland bringen. Wir sind gläubige Christen. Nach dem Karfreitag kommt die Auferstehung, der Ostersonntag." Franz Josef erlebt Schäffer als einen eindrucksvollen Redner mit sonorer Stimme, der plastisch formulieren kann und Meister der deutschen Sprache ist. Eine lähmende Stille breitet sich unter den anwesenden drei- bis vierhundert Zuhörern aus und dann löst sich diese Versammlung auf. Mit dem Vater geht Franz bedrückt und schweigend wieder nach Hause; die Stimmung ist unheimlich.[408]

Eine erste außenpolitische Reaktion auf die deutschen Wahlergebnisse fällt harsch aus. Gleich am Montag verstärkt Marschall Piłsudski Polens Truppen im Freistaat Danzig, den Polen auch ohnehin gern für sich will. Józef Piłsudski lässt ein Bataillon Marineinfanterie auf der Westerplatte an der Zufahrt zum Hafen von Danzig stationieren. Dabei muss er keine russischen Gegenmaßnahmen befürchten, da er sich, obwohl er so antirussisch wie auch antisowjetisch eingestellt ist, am 25. Juli 1932 durch einen Nichtangriffspakt mit Moskau gegen ein Eingreifen sowjetischer Truppen abgesichert hatte. Der Völkerbund hatte Polen nur eine relativ bescheidene Wachmannschaft für ein Munitionsdepot zugestanden und protestiert scharf, so dass Piłsudskis Truppen wieder abgezogen werden müssen. Unterdessen wird mit Paris verhandelt, ob nicht Frankreich zu einem Krieg gegen das Reich bereit sei, um Deutschland zur Einhaltung der Bestimmungen von Versailles zu zwingen. Paris fühlt sich jedoch an das umfassende Angriffsverbot aus dem *Briand-Kellogg-Pakt* gebunden und geht auf die Anfrage aus Warschau nicht ein.[409]

Geh' in die NSDAP oder geh' zum Teufel

Der Reichstag ist nun zwar gewählt, kann jedoch in der ausgebrannten Ruine nicht tagen. Man schaut sich in der Nähe um und kommt auf die Kroll-Oper. Am Dienstag beginnt der Umbau. Die Deckengemälde sind zu heiter und müssen weichen. Im Parkett werden zu viele Sitze eingebaut. Vielleicht nahm sich der Architekt nicht die Zeit zum Lesen einer Zeitung: Elf Abgeordnete der SPD sitzen in Schutzhaft, wie das genannt wird, mal ganz zu schweigen von denen der KPD. Ihre 81 Mandate sind inzwischen annulliert worden. Reichsinnenminister Wilhelm Frick kommentiert diesen Akt zynisch: „Wenn der neue Reichstag zusammentritt, werden die Kommunisten durch dringendere und nützlichere Arbeiten verhindert sein, an der Sitzung teilzunehmen. Diese Herrschaften müssen wieder an nutzbringende Arbeit gewöhnt werden. Dazu werden wir ihnen in Konzentrationslagern Gelegenheit geben. Wenn Sie sich dann wieder zu nützlichen Mitgliedern der Nation erziehen ließen, sollen sie als vollwertige Volksgenossen willkommen sein." Danach gibt er einen Ausblick für die Konkurrenz: „Aber nicht nur die Kommunisten müssen verschwinden, sondern auch ihre roten Bundesgenossen von der Sozialdemokratie, denn die Sozialdemokratie ist die Wurzel, die den Kommunismus hervorgebracht hat."[410] So weit ist es also schon gekommen, dass daraufhin nicht Millionen auf die Straße gehen, sondern ihre Köpfe einziehen oder emigrieren. Oder glauben Sie, dass jemand, der die Lösung für die Probleme der Welt bisher auf sozialdemokratischem Weg finden wollte, unter Druck auf einmal *aus Sympathie* zu den Nazis überläuft?

Von nutzbringender und obendrein schöner Arbeit abgehalten wird am Abend des 7. März Fritz Busch – der gefeierte Dirigent der Sächsischen Staatskapelle. Generalstabsanwärter Hans Speidel*, der ebenso zu dem Freundeskreis zählt wie der SPD-Chef Kurt Schumacher* und natürlich viele Künstler, ist entsetzt darüber, dass unsere Ego-Rowdys Fritz Busch nach glanzvoller elfeinhalbjähriger Tätigkeit buchstäblich vom Pult der Dresdner Staatsoper jagen, weil er kein Mitglied der NSDAP werden will und sie offen ablehnt. Tiefe Einblicke in die Denkweise eines Nazis gibt natürlich der Versuch, Mitbürger mit Gewalt in ihren Freundeskreis aufzunehmen. Das lässt auch den Rückschluss zu, dass die Anzahl der Mitglieder der Partei selbst dann weiter wächst, wenn Probanden nicht von den Problemlösungen der Nationalsozialisten überzeugt sind, sich aber einschüchtern lassen. Busch verzichtet daraufhin dankend auf Angebote in Deutschland und besteigt bald ein Schiff nach Buenos Aires, um stattdessen am Theater Colón ein Orchester zu dirigieren.[411] Wohin geht das Reich, wenn noch mehr Intellektuelle das Weite suchen? Es lässt sich ja noch nicht einmal mit Bestimmtheit sagen, ob das gut oder schlecht ist, wenn Kritiker der Nazis das Weite suchen. Wer nicht mehr im Reich ist, hat aus der Ferne noch weniger Einfluss als in den Jagdgründen Hitlers.

Widerstand gegen die Nazis in München

Nehmen wir den nächsten Zug, um rechtzeitig in München zu sein. Dort findet am 9. März der große Aufmarsch von SA und SS zum Zwecke der Machtübernahme statt. Die bayerische Fahne wird eingeholt und stattdessen wird eine Hakenkreuzfahne gehisst. Der Schüler Franz J. Strauß* kommt von der Schule und radelt durch die Leopoldstraße, als sich dort SA- und SS-Verbände formieren. Es ist später Nachmittag und langsam fängt es an zu dämmern. Er begleitet den Zug durch die ganze Stadt; es geht vorbei am Hauptpostamt, am Nationaltheater und am Gebäude der Regierung von Oberbayern. Überall, so weit er schauen kann, herrscht Jubel. Der junge Mann selbst schwankt zwischen Furcht und Hass.[412] Er sieht freilich auch nur diejenigen, die auf der Straße sind. Er sieht nicht, wie viele zu Hause sind oder bei Freunden und Musik hören, um diesen Jubel eines Viertels der Bevölkerung nicht ertragen zu müssen. Bei dem martialischen Auftreten der Verbände von Männern der SA und der SS soll es aber nicht bleiben. So, wie sie am 9. März das Straßenbild in der Hauptstadt München beherrschen, fordern sie die sofortige Einsetzung des Generals Ritter von Epp als Generalstaatskommissar. Die bayerische Regierung bleibt standhaft und Ministerpräsident Heinrich Held schickt den Stabschef dieser SA Ernst Röhm, General von Epp, den Chef der SS Heinrich Himmler und den bayerischen Gauleiter Adolf Wagner wieder hinaus. Dann wird mit der Reichswehrführung in Berlin verhandelt, um die Revolution der Straße zu beenden. Doch die Generäle verweisen auf die Verfassung: Es handle sich in Bayern um innenpolitische Vorgänge, bei denen sie sich heraushalten müssten.[413] Für den Helden in München wird es eng. Wie lange kann seine Polizei dem Druck der Straße standhalten, wenn er sie gegen ein Viertel der Bevölkerung in Marsch setzte? Um so entschlossener reagieren die neuen Machthaber in Berlin. Unter

Ausnutzung ihrer Notverordnungen setzen sie ihrerseits den Ritter von Epp als Beauftragten in Bayern ein. Es gehen Proteste ein in Form von Briefen und Telegrammen, aber die werden banal übergangen. Kanzler Hitler vermutet ohnedies seine Gegner „mit Recht in allen Schichten".[414]

Der kleine Mann übernimmt im Reich die Macht

Der langjährige Bürgermeister von Köln Konrad Adenauer verlässt nach dem für ihn lebensgefährlichen Wahlkampf am 13. März die Stadt Köln und wird von den neuen nationalsozialistischen Spezialisten kurzerhand vom Amt suspendiert. Einer seiner alten Schulfreunde, der Abt Ildefons Herwegen, gibt ihm Obdach im katholischen Kloster Maria Laach.[415] Er bleibt längst nicht der einzige gelernte Verwaltungsfachmann, den diese Revolution der Straße durch Männer aus dem Volk ersetzt. Nun ist es ja nicht übermäßig schwer sich vorzustellen, was einer wie Adenauer gern mit den Nazis machen würde, wenn er auf seine alten Tage noch mal auf einen höheren Stuhl käme. Aber wie nimmt es eigentlich umgekehrt ein Mann wahr, dass er ohne jegliche Voraussetzungen auf einmal auf einen wichtigen Stuhl kommt? Kurt W. Luedecke läuft einem von ihnen über den Weg und was er von ihm hört, macht ihn schon sprachlos: „Mensch, Luedecke! Fabelhaft! Ich regiere!"[416] So groß kann Freude sein. Und ein anderer Mann aus dem einfachen Volk meint zu Hermann Rauschning: „Ich will nicht wieder herunter. Sie können vielleicht warten. Sie sitzen in keinem Feuer! Mensch, hören Sie, stellungslos! Eh' ich das noch mal mitmach', werd' ich zum Verbrecher. Ich halt' mich oben, und wenn ich sonst noch was tun müsste. Wir stoßen nicht noch einmal hoch!"[417]

Auf dem diplomatischen Parkett

Apropos Verbrecher. Es war schon bemerkenswert, dass das Versailles-Opfer Hitler von einem Bündnis Deutschlands mit Großbritannien und Italien träumt, und der Verdacht liegt nahe, dass es Briten waren, die es ihm eingeredet haben. Im Frühjahr 1933 stellt sich die gleiche Frage in grün bei Benito Mussolini: Ist der römische Herrscher ganz allein darauf gekommen, Londons Premierminister Ramsay MacDonald und Außenminister John Simon am 18. März 1933 einen „Viererpakt" anzubieten? Gedacht ist an so etwas wie ein Direktorium für Europa, das aus Frankreich, Deutschland, Italien und nicht zuletzt Großbritannien besteht. So wäre Berlin aufgewertet und zugleich politisch eingebunden. Der frische Kanzler ist immerhin ein scharfer Gegner des Bolschewismus und außer in der sowjetischen Hauptstadt hoffen alle, dass Berlin die Beziehungen zu Moskau endlich auf Eis legt. Unbedarfte Beobachter wird es vielleicht überraschen, aber über einen solchen Viererpakt wird nun allen Ernstes in Europa diskutiert. Kritikern der jüngsten Entwicklung in Deutschland nimmt das selbstredend den Wind aus den Segeln: Während sie immer weiter lamentieren, was bei uns angeblich gar nicht geht, ist Adolf Hitler im Begriff, in die erste Liga Europas aufzusteigen. Gelingt es womöglich ausgerechnet ihm, die Schatten von Versailles loszuwerden? In London und Rom ist man auf alle Fälle für so einen Vertrag. Frankreich legt aber Wert darauf, dass sich der Text gegen niemanden richtet, während man ihn in London als antikommunistisches Bollwerk verkaufen will.[418] Wird man in Paris irgendwann verstehen, dass die eigenen Interessen nicht in Einklang stehen mit denen in London?

Die Sowjetunion hatte sich aber auch alle Mühe gegeben, um Zielscheibe zu werden. Unfassbar viele Emigranten haben dieses Land in den letzten anderthalb Jahrzehnten verlassen, sind geflohen vor den Arbeitern und Bauern, die jetzt das Land dort beherrschen, geflohen aus Angst um ihr Leben. Sie suchten und fanden auch Zuflucht in Asien, in Europa und in Amerika. In Berlin und Paris wohnen Tausende von ihnen. Viele zogen in Wohnungen in Charlottenburg ein, das die Berliner Schnauze seitdem respektlos Charlottengrad nennt. Im neuen Russland selbst folgt seit der Revolution vor fünfzehn Jahren eine Hungersnot der nächsten und zehn oder elf Millionen Arbeiter, Bauern und ihre Kinder sind inzwischen an der Unterernährung gestorben. Aber all das soll dieser Text nicht sagen. Man will Stalin in Moskau nicht noch unnötig provozieren. Es soll etwas wie ein Quartett des Friedens werden. Berlin, also Hitler, begrüßt dieses Vorhaben. Zu seinem außenpolitischen Berater Joseph Goebbels sagt er nach der Unterbreitung des Angebotes, das wird ihm „Ruhe und Luft"[419] verschaffen. Er hat noch einiges vor. Und solange das im Osten passiert, hat ja auch fast niemand etwas dagegen. In diesen Tagen geht in Berlin ein Brief ein, in dem eine Frau aus Riga ihre Hoffnung formuliert, dass der neue Reichskanzler in Berlin hoffentlich etwas gegen den Diktator in Moskau ausrichten könne. Sie hat Angst, dass Stalin über kurz oder lang die baltischen Staaten wieder in den russischen Staat zurückholt.[420]

Die SA schaltet die Polizei aus

Am 20. März hört Paul im Radio, dass der Münchener Polizeipräsident, kommissarisch eingesetzt vorerst, Heinrich Himmler die Errichtung von einem Konzentrationslager in der Nähe der Stadt Dachau groß angekündigt hat. Jenes Wort ist Lagern entlehnt, wie sie die Briten im Süden von Afrika bereits Anfang des Jahrhunderts unterhielten, um den Erhalt des Britischen Reichs zu sichern, und wie sie Amerikaner seit dem Jahr 1901 auch schon auf den Philippinen einrichteten, um sich selbst ebenfalls so ein *Empire* in die Welt zu setzen.[421] Die ersten Lager dieser Art in Mitteleuropa, in denen die Republik Polen einige Tausend Deutsche gefangen gehalten hat, gab es dann schon in den zwanziger Jahren in Szczypiorno, Brest Litowsk und Bereza Kartuska.[422] Wie die Nazis die Kommunisten-Lieder nahmen und sie nur mit dem eigenen Text versahen, so erfinden sie auch in diesem Bereich das Rad nicht neu, mit Folter, Mord und Totschlag und allem, was zur totalitären Herrschaft eben dazugehört. Doch ein Unterschied fällt auf: Die Elite der Angelsachsen setzt Gewalt gegen fremde Völker ein und mehrt ihren eigenen Reichtum; die Nazis setzen die Gewalt gegen die Elite des eigenen Volkes ein. Aber mehr ist von den bildungsfernen Schichten auch nicht zu erwarten und das bestätigt, dass die Angelsachsen, wenn man es aus ihrer Perspektive sieht, die richtigen Männer in Deutschland mit dem nötigen Kleingeld ausgestattet hatten. In wie vielen Ländern wollen sie denn nun noch in dieser Art vorgehen? Am 21. März schreiben auch die *Münchener Neuesten Nachrichten*, am Mittwoch werde in der Nähe von Dachau ein erstes Konzentrationslager eröffnet. Es soll ein Fassungsvermögen von 5.000 Menschen haben. Da würden dann die Kommunisten und, „soweit notwendig“ Reichsbanner und „marxistische Funktionäre, die die Sicherheit Deutschlands gefährden, zusammengezogen, da es auf die Dauer nicht möglich ist, wenn der Staatsapparat nicht so sehr belastet werden soll, die einzelnen kommunistischen Funktionäre in den Gerichtsgefängnissen zu lassen, während es andererseits nicht angängig ist, diese Funktionäre wieder in die Freiheit zu lassen." Weiter heißt es, es seien einzelne derartige Versuche gemacht worden, doch der Erfolg sei der gewesen, „dass sie weiter hetzen und zu organisieren versuchen". *Reichsbanner* sind die von den Sozialdemokraten organisierten bewaffneten Kräfte zum Schutz der Republik. Na ja – sie sind es gewesen, denn auch *Reichsbanner* und *Eiserne Front* werden verboten, wenn sie sich nicht hier und da vor Schreck von selbst auflösen. In dieser Nachricht heißt es weiter, Münchens Polizeipräsident Heinrich Himmler habe geäußert, dass die Schutzhaft in den einzelnen Fällen nicht länger aufrechterhalten werde, als notwendig sei. Selbstverständlich werde aber das Material, das „in ungeahnter Menge beschlagnahmt wurde", zur Sichtung längere Zeit benötigen. Seine Polizei werde dabei nur aufgehalten, wenn dauernd angefragt werde, wann dieser oder jener Schutzhäftling freigelassen werde. Es wird auch auf Gerüchte eingegangen, wie übel *Schutzhäftlinge* behandelt würden. Dass dies jedoch alles nicht wahr sei, gehe daraus hervor, dass einigen Schutzhäftlingen, die es wünschten, wie z. B. Dr. Gerlich und Freiherrn v. Aretin, priesterlicher Zuspruch genehmigt worden sei.[423] Einen Tag später wird letztlich ohne viel Federlesens das Konzentrationslager Dachau ca. 20 Kilometer nordöstlich von München eröffnet. Das wird ein Lager für Männer aller Couleur. Neben Mitgliedern aus der KPD, der SPD und Gewerkschaften werden dort Liberale und Konservative eingesperrt. Man stelle sich nur die Überraschung der soeben genannten Herren vor, wenn plötzlich im Nachbarbett nicht ihre Frau liegt, sondern ein Mann, den sie bis gestern wegen irgendetwas kritisiert haben. Der erste Morgen neben einem bislang politisch völlig fremden Mann – das ist für sie die Stunde null.

Der 49-jährige Reichstagsabgeordnete Theodor Heuss* gehört zu jenen Bürgern, die der verordnete Terror plättet: „Mein Vater hat mir eine Erziehung bürgerlicher Anständigkeit gegeben, in der das Verbrechen als aktuelle Form des öffentlichen Lebens nicht vorkam. Unsere Phantasie, auch wenn wir einige Übersicht über Gräuel als historische Geschehen besaßen, reichte nicht so weit, das Verbrechen als institutionelle Form staatlichen Wirkens einzusetzen."[424] So bleibt bei vielen Leuten lange die Vorstellung erhalten, es handele sich um Arbeitslager für Querulanten, zumal Hitler sogar der ausländischen Presse Lager vorführen lässt. Aber zurück in das Obdachlosenheim der SA in Oranienburg bei Berlin. Hört man dort von der Ankündigung des Münchener Polizeipräsidenten und treibt die Aufräumaktion auch in Brandenburg voran? Oder geht die SA-Standarte 208 auf eigene Faust los und nimmt vierzig Kommunisten aus den Gemeinden in der Umgebung der Stadt mit in ihr Heim? Die vierzig Männer werden die ersten Gefangenen auf dem Brauereigelände.[425]

Hans Bernd Gisevius schätzt das, was sich in den vergangenen Wochen bei uns im Deutschen Reich abspielte, gewiss realistisch ein: „Der uralte und ewig neue Reiz, der von dem Besitz der Macht ausgeht, zeigt einmal mehr seine Wirkung." Programmgemäß sei Ernst Röhms SA zu einer Art Hilfspolizei gemacht worden und diese Rolle wolle sie nun auch wirklich spielen. Er vermutet, dass sich Göring die Maßnahme so gedacht haben könnte, dass auf zwei schwer bewaffnete Polizeiwachtmeister je ein mit weißer Binde bestückter SA-Mann kommt, „gewissermaßen ein brauner Konzessionsschulze". Doch bald werden die Wachtmeister ganz einfach als Protokollanten auf dem Revier zurückgelassen und die SA sucht nun allein nach den Feinden des Staates, den sie sich gerade unter den Nagel gerissen hat. Die SA veranstaltet Großrazzien, sie führt Haussuchungen durch, beschlagnahmt, lädt zu Zeugenvernehmungen, sperrt ein. Hans Bernd subsumiert: „Kurzum, die SA erhebt sich zur Hilfspolizei in Permanenz und pfeift auf alle Rechts- und Verwaltungsgrundsätze aus der sogenannten Systemzeit. Das Schlimmste für die ohnmächtigen Staatsbehörden ist, dass die SA ihre Beute überhaupt nicht mehr herausrückt. Wehe, wenn sie jemanden in ihren Klauen hat!" Es entstehen von ihnen so bezeichnete Bunker, furchtbare Gefängnisse, von denen ein guter SA-Sturm mindestens einen besitzen muss. Die „Abholung" von Leuten, die sich der Gleichschaltung widersetzen, wird zu einem Gewohnheitsrecht der SA. Wer leidet? „Der erste Gegner ist natürlich der Kommunismus. Aber er ist wirklich nur der erste Gegner. Nachdem einmal die Prügelhelden zur Hilfspolizei in eigener Sache gemacht worden sind, beginnt ein regelrechter Straßenterror, der nichts mehr mit dem Kampfe gegen den Bolschewismus zu tun hat. Was sich in diesen ersten Monaten während und nach Erringung der Totalität in unsern Großstädten, zuweilen auch auf dem Lande, an Gewalttätigkeiten abspielt, ist unglaublich. Die Bestie im Menschen tobt sich aus.“[426]

Der Tag der nationalen Erneuerung

In der Berliner Kroll-Oper sind Arbeiter mit dem Umbau beschäftigt, so wird der neue Reichstag am 21. März durch den Reichspräsidenten Paul von Hindenburg, 85, in der Garnisonkirche in Potsdam eröffnet. Unter den Abgeordneten, die zu der Veranstaltung gehen, ist unser ehemaliger Reichskanzler Heinrich Brüning. Ist er der Einzige, den das Gefühl nicht loslässt, die Abgeordneten, die nicht der NSDAP angehören, würden in diesen Minuten zum Richtplatze geführt?[427] Mit Pathos ernennt Reichspräsident Hindenburg offiziell Adolf Hitler, 43, zum Reichskanzler. Der 21. März wird zum „Tag der nationalen Erneuerung“ ausgerufen. Noch am selben Tag erlässt die Regierung in Berlin eine Verordnung über die Bildung von Sondergerichten,[428] da gewöhnliche Gerichte nicht reichen. Dort arbeiten ja Richter nach alten demokratischen Spielregeln. Jetzt ist das nicht mehr gewollt. Die bisherige mündliche Verhandlung über den Haftbefehl ist nicht mehr vorgesehen, gerichtliche Voruntersuchungen erübrigen sich, und eine Beweiserhebung kann abgelehnt werden, wenn dieses Sondergericht „die Überzeugung gewonnen hat, dass die Beweiserhebung für die Aufklärung der Sache nicht erforderlich ist.“[429] So kann jemand wegen finanzieller Unterstützung einer staatsfeindlichen Organisation verurteilt werden, wenn der sich eine kommunistische Zeitung gekauft hat.[430]

Das Gesetz zur Behebung der Not von Volk und Reich

Als Peter am 23. März das Radio anmacht, hört er Worte aus der ersten Regierungserklärung des neuen Kanzlers. Den aufrichtigen Wunsch hat er, den Frieden zu erhalten und zu festigen, Rüstung will er beschränken

Otto Wels

sowie zu einer innenpolitischen Versöhnung beitragen,[431] die sich doch auch Peters Eltern erhoffen. Vater sagt auch immer, wir brauchen nicht so viele Parteien, die sich ständig angiften. Man könne jedes Problem in den Griff bekommen, wenn es nur von allen gemeinsam angepackt wird, und letztlich sind wir doch alle Deutsche und wollen, dass es hier wieder besser wird. Selbstredend begrüßt er, dass jetzt ein Gesetz verabschiedet wird „zur Behebung der Not von Volk und Reich“. Endlich machen diese Politiker mal was für die kleinen Leute. „Ermächtigungsgesetz“ heißt das Wunderwerk. Ausgerechnet die SPD, die noch nie etwas geregelt bekam, stimmt dagegen. Typisch. Was helfen soll, ist, dass die Reichsregierung Gesetze beschließen kann, ohne davor erst noch den Reichstag fragen zu müssen, und, dass sich die Regierung jetzt nicht mehr unbedingt an die Verfassung des Reiches halten muss.

Hitler erklärt am Rednerpult: „Die Regierung der nationalen Revolution sieht es grundsätzlich als ihre Pflicht an, entsprechend dem Sinn des ihr gegebenen Vertrauensvotums des Volkes diejenigen Elemente von der Einflussnahme auf die Gestaltung des Lebens der Nation fernzuhalten, die bewusst und mit Absicht diesen Weg negieren.“[432] Können Sie es mit eigenen Worten ausdrücken, was er hier sagen wollte? Der neue Kanzler sagt an dem Pult noch einiges mehr, denn er spricht allgemein sehr viel, und wenn, dann lange. Als er geschlossen hat, geht der Abgeordnete der SPD Otto Wels ans Pult: „Aus einem Gewaltfrieden kommt kein Segen, im Innern erst recht nicht. Eine wirkliche Volksgemeinschaft lässt sich auf ihm nicht gründen. Ihre erste Voraussetzung ist gleiches Recht.“ Vor dem Reichstag erklärt er, warum die Sozialdemokratische Partei dieses Gesetz wirklich ablehnen muss: „Nach den Verfolgungen, die die Sozialdemokratische Partei in der letzten Zeit erfahren hat, wird billigerweise niemand von ihr verlangen oder erwarten können, dass sie für das hier eingebrachte Ermächtigungsgesetz stimmt.“ Mit deutlichen Worten sagt Wels, was hier im Kern passiert: „Noch niemals, seit es einen Deutschen Reichstag gibt, ist die Kontrolle der öffentlichen Angelegenheiten durch die gewählten Vertreter des Volkes in solchem Maße ausgeschaltet worden wie das jetzt geschieht, und wie es durch das neue Ermächtigungsgesetz noch mehr geschehen soll.“[433] Wels’ Worte bringen Hitler auf die

Palme. Er tritt zum zweiten Mal an das Rednerpult und hält allhier eine weitere Rede: „Dem deutschen Arbeiter werden wir Nationalsozialisten von jetzt ab die Bahn freimachen zu dem, was er fordern und verlangen kann. Wir Nationalsozialisten werden seine Fürsprecher sein. Sie, meine Herren, sind nicht mehr benötigt!“ Dem fügt er noch hinzu: „Ich glaube nun einmal aus den eigenen politischen Erfahrungen, die ich mit Ihnen gemacht habe, dass das Recht allein leider noch nicht genügt, man muss auch die Macht besitzen.“ Was Hitler zu diesem Auditorium sagt, klingt bedrohlich: „Und verwechseln Sie uns nicht mit einer bürgerlichen Welt. Sie meinen, dass Ihr Stern wieder aufgehen könnte. Meine Herren, der Stern Deutschlands wird aufgehen und Ihrer wird sinken.“[434]

Nach den Debatten im Parlament, vor dem SA- und SS-Wachen Stellung bezogen haben und skandieren: „Wir fordern das Ermächtigungsgesetz, sonst gibt’s Zunder“, ziehen sich die Fraktionen zu einer dreistündigen Beratungspause zurück. Alles hängt vom Verhalten der Zentrumspartei ab; deren Zustimmung muss die verfassungsändernde Mehrheit für die Regierung sichern. Um den Führer der Partei Dr. Kaas auf seine Seite zu holen, verspricht ihm unser Kanzler einen Brief, der den Widerruf jener Teile des Reichstagsbrand-Erlasses enthält, die die bürgerlichen und die politischen Freiheiten der Staatsbürger verletzen. Er möchte darin auch festschreiben, dass das Gesetz nur unter bestimmten Voraussetzungen anzuwenden sei. Hugenberg und Brüning hatten sich bereits zwei Tage zuvor darauf geeinigt, die Zustimmung des Zentrums von einer Garantieklausel über die bürgerlichen und politischen Freiheiten abhängig zu machen. Der Brief liegt zwar in der Beratungspause noch nicht vor, aber der Kanzler versichert Dr. Kaas, der Brief sei bereits unterschrieben und dem Innenminister zur Weiterleitung übergeben worden; er werde noch während der Sitzung eintreffen. Vor der Abstimmung liegt der Brief aber noch nicht vor und die Parlamentarier stimmen mit Ja im Glauben, dass der unterschriebene Brief eben nachgereicht wird. Es wird einen solchen Brief aber nie geben.[435] Die Abgeordneten verstehen es zu spät, was das Wort des Kanzlers wert ist. Der hereingefallene Dr. Ludwig Kaas verlässt dann das Reich und will vom Vatikan aus retten, was noch zu retten ist. Juristen bezeichnen dieses Ermächtigungsgesetz als obersten völkischen

Wert, will heißen nationalen Wert, und als einen Akt von säkularer Bedeutung.[436] Und sagen Sie mal etwas dagegen, was von Juristen bestätigt worden ist. Der Verfassungsrechtler Otto Koellreutter erläutert in rechtlichen Dingen Unbedarften, warum das alles seine Richtigkeit hat: „Vor allem schützt die nationalsozialistische Rechtsauffassung die richtig verstandene Freiheit der Persönlichkeit."[437] Der überzeugte Rechtsexperte ist der Meinung, dass man die Freiheit richtig verstanden hat, wenn sich der Einzelne auch wirklich „seiner Bindungen an die völkische Gemeinschaft voll bewusst ist und aus dieser Geisteshaltung am Aufbau und an der Gestaltung der völkischen Gemeinschaft teilnimmt".[438] Es gibt noch weitere Autoritäten, die sich hinter das Gesetz stellen, wie der Präsident des Reichsverbandes der Deutschen Industrie Gustav Krupp von Bohlen und Halbach. Er lässt verlautbaren, dass die deutsche Industrie zur Mitwirkung bereit sei und dass sie alles tun werde, um der neuen Regierung „bei ihrem schweren Werke zu helfen".[439] Industrielle erhoffen sich von solchen Maßnahmen vor allem eine Zurückdrängung der Macht, die die Gewerkschaften in Deutschland haben.

Daily Express: „Judea declares War on Germany"

Man soll ja nicht nachtragend sein, aber können Sie sich noch erinnern, wen Hitlers Rassenexperte Alfred Rosenberg vor Jahren in London alles getroffen hat? Unter den Gesprächspartnern war ein Lord Beaverbrook, der im Jahre 1918 an die Spitze des Informationsministeriums kam und Herausgeber des *Daily Express* ist – einer der persönlichen Vertrauten des ehemaligen Ersten Lords der Admiralität Winston Churchill mit der häufig diskutierten antisemitischen Phobie. Das war 1931 die Tingeltour durch Londoner Clubs, bei der *Rosenzwerg* seine Qualifikation als Antisemit herausstellte und den Gouverneur der Bank of England Montagu Norman mit entsprechenden Sprüchen erfreute.[440] Welche Absicht steht wohl dahinter, wenn ausgerechnet im *Daily Express*, der erfolgreichsten Boulevardzeitung in der Welt, am 24. März 1933 auf der Titelseite groß und breit die *Headline* prangt: „Judea declares War on Germany"? *Jews of all the World unite. Boycott of German goods. Mass demonstrations.* Judäa erklärt Deutschland den Krieg. Juden der ganzen Welt, vereinigt

Euch. Boykott deutscher Waren. Massendemonstrationen. Das sind mal richtig reißerische Schlagzeilen. *Was* hat sich *wer* dabei gedacht? Haben Sie Fragen dieser Art vielleicht nicht – besonders vor dem Hintergrund, dass das in einem Blatt eines der größten englischen Zeitungsfürsten zu finden ist? Wenn es sich zum Beispiel um eine jüdisch geleitete Zeitung handeln würde oder um ein Organ einer Menschenrechtsorganisation – dafür ist dieses Boulevardblatt jedoch nicht bekannt. Kann ja sein, dass wir in diesen turbulenten Wochen seitdem Hitler zum Kanzler von einer Koalitionsregierung gemacht worden ist, etwas verpasst haben, aber von Ausschreitungen gegen Juden oder auch nur von Gesetzen gegen Juden, die diskutiert würden, ist keine Rede gewesen, halt, doch es gab wohl in zwei Städten Zwischenfälle, aber sie erfassten nicht einmal diese beiden Städte als Ganzes. Hier bleibt immer noch die erste Frage offen: Warum setzt sich ein Antisemit mit aller *Verve* für die Juden ein?[441] Daran kann man die Frage anschließen, ob es überhaupt einen Boykottaufruf gab.

Die Fragen sind völlig berechtigt. Um derartige Rätsel zu entschlüsseln, bewährt sich doch immer die Frage *Cui bono? Wem nützt es?* Wer kann einen Boykott von deutschen Waren wünschen? Fallen Ihnen zuerst die Russen ein, die Italiener, die Juden, Japaner oder Engländer in London, die wegen der enormen Flut an deutschen Exporten vor zwanzig Jahren den Weltkrieg eingefädelt haben? Die Juden fallen mir persönlich nicht ein, aber wenn ich parallel einmal wieder hinüber in den Orient schaue, habe ich einen schmutzigen Verdacht. Und ich gebe auch rechtzeitig zu, dass ich aus gegebenem Anlass auf das *Mastermind* hinter dem Dreck in der Welt Halford John Mackinder zurückkomme. Sie können gern lesen und suchen; vielleicht fällt Ihnen ja doch ein Stück Papier in die Hände, das zeitlich vor dessen Schriften angesiedelt war und in dem ebenfalls in der großzügigsten Offenheit ausformuliert wird, dass man die Juden aus Deutschland absaugen muss, wenn man dessen Wirtschaft zu schädigen gedenkt. In diesem *Daily Express* heißt es, dass Deutschland „mit einem internationalen Boykott seines Handels, seiner Finanzen und seiner Industrie konfrontiert ist. In London, New York, Paris und Warschau sind jüdische Geschäftsleute vereinigt, auf einen wirtschaftlichen Kreuzzug zu gehen." Steht in der Londoner Gazette von Lord Beaverbrook.[442]

Kann sein, dass Ernst Röhm voreilig ist beim Umwälzen der deutschen Gesellschaft nach seinen Vorstellungen, doch der einzige Drängler ist er nicht. Während Hitler an der allmählichen Ausschaltung institutioneller Hemmnisse für seine Alleinherrschaft arbeitet, möchte Joseph Goebbels hervortreten mit einem eigenen Beitrag im Rahmen des revolutionären Geschehens. Den Anlass dazu bieten ihm neben Schlagzeilen der Presse im Westen böswillige Falschmeldungen, die aus Ägypten und Thailand, ach so nein, völlig falsch, aus den *United States of America* ankommen. Warum spielen eigentlich so wenige Länder eine Rolle für das, was alles an hässlichen Vorkommnissen in der Welt passiert ? Gut, geschenkt. Als robuste Antwort auf *die Forderung* nach einem internationalen Boykott deutscher Produkte ruft er zum Boykott jüdischer Läden auf. Interessant ist, dass er Hitler nur die Zusage für den kommenden Samstag abringen kann. Der Führer der NSDAP braucht Ruhe im Reich und keinen Ärger von allen Seiten. Der eine Tag scheint ihm als Signal einfach zu genügen. Unentspannt hört der bayerische Kardinal Michael von Faulhaber von Goebbels' Aufruf. Er hat sicher auch eine führende Rolle in der Priestervereinigung „Amici Israel" oder auf Deutsch „Freunde Israels" inne, die sich seit 1926 in Rom von katholischer Seite für eine christlich-jüdische Versöhnung einsetzt – wobei mit Israel natürlich das jüdische Volk und kein Staat gemeint ist. Kardinal von Faulhaber schreibt darum Ende des Monats an den amerikanischen Kardinal George William Mundelein in Chicago. Die Gräuelpropaganda aus dem Ausland bezeichnet er als den Auslöser des Boykotts: „Die unwahren Berichte über blutige Gräueltaten in Deutschland, die in amerikanischen und anderen ausländischen Zeitungen erschienen sind, und die Angriffe gegen die neue Regierung in Deutschland wegen ihres Kampfes gegen den Kommunismus haben die deutsche Regierung veranlasst, Gegenmaßnahmen zu ergreifen und vom 1. April ab den Boykott gegen alle jüdischen Geschäfte mit aller Strenge durchzuführen." Er gibt zu bedenken: „Die Korrespondenten der ausländischen Zeitungen haben nicht überlegt, in was für eine schwierige Lage sie die Juden in Deutschland durch ihre Berichte in den Zeitungen gebracht haben." Doch von den Korrespondenten wird es überhaupt nicht kommen. Die vergifteten Enten werden die Chefetagen selbst in Auftrag gegeben haben. Am Ende schreibt Faulhaber: „Ich bitte Euere Eminenz, allen Einfluss aufzubieten, dass die ausländischen Zeitungen, die bisher Gräueltaten berichtet haben, eine Erklärung abgeben, dass sie sich von der Haltlosigkeit ihrer früheren Behauptungen überzeugt haben."[443]

Revolution im Rechtswesen

In den vergangenen Wochen hat sich der Kanzler mit seiner Vorlage für ein Gesetz in Sachen Verhängung und Vollzug der Todesstrafe durchgesetzt. Am 29. März wird es schließlich in das Rechtswesen Deutschlands eingeführt. Das wird das erste Gesetz seit Menschengedenken, das rückwirkend gilt. Damit wurden alle Bedenken der Strafrechtsexperten zum fraglichen Thema ignoriert. Mit diesem Gesetz können jetzt auch Straftaten härter geahndet werden, die zwischen dem 31. Jänner, wie man es in Österreich sagt, und dem 28. Februar begangen worden waren. Damit kann man die Brandstifter vom Reichstag, wobei Hitler selbstredend an die verhafteten Kommunisten denkt, einen Kopf kürzer machen, vorausgesetzt, dass das Reichsgericht Beweise vortragen kann, die ihre Schuld belegen. Wir werden es sehen. Aber die psychologischen Wirkungen des Gesetzes können kaum überschätzt werden. Nun überlegt man sich noch reiflicher, was man tut oder lässt, wenn alles auch nachträglich noch zu einer Straftat erklärt werden kann.

Die Länderregierungen werden ausgeschaltet

Die Möglichkeiten, die seinerseits das neue Ermächtigungsgesetz bietet, werden am 31. März auch auf die Länderregierungen ausgedehnt. Damit können sie ebenfalls endlich beschließen, was sie wollen. So sind unsere Nazis fast endgültig am Ziel ihrer Träume angelangt, denn die Auflösung der Landesparlamente nach dem Gesetz zur Gleichschaltung der Länder mit dem Reich raubt noch mehr Querköpfen bei uns die Möglichkeit, auf die Entwicklung in Deutschland Einfluss zu nehmen. Als die Parlamente neu aufgestellt werden, werden einfach die Ergebnisse der Wahlen vom 5. März zugrunde gelegt. Das bleibt auf Deutschlands Straßen nicht unkommentiert: „Die Länder sind gleichgeschaltet. Wir haben jetzt keine

Preußen, Sachsen, Bayern oder Badener mehr. Es gibt nur noch Braun-Schweiger."[444] Es ist klar, dass so auf die Stadt Braunschweig angespielt wird sowie auf die Farbe der Uniformen der *Sturmabteilung* des neuen Chefs. Manch einer im Deutschen Reich versteht zu gut, dass eine solche Verordnung einem Maulkorb für alle gleichkommt, die weiterhin gegen die Nazis aufbegehren. Die Botschaft ist eindeutig: Wenn jemand missliebig auffällt, finden wir einen Weg, um ihn vor den Kadi zu zerren. Die Leute verstehen, dass man künftig die Zunge im Zaume halten soll und es dauert gar nicht so lange, bis auf den Straßen Sprüche dieser Machart kursieren: Das Propagandaministerium hat die Zeitungen aufgefordert, für die Eintopf-Sonntage geeignete Kochrezepte zu veröffentlichen. Als wichtigstes Gericht soll empfohlen werden: gedämpfte Zunge.[445] Härter noch ist der: „Wenn jetzt neue Konzentrationslager eingerichtet werden, soll das auf Berggipfeln geschehen." – „Warum denn?" – „Man erwartet, dass die Häftlinge dort schneller braun werden."[446] Andere geben diesen Hinweis weiter: „Alter schützt vor Schutzhaft nicht."[447] Allgegenwärtige Angst vor anderen Leuten macht sich breit und löscht jeden offenen Gedankenaustausch aus. Das wirkt bis tief in die eigene Familie hinein. Die KZs dienen übrigens auch der Disziplinierung von Hitlers Parteigängern selbst. Sogar Mitglieder der NSDAP werden öffentlichkeitswirksam aus der Partei verstoßen und in so ein Lager gesteckt, wenn sie zum Beispiel unbefugt versuchen, auf die Arbeit von Handelskammern oder auch von Industriebetrieben einzuwirken.[448]

Am 1. April werden jüdische Läden boykottiert

Für den 1. April wurde also zum Boykott von Läden aufgerufen, die von Juden betrieben werden. Es stößt viele Deutsche vor den Kopf, dass die neue Regierung das billigt. Im Jahre 1933 gibt es in Deutschland jedoch einen Helden, der aufbegehrt. Es ist eine Frau. Baronesse Maimi Celina von Mirbach ist eine 33 Jahre alte Frau, die in Potsdam wohnt. Die wohl einzige Heldin hört das Gegröle „Juda verrecke" der SA in dem Städtele. Jetzt findet sie in der *Potsdamer Zeitung* einen Leserbrief, den sie kürzlich geschrieben hat. Darin nennt sie das Hissen von Hakenkreuzfahnen an jüdischen Kaufhäusern einen Terrorakt.[449] Nicht übel für den Anfang.

Dass dies abgedruckt wird, kann niemanden erstaunen, sind doch *viele* Journalisten kritisch eingestellt gegen die Mannschaft „von der braunen Fakultät“, wie der junge Franz Strauß* und andere kritische Leute diese Truppenteile bezeichnen.[450]

Es dauert auch nicht besonders lange, bis so etwas nicht mehr so einfach in eine Zeitung reinkommt. Es ist freilich andererseits auch kein Zufall, dass Celina von Mirbach ernst nimmt, was sich im Reich tut. Sie gehört zu den wenigen Leseratten, die Hitlers Buch schon 1928 gelesen hatten. Wer liest schon derartige politische Pamphlete oder auch nur Parteiprogramme? Man liest doch höchstens, was in der Zeitung steht. Wenn man überhaupt irgendeine Zeitung mit Inhalt liest. Doch selbst wer 1933 die besseren Zeitungen liest, hat gar keine Chance mehr, fatale Selbstoffenbarungen Hitlers über seine Ziele zu entdecken, denn die eigenmächtige Veröffentlichung seiner Texte hat Er sofort unter Strafe gestellt, was Er damit begründete, dass Gedanken eines oppositionellen Parteiführers ja nicht mit denen eines Regierungschefs übereinstimmen könnten.[451] Was sollte dann das ewige Lamento über die Parlamentarier, die den Leuten in der Opposition das Blaue vom Himmel versprechen und im Ministeramt überhaupt nicht umsetzen, was sie zuvor schwadroniert hatten? Das Buch ist auch schwer zu lesen. Versuchen Sie es einmal. Zähflüssig. Hier bleibt nur anzumerken, dass sich auch Baronesse von Mirbach nicht vor eines der Schaufenster stellt und die Steine auffängt. Sie versucht etwas zu erreichen mit klaren Worten in einem Leserbrief.

Ein Mann, der den üblen 1. April in Berlin erlebt, heißt Raimund Pretzel, 25. Morgens um zehn erhält er ein Telegramm: „Komm bitte, wenn du kannst. Frank.“[452] Der junge Deutsche setzt sich unmittelbar danach auf die Vorortbahn und fährt in die Straße, in der Frank Landau wohnt. Von ihm weiß er zu berichten: „Er war mein bester und ältester Freund. Wir kannten uns seit der untersten Gymnasialklasse. Wir hatten zusammen im »Rennbund Altpreußen« Rennen gelaufen und später in »richtigen« Sportclubs. Wir hatten zusammen studiert und waren jetzt Referendare. Wir hatten so ziemlich jedes knabenhafte Hobby und jede knabenhafte Schwärmerei gemeinsam gehabt.“ Eine schöne Zeit: „Wir hatten einander unsere ersten literarischen Versuche vorgelesen, und wir taten dies mit unseren schon ernsthafteren literarischen Bemühungen – wir fühlten uns beide »eigentlich« mehr als Literaten denn als Referendare. In manchen Jahren hatten wir uns tagtäglich gesehen, und wir waren gewohnt, alles miteinander zu teilen – einschließlich sogar unserer Liebesgeschichten, die wir voreinander ohne das Gefühl der Indiskretion auszubreiten pflegten.“[453]

Franks Vater ist Arzt und deshalb zu boykottieren. Raimund kommt in dem Moment nicht der Gedanke, dass Franks Vater im Weltkrieg sicher auch für sein Vaterland gekämpft hat. Der Jude. Für Deutschland. Was Raimund jetzt in den Straßen von Berlin zu sehen bekommt, ist nicht zu fassen: „Die jüdischen Geschäfte – es gab ziemlich viele in den östlichen Straßen – standen offen, vor den Ladentüren standen breitbeinig aufgepflanzt SA-Leute. An die Schaufenster waren Unflätigkeiten geschmiert, und die Ladeninhaber hatten sich meistens unsichtbar gemacht.“[454] Man kann es nur zu gut verstehen, dass sie sich nicht unbedingt mit geübten Schlägern körperlich auseinandersetzen möchten. Wollen Sie das?

Es gibt keine Mehrheit gegen die Juden

Der Vandalismus in Deutschland spaltet das Volk. Ein Teil begrüßt, was hier geschieht, und ein anderer Teil steht hilflos einer von Staats wegen erlaubten Gesetzlosigkeit gegenüber. Welcher der zwei Teile ist größer? In Kassel wohnt der jüdische Professor Hans Rothfels. Er stellt fest, dass sich antijüdische Gesinnungen in Deutschland keineswegs einer breiten Zustimmung erfreuen, von körperlichen Angriffen ganz zu schweigen.[455]

Bloß hat davon derjenige nichts, der von verhetzten Nazis belästigt wird. Wie wird die Behandlung der Juden auf der Straße diskutiert? Im Jahre 1933 geistern Sprüche dieser Art durch das Reich: Isaak trifft Cohn, dessen Kopf verbunden ist. Außerdem trägt er einen Arm in der Binde und hinkt. „Nu, was ist, Cohn“, ruft Isaak entsetzt, „was hat man mit dir gemacht?“ „Pst!“ flüstert der Cohn aus seinem Verbande heraus. „Sei still! Ich bin ein Gräuelmärchen!“[456] Pretzel erlebt die Szene als unverschämt

Sebastian Haffner

und ist empört, dass viele Leute lediglich gaffen und nicht eingreifen. In diesem Moment schlägt direkt neben ihm ein Blitz ein und eine Stimme ruft aus dem *Off*: „Schäme dich deiner Gedanken! Auch du stehst ja nur herum und machst nichts, Pretzel!" Später geht Raimund Pretzel wegen seiner jüdischen Frau ausgerechnet nach England in die Emigration und legt sich auf der Insel den Namen Sebastian Haffner* zu.

Mutiger als Pretzel reagiert beispielsweise Karl Michael in Hettstedt am Südharz. Er will in dem Städtchen gerade ein Paar Schuhe für den Sohn Waldemar kaufen, als er die Männer von der SA sieht. Diese stehen vor dem Laden und erklären ihm, der Händler sei ein Jude und er solle doch woanders einkaufen gehen. Das ist dem Karl gleichgültig wie die Ansage des Wetters von gestern. Er erwidert, dass die Schuhe hier am billigsten seien, und betritt mit seinem Sohn das Geschäft.[457] Allerdings bleibt die Szene nicht überall harmlos. In Leipzig schaltet sich Oberbürgermeister Dr. Carl F. Goerdeler deshalb persönlich ein, um Übergriffe auf jüdische Geschäftsleute zu verhindern.[458] Spätestens bei Carl Friedrich Goerdeler wird natürlich klar, dass man schon genau hinsehen muss, wer sich am Mobbing gegen jüdische Mitbürger beteiligt und wer diese Behandlung der Juden ablehnt. Es darf nicht falsch verstanden werden, wenn solche Szenen im *Völkischen Beobachter* oder im Rundfunk nicht auch noch an die große Glocke gehängt werden. Es gibt sie, die mutigen Taten, aber in unseren gleichgeschalteten Medien muss man sie eher nicht suchen.

Gewaltbereitschaft und Ideologie

Wer sind auf der anderen Seite eigentlich diejenigen, die in gebügelten braunen Uniformen an diesem Samstag über jüdische Läden herfallen? Kennen sie einen der nur 502.799 Juden in Deutschland[459] persönlich? Eher nicht und die meisten Juden wohnen ohnehin in anderen Ländern. Vielleicht sind es nicht die Schwächlichsten und auch nicht die Klügsten. Es sind Straßenjungs mit rohen Manieren. Welche Rolle sollen pro- oder antijüdische Gedanken bei den Schlägern spielen? Wenn keine Bildung vorhanden ist, hat es Ideologie schwer. Vielleicht haben diese Leute zu allem eine Meinung. Aber wen überrascht es, dass die, die am wenigsten im Kopf haben, zu allem ihren Senf geben wollen? Es muss auf alle Fälle nachdenklich machen, wenn einer, der nach der achten Klasse von einer Schule abging und mit Kumpels bei einer Bierrunde von Kommunisten landet, nach zweieinhalb Jahren ganz unversehens in die SA wechselt, in der er dann an der nächsten Ecke auf die früheren Genossen eindrischt. Welche Ideologie soll der denn haben? Ihm geht es um ein gemeinsames Bier, um einen Radau, der Spaß macht, eine Schlägerei, *Action*. Es geht darum, Arbeit zu bekommen, damit man nicht bei den Eltern um Hilfe betteln muss. Wer das bietet, ist ein Freund. Von den anderen hat man ja nichts. Bisher war es immer geächtet, wenn jemand einen anderen am Kragen packte und jetzt werden auf einmal ganze Gruppen von Leuten für vogelfrei erklärt. Klasse! Es ist völlig egal, ob die Kommunisten zum Abschuss freigegeben werden oder irgendwer anders. Man darf einmal so richtig die Sau rauslassen und niemand belangt einen dafür. Da wird nicht lange gefackelt; wer weiß, wie lange das noch so einfach geht.

Der rüde Terror auf den Straßen bewirkt in der Breite eine Reaktion, die nicht ungewöhnlich ist: Viele haben einfach Angst, dass auch sie Schläge abbekommen. Nur Einzelne greifen zu und helfen. Wer von den Lesern jetzt den ersten Stein wirft, muss sich fragen lassen, wann *er* schon mal mit den Fäusten eine Schlägerei beendet hat. Die Frage, wann *sie* schon einmal mit den Fäusten dazwischen gegangen ist, wenn sie Augenzeugin eines brutalen Überfalles wurde, kann ich mir hoffentlich sparen. Damit wird jede spätere historische Betrachtung die Realitäten berücksichtigen müssen und darf nicht zu der Ableitung gelangen, die Leute in Deutschland wären neuerdings *für* den Einsatz von Gewalt. Wenn gerade keiner von der SA in der Nähe ist, raunen sich die Leute zu: „Lieber Gott mach mich blind, dass ich Goebbels arisch find!“[460] Zumindest aus der Zeitung kennen sie Bilder vom *Klumpfuß* und fragen sich, ob er eigentlich selbst schon mal in einen Spiegel gesehen hat. Nein, das kann die Tendenz zur Ausgrenzung der Juden in Deutschland nicht aufhalten, aber dies zeigt, was Teile der Bevölkerung von dieser Entwicklung halten. Richtig ist im selben Augenblick, dass Leute nichts dabei finden, dass andere Leute im Laufe der Zeit übel diskriminiert werden. Die eine Wahrheit macht aber die andere Wahrheit nicht unwahr. In der Gesellschaft gibt es zweifellos antisemitische Vorbehalte, doch für physische Übergriffe gibt es keinen Rückhalt. Nehmen Sie beispielsweise Gottfried Benn. Er sympathisierte mit dem italienischen Faschismus und träumte in den zwanziger Jahren von einer nationalen Wiederkehr Deutschlands. Doch dieser Boykott der jüdischen Läden, der lediglich auf einen einzigen Tag angesetzt ist, weil sich Adolf Hitler nicht zu einer größeren Aktion überreden ließ, bewirkt erste Zweifel in seinem Kopfe. Gottfried Benn ist hin- und hergerissen. Hoffnungen auf die Erfüllung so lange gehegter sozialer und nationaler Ziele rücken in greifbare Nähe und auf der anderen Seite so schreiendes Unrecht. Binnen eines Jahres kommt sein politisches Engagement zum Erliegen. Für Gewaltakte gegen Juden gibt es ja noch nicht einmal unter den politischen Leitern der NSDAP eine Mehrheit.[461] Selbst diese wollen die Kirche im Dorf lassen. Und das ist wörtlich gemeint; in Kindheit und Jugend wurden auch viele der heutigen Nazis christlich erzogen und das prägt manche immer noch. Golo Mann* beobachtet, dass die Gefühle für und gegen die politischen Veränderungen im Reich bei vielen Menschen zugleich nebeneinander und gegeneinander existieren.[462] Nach all diesen fruchtlosen und vielfach blutig ausgetragenen Auseinandersetzungen ist eine gleichgeschaltete Konzentration auf die gemeinsame Verbesserung der Lebensumstände für die Deutschen trotz allem erstrebenswert und wen das alles nicht überzeugen kann, sieht seine Meinungsfreiheit durch brachialen und schmerzhaften körperlichen Terror ausgehebelt. Das ist jedoch eine Art der Kommunikation, die in weiten Teilen der deutschen Gesellschaft äußerst gewöhnungsbedürftig ist.

Dass es den Straßenjungen ganz bestimmt nicht um Ideologie geht, zeigt sich in diesen Tagen in Berlin. Es gibt jetzt bereits geraume Zeit Bunker, in denen man andere Männer Tag und Nacht einsperrt und foltert. Das ist *besser*, als in der Systemzeit von Weimar. Doch auf der Straße laufen hier und da weiterhin Polizisten Streife, die in alten Kategorien denken und einschreiten wollen. „Nur lässt sich die SA höchst ungern verhaften. Lieber verhaftet sie selber. Sobald die Polizei versucht, jemanden aus ihren Bunkern herauszuholen, gibt es schwere Schlägereien."[463] Die Fälle häufen sich und Beschwerden gehen beim Innenminister ein. Hermann Göring ist in einer Zwickmühle. Er selbst hat ja Stil; er schätzt das feine

Leben, zieht sich ausgewählt an. Aber wenn andere für den feinen Herrn jemanden umbringen, soll es ihm recht sein. Mit ihm als Innenminister hatte man den Bock zum Gärtner gemacht. Doch jetzt hilft alles nichts – als Innenminister muss er irgendetwas machen. „Da verfällt Göring auf einen rettenden Gedanken. In Zivil verkleidet, lediglich von zwei bewaffneten Polizeihauptleuten flankiert, geht er selber zur Hedemannstraße. Dort befindet sich einer der berüchtigsten Bunker. Furchtbare Dinge erzählt man sich von ihm. In der Ministerpräsidentschaft stapeln sich die Akten darüber." Man muss sich dieses Bild vorstellen, wie Göring an der nächsten Straßenecke Halt macht und sich persönlich davon überzeugt, dass ganz schauerliche Schreie noch Hunderte von Metern weit zu hören sind. Was wird er, Göring, jetzt tun? Hineingehen? Nein, das getraut er sich nicht. Aber er findet einen charakteristischen Ausweg. In den Tagen darauf holt er sich die gesamte SA-Belegschaft aus der Hedemannstraße zuzüglich einer Kolonne aus der General-Pape-Straße. Damit hat er die verwegensten Totschläger der Berliner SA beieinander. Diese Halunken ernennt er zu seiner Feldpolizei. Er dekoriert die Männer mit aufdringlichen Polizeisternen und verleiht ihnen unbeschränkte Polizeibefugnisse, besonders innerhalb der SA. Danach betraut er sie mit einer ehrenvollen Aufgabe: Sie sollen nun rücksichtslos auf ihresgleichen eindreschen. Die Rechnung geht auf. Solchen Kerlen ist es völlig gleich, wen und weshalb sie zu Tode prügeln. Hauptsache ist, dass sich allabendlich ihre Bunker füllen. Von daher sind die Feldjäger bald in der gesamten Bewegung gefürchtet. In ihrer Art schaffen sie tatsächlich „Ordnung". Damit ist überdies noch der ungewollte Vorzug verbunden, dass sie sich so gegenseitig ums Leben bringen. Von denjenigen, die bei der Gründung jener Truppe dabei sind, bleibt kaum einer übrig. Was sich nicht in den ersten Jahren gegenseitig totschlägt, wird dann wegen krimineller Delikte eingesperrt. Als letzter der ursprünglichen Mannschaft geht ihr Chef über Bord. Dem Standartenführer Fritsch gelingt es noch, richtiggehender Polizeioberst zu werden. In dieser Würde erwischt ihn sein Schicksal. Er, der so viele hinter Schloss und Riegel gesetzt hat, wird eines Tages letztendlich auch selbst abgeholt. Angesichts dieser Umstände ist Hans Bernd Gisevius – der Mann, der das geschildert hat, geradezu froh, dass Göring nunmehr den *Schutzhafterlass* herausgibt. Wie kommt es zu dieser doch paradox wirkenden Wahrnehmung? „Zehntausende sitzen in den Gefängnissen, Bunkern oder Lagern, ohne zu ahnen warum, ja ohne dass ihre eigenen Lagerkommandanten wissen, weshalb sie eingeliefert wurden. Immerhin bringt der Erlass eine gewisse Übersichtlichkeit in dieses heimtückische System neuzeitlicher Freiheitsberaubung, bei dem die Häftlinge vor sich selber in Schutz genommen werden."[464] Apropos totschlagen. Allein in diesem Jahr gibt es umgekehrt durchaus ebenfalls drei Attentate, mit denen versucht wird, den Führer der Nazis Adolf Hitler umzubringen.[465]

Es ist nicht wirklich zu erwarten, dass die Prügelhelden viel lesen, doch wenn sie in einen Buchladen gingen, fänden sie wohl das antisemitische Buch *Wie wir Deutschen uns selbst entdeckten* von Heinrich Wolf vom Leipziger Armanen-Verlag. Darin wird postuliert, dass sich die Religion der Juden seit langem auf die Entwicklung der Wissenschaften schlimm auswirkte. Wir lesen: „Zu den gefährlichsten Wahnvorstellungen gehört der Gedanke einer einheitlichen Menschheit, einer allgemeinen Gleichheit. Er ist ein Erbe des entarteten, semitisierten Orients, wo die Völkermischung schon früh fortgeschritten war." Wie geschichtslos der Autor argumentiert, ist doch gerade Deutschland durch seine Lage mitten auf dem europäischen Kontinent schon immer ein Durchzugsland gewesen, für Gesellen wie für Händler, für Studenten und Glaubensflüchtlinge aus anderen Ländern und diese Liste dürfte noch unvollständig sein. Gerade Leipzig ist als Knotenpunkt der Handelswege von Nord nach Süd sowie von West nach Ost zu einem Nutznießer dieses Umstandes geworden. Es war kein Zufall, dass aus der altehrwürdigen Stadt eine Messemetropole geworden ist. Zittau oder Hannover liegen dafür zu weit ab vom Schuss und als die Leipziger Messe eine Institution wurde, gab es ja noch keine Flugzeuge, mit denen man bei Bedarf auch nach Island kommt. Wo liegt Wolfs Problem? In seinen ausführlichen Darlegungen macht er deutlich, wo ihm der Schuh eigentlich drückt. Er erklärt dem verehrten Publikum, dass „hinter den stellenweise erbitterten Kämpfen um die Arteinheit des Menschengeschlechtes der Streit um das Alte Testament" stehe. Er sagt, diese Frage der Arteinheit sei „eine bloße Umbildung der Frage der Abstammung von einem Paar". Dann befindet er, dass die Geologie und die „Wissenschaft des Spatens", also die Archäologie, die Menschen von den

Ketten des 1. Buches Moses befreit haben. Die Erschaffung der Erde und der Menschen sei nicht erst 3761 Jahre vor Christus erfolgt, sondern wir hätten uns daran gewöhnt, „mit Jahrmillionen zu rechnen". Wenn aber die Bibel da falsch lag, ist es mit der Arteinheit wohl ebenso. Im Verlauf seiner Darlegungen gewinnt Heinrich Wolf auf einmal selbst den Juden einen Punkt ab, der seiner Argumentation weiterhilft: „Juden und Griechen gaben die Ungleichheit der Völker zu. Die einen bezeichneten den »Wirrwarr« als Strafe Gottes für menschliche Überhebung, die Griechen als Wirkung der Umwelteinflüsse. Schemann nennt den großen Arzt und Naturforscher Hippokrates (6. Jahrhundert v. Chr.) den »Entdecker der Rasse« und den großen Geschichtsschreiber Herodot (5. Jahrhundert v. Chr.) einen Rassenspürhund, als welchen sich unser Ernst Moritz Arndt selbst bezeichnet hat." Besonders schmerzlich erscheint es dem Autoren, dass sein Führer nichts Besonderes mehr wäre, wenn alle Menschen im Prinzip erst einmal gleich sind und sich anschließend unter allen möglichen Einflüssen unterschiedlich entwickeln: „Wir bedauern die außerordentliche Verherrlichung und Begünstigung der Soziologie, besonders in der Nachkriegszeit; denn auch für sie sind alle großen Männer Produkte ihrer Zeit und Umwelt."[466] Wahrscheinlich glaubte Wolf wirklich, was er schrieb. Was er vorlegt, ist pseudointellektueller Antisemitismus, den es hier noch nicht sonderlich lange gibt. Sehen Sie doch einmal selbst nach, wann solche antisemitischen Bünde wie die *Thule-Gesellschaft* im Reich entstanden sind. Das geschah nach der Inkubationszeit von (britischen) Machwerken wie zum Beispiel den sogenannten *Protokollen der Weisen von Zion* oder dem Frühwerk von Houston Stewart Chamberlain. Schön, dass dann auch jener amerikanische Spitzenverdiener Henry Ford sein Buch *The International Jew* auf den Markt warf, in dem er vom eigenen Vermögen ablenkte, indem er mit einem langen Finger auf die Juden gezeigt hatte. 1922 war der letzte der vier Bände fertig und im selben Jahr lag ebenfalls eine Übersetzung in die deutsche Sprache vor. Aus diesem Machwerk hatte der Postkartenmaler Adolf Hitler abgekupfert. Dass die jüdischen Bankiers das Problem darstellen, steht bereits bei Mackinder. Die jüdischen Bankiers sind es, die Deutschland seinen Aufstieg bis zum direkten Konkurrenten des *Empires* mit Krediten ermöglichten.[467] Einen neuen *outward impulse* hat also diesmal der *Daily Express* gegeben.

Volkes Spott über den Propagandaminister

In den Wochen nach diesen Gewaltakten gegen viele jüdische Geschäfte, für die an vorderster Front Hitlers Berater bei der Volksaufklärung und Propaganda Dr. Joseph Goebbels schon seit langem Stimmung gemacht hatte, entsteht folgender Liedtext, den man nur wenige Wochen später auf Platte mit den „Vier Nachrichtern" in Goebbels' rheinischem Dialekt genießen kann: „Gehirnschwund, Kalk, Arteriosklerose. Rasch tritt die Gicht den Menschen an. Und seufzend stehst du vor der Diagnose: Bei dir ist irgendwas nicht richtig, Mann. Se müssten mal zum Dokter jeh'n, Herr Dokter. Dat kann doch nich so weiterjehn, Herr Dokter. Sicher hat Professor Freud auch für Sie a Kleinichkeit, die Sie von den Leiden, die Sie leiden, janz befreit. Dat is ja nich mehr anzusehn, Herr Dokter. Sie sollten wirklich mal, ja, ja, Sie müssten wirklich mal, also, er muss doch wirklich mal zum Onkel Dokter jeh'n."[468] Als „der Doktor" wird Goebbels übrigens auch in den braunen Reihen der SA bezeichnet.[469] Wer soll hier außer Goebbels gemeint sein, wenn diese Künstler den Doktor zum Arzt schicken wollen und zwar zu *dem* Spezialisten für psychische Defekte?

Goebbels nimmt echt riesige Lasten für die *Umgestaltung* Deutschlands auf seine Schultern. Joseph oder Jupp, wie man ihn nennen soll, macht man auf der Straße hinter vorgehaltener Hand zu Bumsbeen, Mahatma Propagandhi, Reichslügenmaul, Reichsspruchbeutel, nachgedunkelter Schrumpfgermane oder auch z. B. zu Wotans Mickymaus.[470] Als der gute Mann auf Schwanenwerder im Westen Berlins einzieht, nennen ihn die Leute in feinster Respektlosigkeit den Edlen Bock von Schwanenwerder. Dabei ist wichtig, dass das auch nicht der Falsche hört, sonst geht es ab nach Dachau. Dort ist noch Platz. Und wenn Letzterer nicht reicht, dann wird ausgebaut. Es muss ja auch nicht in Bayern sein. Die Verlogenheit seiner Propaganda wird als das System Klumpfuß tituliert, das Radio als Goebbelsschnauze oder Klumpfüßchens Zeitvertreib und seine Sendung „Stunde der Nation" findet sich wieder als Josephs Märchenstunde. Und dann kursieren Witze wie dieser: Goebbels ist Ehrenbürger von Leipzig, oder wo man eben wohnt, geworden. Warum? Weil Goebbels der einzige Deutsche ist, der den Spargel quer essen kann.[471] Sein großes Mundwerk bietet noch Stoff für viele andere Witze. Dabei darf man aber bloß nicht denken, dass ein *Witz* dieser Machart lustig gemeint sei. Er verdeutlicht lediglich mit den begrenzten Mitteln der Sprache, was die Leute von den Zuständen bei uns halten. Wenn Ihnen bei uns in den gleichgeschalteten Medien euphorische Menschen vorgeführt werden, die ihrem Führer zujubeln, dürfen sie getrost davon ausgehen, dass sie Bilder vom braunen *Viertel der Gesellschaft* in Deutschland sehen. Andere Meinungen außer begeisterter Zustimmung zu seiner Person und seiner Politik werden Sie deshalb nicht finden, weil die Fotografen maulende Gesichter natürlich nicht ins Bild holen würden. Die sind auch nicht dümmer als die Polizei erlaubt, wie es Otto von Bismarck einst so trefflich ausdrückte.

Trotzalledem gibt es Deutsche, die die Courage aufbringen, etwas gegen die hochgezüchtete braune Brut zu unternehmen. Die Lebensläufe jener Menschen werden wir in Zukunft unbedingt im Blick behalten müssen. Die 23-jährige Marion Gräfin Dönhoff*, die als viertes Kind ihrer Eltern auf dem Schloss Friedrichstein in Ostpreußen aufgewachsen ist und jetzt in Frankfurt am Main Volkswirtschaft studiert, findet sich nicht mit der Diskriminierung jener Professoren, die links oder/und jüdisch sind, ab. Als sie in ihrer Uni ein Plakat sieht, mit dem die Männer an den Pranger gestellt werden sollen, reißt sie es ab. Sie verteilt auch Flugblätter gegen die Nazis und bemüht sich, die Hakenkreuzfahne vom Dach der Uni zu holen. Sie sagt, der Einzige, der das gemeinsam mit ihr wagt, ist „naturgemäß ein Kommunist". Ihnen ist aber kein Erfolg beschieden, denn die Braunen haben „das Ding vorausschauend mit schweren Schlössern abgesichert". Auch deshalb heißt Marion Dönhoff *die rote Gräfin*.[472]

Warten wir die Zeit ab. Irgendwann wird der *Führer der Nazis* das Zeitliche segnen und dann kommt die große Abrechnung. Wollen wir schon jetzt eine Wette abschließen? Die Anordnung zur „Entnazifizierung" und zu einer „Demokratisierung" des deutschen Volkes wird aus der gleichen Himmelsrichtung kommen wie der mannigfache *support*, technisch und technologisch, diplomatisch und *last but not least* finanziell, die es dem kleinen Mann ohne jegliche Voraussetzungen ermöglicht haben, an die Spitze eines großen europäischen Reiches zu gelangen. Mit dieser Frage hatte dieses Buch begonnen: Warum wurde Hitler salonfähig gemacht?

Marion Gräfin Dönhoff

Abschließende Gedanken

Da bleiben Fragen über Fragen, oder haben Sie jetzt keine Fragen mehr? Dreißig Jahre lang habe ich mich mit der Geschichte Deutschlands auseinandergesetzt. Angefangen hat damals alles mit den wirtschaftlichen, diplomatischen und kulturellen Beziehungen der deutschen Länder des neunzehnten Jahrhunderts mit dem Russischen Reich, woraus letztlich die Abschlussarbeit meines Studiums in Jena an der Saale entstand. Das war Mitte der 1980er Jahre. Schon damals erschien mir das Geschichtsbild fragwürdig, das mir in der DDR vorgesetzt wurde. Danach war alles in Russland bis 1917 rückständig und schrecklich und danach begannen sich freundschaftliche Kontakte zwischen deutschen Kommunisten und ihren roten Brüdern in der Sowjetunion zu entwickeln. Allerdings wurde ich für die Arbeit nicht zum Streichholzschnitzen nach Sibirien verbannt oder anderweitig bestraft, sondern erhielt die Bestnote, und das, obwohl ich das Geschichtsbild revolutioniert hatte. Gedacht war es übrigens gar als Lehrwerk für Studenten der Slawistik. Wenn mein neues Buch heute in der Bundesrepubik erscheint, darf ich davon ausgehen, dass ich nicht erwähnt oder als ein Revisionist abgestempelt werde. Und ich habe bloß angezweifelt, dass frühere deutsche Diplomaten und Militärs unter Umständen nicht die Worte und Werke des ersten Reichskanzlers Otto von Bismarck verstanden hätten, der immer wieder betonte, dass sein Baby, das Deutsche Kaiserreich des Jahres 1871, kein Land Europas bedrohen dürfe, wenn es nicht mit einer rasanten Geschwindigkeit wieder von den Landkarten verschwinden wollte.

In den 1990er Jahren habe ich mich dann mit der Frage beschäftigt, wie es denn nun wirklich nach 1945 zu der Teilung in zwei deutsche Staaten gekommen war. So entstanden sechs Bände, die sich mit jedem Jahr seit dem Kriegsende auseinandersetzten und unter dem Titel *Intimfeinde – Die Selbstteilung der Deutschen und der Kalte Krieg* erschienen. Es war wohl ein Glück, dass ich mich nach deren Veröffentlichung nicht mit der Vermarktung aufhielt, sondern lieber folgendem Gedanken nachging: In den west- und ostdeutschen zeithistorischen Darstellungen war die Zahl der Akteure in Politik und Diplomatie sowie der mit diesem Thema betrauten Journalisten, Publizisten und Zeithistoriker auffallend gering im

Verhältnis zur Bevölkerung. Wenn eine derart eingegrenzte Anzahl von Akteuren weiß, welche Aspekte man im heißen Diskurs einfach nur nicht anrühren darf, dann können sie sich wilde Schaukämpfe liefern und den Kern des Ganzen doch im weißen Nebel lassen. In den Biografien dieser Akteure musste in irgendeiner Form ein gemeinsamer Nenner zu finden sein und ich fand ihn in ihrer gemeinsamen ablehnenden Einstellung zu dem Regime des Landstreichers aus Österreich. Im Rahmen der Untersuchungen in dieser Angelegenheit stieß ich auch auf einige Namen, die in den Nachkriegsjahrzehnten der Öffentlichkeit als frühere Nazis angeboten worden waren, was mich aufhorchen ließ. Bei mir entstand so der Eindruck, dass sich die Hitler-Gegner nach dem Ende von Diktatur und Krieg im Westen Deutschlands gewissermaßen in ein „Lager der Guten" und in ein „Lager der Bösen" aufgefächert haben, sodass sich eine Panne wie die Errichtung der Hitler-Diktatur unabhängig vom Wahlverhalten der Menschen in der Bundesrepublik nicht wiederholen konnte. Dies ist dann auch eine sinnvolle Erklärung dafür, warum die Bundesrepubik in den letzten Jahrzehnten immer weiter nach links wegrutscht, und dafür, dass die Medienmacher inzwischen *Das Volk* rechts von sich verorten.

Fragen Sie ruhig einmal ältere Leute, wie scharf sich vor dem Publikum Konrad Adenauer aus der CDU und Kurt Schumacher aus der SPD angegriffen haben oder in späteren Jahren zum Beispiel Herbert Wehner aus der SPD und Franz Josef Strauß aus der CSU, Strauß und Hans-Dietrich Genscher aus der FDP, Genscher und Helmut Kohl aus der CDU – oder auch Kohl und Helmut Schmidt aus der SPD. Vielleicht wollten sie nicht mit einer Lüge ins Grab gehen, denn in ihren Lebensrückblicken scheint es sie alle danach zu drängen, ihren früheren Wählerinnen und Wählern zu offenbaren, dass sie sich nie so spinnefeind waren, wie es schien und scheinen sollte. Da kommt es als eine Überraschung daher, dass sie sich hinter den Kulissen durchaus sehr gut verstanden haben. Nicht umsonst habe ich meine Bücher über die Nachkriegsjahrzehnte von 1945 bis 1990 mit dem Titel „Intimfeinde" versehen. Die Bibliotheken stehen offen: Sie können sich selbst einen Eindruck verschaffen und ihr früheres Bild von politischen Debatten jener Jahre wegschwimmen sehen. Sie wurden zu Zeugen eines großen Bühnenstücks mit prominenten Darstellern.

Nach der Jahrhundertwende habe ich mich folgerichtig in die Biografien der großen Akteure und speziell in ihre Zeit unter Adolf Hitler vertieft – sowie in Berichte anderer Persönlichkeiten über Erfahrungen mit ihnen. Nach dieser Lektüre entstanden Bücher, die Stück für Stück die Zeit von 1933 an nachzeichneten und in denen ich alle Personen, die mir in den Jahren nach dem Krieg als Schlüsselpersonen ins Auge gestochen sind, mit einem Sternchen* versehen habe.

Zu den Sternchen* in diesem Band kommen aus meinen nachfolgenden Büchern über die Jahre des sogenannten Dritten Reiches natürlich eine ganze Reihe weiterer Personen. Es wird sehr rasch auffallen, dass nicht ihre Anzahl die entscheidende Rolle spielt. Es ist wesentlich, dass es sich bei ihnen in vielen Fällen um Personen handelt, die nach dem Kriege in wichtigen Positionen der Bundesrepublik und der DDR wirken durften, in der Politik oder in der Diplomatie, in den Führungen der Kirchen und in den Medien sowie in den Geheimdiensten. Dieser Personenkreis stellt das Personal für meine sechs Bände von *Intimfeinde – Die Selbstteilung der Deutschen*. Es hat sich auf jeden Fall gelohnt, deren Einstellung zum Dritten Reich näher unter die Lupe zu nehmen; immerhin wurden diese Personen Bundespräsidenten oder Kanzler, Journalisten oder führende Militärs und zwei von ihnen wurden Geheimdienstchefs. Es sind weitere Agenten darunter, die später von Reinhard Gehlen in seinen BND geholt wurden. Interessanter ist noch, dass einige von ihnen dann zur Stärkung der DDR beitrugen oder Informationen nach Moskau weitergaben und so im Dienst der Teilung Deutschlands tätig waren. Der Sinn der Aktion wurde mir irgendwann klar: Das Deutsche Reich hatte netto lediglich 3 Milliarden Reichsmark an Reparationen für den Weltkrieg von 1914 bis 1918 abbezahlt, als Hitler an die Macht kam, und spätestens 1943 wurde sehr vielen Deutschen klar, dass auch der zweite Krieg in dreißig Jahren verloren war. Dann suchte und fand man die Errettung vor der Zahlung von weiteren gigantischen Reparationen in der oft beschworenen Offenhaltung der deutschen Frage. Solange Deutschland geteilt war, hatte das Ausland nicht den *einen* Verhandlungspartner für einen Friedensvertrag und dieser Schwebezustand musste möglichst lange hingezogen werden, wenn die Eliten in England und Amerika nicht mit einem Versailles 2.0

„Deutschland", egal wie groß, endgültig das Licht ausblasen sollten. Am Wirtschaftswunder darf man zu Recht zweifeln, denn Wunder passieren selten – am unwahrscheinlichsten sind sie allemal in der Wirtschaft. Die letzte Sicherheit in dieser Sache brachten die *Erinnerungen* eines Franz Josef Strauß, die erst nach seinem Tod erscheinen durften, und jene von Hans-Dietrich Genscher.[473] Im Unterschied zum Romantiker der Einheit Willy Brandt durften sie vier Jahrzehnte lang ganz oben mitmischen im außenpolitischen Treiben in der zeitweisen Hauptstadt Bonn bei Köln.

Es ist absolut richtig, wenn man feststellt, dass einige Sterne* die Nachkriegszeit nicht mehr persönlich mitgestalten konnten. Stattdessen taten dies nahe Verwandte und jene sind selbstredend ebenfalls von Interesse. Der Geheimdienstexperte Erich Schmidt-Eenboom stellte fest, dass es in der Bundesrepublik und besonders beim Bundesnachrichtendienst gang und gäbe war, die Verwandten von bereits involvierten Personen ebenso einzubeziehen, was er als Gehlens Form der Familienzusammenführung bezeichnete.[474] Welche bekannten Namen waren bei meinen Streifzügen durch die zwölf braunen Jahre ins Blickfeld gerückt?

	war nach 1945
Ruth Müller	Chefin des Bundespresseamtes
Konrad Adenauer	erster Bundeskanzler
Theodor Heuss	Bundespräsident
Erich Kordt	Diplomat
Elisabeth von Thadden	Schwester des Folgenden
Adolf von Thadden	Chef der NPD & Agent des MI 6
Fritz Schäffer	Bundesminister
Carola Stern	Journalistin
Rudolf Augstein	Journalist
Kurt Schumacher	Bundespolitiker
Golo Mann	Historiker
Martin Niemöller	Kirchenpräsident
Hans Zehrer	Journalist
Robert A. Ulrich	Diplomat
Sebastian Haffner	Historiker

Gottfried von Nostitz	Diplomat
Hans Rothfels	Historiker
Axel Springer	Verleger
Herbert von Bismarck	Politiker
Albrecht von Kessel	Diplomat
Dolf Sternberger	Journalist
Herbert Wehner	Bundespolitiker
Vollrath von Maltzan	Diplomat
Eugen Gerstenmaier	Berater von Adenauer
Wilhelm Niklas	Staatssekretär
Hildegard Hamm-Brücher	Staatsministerin im AA
Konrad Graf von Preysing	Bischof
Wolfgang Vogel	Draht zwischen Ost und West
Leo Geyr von Schweppenburg	Bundeswehr-Generalinspekteur
Hasso von Etzdorf	Diplomat
Eberhard Wildermuth	Bundesminister
Albrecht von Kessel	Diplomat
Hans von Dohnanyi	Vater des Folgenden
Klaus von Dohnanyi	Bundesminister
Theodor Steltzer	Berater von Adenauer
Werner von Tippelskirch	Diplomat
Helmut Gollwitzer	Theologe
Otto Suhr	Politiker
Theodor Kordt	Diplomat
Marion Gräfin Dönhoff	Journalistin
Heinz Gerstner	Journalist
Werner von Hentig	Diplomat
Gertrud Bäumer	Politikerin
Jakob Kaiser	Politiker
Fritz von Twardowski	Bundespressesprecher
Hans Herwarth von Bittenfeld	Diplomat
Ernst Jünger	Schriftsteller
Gottfried von Nostitz	Diplomat
Herbert Czaja	Politiker
Werner Haag	Generalleutnant

Franz Maria Liedig	Politiker
Klaus Mehnert	Journalist
Carl-Dietrich von Trotha	Europa-Union
Augustin Roesch	Bayerischer Senat
Hans Peters	Rektor der Uni Köln
Rolf Pauls	Diplomat
Friedrich Sieburg	Journalist
Gerhard Nebel	Schriftsteller
Wolf Freiherr von Wrangel	Bundesinnenministerium
Vinzenz Müller	Draht zwischen Ost und West
Constantin von Dietze	Rektor der Uni Freiburg
Gerhard Ritter	Historiker
Hans-Eduard Riesser	Diplomat
Manfred von Ardenne und andere	sowjetische Wasserstoffbombe
Georg Ferdinand Duckwitz	Diplomat
Reinhard Gehlen	Chef des BND
Hermann Baun	enger Mitarbeiter von Gehlen
Axel von dem Bussche-Streithorst	Diplomat
Hans Maria Globke	Adenauers Staatssekretär
Kurt Georg Kiesinger	Bundeskanzler
Otto Carl Kiep	Onkel des Folgenden
Walter Leisler Kiep	Chef der Atlantik-Brücke
Adolf Heusinger	Berater von Adenauer
Walter Lehweß-Litzmann	Draht zwischen Ost und West
Friedrich Wilhelm Lübke	Ministerpräsident
Hans Lukaschek	Bundesminister
Josef Müller	Vorsitzender der CSU
Ehrenfried von Holleben	Diplomat
Fabian von Schlabrendorff	Bundesverfassungsrichter
Albrecht Schönherr	Draht zwischen Ost und West
Carlo Schmid	SPD-Landesvorsitzender
Hans Speidel	Berater Adenauers
Franz Josef Strauß	Ministerpräsident
Heinz Ullstein	Verleger
Ernst von Weizsäcker	Vater des Folgenden

Richard von Weizsäcker	Bundespräsident
Erwin Respondek	Draht zum KGB für Heinemann
Gustav Heinemann	Bundespräsident, Mitglied von FDP, CDU, GVP und SPD sowie Erfinder des Namens DKP

Das bedeutet, dass mit der Hinrichtung Claus Schenk Graf von Stauffenbergs und der vielen anderen Verschwörer gegen Adolf Hitler nicht jeder Hitler-Kritiker in Deutschland in der *Stunde null* des Jahres 1945 schon tot war. Etwas spät eröffnete Bundeskanzler Helmut Kohl interessierten Geschichtsenthusiasten, es sei sicher kein Zufall, dass von *den wenigen* Überlebenden des Kreisauer Kreises *sehr viele* ihren Weg zur Christlich Demokratischen Union gefunden haben und dass das Berliner wie auch das Kölner Gründungsdokument der CDU „sehr stark von Gedankengut aus dem Kreisauer Kreis" geprägt waren.[475] Was die dort Beteiligten mit Deutschland vorhatten, kann man natürlich nur dann richtig verstehen, wenn man ein realistisches Bild von ihnen und ihren Mitmenschen hat. Ein solches Bild liefern die deutschen Massenmedien gewiss nicht.

Die Beschäftigung mit der Politik der 1930er Jahre brachte jedoch auch Auffälligkeiten in England und Amerika zutage, die letztlich zu meinem vorliegenden Buch führten. Vielleicht war es die Lektüre des Buches von Guido G. Preparata, die mich auf den Gedanken brachte, dass die Eliten in England und den USA die Weichen für andere Regionen der Welt gestellt haben, um sich den eigenen Lebensstandard zu sichern, indem sie aufstrebende Mächte in Diktatur, Krieg und Chaos stürzten. Das musste meine früheren Erklärungs- und Entschuldigungsversuche für seltsame Äußerungen von anglo-amerikanischen Politikern und Diplomaten, wie sie in einschlägigen Quellen zu finden sind, zu Fehlurteilen degradieren. Am Rande: Wirtschaftswissenschaftler dürften sich in der Buchhaltung großer Firmen besser auskennen als Historiker.

Bedeutende Beiträge zu meiner heutigen Deutung der Abläufe lieferten zum Beispiel auch Antony Cyril Sutton und Peter Haisenko. Ergebnisse des weiteren Grübelns liegen in diesem Buch vor. Der britische und der amerikanische Imperialismus *nach* dem Zweiten Weltkrieg mag bereits hinlänglich thematisiert worden sein, aber für die Zeit der Weltkriege ist dem Publikum in aller epischen Breite und Tiefe eingehämmert worden, dass für die Untaten der ersten Hälfte des zwanzigsten Jahrhunderts die Deutschen und die Stalinisten allein verantwortlich sind. Die zu kurz gegriffene Pauschalisierung, die die Nazis und die Deutschen gleichsetzen soll, wird dabei gern verwendet; die Gleichsetzung der Stalinisten jedoch mit den Russen, findet man eher nicht. Jeder hat Mitleid mit den armen Völkern, die unter bösen Diktaturen leiden. Bei denen verfällt keiner auf den Gedanken, Gesamtverantwortung geltend zu machen. Kann es sein, dass das sinnfreie Proklamieren einer Erbschuld der Deutschen im Kern dazu dient, uns für heutige Untaten der Politik gefügig zu machen? Hier darf auch keine unberechtigte allgemeine Verurteilung der Bevölkerung in England und der in Amerika gepredigt werden. In meinem Buch zeige ich lediglich jahrhundertealte außenpolitische Ansätze auf, mit denen es den reichen Eliten in England und später in Amerika gelungen ist, über Folter, Mord und Totschlag in der Welt ihren eigenen Wohlstand blühen und gedeihen zu lassen. Die Pressekampagnen, mit denen die Leute in England und den USA zum Beispiel von der Notwendigkeit eines neuen militärischen Eingreifens immer wieder überzeugt werden müssen, sind Beweis genug dafür, dass die Strippenzieher sehr wohl Angst haben vor der allgemeinen Ablehnung eines nackten Imperialismus, der nicht vom grünen Laub aus Demokratie und Menschenrechten bemäntelt wird.

Niemand muss kritisieren, dass die Deutschen hier zu gut wegkommen. Erstens bekommen sie ihr Fett weg, wo es inhaltlich berechtigt ist. Aber der Schwerpunkt sollte in dieser Darstellung bei den Strippenziehern im Ausland liegen. Sonst hätte gerade ich Grund genug, auf den Verbrechen herumzureiten, die im Namen des Kommunismus verübt wurden. Doch auch hier beschränke ich mich auf die inhaltlich richtigen Anmerkungen und konzentriere mich auf die Kreise, die so unendlich großes Leid über Menschen in anderen Ländern wie auch über die eigene Bevölkerung gebracht haben und jeden Tag, den Gott uns schenkt, über sie bringen.

Reinhard Leube — Berlin, im März 2018

Quellen und Anmerkungen

1 Boberach (Hrsg., 1984), Band 14, 5430 und 5447
Gisevius (1947), Band 1, S. 129
2 Boberach (Hrsg., 1984), Band 14, S. 5445f.
3 Hirche (1964), S. 159
4 Wojciechowski (1990), S. 260
Falin (1995), S. 37
Namier (1949), S. 26
Kordt (1948), S. 36 und 412
Und über die äußerst folgenschweren Verhandlungen, die Premierminister Neville Chamberlain 1938 mit Kanzler Adolf Hitler in Deutschland führte, gibt es hinreichend Literatur.
Es spricht jedoch allein schon Bände, dass man eben nach Hinweisen auf den Viererpakt von 1933 wie nach der sprichwörtlichen Nadel im Heuhaufen suchen muss. Ich habe zum Beispiel eine Erwähnung dieses Vertrages in einer Sammlung politischer Witze bei Kurt Hirche erst verstanden, als er in anderen Büchern, drei von vier überdies aus dem Ausland, überhaupt einmal erwähnt wurde.
5 Bruch & Hofmeister (Hrsg., 2000), S. 66f.
6 Bülow (1916), S. 4f.
7 Ebd., S. 25
8 Ebd., S. 28
9 Waltershausen (1920), S. 410
10 Ebd., S. 410ff. Zu den Eroberungen von 1871 bis 1906 siehe Endnote 68.
11 Bülow (1916), S. 129f.
12 Leube (1988), S. 12f.
Vgl. Hoeniger (1905)
13 Leube (1988), S. 12f.
14 Ebd., S. 13
15 Roewer (2016), S. 65f.
Wikipedia (2017), Dänischer Staatsbankrott von 1813 [online]. Verfügbar unter https://de.wikipedia.org/wiki/D%C3%A4nischer_Staatsbankrott_von_1813 [25.05.17]
16 Wikipedia (2017), Geboren 1795 [online]. Verfügbar unter https://de.wikipedia.org/wiki/Kategorie:Geboren_1795 [04.07.17]
Wikipedia (2017), William Fox-Strangways, 4. Earl of Ilchester [online]. Verfügbar unter https://de.wikipedia.org/wiki/William_Fox-Strangways,_4._Earl_of_Ilchester [04.07.17]
17 Roewer (2016), S. 109f.
18 Mackinder (1919), S. 77 und 96
19 Preparata (2011), S. 44
20 Bruch & Hofmeister (Hrsg., 2000), S. 268ff.
Berlins Außenamtschef hieß damals noch Staatssekretär im Auswärtigen Amt. Um eine Vergleichbarkeit mit den Außenministern anderer Länder herzustellen und wegen der Allgemeinverständlichkeit soll in diesem Buch jedoch stets vom Außenamtschef bzw. vom Außenminister gesprochen werden.
21 Bülow (1916), S. 22
Jagow (1919), S. 183

22 Haisenko (2010), S. 44f.
23 Roewer (2016), S. 62
Waltershausen (1920), S. 410ff.
24 Schoonover (2003), S. 65 und 102
25 Ebd., S. 88f.
John Foster Dulles entwarf übrigens später den Kriegsschuldartikel (Artikel 231) im Versailler Vertrag, der Deutschland die alleinige Schuld am Ausbruch des Weltkrieges von 1914 gab. Preparata (2011), S. 114
26 Wikipedia (2015), Spanisch-Amerikanischer Krieg [online]. Verfügbar unter https://de.wikipedia.org/wiki/Spanisch-Amerikanischer_Krieg [20.11.15]
Da ich im Text keine Vorgriffe in die Zukunft von damals haben möchte, soll doch zumindest in der Endnote darauf hingewiesen werden, dass genau dieser William Randolph Hearst später zu den *Unterstützern* Hitlers gehörte. Dies soll auch nur erwähnt werden, um richtig einzuschätzen, was für eine Rolle die Medien dieses Mannes auch schon zur Zeit des amerikanisch-spanischen Krieges spielten. Was Geschichtspropaganda angeht, ist es bemerkenswert, dass uns diese Auseinandersetzungen angeboten werden als spanisch-amerikanischer Krieg. So soll ja wohl suggeriert werden, die Bösen hätten Krieg gegen das entstehende US-Imperium geführt. Es ist natürlich umgekehrt gewesen. Die Methode von La Habana scheint mir die Blaupause für die darauffolgende amerikanische Strategie zu sein. Fortan ging man immer wieder analog vor und mehrfach stellte sich später heraus, dass es wieder einmal ein *Fake* war. Eine der großen Nummern im 20. Jahrhundert war der Vietnam-Krieg. Wie begann er? Im Frühjahr 1964 hatten US-Militärplaner detaillierte Pläne für einen Angriff auf den Norden von Vietnam ausgearbeitet. Am 4. August 1964 kam es dann zu dem „Zwischenfall von Tonkin". Da fuhr der Zerstörer *Maddox* in den Golf von Tonkin ein und gab Schüsse ab auf drei vietnamesische Küstenwachtschiffe. Daraufhin schossen die Vietnamesen zurück und was die Maddox abbekam, war ein Schuss eines Maschinengewehrs. Ohne sich hier in Details zu verlieren: Zwei Schiffe der Vietnamesen wurden schwer beschädigt und das dritte erhielt Streifschüsse. Gemeldet wurde hingegen, die *Maddox* wäre von vietnamesischen Schnellbooten mit Torpedos beschossen worden. Diese falschen Informationen lieferte der Militärgeheimdienst NSA. Weshalb hat man von dem eigentlich noch nie gehört, bevor Edward Snowden berichtete, dass dieser Dienst uns alle abhört? US-Präsident Lyndon B. Johnson reagierte auf die *Informationen* schnell und schickte Bomber nach Nordvietnam. Stellte damals jemand die Frage, was Amerikas Navy vor der Küste Vietnams zu suchen hatte? Nur drei Tage später verabschiedete der Kongress die Tonkin-Resolution, die zu dem Zeitpunkt freilich schon wochenlang vorlag. Aufgeklärt wurde die Angelegenheit mit dem umfassenden Eingeständnis, das die Nationale Sicherheitsbehörde im November 2005 freigab. Da hatten die beteiligten Rüstungsfirmen aber schon lange genug verdient an jenem Krieg, bei dem auf dem Territorium des kleinen Staates Nordvietnam mehr Bomben fielen als während des II. Weltkrieges. Meinert, Peer & Reber, Pat (2014), Die Kriegslüge von Tonkin, in: Zeit Online vom 30.07.14 [online]. Verfügbar unter http://www.zeit.de/wissen/geschichte/2014-07/vietnam-krieg-usa-50-jahre [06.12.15] Vergleichen Sie den Ablauf mit den durch das Internet schneller aufgekommenen Zweifeln an den Vorgängen vom 11. September 2001, als außer den

zwei medial bekannt gemachten Zwillingstürmen auch noch ein drittes Gebäude eingestürzt ist, das World Trade Center 7 in New York, ohne dass ein äußerer Impuls das WTC 7 tangiert gehabt hätte. Dabei bleibt das Beste an der Sache, dass die BBC *zwanzig* Minuten *vor* dem Einsturz schon über den selbigen berichtet hatte. Wobei das Gebäude während der Aufnahmen noch stand und nichts auf Probleme hindeutet. Das kann man wohl getrost zu den übelsten Pannen zählen, die Medien je unterlaufen sind, zumal die Zweifel bezüglich dieses WTC 7 die Fragen zu den Türmen verstärken. Als das Gebäude letztlich doch einstürzt, fällt das Dach in seiner vollen Länge absolut gleichmäßig waagerecht in sich zusammen – das Muster einer klassischen Sprengung. Gehören Sie zu den Menschen, die auch dieses Mal auf das öffentliche Eingeständnis warten? Was die Rolle der CIA 1953 beim Staatsstreich im Iran betraf, ließ dieses aber mehrere Jahrzehnte auf sich warten, bis es garantiert keine Konsequenzen mehr haben konnte. Auch auf das Eingeständnis über die Urheberschaft beim Militärputsch in Chile von 1973 konnte man vierzig Jahre lang warten. Konfrontieren Sie doch einmal die Politiker Ihres Vertrauens mit Staatsbürgern, die nicht mehr jeden Schrott abkaufen. Mich würde sowieso interessieren, wie sich Menschen den naiven Glauben erhalten können, dass ihnen andere Leute immer die Wahrheit sagen. Wer Zeit hat, der kann sich auch wie ich mit dem Anlass für den Korea-Krieg und mit weiteren Kriegen unserer Freunde in den USA beschäftigen. Spaßeshalber. Das Strickmuster ihrer Herangehensweise bleibt immer das Gleiche.

27 Schoonover (2003), S. 88, 96 bis 99 und 103

28 Bülow (1916), S. 31f., 38, 57 und 130
DGDB (2017), Die Daily-Telegraph-Affäre [online]. Verfügbar unter http://germanhistorydocs.ghi-dc.org/docpage.cfm?docpage_id=1285 [17.07.17]

29 Haisenko (2010), S. 49 und 199
Schönbach (2015), S. 37

30 Mackinder (1904), S. 298ff., und 310

31 Ebd., S. 299, 308, 311ff., 315 und 320

32 Ebd., S. 313

33 Grey (1926), S. 18

34 Ebd., S. 18

35 Waltershausen (1920), S. 410

36 Mackinder (1919), S. 184

37 Ebd., S. 226

38 Haisenko (2010), S. 42 und 54f.

39 Ebd., S. 55 und 94
Roewer (2016), S. 322, Endnote 145
Zeichentechnisch haben Klammern nicht in die Zeile gepasst, aber den Namen der Zeitung *The Times*, der im Original vorausgesetzt wird, habe ich eingefügt.

40 Haisenko (2010), S. 94

41 Wikipedia (2017), Committee of Imperial Defence [online]. Verfügbar unter https://de.wikipedia.org/wiki/Committee_of_Imperial_Defence [28.05.17]
Farrer (1922), S. 105
Roewer (2016), S. 65 bis 69. Ich vermute, dass Halford John Mackinder der Vordenker war, nach dem Roewer suchte. Dieser schrieb in dem Buch: „Die Doppel-

strategie gegen Deutschland nahm unter der Regierung von Premier Balfour um das Jahr 1904 ihren Lauf. Es ist denkbar, dass sie von ihm selbst erdacht wurde, denn er selbst war dem Wahn der deutschen militärischen Bedrohung keineswegs verfallen. Was immer er auch öffentlich geäußert haben mag, er gehörte in Wirklichkeit zur Blauen-Wasser-Schule, Leuten also, die den Angriff einer fremden Macht gegen die Inseln für pure Phantasterei hielten." Roewer (2016), S. 65. Er hielt es für „denkbar", dass sich das der Premier selbst ausgedacht hat. Ausführlich bezog sich Guido G. Preparata (2011) auf die Herzland-Theorie und bestätigte, dass Mackinder zu den Vordenkern englischer Geopolitik wie auch der Außenpolitik zu zählen ist. Wie es 1904 anfing, beschrieb Maurice Hankey selbst Anfang der 1960er Jahre in *Government Control in War*, S. 22ff. sowie in *The Supreme Command: 1914-1918*. Desgleichen sprach auch John Fisher nach dem Krieg selbst über das Vorhaben, dass er die deutsche Flotte wie die dänische zuvor gerne aus dem Verkehr gezogen hätte, im Sinne von: Hätte man mich damals bloß machen lassen. Roewer (2016), S. 66. Diese Hinweise verdanke ich Helmut Roewer.

42 Farrer (1922), S. 105ff.
Gerlach (1920), S. 83ff.
Der Kaiser von Japan hieß Mutsuhito, auch Meiji.
In der Einführung steht, dass es sich um Rückübersetzungen aus dem Englischen handele und dass der Ort der Aufbewahrung der Originale den Herausgeber am Vergleichen gehindert habe. Somit kann für den Wortlaut nicht gebürgt werden.

43 Farrer (1922), S. 105f.
Roewer (2016), S. 69, 74f., 96 und Endnoten 179 und 180
Der Schreibtisch in London erinnert an die Monate, in denen im Internet immer wieder gesagt wurde, dass die „Syrische Beobachtungsstelle für Menschenrechte" in Wirklichkeit ihren Sitz in London habe, bis die Kritik derart massiv wurde, dass man 2017 plötzlich offiziell von der „Syrischen Beobachtungsstelle für Menschenrechte in London" sprach, als ob das immer klar war und auch gar nicht seltsam.

44 Farrer (1922), S. 106
Roewer (2016), S. 66 und Endnote 154
Detailliert in: Roewer (2014), S. 96 bis 99

45 So schrieb zum Beispiel der Erste Seelord Admiral John Fisher am 7. Oktober 1907 an den Chefberater König Edwards, Lord Esher: „Bezüglich des Invasions-Popanz, über den ich Ihnen nun schreibe, wie kurios ist er, dass er beim deutschen Kaiser und abwärts Beklemmungen auslöst, wir würden sie attackieren." Die Invasionsgerüchte dienten „der Beschwichtigung alter Weiber beiderlei Geschlechts". Roewer (2016), Endnote 150, zit. aus Fisher (1919), Memories, S. 181f.

46 Bülow (1916), S. 42
Jagow (1919), S. 183
Farrer (1922), S. 106

47 Roewer (2016), S 130ff.

48 Mackinder (1919), S. 184 und 187

49 Bülow (1916), S. 40f.

50 Farrer (1922), S. 142
Roewer (2016), S. 77, detailliert auf den Seiten 40 bis 43
Mackinder (1919), S. 180f. und 184f.

Wikipedia (2017), Anglo-German Friendship Committee [online]. Verfügbar unter https://en.wikipedia.org/wiki/Anglo-German_Friendship_Committee [06.07.17]
Wikipedia (2017), Berta von Suttner [online]. Verfügbar unter https://de.wikipedia.org/wiki/Bertha_von_Suttner [12.09.17]

51 Roewer (2016), S. 76 bis 82 und Endnote 196
Roewer vermerkt, Repington beschreibe die Vorgänge in den eigenen Memoiren.

52 Ebd., S. 65 und Endnote 153

53 Preparata (2011), S. 47
Clark (2013), S. 430

54 Roewer (2016), S. 150f. und Endnote 379
Lemo, Lebendiges Museum Online (2017), Lord Richard Burdon Haldane [online]. Verfügbar unter https://www.dhm.de/lemo/biografie/richard-haldane [05.09.17]

55 Schönbach (2015), S. 38f.

56 Farrer (1922), S. 143. Der Brief ist vom 24. Mai 1907.

57 Mackinder (1919), S. 179

58 Haisenko (2010), S. 47f.

59 Bülow (1916), S. X und XI im Vorwort

60 Ebd., S. 45

61 Vgl. Krüger (1986) und Richter (2008)

62 Es geht um die Rede des Kaisers in Londons Guildhall am 13. November 1907.

63 WWI (2017), 28 October, 1908, The Daily Telegraph Affair [online]. Verfügbar unter https://wwi.lib.byu.edu/index.php/The_Daily_Telegraph_Affair [17.07.17]

64 Mackinder (1919), S. 179

65 Ebd., S. 181, 184f. und 190

66 Bülow (1916), S. 33

67 Ebd., S. 30f.

68 Das waren 1871 Basutoland, 1874 Goldküste, 1874 Fidschi-Inseln, 1876 Sokotra, 1878 Cypern, 1878 Walfischbai, 1882 Phönix-Inseln, 1882/98 Sudan, 1884 Papua, 1885 Betschuanaland, 1885 Nigeria, 1886 Britisch Ostafrika, 1887 Bahrein-Inseln, 1888 Christmas-Inseln, 1888 Nord-Borneo, 1888 Cook-Inseln, 1888/98 Salomo-Inseln, 1889 Rhodesien, 1890 Sansibar, 1892 Ellice-Inseln, 1892 Gilbert-Inseln, 1898 Weihaiwei, 1899 Tonga-Inseln, 1902 Transvaal, 1902 Oranje-Freistaat, 1906 Swasiland (nach: Seeley, John Robert, Die Ausbreitung Englands, Berlin 1954) Große Länder hatte Großbritannien zu dem Zeitpunkt schon unter seine Herrschaft gebracht. So viel zum Thema Streben nach Weltherrschaft.

69 Bülow (1916), S. 30

70 Preparata (2011), S. 45f.
Roewer (2016), S. 54 und 69

71 Preparata (2011), S. 46

72 Roewer (2016), S. 64
Hier gibt es vermutlich einen Irrtum. Henry White war nur von 1905 bis 1906 Botschafter in Rom. Entweder waren die Worte an den Ex-Botschafter in Rom gerichtet oder sie richteten sich 1910 an den neuen Botschafter der Vereinigten Staaten in Rom John Leishman.

73 Namen aus dem *Kindergarten* finden Sie in den Reden Adolf Hitlers wieder. Das bedeutet, dass sie zu den jeweiligen Zeitpunkten genau die Akzente setzten, die zu der jeweiligen Zeit angebracht erschienen. In *Milners Kindergarten* wird die Linie von Mackinders Vorlesung 1904 über die Verbindung zu Lord Milner und den Weltkrieg von 1914 bis 1918 bis zum Zweiten Weltkrieg deutlich.
Crone, Gerald Roe (2015), Sir Halford John Mackinder [online]. Verfügbar unter http://www.britannica.com/biography/Halford-John-Mackinder [27.11.15]
Wikipedia (2015), Alfred Milner, 1. Viscount Milner [online]. Verfügbar unter https://de.wikipedia.org/wiki/Alfred_Milner,_1._Viscount_Milner [27.11.15]
74 Roewer (2016), S. 55 bis 58
75 Schönbach (2015), S. 37ff.
76 Roewer (2016), S. 50f.
77 Ebd., S. 50f. und Endnote 93
78 Clark (2013), S. 348f.
79 Ebd., S. 349
80 Ebd., S. 424 und 431f.
81 Ebd., S. 525
82 Ebd., S. 425f.
83 Ebd., S. 349f.
84 Ebd., S. 350
85 Ebd., S. 426f.
86 Ebd., S. 427
Clark nennt Georg Alexander Müller hier Wilhelm Müller, siehe Endnote 102.
87 Ebd., S. 352
In einem Vortrag des österreichischen Historikers Prof. Lothar Alexander Höbelt bin ich auf ein wichtiges Zitat aus dem Herbst 1913 gestoßen. Österreichs Kaiser sagte im Angesicht von mehreren Mobilmachungen, die sein Reich finanziell stark belastet haben, aber nicht dazu führten, dass Serbien Ruhe gab: „Noch eine Mobilmachung ohne Krieg darf es nicht und wird es nicht geben." [online]. Verfügbar unter https://youtu.be/loyIM5Qp_cg?t=621 [06.08.18]. Das ist eine ökonomische Erklärung dafür, dass Wien dann im Sommer 1914 ohne Rücksicht auf Verluste den Krieg wollte. Dort werde ich dieses Zitat dann auch verwenden.
88 Kern (1988), S. 12
89 Roewer (2016), S. 106
90 Ebd., S. 121
91 Ebd., S. 113f. und 118 bis 121
Haisenko (2010), S. 36 und 66
92 Roewer (2016), S. 117 bis 121
Haisenko (2010), S. 36 und 66
93 Clark (2013), S. 538f.
94 Ebd., S. 431f.
95 Preparata (2011), S. 48; aus dem Original auch zitiert bei Roewer (2016), S. 134
96 Jagow (1919), S. 151
97 Clark (2013), S. 539ff.
98 Ebd., S. 514

99 Roewer (2016), S. 61 und Endnote 136
Im Zitat stand „... und sein Dementi noch in der *Westminster Gazette* hat unterstreichen lassen, ...“ Die Zeitung hieß jedoch The Westminster Gazette.
100 Kern (1988), S. 14
101 Ebd., S. 14f.
Clark (2013), S. 528
102 Ebd., S. 519
Clark spricht von Wilhelm Müller, vielleicht weil es gerade um Wilhelm II. ging. Der Chef des Reichsmarinekabinetts hieß jedoch Georg Alexander von Müller.
103 Clark (2013), S. 520
104 Ebd., S. 505
105 Ebd., S. 508
Vortrag des österreichischen Historikers Lothar A. Höbelt [online]. Siehe auch Endnote 87. Verfügbar unter https://youtu.be/loyIM5Qp_cg?t=507 [06.08.18]
106 Clark (2013), S. 506 und 513
107 Ebd., S. 514f.
108 Jagow (1919), S. 97
Petrie (1946), S. 363
109 Ebd., S. 363
Clark (2013), S. 516
110 Ebd., S. 515ff. und 533
111 Preparata (2011), S. 51
Erusalimskij (1974), S. 234f.
112 Clark (2013), S. 522
113 Jagow (1919), S. 152
114 Ebd., S. 116f.
Clark (2013), S. 522
115 Jagow (1919), S. 188
Vgl. Clark (2013), S. 537
116 Jagow (1919), S. 188
117 Clark (2013), S. 542
118 Jagow (1919), S. 100
119 Clark (2013), S. 529
120 100(0) Schlüsseldokumente zur deutschen Geschichte (2017), Telegramm des österreichisch-ungarischen Botschafters in Berlin Ladislaus von Szögyény-Marich an Außenminister Leopold Graf Berchtold [„Blankoscheck“] vom 6. Juli 1914 [online]. Verfügbar unter http://www.1000dokumente.de/index.html?c=dokument_de&dokument=0098_bla&object=facsimile&pimage=2&v=100&nav= &l=de [19.07.17]
121 Clark (2013), S. 530 und 543
122 Ebd., S. 525 und 544
123 Ebd., S. 544f.
124 Ebd., S. 523 und 528
125 Kern (1988), S. 13
126 Jagow (1919), S. 114f.

127 Daily News am 1. August 1914, in: Jagow (1919), S. 151
Ich habe mir erlaubt, das Wort *Tatsächlich* in *Eigentlich* umzuwandeln. Die Übersetzung in den Begriff *tatsächlich* ist eine von mehreren Möglichkeiten, sie erfasst in diesem Zusammenhang aber meines Erachtens nicht, was gemeint ist. Das Wort *tatsächlich* würde eher im zweiten Satz passen, wo *schließlich* verwendet wird. Somit steht also bei Jagow: „Tatsächlich hält der Zar die Waage in der Hand. Aber wir halten unsererseits den Zaren in der Hand. Daher hängt es schließlich von uns ab, ob Europa von Blut überfließen soll."
128 George (1934), S. 51
129 Jagow (1919), S. 116
130 Preparata (2011), S. 51
131 Fischer (1964), S. 74
132 Ebd., S. 75
Jagow (1919), S. 157, Fußnote 1
133 Preparata (2011), S. 52
134 Jagow (1919), S. 115.
Der Autor verwendete für den Freiherrn von Schoen die Schreibweise *Schön.*
135 Pöppelmann (2013), 28. und 29. Juli
136 Fischer (1964), S. 76
137 Ebd., S. 76ff.
138 Die Deutschen Dokumente zum Kriegsausbruch 1914 (1921), Telegramm vom 26. Juli 1914, Berlin: Deutsche Verlagsgesellschaft für Politik und Geschichte
139 Roewer (2016), S. 60
140 Wikipedia (2017), Karl Max von Lichnowsky [online]. Verfügbar unter https://de.wikipedia.org/wiki/Karl_Max_von_Lichnowsky#cite_note-2 [19.07.17]
141 Clark (2013), S. 536
142 Roewer (2016), Endnote 164
Der Autor verweist auf den Bericht des deutschen Marine-Attachés Erich von Müller an Kaiser Wilhelm II. vom 1. Dezember 1913
143 Jagow (1919), S. 154, Fußnote 2
144 Fischer (1964), S. 78 bis 82
145 Ebd.
Roewer (2016), S. 88
Churchills Frau hieß Clementine Hozier.
146 Pöppelmann (2013), 28. Juli
147 Clark (2013), S. 508
148 Pöppelmann (2013), 28. Juli
Fischer (1964), S. 82
Die im Zitat aus der Hamburger Illustrierten *Der Spiegel* fehlende Stelle habe ich nachträglich gefunden. Der zweite Satz heißt vollständig: „Es handelt sich lediglich darum, einen Modus zu finden, der die Verwirklichung des von Österreich-Ungarn erstrebten Ziels, der großserbischen Propaganda den Lebensnerv zu unterbinden, ermöglicht, ohne gleichzeitig einen Weltkrieg zu entfesseln, und wenn dieser schließlich nicht zu vermeiden ist, die Bedingungen, unter denen er zu führen ist, für uns nach Tunlichkeit zu verbessern." Es ist mir eine besondere Freude, an

dieser Stelle einmal explizit darauf hinweisen zu können, dass die weggelassenen Worte eine Methode zur *Nachbearbeitung* von Geschichte veranschaulicht. Der Satz fängt gut an und er könnte durchaus auch mit militärischen Zielen der Bösen weitergehen. Das und nichts anderes werden die Leser in dieser Lücke vermuten. Mangels echter Dokumente, die aggressive Ziele in Berlin *vor* dem Beginn dieses Gemetzels belegen könnten, wird das vorhandene Material so zurechtgeschnitten, dass der gewünschte Eindruck vor dem geistigen Auge des Lesers entsteht.

149 Petrie (1946), S. 365
Jagow (1919), S. 115

150 Roewer (2016), S. 70f.

151 Jagow (1919), S. 153

152 Roewer (2016), S. 88

153 Ebd., S. 92

154 Fischer (1964), S. 87

155 Jagow (1919), S. 114 und 154f.

156 Preparata (2011), S. 52f.

157 Ebd.
Der Text wurde offenbar aus dem Russischen ins Englische und von dort aus ins Deutsche übertragen. Dabei wurde aus отечество motherland sowie Mutterland. Direkt übersetzt, heißt отечество jedoch wie im Russischen Vaterland.

158 Roewer (2016), S. 81f.

159 Jagow (1919), S. 170

160 George (1934), S. 4
Hier ist meine Übertragung der Originalfassung: Es war eine spontane Sammlung um die Fahne (des Vereinigten Königreiches), die aufmarschierte, um zu kämpfen in einem Krieg, als das gesamte Reich fühlte, dass unsere Sache gerecht war. Die abhängigen Gebiete haben den Aufruf zur Hilfe sogar vorhergesehen. Dies taten auch einige Prinzen von Indien. Diese großartigen Länder hatten keine Verantwortung für die Politik oder die diplomatischen Verfahrensweisen, die dem Krieg vorausgingen. Deshalb waren sie frei in ihrem Urteil, ob sie irgendeine moralische Verpflichtung hätten, das Leben ihrer Bürger aufs Spiel zu setzen durch die aktive Teilnahme an dem Konflikt. Die kanadische Regierung, die die Ereignisse aus einer Entfernung von tausenden von Meilen beobachtete, hat vorhergesehen, dass ein Krieg unausweichlich war, und am 31. Juli, dem Tag bevor Deutschland Russland den Krieg erklärte, fing sie an, die Mobilisierung ihrer Streitkräfte zu planen.

161 Roewer (2016), S. 88

162 Bülow (1916), S. 34

163 Preparata (2011), S. 74: Endnote 44

164 Ebd., S. 52

165 Jagow (1919), S. 173

166 Roewer (2016), S. 94

167 Jagow (1919), S. 158 bis 161
Roewer (2016), S. 93 und Endnote 252, Verweis auf das Auswärtige Amt. Dokumente zum Kriegsausbruch, Band 3, S. 74 und 76f.

168 Jagow (1919), S. 159f. und 170f.

169 Roewer (2016), S. 93 und Endnote 252, Verweis auf das Auswärtige Amt. Dokumente zum Kriegsausbruch, Band 3, S. 74 und 76f.
170 Mackinder (1919), S. 185
Der Autor zählte zum inneren Zirkel der politischen Macht. Von daher darf seine Formulierung zum englischen Drängen auf einen Krieg ernst genommen werden. Er schrieb wörtlich: „The fact that the commercial treaty with Russia would come up for renewal in 1916 was probably not unconnected with the forcing of the War; Germany required, at all costs, a subject Slavdom to grow food for her and to buy her wares." Angezweifelt wird lediglich, ob die Erneuerung des Handelsvertrages das Drängen zum Krieg verstärkt hat, nicht jedoch, dass die Führung in London zu einem Krieg gedrängt hat.
171 Jagow (1919), S. 161
172 Ebd., S. 161f.
173 Roewer (2016), S. 92f.
Jagow (1919), S. 173
174 Roewer (2016), S. 89f. und 96
175 Preparata (2011), S. 53
176 Jagow (1919), S. 160f.
Bülow (1916), S. 34
Preparata (2011), S. 53f.
177 Roewer (2016), S. 91
178 Farrer (1922), S. 5
Roewer (2016), S. 71, 89 und Endnote 164
Wikipedia (2017), Committee of Imperial Defence [online]. Verfügbar unter https://de.wikipedia.org/wiki/Committee_of_Imperial_Defence [17.06.17]
179 Roewer (2016), S. 83 und 90
180 Ebd., S. 77 und 93
181 Ebd., S. 92
182 Ebd., S. 146f.
Wichmann, Manfred (2014), Erster Weltkrieg. Kriegsverlauf. Die Seeblockade. Deutsches Historisches Museum. Berlin [online]. Verf. unter https://www.dhm.de/lemo/kapitel/erster-weltkrieg/kriegsverlauf/seeblockade.html [19.06.17]
183 Mackinder (1919), S. 79
184 Jagow (1919), S. 171
Roewer (2016), S. 81f.
Es ist interessant, dass man im Internet unter dem Stichwort „Pakt von London" nicht diese Vereinbarung von 1914 findet. Darauf stößt man – zufällig – unter der *Triple Entente* und dann ohne weitere Einzelheiten. Damit gehen alle Absprachen Englands mit Russland und Frankreich über einen Krieg gegen Deutschland unter und in den Geschichtsbüchern bleibt es bei dem *Defensivbündnis Triple Entente.*
185 Schönbach (2015), S. 40f.
186 Jagow (1914), Interview für *Nationaltidende* vom 1. Oktober 1914.
187 Mackinder (1919), Seite 185f.
188 Ebd., S. 190
189 Roewer (2016), S. 89, 96 und Endnote 197

190 Petrie (1946), S. 366
Kern (1988), S. 17
191 Jagow (1919), S. 157
192 Haisenko (2010), S. 207
193 Roewer (2016), S. 138f.
194 Ebd., S. 157f. Der Artikel wurde am 3. November 1915 abgedruckt.
195 Ebd., S. 157 und 160
196 Ebd., S. 140f. und 145
197 Ebd., S. 35
Wikipedia (2017), Representation of the People Act 1884 [online]. Verfügbar unter https://en.wikipedia.org/wiki/Representation_of_the_People_Act_1884 [13.07.17]
198 Simpson (1972), S. 134
Der Spiegel 45/1972, S. 143ff.
199 Roewer (2016), S. 152
200 Ebd. und Endnoten 379 bis 381
201 Ebd., S. 156f.
202 Ebd., S. 153
203 Ebd., S. 153
Wikipedia (2017), William Jennings Bryan [online]. Verfügbar unter https://de.wikipedia.org/wiki/William_Jennings_Bryan [20.06.17]
204 Roewer (2016), S. 154 und Endnote 390
205 Farrer (1922), S. 143f.
206 Schönbach (2015), S. 44
207 Knightley (1990), S. 65
208 Bülow (1916), S. 113
209 Preparata (2011), S. 58 bis 61
Zeman (1958), Germany and the Revolution in Russia 1915-1918. Documents from the Archives of the German Foreign Ministry. Herausgegeben von Z. A. B. Zeman. London: Oxford University Press, Amen House, London E.C.4 [online]. Verfügbar unter https://archive.org/stream/Germany-and-Revolution-in-Russia-1915-1918/GermanyAndRevolutionInRussia1915-1918-DocumentsFromArchivesOfGermanForeignMinistry_djvu.txt [21.06.17]
210 Preparata (2011), S. 61f.
211 Roewer (2016), S. 161
212 Lange (2014), Grenzen auf dem Reißbrett – Der Erste Weltkrieg und seine Folgen im Nahen Osten. Von Katharina Lange [online]. Verfügbar unter http://www.lebenshaus-alb.de/magazin/008540.html [16.09.17]
Wikipedia (2017), Sykes-Picot-Abkommen [online]. Verfügbar unter https://de.wikipedia.org/wiki/Sykes-Picot-Abkommen [16.09.17]
213 Preparata (2011), S. 62
214 Jagow (1919), S. 192
215 George (1937), S. 332f.
216 Nancy McPhee (2000), S. 85

217 Roewer (2016), S. 164ff.
Die Angaben im Internet lassen keinen sicheren Schluss darüber zu, ob das Telegramm an Heinrich von Eckardt oder an Paul von Hintze gesandt wurde.
218 Schönbach (2015), S. 61f.
219 Preparata (2011), S. 57f.
Roewer (2016), S. 183f.
Was Konstellationen angeht, die sich wiederholen können, möchte ich meine Assoziationen auch hier aus dem Text heraushalten. Auch aus den 1930er und 1940er Jahren sowie aus den 1980er Jahren fallen mir problemlos Beispiele mit prominenten Persönlichkeiten in den Staatsführungen ein, die von Kritikern angesprochen wurden, um die Verhältnisse in Deutschland zu verändern.
Die Bücher über die Jahre von 1933 bis 1990 mit den Details sollen dem vorliegenden schnell folgen. Das lässt sich alles belegen.
220 Knightley (1990), S. 64f.
221 Roewer (2016), S. 165 bis 167
222 Preparata (2011), S. 58
223 Ebd., S. 27 und 64ff.
224 Ebd., S. 63f.
225 George (1934), S. 155
226 Kern (1988), S. 25
227 Preparata (2011), S. 67, 97, 99, 107 und 111
228 Knightley (1990), S. 65 und 67
229 Ebd., S. 60f. und 64f.
230 Ebd., S. 60ff.
231 George (1934), S. 148f.
232 Knightley (1990), S. 63
233 Haisenko (2010), S. 42 und 54f.
Mackinder (1919), S. 184 und 226
234 Haisenko (2010), S. 94
Wikipedia (2017), Protokolle der Weisen von Zion [online]. Verfügbar unter https://de.wikipedia.org/wiki/Protokolle_der_Weisen_von_Zion [05.09.17]
235 Haisenko (2010), S. 189
Lange (2014), Grenzen auf dem Reißbrett – Der Erste Weltkrieg und seine Folgen im Nahen Osten. Von Katharina Lange [online]. Verfügbar unter http://www.lebenshaus-alb.de/magazin/008540.html
236 Roewer (2016), S. 64
Ziff (1938), The Rape of Palestine by William Bernard Ziff [online]. Verfügbar unter https://archive.org/stream/TheRapeOfPalestineByWilliamB.Ziff1938withPageLinksForTheTableOfContents/The%20Rape%20of%20Palestine%20by%20William%20B.%20Ziff%20(1938)%20(with%20page%20links%20for%20the%20table%20of%20contents)_djvu.txt [25.06.17], S. 60f.
237 Haisenko (2010), S. 86
238 Mackinder (1919), Vorwort und S. 150
239 Ebd., S. 189
240 Ebd., S. 222f.
241 Haisenko (2010), S. 76

242 Mackinder (1919), S. 234
243 Die Punkte stammen aus: Schlaglichter der deutschen Geschichte, s. Literatur
Schultze-Rhonhof (2007), S. 73
244 Ebd., S. 71f.
245 Roewer (2016), S. 216
246 Preparata (2011), S. 100
Haisenko (2010), S. 74
Dieser Autor spricht nur von „bis zu 200.000 Soldaten". Davon waren sogar nur etwa 4.500 Briten und nur etwa doppelt so viele Amerikaner. Für ganz Russland!
247 George (1937), S. 171f.
248 Sutton (2008), S. 165
249 Haisenko (2010), S. 75
250 Roewer (2016), Endnote 330
251 Knightley (1990), S. 73
Preparata (2011), S. 102
252 Knightley (1990), S. 72
253 Ebd., S. 76
Preparata (2011), S. 102
254 Schultze-Rhonhof (2007), S. 72f. und S. 77f.
Mackinder (1904), S. 308 und 320
255 Kern (1988), S. 15
256 Preparata (2011), S. 97 bis 112, speziell S. 107
Vgl. Kopisto (2011)
257 Haisenko (2010), S. 190f.
258 Ebd., S. 190f.
259 Schultze-Rhonhof (2007), S. 75
260 Kern (1988), S. 16
261 Ebd., S. 17
Lloyd George hatte sich ebenso geäußert, soll jedoch im Text nicht doppelt zitiert werden mit seinen Worten: „Keiner der an der Spitze Stehenden wollte in diesem Stadium wirklich den Krieg. Sie glitten, oder vielmehr taumelten und stolperten hinein, vielleicht aus Torheit." Petrie (1946), S. 366 und Kern (1988), S. 17
262 Preparata (2011), S. 310f.
263 Ebd., S. 114f.
Schultze-Rhonhof (2007), S. 74
264 Preparata (2011), S. 115
Falin, (1995), S. 19
265 Schultze-Rhonhof (2007), S. 77f.
Sciene at home (2017), Opfer des 1. Weltkrieges [online]. Verf. unter http://www.science-at-home.de/wiki/index.php/Die_Opfer_des_1._Weltkriegs [28.06.17]
266 Schultze-Rhonhof (2007), S. 80
267 Ebd., S. 82
268 Ebd., S. 81f.
269 Ebd., S. 80f.

270 Ebd., S. 75 bis 80
Das ist der Wortlaut: „Die alliierten und assoziierten Regierungen erklären, und Deutschland erkennt an, dass Deutschland und seine Verbündeten als Urheber für alle Verluste und Schäden verantwortlich sind, die die alliierten und assoziierten Regierungen und ihre Staatsangehörigen infolge des ihnen durch den Angriff Deutschlands und seiner Verbündeten aufgezwungenen Krieges erlitten haben.“ John Foster Dulles wurde nach dem Zweiten Weltkrieg Außenminister der USA und sein Bruder Allen Welsh Dulles Chef des dazugehörigen Geheimdienstes CIA.
271 Schultze-Rhonhof (2007), S. 546
Das Zitat wurde von Philipp Scheidemann in seiner Rede zur Ablehnung des Versailler Vertrages verwendet. Deshalb akzeptiere ich es auch ohne Datum. Hier finden Sie das Zitat im Zusammenhang: Deutsche Geschichte in Dokumenten und Bildern (2017), Philipp Scheidemann gegen die Annahme des Versailler Vertrages (12. Mai 1919) [online]. Verfügbar unter http://germanhistorydocs.ghi-dc.org/docpage.cfm?docpage_id=4856&language=german [29.06.17]
272 Schultze-Rhonhof (2007), S. 75
273 Preparata (2011), S. 162
274 Ebd., S. 171
275 Preparata (2011), S. 180
Schönbach (2015), S. 62f.
276 Schultze-Rhonhof (2007), S. 77 und 80
277 Preparata (2011), S. 114
Schultze-Rhonhof (2007), S. 82
278 Ebd., S. 81
279 Ebd.
280 Ebd.
281 Ebd., S. 78
282 Haisenko (2010), S. 192f.
283 Ebd., S. 191f.
284 Ebd., S. 192f.
285 Ebd., S. 192f.
286 Ebd., S. 194
287 Wikipedia (2017), Committee of Imperial Defence [online]. Verfügbar unter https://de.wikipedia.org/wiki/Committee_of_Imperial_Defence [29.06.17]
288 Zdral (2002), S. 18 und 134
289 Fest (1991), S. 239ff.
290 Strauß (1989), S. 26
291 Zdral (2002), S. 77 und 91
292 Berlin hears Ford is backing Hitler, in: New York Times, 20.12.1922, S. 2
Pauwels (2013), S. 196
Vgl. Sutton (1974), Wall Street and the Bolshevik Revolution.
Sutton (2008), S. 91f. und 100f.
Zdral (2002), S. 18, 65 und 134

293 Preparata (2011), S. 173
Sutton (2008), S. 91f.
Im Übrigen handelt das ganze Buch davon. Was Suttons Darlegung überzeugend macht, ist der Umstand, dass das Original bereits im Jahre 1976 erschien und der Autor von den vielen namentlich genannten Firmen und Einzelpersonen über die vergangenen Jahrzehnte hinweg nicht wegen Verleumdung verklagt worden ist. Worüber man auch nachdenken kann, ist der Umstand, dass Anthony C. Suttons Erkenntnisse offensichtlich vom öffentlichen historischen Diskurs in der Bundesrepublik Deutschland wie auch in Unserer Deutschen Demokratischen Republik ferngehalten werden konnten. Das ist Öffentlichkeitsarbeit vom Feinsten.
Zdral (2002), S. 65 und 134
Katasonov, Valentin (2015), Anglo-amerikanische Geldgeber organisierten den zweiten Weltkrieg [online]. Verfügbar unter http://www.voltairenet.org/article187534.html [05.06.15]
Wolfgang Zdral und Karsten Heinz Schönbach wollen belegen, dass Adolf Hitler von deutschen Firmen unterstützt wurde, und dann sind es jeweils wenige Worte, die die Gesamtaussagen ihrer Bücher in Frage stellen. So schreibt Zdral zum Beispiel: „Hitler versteht es, mächtige Persönlichkeiten für sich einzunehmen – wenn auch bis 1933 nur einen vergleichsweise kleinen Personenkreis. Die Großindustrie und die Grundbesitzer halten sich vor der Machtübernahme bei der Finanzierung der NSDAP zurück; das radikale Parteiprogramm, das eine teilweise Enteignung und die Brechung der Zinsknechtschaft fordert, schreckt viele Unternehmer ab." Zdral (2002), S. 18. Und woher kam das große Geld vor 1933? Oder Schönbach formuliert beispielsweise über das Jahr 1930: „Welche Industriellen hier zu den Finanziers dieses ersten Wahlerfolges der NSDAP zählten, ist unbekannt." An anderer Stelle schreibt er: „Wie sich die Reichsleitung der NSDAP bis zur Mitte des Jahres 1930 finanziert hatte, da sie aus den Mitgliedereinnahmen nicht einen Pfennig erhielt, ist überhaupt eine äußerst interessante Frage." Schönbach (2015), S. 146f.
294 Sutton (2008), S. 80 bis 86, 91f. und 100f.
295 Preparata (2011), S. 172f.
Sutton (2008), S. 25
296 Ebd., S. 92
Zdral (2002), S. 41f.
297 Sutton (2008), S. 91f.
Zdral (2002), S. 42
298 Wosnitzka, Daniel (2015), Adolf Hitler. 1889 – 1945. Lemo. Lebendiges Museum online. Adolf Hitler [online]. Verfügbar unter https://www.dhm.de/lemo/biografie/adolf-hitler [31.08.17]
299 Zdral (2002), S. 89
Schönbach (2015), S. 131: Quelle Kruck (1954), S. 193
Wikipedia (2017), Männerwohnheim Meldemannstraße [online]. Verfügbar unter https://de.wikipedia.org/wiki/M%C3%A4nnerwohnheim_Meldemannstra%C3%9Fe [24.09.17]

300 Preparata (2011), S. 111
Um meinen Text von Vorgriffen auf eine damals ferne Zukunft freizuhalten, habe ich an dieser Stelle nur auf Putin angespielt, ihn jedoch nicht namentlich erwähnt. Dass er diese Deals aufgekündigt hat, erklärt vordergründig nur, warum die wilde Hetze gegen ihn in England und in den USA einsetzte. Es klärt nicht automatisch, warum deutsche Massenmedien entgegen deutscher Wirtschaftsinteressen ebenfalls in dieses Horn bliesen.

301 Haisenko (2010), S. 74

302 Preparata (2011), S. 166
Knightley (1990), S. 61

303 Preparata (2011), S. 170

304 Ebd., S. 235

305 Sutton (2008), S. 24 und 36f.

306 Ebd., S. 24, 26, 37 und 49
Preparata (2011), S. 234

307 Ebd., S. 234

308 Sutton (2008), S. 25

309 Ebd., S. 71
Schönbach (2015), S. 574ff.

310 Sutton (2008), S. 51

311 Ebd., S. 23, 44, 51f. und 91
Preparata (2011), S. 327
Katasonov, Valentin (2015), Anglo-amerikanische Geldgeber organisierten den zweiten Weltkrieg [online]. Verfügbar unter http://www.voltairenet.org/article187534.html [05.06.15]

312 Sutton (2008), S. 44

313 Haisenko (2010), S. 193

314 Schönbach (2015), S. 119ff.

315 Schultze-Rhonhof (2007), S. 79
IMN (1948), Band XXII, 27.08.1946-01.10.1946, S. 525

316 Sutton (2008), S. 164
Preparata (2011), S. 225

317 Sutton (2008), S. 100 und 136f.

318 Haisenko (2010), S. 193f.
Ich habe das Zitat verkürzt, weil im Buch offenbar versehentlich ein paar Worte beim Abschreiben wiederholt wurden.

319 Sutton (2008), S. 100
Wikipedia (2017), Nationalsozialistische Deutsche Arbeiterpartei [online]. Verfügbar unter http://de.wikipedia.org/wiki/Nationalsozialistische_Deutsche_Arbeiterpartei [24.08.17]

320 Schmidt (1961), S. 255

321 Preparata (2011), S. 262f.

322 IMN (1948), Band XXI, 12.08.1946-26.08.1946, S. 516
Sutton (2008), S. 26 und 91

323 Ebd., S. 23

324 Preparata (2011), S. 259
Die geäußerte Vermutung stammt von dem amerikanischen Wirtschafts- und Politikwissenschaftler Guido Giacomo Preparata.

325 Sutton (2008), S. 138f.
Anthony Cyril Sutton forschte schon einige Jahrzehnte vor Preparata. Wie gelang es den Medien der DDR, Suttons Erkenntnisse von der Gesellschaft fernzuhalten? Es ist noch trauriger, dass das auch in der Bundesrepublik funktioniert hat.

326 Fest (1991), S. 456ff., 462f. und 699

327 Sutton (2008), S. 139f.

328 Haisenko (2010), S. 109

329 Sutton (2008), S. 137
Pauwels (2013), S. 199
Preparata (2011), S. 279
Fest (1991), S. 557

330 Ebd., S. 482f.

331 Wikipedia (2017), Reichstagswahl November 1932 [online]. Verfügbar unter http://de.wikipedia.org/wiki/Reichstagswahl_November_1932 [24.08.15]

332 Das Bundesarchiv (2013), Die Reichskanzler der Weimarer Republik [online]. Verfügbar unter https://www.bundesarchiv.de/oeffentlichkeitsarbeit/bilder_dokumente/00755/index-12.html.de [11.12.15]

333 Fest (1991), S. 461

334 Roewer (2016), S. 71
Zdral (2002), 10f.

335 Fest (1991), 495f.

336 Zdral (2002), 10f.
Fest (1991), S. 495

337 Drei Strophen von der Schellack-Platte „Der Marsch ins Dritte Reich“ (1933), Ein Hörbeispiel ist verfügbar unter https://www.youtube.com/watch?v=uEPULdJaNAM&list=PL-7SHItRHV-c6M3gT4XGS2pg-9W6ZL-VF [27.08.17]

338 Fest (1991), 495f.

339 Springer (1972), S. 230f.
Wikipedia (2017), Altonaer Blutsonntag [online]. Verfügbar unter https://de.wikipedia.org/wiki/Altonaer_Bekenntnis [01.10.17]

340 Sutton (2008), S. 69

341 Enzensberger (2008), S. 101f.
Eyck (1956), S. 502
Fest (1991), S. 471
Der Zeithistoriker Joachim Fest schrieb niedrigere Opferzahlen auf. Bei ihm handelte es sich um 68 Tote insgesamt im Reich – 30 Kommunisten und auf der anderen Seite 38 Nationalsozialisten. Wenn Eyck kurz nach dem Krieg von viel mehr Opfern wusste, dann scheinen mir die Zahlen bei Fest eher fragwürdig.

342 Stern (2002), S. 25
Im Jahr 1933 hieß sie noch Erika Assmus. Aber an dieser Stelle ist mir wichtiger, dass das Publikum den Namen der späteren Journalistin wiedererkennen kann. Sie zählte zu jenen, die den Vereinigungsfetischisten Willy Brandt mit den Mitteln der vierten Gewalt im Staate vom Amt des Kanzlers weggeschrieben haben.

343 Preparata (2011), S. 67
344 Strauß (1989), S. 11, 13 und 26
345 Falin (1995), S. 35f.
346 Kordt (1948), S. 29
347 Ebd., S. 28f.
348 Speidel (1977), S. 52
349 Fest (1991), S. 462
350 Ab „Hitler, dem man alles, ...“ handelt es sich um das Plädoyer von Rechtsanwalt Pelckmann vor dem Nürnberger Gerichtshof am 26. August 1946. Es steht nicht in Anführungszeichen, weil der vorliegende Text keine Importe aus der Zukunft enthalten soll. Nichtsdestotrotz habe ich mir das nicht ausgedacht. Sie finden diese Worte hier: IMN (1948), Band XXI, 12.08.1946-26.08.1946, S. 634
351 Gisevius (1947), Band 1, S. 144f.
352 Ebd., S. 128f.
353 Ebd.
354 Fest (1991), S. 465
355 Ebd., S. 553
356 Schultze-Rhonhof (2007), S. 313
357 Ebd., S. 246–253 und 312
358 Ebd., S. 42
Enzensberger (2008), S. 101f. und 113
Schultze-Rhonhof (2007), S. 246 bis 253
359 Enzensberger (2008), S. 117
Schultze-Rhonhof (2007), S. 433
360 Enzensberger (2008), S. 119
361 Ebd., S. 120f.
362 Stern (2002), S. 26
siehe Endnote 342
363 Enzensberger (2008), S. 114
Fest (1994), S. 44
364 Schultze-Rhonhof (2007), S. 320
365 Ebd., S. 320f.
366 Enzensberger (2008), S. 114
367 Preparata (2011), S. 271
368 Enzensberger (2008), S. 114
369 Ebd., S. 116ff. und 124
Steinbach und Tuchel (1994), S. 19, 161, 264, 297
Seine Söhne waren auf jeden Fall unter den Verschwörern des Jahres 1944.
370 Schmidt (1961), S. 255
371 Ebd., S. 255f.
372 Preparata (2011), S. 304f.
373 Schmidt (1961), S. 261f.
374 Ebd., S. 259
375 Ebd., S. 260
376 Ebd.
377 Ebd., S. 250

378 Schmidt (1961), S. 253
379 Ebd., S. 250f.
380 Ebd., S. 261
381 Ebd., S. 262f.
382 Ebd., S. 254
383 Ebd., S. 254f.
384 Dietmar, Carl (2008), Wir werden auch mit Adenauer fertig. In: Kölner Stadt-Anzeiger vom 11.03.2008 [online]. Verfügbar unter http://www.ksta.de/machtuebernahme-in-koeln-wir-werden-auch-mit-adenauer-fertig-13769028 [01.09.17]
385 Aus Gesprächen in der Familie des Autoren.
386 Wikipedia (2017), KZ Oranienburg [online]. Verfügbar unter http://de.wikipedia.org/wiki/KZ_Oranienburg [01.09.17]
387 Schultze-Rhonhof (2007), S. 404f.
Namier (1949), S. 29
388 Sutton (2008), S. 36, 57
Auf S. 66 ist ein Faksimile des Briefes zur Überweisung zu finden.
389 Bührer (1992), S. 81f.
Preparata (2011), Wer Hitler mächtig machte. Wie britisch-amerikanische Finanzeliten dem Dritten Reich den Weg ebneten, S. 64ff. und 327
Sutton (2008), Wall Street und der Aufstieg Hitlers, S. 164
Dell (1934), Germany Unmasked
Schönbach (2015), Die deutschen Konzerne und der Nationalsozialismus
Zdral (2002), Der finanzierte Aufstieg des Adolf H., S. 41f. und 90f.
390 Sutton (2008), S. 109
391 Ebd., S. 45, 69f. 80 und 127
Preparata (2011), S. 234
392 Sutton (2008), S. 55 und 58
393 Preparata (2011), S. 234
394 Sutton (2008), S. 55, 100 und 164
395 Ebd., S. 100 und 133 bis 136f.
Bisher konnte ich in meinem Buch den Stil durchhalten, mir aus verschiedenen Quellen eine Meinung zu bilden, was sich im Kern zugetragen hat, und im Zweifel eine Frage daraus zu formulieren, wenn ich zu keinem Ratschluss gelangte. Hier möchte ich auf meine Überlegungen explizit eingehen. 1954 erschien in der BRD ein Artikel in den Vierteljahresheften für Zeitgeschichte, Jahrgang 2, Heft 4, online verfügbar unter http://www.ifz-muenchen.de/heftarchiv/1954_4.pdf, in dem Hermann Lutz darstellte, warum er an der Glaubwürdigkeit des sogenannten Warburgberichts zweifelte. Ich entschied mich, von einem wahren Kern der Darstellung in dem Bericht auszugehen, 1. weil ein Autor 1933 gute Gründe hatte, in dieser Sache nicht unter seinem eigenen Namen zu publizieren, wenn er sich nicht in Lebensgefahr bringen wollte; 2. weil das Buch im Jahr 2008 erneut aufgelegt wurde, was eher nicht geschehen wäre, wenn es gerichtliche Feststellungen gäbe, die das Buch als Fälschung entlarvt hätten, erwerbbar siehe http://www.bol.com/nl/p/de-geldbronnen-van-het-nationaal-socialisme/100 1004005764240/;
3. weil es mich nicht sehr überrascht, dass in diesem Artikel steht, in den Akten

des *British Intelligence Service* sei über den Autoren angemerkt worden: „Versucht sich dadurch interessant zu machen, dass er allerhand Lügen auftischt." (Lutz, S. 388); 4. weil dieses Puzzleteil weder den Angaben anderer Autoren aus mehreren Jahrzehnten über die wirtschaftliche, technologische und finanzielle Hilfe für Hitlers Reich widerspricht noch den Protokollen über die diplomatischen Unterredungen von Gesprächsführern aus London und Berlin; 5. weil sein Artikel in dem Heft zu einer Zeit entstand und veröffentlicht wurde, als Amerikaner und Briten schon als Besatzungsmächte in Westdeutschland auftraten und Einfluss auf die Darstellungen hatten, die man der westdeutschen Öffentlichkeit vorsetzen durfte. Und selbst wenn man dieses Detail aus der Abhandlung heraus lässt, ändert es den Gesamteindruck nicht. Wenn es aber im Kern wahr ist, so ist es ein interessantes Detail. In der zweiten Hälfte des Artikels geht Hermann Lutz auf weitere Personen ein, die später bestätigen wollten, dass der Warburg-Report richtig war. Selbst wenn hier seine Zweifel berechtigt wären, ändert dies nichts an meinen Überlegungen über den ursprünglichen Autoren. Im Übrigen habe ich ein zweites Buch mit dieser Aussage gefunden, das fast zeitgleich entstand. Robert Dells *Germany Unmasked* erschien 1934 in London bei Martin Hopkins Ltd.

396 Sutton (2008), S. 136

397 Ebd., S. 140

398 Preparata (2011), S. 267
Dell (1934), S. 61 bis 70

399 Gisevius (1947), Band 1, S. 13

400 Ebd., Band 1, S. 18

401 Ebd., S. 18f.

402 Ebd., S. 19

403 Hoffmann (1970), S. 23f.

404 Ebd., S. 23

405 Ecke (1990), S. 43f.

406 Ebd., S. 44
Vollständig lautet das Prinzip: „Nullum crimen sine lege, nulla poena sine lege." (Lat., auf Deutsch: Kein Verbrechen ohne Gesetz, keine Strafe ohne Gesetz.)

407 Ecke (1990), S. 44

408 Strauß (1989), S. 29
Franz Josef Strauß schrieb, er habe Fritz Schäffer an dessen Ausspruch von 1933 erinnert, als er ihn am 4. Dezember 1945 erstmals wieder sah. Schäffer war in den Jahren der Diktatur über Deutschland im KZ Dachau inhaftiert. Das ist natürlich nicht bei Wikipedia zu finden, sondern in der Autobiografie von Markus Wolf und dort in einem Bericht über ein Zusammentreffen mit dem Bonner Vizekanzler in Ost-Berlin. Über dieses Treffen berichtet übrigens auch Strauß. Markus Wolf kam aus dem Staunen über die Berichte Fritz Schäffers nicht mehr heraus und verstand Bonn danach gleich gar nicht mehr. Das warf bei mir Fragen auf, zumal der antifaschistische Vorlauf bei mehreren hochkarätigen Persönlichkeiten in der Bundesrepublik der Öffentlichkeit weiter vorenthalten wird. Da ließ sich doch viel lieber jemand, der zum engsten Kreis der Verschwörer gegen Hitler gehörte, von den Medien zum Altnazi abstempeln, wobei ich z. B. an den Chef des Bundesnachrichtendienstes BND Reinhard Gehlen denke. Als die stürmischen Geschichtsaufklärer

der Jahre nach 1968 alle alten Nazis enttarnen wollten, hätte es sich Herr Gehlen normalerweise energisch verbeten müssen, in diesem Topf zu landen. Es ist sehr interessant, dass sich Hitler-Gegner als olle Nazis verkaufen ließen. Verfolgen Sie in meinen nachfolgenden Büchern, warum das so gehandhabt wurde.

409 Schultze-Rhonhof (2007), S. 404f.
Namier (1949), S. 29

410 Biegel, Thomas (2017), Geschichte und Politik. Einführung [online]. Verfügbar unter http://www.geschichte-und-politik.info/politik/zeitgeschichte/sachsen hausen/einfuehrung.html [02.09.17]
Wikipedia (2017), Krolloper [online]. Verfügbar unter http://de.wikipedia.org/wiki/Krolloper [02.09.17]

411 Speidel (1977), S. 37f.

412 Strauß (1989), S. 29

413 Hoffmann (1970), S. 24

414 Ebd., S. 31

415 Löttel, Holger (2010), Beitrag im Artikel „Die Schöpfung als Gabe Gottes und Aufgabe des Menschen – Krone-Seminar 2010." Seite 89 [online]. Verfügbar unter http://www.unitas-ruhrania.org/images/content/Unitas%202-2010.pdf [02.09.17]

416 Fest (1991), S. 575

417 Ebd., S. 575

418 Wojciechowski (1990), S. 260
Namier (1949), S. 26 und 29
Falin (1995), S. 37
Kordt (1948), S. 36 und 412
Für 1933 habe ich (noch) keinen Beleg gefunden – aber bei dem Ex-Diplomaten Valentin Falin fand ich den folgenden Hinweis auf den Ursprung von *Mussolinis Initiative* für die Einberufung der Münchener Konferenz von 1938, die Hitler nach der Einverleibung der Tschechoslowakei und ihrer militärischen Kapazitäten erst ermöglichte, gegen den größten Teil der Länder Europas Krieg zu führen: „Robin Edmonds [Diplomat und Historiker aus Großbritannien] legt Beweise vor, dass die Idee, das Sudetengebiet der ČSR zu entreißen, von Chamberlain als erstem artikuliert wurde. Der britische Premier war der eigentliche Initiator der Münchener Konferenz. Mussolini arrangierte nur die ihm zugespielte Melodie." Falin (1995), S. 59. Das ist auch die wahrscheinlichste Variante. Woher hätte der italienische Diktator sonst die Hoffnung bezogen, dass so ein Vorschlag angenommen würde, wenn er ihn im Alleingang ins Gespräch gebracht hätte? Nach Chamberlain übernahm dann wieder Churchill in London das Ruder, einer der Politiker, die schon den Ersten Weltkrieg herbeigeredet hatten. Überdies habe ich häufig nachträglich Belege für frühere Annahmen gefunden, was mich dann nur noch darin bestätigte, dass ich die Sachlage zuvor bereits richtig eingeschätzt hatte.

419 Falin (1995), S. 37

420 Aus dem Privatarchiv des Autoren.

421 Schoonover (2003), S. 96f. und 103

422 New World Encyclopedia (2017), Concentration camp [online]. Verfügbar unter http://www.newworldencyclopedia.org/entry/Concentration_camp [02.09.17]
Bügel, Frank (2009), Polnische Verbrechen an Volksdeutschen zwischen 1918 und 1939 [online]. Verfügbar unter http://newsgroups.derkeiler.com/Archive/De/de.soc.politik.texte/2009-01/msg00001.html [02.09.17]
Freiger, Stephan (2009), Rückblick mit historischem Bezug [online]. Verfügbar unter http://www.heimatkreis-neumark.de/Rede_07.html [02.09.17]
Ich höre meine Kritiker hüsteln. Was die vermutliche Kritik an der zweiten und der dritten Quelle angeht, verweise ich einerseits auf die erste Quelle und andererseits auf den Kommentar in der Endnote 442. Was die unendlich vielen Deutschen angeht, die noch lange *nach* dem Zweiten Weltkrieg in den Lagern auf den Rheinwiesen unter der Aufsicht alliierter Soldaten umgekommen sind, braucht man nach Anmerkungen in hiesigen Geschichtsbüchern auch nicht zu suchen. Was das Unterdrücken unliebsamer Teile der Geschichte betrifft, gibt es keinen nennenswerten Unterschied zwischen Unserer Deutschen Demokratischen Republik und der freiesten Bundesrepubik Deutschland in der Welt.
423 Münchener Neueste Nachrichten, 21. März 1933
424 Schultze-Rhonhof (2007), S. 310
425 Wikipedia (2017), KZ Oranienburg [online]. Verfügbar unter http://de.wikipedia.org/wiki/KZ_Oranienburg [04.09.17]
426 Gisevius (1947), Band 1, S. 136
427 Fest (1991), S. 569
428 Ecke (1990), S. 26
429 Ebd., S. 45
430 Ebd.
431 Enzensberger (2008), S. 114
432 Huber und Müller (1964), Band 1, S. 126
433 Ebd.
434 Ebd., S. 126f.
Fest (1991), S. 561
435 Ebd., S. 559 bis 562
Kordt (1948), S. 32f.
Haffner (1997), S. 51
436 Ecke (1990), S. 20
437 Ebd., S. 20
438 Ebd., S. 20
439 Ebd., S. 21
440 Preparata (2011), S. 262f.
441 Wikipedia (2017), Max Aitken, 1st Baron Beaverbrook [online]. Verfügbar unter https://en.wikipedia.org/wiki/Max_Aitken,_1st_Baron_Beaverbrook [02.07.17]
442 Daily Express (1933), Titelseite vom 24. März 1933. Kann im Internetarchiv der Zeitung für einen geringen Tagespreis eingesehen werden. Einen ersten Eindruck von dieser Titelseite erhalten Sie auf der Website http://www.teleboom.de/judische_Kriegserklarung_des_internationalen_Finanzjudentums_an_das_Deutsche_Reich_24.03.1933__2_.pdf [01.07.17]

Wer kritisieren möchte, dass ich diese Website zum Anlass für die Suche nach der originalen Zeitungsseite genommen habe, sollte dann auch die Frage beantworten können, warum man derartige Informationen in den handelsüblichen Geschichtsbüchern nicht findet. Wenn eine Gesamtdarstellung von Geschichte im Großen und Ganzen stimmen soll, darf man nicht einfach Tatsachen wie den Druck und Verkauf einer Zeitung verschweigen. Sonst wird das Gesamtbild verfälscht.
Die wichtigen englischen Zeitungen wurden natürlich auch in der deutschen Hauptstadt täglich analysiert. Es ist andererseits gar nicht so schwer, Zerrbilder in Auftrag zu geben – Profihistoriker werden letztlich von jemandem bezahlt und wer im Wissenschaftsbetrieb bleiben will, der fügt sich besser den Vorgaben.

443 Fest (1991), S. 576f.
Köhler (2002), S. 244 f.
In der Abwägung zwischen dem Zitat aus dem Schreiben Kardinal Faulhabers nach Amerika kurz vor dem Boykott und Jahrzehnten später aufgeschriebenen Worten des Zeithistorikers Joachim Fest (geb. am 8. Dezember 1926) entscheide ich mich bezüglich der Glaubwürdigkeit für den Kardinal. Fest postuliert in einem einzigen Satz und ohne auf eventuelle Details einzugehen: „Schon im März war es zu ersten antisemitischen Ausschreitungen durch kommandierte SA-Einheiten gekommen." (S. 576) Überdies erspart er dem Publikum und sich auch eine Endnote, in der er einen Beleg für solche Übergriffe bereits im März anführen würde. Aber im Gegenzug fehlen bei Fest auch der Artikel aus dem *Daily Express* wie schon die Reise von Alfred Rosenberg nach London und dessen Kontakte mit bekannten und erklärten Antisemiten. Seine Darstellung liest sich, als wollte er den Presseartikeln im Ausland nachträglich die Korrektheit ihres Informationsgehaltes bestätigen.
Zumindest bei diesem Artikel im *Daily Express* vom 24. März 1933 handelt es sich aber auch überhaupt nicht um eine Information über eventuelle Vorkommnisse; es handelt sich hier vielmehr um einen angeblich jüdisch initiierten Aufruf zum Boykott deutscher Waren. Sollte es irgendwo in Deutschland tatsächlich einzelne antisemitische Vorfälle schon im März 1933 gegeben haben, steht immer noch die Frage im Raum, warum sie ausgerechnet von einem Antisemiten benutzt wurden. Außerdem wäre es wissenswert, ob vielleicht tatsächlich jemand außer dem Lord in London einen Boykottaufruf in die Welt gesetzt hat und wenn ja, dann wer.
Ich denke schon, dass ich hier an einer ganzen Reihe von Beispielen gezeigt habe, dass es in London eine lange Tradition des Schürens ethnischer und religiöser Vorurteile gibt, die nicht zuletzt auch den Juden das Leben zur Hölle macht.

444 Hirche (1964), S. 85
445 Ebd., S. 84
446 Ebd., S. 114
447 Ebd.
448 Fest (1991), S. 575
449 Straeten (1997), S. 104
450 Dönhoff (1976), S. 25
Strauß (1989), S. 38
Ursprünglich soll Strauß wirklich nur Franz geheißen haben. Bernt Engelmann schreibt, der erste CSU-Vorsitzende nach dem Zweiten Weltkrieg Josef Müller habe den zweiten Vornamen so erklärt: „Den Josef den haben wir dazugetan,

weil's gemütlicher klingt..." Im Text habe ich ansonsten den Namen so belassen, wie man den Politiker später kennengelernt hat. Engelmann (1980), S. 44

451 Fest (1991), S. 591

452 Haffner (1997), S. 39

453 Ebd., S. 39

454 Ebd.

455 Rothfels (1960), S. 36

456 Hirche (1964), S. 35

457 Erinnerung seines Enkels Peter Karl Michael aus Nassenerfurt in Hessen. Dieses Motiv wird für eine Vielzahl von Kunden auch bestätigt bei Frei, Norbert (1989), Das Dritte Reich im Überblick, Seite 127

458 Hoffmann (1970), S. 25

459 Bruch & Hofmeister (2000), S. 156

460 Hirche (1964), S, 113

461 IMN (1948), Band XXI, 12.08.1946-26.08.1946, S. 516f.

462 Fest (1991), S. 579

463 Gisevius (1947), Band 1, S. 139

464 Ebd., S. 139f.

465 Moorhouse (2007), S. 38

466 Poliakov und Wulf, S. 400f.

467 Mackinder (1919), S. 184

468 Von der Schellack-Platte „Sie müssten mal zum Doktor geh'n, Herr Doktor." (1933), Ein Hörbeispiel ist online verfügbar unter https://www.youtube.com/watch?v=Aa8CLzR3Ui8

469 Gisevius (1947), Band 1, S. 88

470 Hirche (1964), S. 98

Der Autor verwendet im Buch die Schreibweise Micky Mouse, die der deutschen Aussprache entspricht. Mickey Mouse war schon seit 1928 als amerikanische Zeichentrickfigur bekannt und auch die Anlehnung an Mahatma Gandhi ist kein Zufall. Der friedliche Verfechter der Unabhängigkeit Indiens von der britischen Krone wurde im Jahr 1869 geboren und sein Widerstand war damals bereits in den Nachrichten ein Thema.

471 Hirche (1964), S. 99

472 Schwarzer (1996), S. 95

473 Franz Josef Strauß schreibt auf Seite 257: „Da wir aber nicht bereit und nicht in der Lage sind, Reparationen zu zahlen, wollen wir auch keinen Friedensvertrag. Die höhere und die niedere Mathematik der Politik trafen hier zusammen – das Offenhalten der deutschen Frage und das Vermeiden gigantischer Reparationszahlungen." Bei Hans-Dietrich Genscher heißt es ein wenig verklausuliert auf der Seite 709: „Eine Friedenskonferenz konnte ebenso wenig in Frage kommen wie ein Friedensvertrag. [...] Die Verhandlungen hätten sich an der Frage der Reparationen festgefahren." Für mich ist interessant, dass inzwischen so viele Interessierte auf das Fehlen eines Friedensvertrages aufmerksam geworden sind. Sie zäumen jedoch das Pferd von hinten auf. Ich bin auf das gleiche Ergebnis wie jene gekommen, bin mir aber nicht sicher, ob sie auf solch einem Vertrag beharren würden, wenn sie sähen, welche staatsmännische Kunst sich darin offenbart, dass

seit Adenauer ein noch schlimmerer Friedensvertrag als der von 1919 nach dem Zweiten Weltkrieg verhindert wurde. In den hiesigen Medien wurde ja kein Wind darum gemacht, aber an den Reparationen allein für den Ersten Weltkrieg haben wir (!) bis zum 4. Oktober sage und schreibe 2010 noch gezahlt. Man muss den Briten doch nicht noch mehr in den Rachen werfen, als sie seit Jahrhunderten in der Welt ohnehin schon verschlungen haben.

474 Schmidt-Eenboom (2004), S. 50

475 Kohl (1996), S. 146

Literaturauswahl

Boberach, Heinz (Hrsg., 1984). Meldungen aus dem Reich. Die geheimen Lageberichte des Sicherheitsdienstes der SS 1938–1945. Herrsching: Pawlak Verlag

Brandt, Willy (1990). Erinnerungen. 4. Auflage 1990. Frankfurt am Main: Propyläen Verlag

Bruch, Rüdiger vom & Hofmeister, Björn (Hrsg, 2000). Deutsche Geschichte in Quellen und Darstellung. Band 8: Kaiserreich und Erster Weltkrieg 1871-1918. Stuttgart: P. Reclam

Bührer, Werner (1992). Finanzierung Hitlers und der NSDAP. In: Legenden, Lügen, Vorurteile. Ein Wörterbuch zur Zeitgeschichte. Herausgeber Wolfgang Benz. München: Deutscher Taschenbuch Verlag

Bülow, Bernhard von (1916). Deutsche Politik, Berlin: Verlag von Reimar Hobbing

Clark, Christopher (2013). Die Schlafwandler. Wie Europa in den Ersten Weltkrieg zog. 11. Auflage. München: Deutsche Verlags-Anstalt

Dell, Robert (1934). Germany Unmasked. London: Martin Hopkins Ltd.

Dönhoff, Marion Gräfin (1976). Menschen, die wissen, worum es geht. Politische Schicksale 1916–1976. Hamburg: Hoffmann & Campe

Ecke, Felix (1990). Die braunen Gesetze. Über das Recht im Unrechtsstaat. Berlin: Staatsverlag der Deutschen Demokratischen Republik

Enzensberger, Hans Magnus (2008). Hammerstein oder Der Eigensinn. Frankfurt am Main, Wien, Zürich: Lizenzausg. Büchergilde Gutenberg

Erusalimskij, A. S. (1974). Da Bismarck a Hitler, l'Imperialismo tedesco ne XX secolo, Rom: Editori riuniti

Eyck, Erich (1956). Geschichte der Weimarer Republik. Zweiter Band: Von der Konferenz von Locarno bis zu Hitlers Machtübernahme. 2. Auflage, Erlenbach-Zürich und Stuttgart: Eugen Rentsch Verlag

Falin, Valentin (1995). Zweite Front. Die Interessenkonflikte der Anti-Hitler-Koalition. München: Droemersche Verlagsanstalt Th. Knaur Nachfolger

Farrer, James Anson (1922). England under Edward VII. London: George Alle & Unwin Ltd.

Fest, Joachim C. (1991). Hitler. Eine Biographie. 2. Auflage. Frankfurt am Main und Berlin: Ullstein

Fest, Joachim C. (1994). Staatsstreich. Berlin: Siedler

Fischer, Fritz (1964). Jetzt oder nie – Die Julikrise 1914. Aufsatz in: Der Spiegel 22/1964

Fisher, John (1919). Memories. London, New York, Toronto: Hodder & Stoughton

Genscher, Hans-Dietrich (1995). Erinnerungen. München: Goldmann Verlag

George, David Lloyd (1934). War Memoirs of David Lloyd George. 1917. Boston: Little, Brown and Company

George, David Lloyd (1937). War Memoirs of David Lloyd George. 1918. Boston: Little, Brown and Company

Gerlach, Hellmuth von (Hrsg., 1920). Briefe Wilhelms II. an Nikolaus II. 1894-1914. Wien: Meyer & Jessen

Gisevius, Hans-Bernd (1947). Bis zum bittern Ende. Bände I und II, Darmstadt: Claassen & Würth

Grey, Edward (1926). Fünfundzwanzig Jahre Politik. Memoiren 1892–1916. Band 2, München: Bruckmann

Haffner, Sebastian (1997). Zwischen den Kriegen. Essays zur Zeitgeschichte. Berlin: Verlag 1900

Haisenko, Peter (2010). England, die Deutschen, die Juden und das 20. Jahrhundert. Lehrte: AnderweltVerlag

Hirche, Kurt (1964). Der braune und der rote Witz. Düsseldorf und Wien: Econ Verlag

Hitler, Adolf (1943). Mein Kampf. Zwei Bände in einem Band. München: Verlag Franz Eher Nachfolger

Hoeniger, Robert (1905). Die Kontinentalsperre und ihre Einwirkungen auf Deutschland. Berlin: Simion

Hofer, Walther (1982). Der Nationalsozialismus. Dokumente 1933–1945. Überarbeitete Neuausgabe. Frankfurt am Main: Fischer Bücherei KG

Hoffmann, Peter (1970). Widerstand. Staatsstreich. Attentat. Der Kampf der Opposition gegen Hitler. 2. verbesserte und erweiterte Auflage, Frankfurt am Main, Berlin und Wien: Verlag Ullstein GmbH

Höhne, Heinz (1976). Canaris. Patriot im Zwielicht. München: C. Bertelsmann Verlag

Huber, Heinz & Müller, Artur (1964). Das Dritte Reich. Seine Geschichte in Texten, Bildern und Dokumenten. München, Wien und Basel: Verlag Kurt Desch GmbH

IMN: Internationaler Militärgerichtshof Nürnberg (1948). Der Nürnberger Prozess gegen die Hauptkriegsverbrecher vom 14. November 1945 – 1. Oktober 1946. Genehmigte Sonderausgabe, herausgegeben vom Internationalen Militärgerichtshof Nürnberg, Frechen: Komet MA-Service und Verlagsgesellschaft mbH

Jagow, Gottlieb von (1919). Ursachen und Ausbruch des Weltkrieges. Berlin: Verlag von Reimar Hobbing

Kern, Erich (Hrsg., 1988). Verheimlichte Dokumente. Was den Deutschen verschwiegen wird. München: FZ-Verlag GmbH

Knightley, Phillip (1990). Die Geschichte der Spionage im 20. Jahrhundert, Aufbau und Organisation, Erfolge und Niederlagen der großen Geheimdienste. Berlin: Verlag Volk und Welt

Koch, Werner (1974). Ein Christ lebt für morgen. Heinemann im Dritten Reich. 3. Auflage. Wuppertal: Aussaat Verlag

Köhler, Joachim (2002): „Katholische Kirche, Katholiken und die Juden in der Zeit der nationalsozialistischen Herrschaft." In: Nebeneinander - Miteinander - Gegeneinander? Zur Koexistenz von Juden und Katho-liken in Süddeutschland im 19. und 20. Jahrhundert. (Laupheimer Gespräche 2000). Gerlingen: Bleicher

Kopisto, Lauri (2011). The British Intervention in South Russia 1918-1920. Helsinki: Academic Dissertation

Kordt, Erich (1948). Wahn und Wirklichkeit. Die Außenpolitik des Dritten Reiches. Stuttgart: Union Deutsche Verlagsgesellschaft

Kruck, Alfred (1954). Geschichte des Alldeutschen Verbandes 1890-1939. Wiesbaden: Franz Steiner Verlag

Krüger, Peter (1986). Versailles – Deutsche Außenpolitik zwischen Revisionismus und Friedenssicherung, München: dtv Verlag

Leube, Reinhard (1988). Die russisch-deutschen Beziehungen im 19. Jahrhundert. Jena an der Saale: Friedrich-Schiller-Universität

Hermann, Lutz (1954). Fälschungen zur Auslandsfinanzierung Hitlers. In: Vierteljahresheft für Zeitgeschichte 1954/4 b

Mackinder, Halford John (1904). The geographical pivot of history. In: The Geographical Journal. Special Issue: Halford Mackinder and the 'Geographical Pivot of History'. Edited by Klaus Dodds and James D. Sidaway. December 2004. Volume 170. Part 4. Glasgow/Schottland: Royal Geographical Society

Mackinder, Halford John (1919). Democratic Ideals and Reality. A study in the politics of reconstruction. London: Constable and Company Ltd.

McPhee, Nancy (2000). The Book of Insults. Ancient & Modern. London: Chancellor Press

Moorhouse, Roger (2007). Killing Hitler. Die Attentäter, die Pläne und warum sie scheiterten. Wiesbaden: marixverlag GmbH

Namier, Lewis (1949). Diplomatisches Vorspiel. 1938-1939. Berlin: Oswald Arnold Verlag

Pauwels, Jacques R. (2013). Big Business avec Hitler. Brüssel: Les Èditions Aden

Poliakov, Léon & Wulf, Joseph (1983). Das Dritte Reich und seine Denker. Frankfurt am Main, Berlin und Wien: Ullstein Verlag

Pöppelmann , Christa (2013). Juli 1914. Wie man einen Weltkrieg beginnt und die Saat für einen zweiten legt. Berlin: Clemens Scheel Verlag

Petrie, Charles (1950). Diplomatie und Macht. Eine Geschichte der internationalen Beziehungen 1717-1933. Zürich und Freiburg im Breisgau: Atlantis-Verlag. Übersetzung des englischen Originals Diplomatic History 1717-1933. London: Verlag Hollis and Carter Ltd.

Preparata, Guido Giacomo (2011). Wer Hitler mächtig machte. Wie britisch-amerikanische Finanzeliten dem Dritten Reich den Weg ebneten. 2. Auflage. Basel: Perseus Verlag

Richter, Benjamin (2008). Wie Deutschland den 1. Weltkrieg gewann. München: Olzog Verlag

Roewer, Helmut (2014). Kill the Huns - Tötet die Hunnen! Geheimdienste, Propaganda und Subversion hinter den Kulissen des Ersten Weltkrieges. Graz: Ares Verlag

Roewer, Helmut (2016). Unterwegs zur Weltherrschaft. Warum England den Ersten Weltkrieg auslöste und Amerika ihn gewann. Zürich: Scidinge Hall

Rothfels, Hans (1960). Die deutsche Opposition gegen Hitler. Ungekürzte, stark revidierte Ausgabe. Frankfurt am Main und Hamburg: Fischer Bücherei KG

Schlaglichter der deutschen Geschichte. Lizenzausgabe der Bundeszentrale für politische Bildung. Copyright F. A. Brockhaus GmbH, Leipzig und Mannheim, Dudenstraße 6, 68167 Mannheim
Ein Erscheinungsjahr war nicht zu entdecken.

Schmid, Carlo (1981). Carlo Schmid. Erinnerungen. Taschenbuchausgabe, München: Wilhelm Goldmann Verlag

Schmidt, Paul (1961). Statist auf diplomatischer Bühne. 1923–1945. Erlebnisse des Chefdolmetschers im Auswärtigen Amt mit den Staatsmännern Europas. Frankfurt am Main und Bonn: Athenäumverlag

Schultze-Rhonhof, Gerd (2007). 1939. Der Krieg, der viele Väter hatte. 6. Auflage. München: Olzog Verlag

Schönbach (2016). Die deutschen Konzerne und der Nationalsozialismus 1926-1941. Berlin: trafo Wissenschaftsverlag

Schoonover, Thomas (2003). Uncle Sams War of 1898 and the Origins of Globalization. Lexington, Kentucky, USA: The University Press of Kentucky

Schultze-Rhonhof, Gerd (2007). 1939. Der Krieg, der viele Väter hatte. 6. überarbeitete und aktualisierte Auflage, München: Olzog Verlag

Schwarzer, Alice (1996). Marion Dönhoff – Ein widerständiges Leben. Köln: Kiepenheuer & Witsch

Shirer, William (1961). Aufstieg und Fall des Dritten Reiches. Köln: Kiepenheuer & Witsch. Lizenzausgabe für Komet MA-Service und Verlagsgesellschaft mbH, Frechen

Simpson, Colin (1972). The Lusitania. New Jersey: Prenstice Hall Press

Speidel, Hans (1977). Aus unserer Zeit. Stuttgart, Hamburg und München: Lizenzausgabe des Deutschen Bücherbundes mit Genehmi-gung vom Verlag Ullstein GmbH, Frankfurt am Main, Berlin und Wien

Springer, Axel (1972).Von Berlin aus gesehen. Zeugnisse eines engagierten Deutschen. Fünfte Auflage. Stuttgart: Seewald Verlag

Steinbach, Peter & Tuchel, Johannes (Hrsg., 1994). Widerstand gegen den Nationalsozialismus. Schriftenreihe. Band 323. Bonn: Bundeszentrale für Politische Bildung

Stern, Carola (2002). Doppelleben. Reinbek bei Hamburg: Rowohlt Taschenbuch Verlag GmbH

Straeten, Herbert (1997). Andere Deutsche unter Hitler. Mainz: v. Hase & Koehler Verlag

Strauß, Franz Josef (1989). Die Erinnerungen, Berlin: Siedler Verlag

Sutton, Antony Cyril (1974). Wall Street and the Bolshevik Revolution. New Rochelle und New York: Arlington

Sutton, Antony Cyril (2008). Wall Street und der Aufstieg Hitlers. Basel: Perseus Verlag

Waltershausen, August Sartorius von (1920). Deutsche Wirtschafts-geschichte 1815-1914. Jena: Gustav Fischer Verlag

Wojciechowski, Marian (1990). Der historische Ort der polnischen Politik in der Genesis des Zweiten Weltkrieges. In: 1939: an der Schwelle zum Weltkrieg, Berlin und New York

Wolf, Christa (1983). Kassandra. Berlin und Weimar: Aufbau-Verlag

Wolf, Markus (2003). Spionagechef im geheimen Krieg. Berlin: Ullstein

Zdral, Wolfgang (2002). Der finanzierte Aufstieg des Adolf H. Wien: Ueberreuter

Namensregister

Botschafter und Gesandte

Unternehmen

Zeitungen

Inhalt

Was bisher geschah

1900 bis 1904

1905 bis 1907

1908 bis 1913

1914

Anhänge

Ebenfalls im Anderwelt Verlag erschienen:

Londoner Außenpolitik & Adolf Hitler
Autor: Reinhard Leube

England war mit dem Aufstieg kontinentaleuropäischer Länder zu Wirtschaftsmächten und Konkurrenten am Ende des 19. Jahrhunderts nicht untergegangen. Dabei standen die Sterne für das Empire nicht günstig. Der Anteil der Insel am Welthandel war über Jahrzehnte immer weiter gesunken, sie verfügte perspektivisch nicht selbst über genug Rohstoffe für ihre eigene Wirtschaft, auch nicht über hinreichend viele Einwohner, um den ökonomischen Aufstieg anderer Länder mit Hilfe von Feldzügen zu beenden.

Wie lässt es sich erklären, dass binnen 50 Jahren die erfolgreiche Entwicklung großer Reiche in Kriegen und Diktaturen versandete und England auch ohne materielle Grundlage noch der Global Player ist wie vor hundert Jahren?

ISBN 978-3-940321-19-0 **€25,00 (D)**

Atemberaubend
Autor: Reinhard Leube

Was haben die Menschen in Deutschland wohl gefühlt und erlebt in den Jahren 1933 bis 1937? Waren alle glühende Nationalsozialisten oder begann mit den Nazis eine Diktatur? Hätte es tatsächlich eine braune Mehrheit gegeben, dann wäre das eine Demokratie gewesen und man hätte die Gestapo und Ähnliches nicht gebraucht. Wie hat aber das Ausland auf den neuen Kanzler Adolf Hitler reagiert? Wieso war die Chefetage in London von ihm eigentlich so begeistert?

Das vorliegende chronologisch aufgebaute Werk vermittelt dem Publikum einen Eindruck von dieser Zeit, der eine Gänsehaut erzeugt. Ganz anders als die unzähligen Dokus, die nur blitzlichtartig Ausschnitte zeigen, fühlt man sich plötzlich in die Hitlerzeit in allen Zusammenhängen versetzt und erhält einen ganz neuen Eindruck. Wer wirklich nachempfinden will, mit welchem atemberaubendem Tempo die Entwicklungen damals vorangeschritten sind, welche unterschiedlichen Reaktionen sie hervorgerufen haben und welche giftigen Witze die Runde machten, der kommt an diesem Werk nicht vorbei.

ISBN 978-3-940321-20-6 **€25,00 (D)**

Septemberrevolution
Autor: Reinhard Leube

Kann sein, dass die Berufshistoriker ihr Wissen bloß in verschämten Nebensätzen und in ihren Fußnoten unterbringen. In der Geschichte dritter Teil Septemberrevolution kommt alles auf den Tisch, was inzwischen über das Jahr 1938 bekannt geworden ist, zeitlich geordnet und packend erzählt.

Nach weniger als sechs Jahren konnte der kleine Hitler, der mit dem Geld aus England und Amerika in Berlin an die Macht kam, von der Bühne wieder verschwunden sein und sein Drittes Reich nicht mehr als eine üble Panne in der Geschichte Deutschlands. Monate vor den Pogromen gegen die Juden vom November 1938 und ein Jahr, bevor ein zweiter Weltkrieg begann, konnte Hitler durch einen Aufstand in seinem Dritten Reich weggeputscht sein. In diesem Buch erleben Sie noch einmal live mit, wie genau das verhindert wurde.

ISBN 978-3-940321-23-7 **€25,00 (D)**

God Save the Fuehrer
Autor: Reinhard Leube

England war mit dem Aufstieg kontinentaleuropäischer Länder zu Wirtschaftsmächten und Konkurrenten am Ende des 19. Jahrhunderts nicht untergegangen. Dabei standen die Sterne für das Empire nicht günstig. Der Anteil der Insel am Welthandel war über Jahrzehnte immer weiter gesunken, sie verfügte perspektivisch nicht selbst über genug Rohstoffe für ihre eigene Wirtschaft, auch nicht über hinreichend viele Einwohner, um den ökonomischen Aufstieg anderer Länder mit Hilfe von Feldzügen zu beenden.

Wie lässt es sich erklären, dass binnen 50 Jahren die erfolgreiche Entwicklung großer Reiche in Kriegen und Diktaturen versandete und England auch ohne materielle Grundlage noch der Global Player ist wie vor hundert Jahren?

ISBN: 978-3-940321-25-1 **€25,00 (D)**

Katz-und-Maus-Spiele
Autor: Reinhard Leube

Im Prinzip kennen Sie die Geschichte. Irgendwann gab es einen ersten Weltkrieg und später einen zweiten. Warum ein neues Buch darüber? Und weshalb ist es denn letzten Endes gleich eine Serie geworden?
Es gibt sie, die vielen Wahrheiten, die vielen Quellen, die vielen Details. Gewöhnlich entscheiden sich Historiker dafür, die Fragmente zu liefern, die ihre These „belegen". Doch wo bleibt der Rest? Andere Wahrheiten landen in anderen Büchern und dort war auf einmal alles ganz anders.
Das Appeasement war kein Fehler. Es war die Pflege und Wartung des Selbstzerstörungsmechanismus im Inneren Deutschlands, der den Namen Adolf Hitler trug und glaubte, er verdanke die Erfolge, die er wundersam erzielen durfte, im vollen Ernst der Vorsehung.

ISBN: 978-3-940321-26-8 **€25,00 (D)**

Nicht noch einen Friedensvertrag
Autor: Reinhard Leube

Wer im Jahr 2021 lebt, vermisst vielleicht seinen Friedensvertrag.
Dieses Buch bringt Sie in die hoffnungslose Wirklichkeit der Jahre des Zweiten Weltkrieges, etwa zwei Jahrzehnte nach den Verträgen von Saint-Germain, Trianon, Sèvres und Versailles, die dem Ersten Weltkrieg folgten.
Wer heute lebt, weiß nichts mehr von der britischen Hungerblockade, vom millionenfachen Sterben nach dem Ersten Weltkrieg und von der Inflation in den 1920er Jahren. Kommen Sie einfach mit in die Welt der Jahre 1942 und 1943. Sie werden nie wieder schwarzsehen. Der Autor liefert hier die Atmosphäre, in der unter vielen anderen Deutschen auch jene Politiker, Diplomaten, Militärs und nicht zuletzt auch Journalisten und Publizisten lebten, bei denen Reinhard Leube davon ausgeht, dass sie Deutschland nach dem Zweiten Weltkrieg in seine Einzelteile zerlegt haben.
Der Indizienbeweis folgt im Buch über 1989/1990 Entzaubert. Kohl und Genscher, diese beiden.

ISBN: 978-3-940321-28-2 **€23,50 (D)**

Entzaubert – Kohl und Genscher, diese beiden.
Autor: Reinhard Leube

War Deutschland nicht das erste Opfer des Kalten Krieges geworden? Wurde es nicht im Jahr 1945 von den vier Alliierten besetzt und geteilt? Hatte ein Deutscher nach dem Kriege in der Welt überhaupt noch etwas zu melden?
Sahen Hitler-Gegner die Lösung aller Probleme in der Aufteilung Deutschlands? Ist die Idee aus den 1930er Jahren der Ursprung des postnationalen Denkens? Fangen wir vorn an. Wie kam es denn zum Kalten Krieg? Die einen sagen, Churchill hätte den Ärger in die Welt gebracht. Aber diese Briten wollten die Operation Unthinkable: Nachdem Deutschland eingeäschert war, sollten britische gemeinsam mit den überlebenden deutschen Soldaten gleich noch einmal nach Osten marschieren und die Sowjetunion, oder besser gesagt Russland für das Empire erobern. Eine Teilung Europas war die zweitbeste Wahl, allein schon aus dem Grund, weil bei einer Fortsetzung dieser Entwicklung der freie Markt in Osteuropa wegfiel. Die anderen sagen, Stalin hätte den ganzen Ärger in die Welt gesetzt. Aber Stalin hat unendlich viele Revolutionäre aus dem Weg räumen lassen, die durchaus in ihren Ländern für die Weltrevolution kämpfen wollten...

ISBN: 978-3-940321-31-2 **€26,00 (D)**

Ende und Anfang
Autor: Reinhard Leube

Der neue Band dieser Serie steigt mit seinem Publikum in das zehnte Jahr ein und verfolgt die wichtigen Ereignisse nach der Niederlage von Stalingrad sowie Stimmungen in der Bevölkerung Monat für Monat weiter. Auf diesem Wege begegnen Sie unter anderem weiteren Versuchen, Hitlers Herrschaft mit der Kombination aus Attentat und Staatsstreich zu verkürzen. Es bleibt spannend: Sie kennen nur den Ausgang der Geschichte, aber hier erfahren Sie viel Wissenswertes über den Weg dorthin. Wussten Sie beispielsweise, dass die Hälfte der britischen Bomben im Krieg nicht auf Hitler-Deutschland niedergingen? In welchen Ländern haben sie Städte in Schutt und Asche verwandelt? Wie haben Generäle der Wehrmacht die Invasion auf dem Kontinent begünstigt, um Deutschland oder die übriggebliebenen Reste vor der endgültigen Zerstörung zu bewahren?

Noch überraschender ist der Ursprung des Kalten Kriegs nach dem Zweiten Weltkrieg, der sich noch vor dem ruhmlosen Abgang Adolf Hitlers von der großen Bühne abzeichnete und in erster Linie von deutschen Akteuren ausging...

ISBN: 978-3-940321-03-9 **€24,90 (D)**

Ist Deutschland ein souveräner Staat?
Autor: Wolfgang Schimank

Der NSA-Skandal im Jahre 2013 führte den Deutschen vor Augen, dass sowohl ihre individuelle als auch die staatliche Souveränität nicht gewährleistet sind.

Bei dem zu dieser Zeit geführten Bundestagswahlkampf wurde das massenhafte Ausspionieren der Bürger nicht thematisiert. Als am Wahlabend im September 2013 CDU und CSU ihren Sieg feierten, bekam Angela Merkel eine kleine deutsche Fahne gereicht. Diese entsorgte sie mit verzerrtem Gesicht.

In jedem anderen Land wäre damit die Karriere eines Politikers beendet gewesen. Ihr Amtseid, alles zum Wohle des deutschen Volkes zu tun, erwies sich als Farce ...

ISBN: 978-3-940321-18-3 **€ 24.00 (D)**

England, die Deutschen, die Juden und das 20. Jahrhundert
Autor: Peter Haisenko

Kriege werden aus zwei Gründen begonnen: Wirtschaft und Religion. In der Neuzeit ist es oftmals nicht zu übersehen, dass der Kampf ums Öl der wahre Grund für Kriege ist. Die Betrachtungen von Peter Haisenko zeigen, dass es bereits vor mehr als 100 Jahren nicht anders war. Die unerträglichen Zustände in Palästina und im Irak haben ihren Ursprung in der skrupellosen Durchsetzung wirtschaftlicher Interessen zu Beginn und im Verlauf des 20. Jahrhunderts.

Politisch orchestrierte Lügen und Intrigen sind keine Erfindung der Neuzeit. Mit diesem Buch gehen Sie auf eine Reise durch das 20. Jahrhundert und die Analyse wirtschaftlich-politischer Verknüpfungen lässt manche „geschichtliche Wahrheit" zweifelhaft erscheinen.

ISBN: 978-3-940321-03-9 **€24,90 (D)**

Tripoli Charlie

Autor: Florian Stumfall

Florian Stumfall war im Bürgerkrieg in Mozambique, in Angola, im Hauptquartier der UNITA in Jamba, er war zu Gast bei Regierungen... Drei Ereignisse hat er in diesem Buch zu einer auf Tatsachen beruhenden Romanhandlung verarbeitet, deren wahrer Kern sich ganz erheblich von dem unterscheidet, was uns die Medien darüber erzählt haben. Stumfall schildert, wie und mit welchem Deal Nelson Mandela in Südafrika von der US-Hochfinanz an die Macht gebracht wurde und wie der Energiekonzern SASOL in Mozambique wegen eines Gasfeldes einen Bürgerkrieg angezettelt hat. Er berichtet vom Krieg in Angola und beschreibt die Rolle, die das weltweite Oppenheimer Diamanten-Monopol gespielt hat, als Jonas Savimbi, der Anführer der antikolonialen UNITA, vom Westen fallen gelassen wurde. Schließlich deckt er auf Basis ihm zugespielter Dokumente die Hintergründe für den 2011 geführten Krieg gegen Gaddafi in Libyen auf.

ISBN: 978-3-940321-22-0 **€ 24.30 (D)**

Die Humane Marktwirtschaft

Autoren: Peter Haisenko / Hubert von Brunn

Wer echte Demokratie will, muss als wichtigste Voraussetzung ein Finanz- und Wirtschaftssystem fordern, das die Macht des Kapitals bricht, der „wundersamen Geldvermehrung" durch Zins und Zinseszins ein Ende setzt und Korruption weitgehend unmöglich macht. *Die Humane Marktwirtschaft* wird das leisten, und nicht nur das. Sie wird den Menschen Freiheit schenken in bisher nicht gekanntem Ausmaß; ein Leben frei von Lohnsteuer und Inflation und damit eine zuverlässig planbare Zukunft.

Um das zu erreichen, bedarf es keiner blutigen Revolution, sondern lediglich der Rückbesinnung auf die Grundsätze des Humanismus – und deren konsequente Umsetzung.

ISBN: 978-3-940321-13-8 **€15,00 (D)**

Der Weg vom Don zur Isar Teil I und II

Autor: Vadim Grom

Was für ein Leben! Hineingeboren in die dunkelste Epoche der Neuzeit, wird der Protagonist dieser authentischen Odyssee konfrontiert mit menschlichen Grenzerfahrungen, wie wir sie uns, die wir in Frieden, Freiheit und Wohlstand aufgewachsen sind, überhaupt nicht vorstellen können: Hunger, Terror, Verfolgung, Vernichtungslager, Flucht, Gefangenschaft. Ständig in Gefahr, kein Ort, der dauerhaft Schutz und Sicherheit bieten konnte, Verlust der Heimat, Entbehrungen und Verzicht. Wie viele Menschen sind in vergleichbaren Situationen gescheitert?! Nicht so Peter Gorew. Das Vertrauen auf seine Fähigkeiten und Talente, der Mut, sich in ausweglos erscheinenden Situationen nicht aufzugeben und allen Gefahren zum Trotz seinen Weg zu gehen, ein klares Ziel vor Augen und der unerschütterliche Wille, dieses Ziel zu erreichen, waren ihm Quellen der Kraft und der Orientierung. Nur dank dieser schier unmenschlichen mentalen Stärke konnte er die Wirren des Zweiten Weltkrieges schadlos überstehen und sein Ziel erreichen: ein neues, ein besseres Leben in Freiheit. Der Leser wird förmlich hineingezogen in diesen geradezu unglaublichen Lebensbericht eines ungewöhnlichen Menschen und muss sich immer wieder vergewissern, dass es sich hier nicht um Fiktion handelt, sondern um die brutale Wirklichkeit eines gelebten Lebens.

Band 1: ISBN 978-3-940321-12-1 € 13.90 (D)
Band 2: ISBN 978-3-940321-15-2 € 14.20 (D)

Ausverkauf vom Traum Neuseeland

Autor: Hans-Jürgen Geese

Vor einigen Jahren reisten kleine Gruppen von neugierigen Weltverbesserern aus vielen Ländern nach Neuseeland, um zu bewundern und zu lernen, wie so eine kleine, ehemalige Kolonie es geschafft hatte, einen der höchsten Lebensstandards auf Erden für seine Bürger zu erreichen.

Neuseeland stand damals für einen Traum, für den Traum einer tatsächlich möglichen gerechten Welt. Heutzutage kommen die Menschen in Millionenstärke jedes Jahr, aber fast ausschließlich als Touristen oder als Einwanderer, als Ertragsquellen, um Devisen zu bringen, die das Land dringend braucht. Denn inzwischen haben die Investoren wieder die Oberhoheit vom Volk zurückerobert, die ihnen einige Jahre lang aus den Händen geglitten ward.

ISBN: 978-3-940321-24-4 €21,00 (D)